艺术史丛书

乾隆皇帝的
家庭生活与内心世界

Emperor Qianlong's Family
Life and Inner World

陈葆真　著

北京大学出版社
PEKING UNIVERSITY PRESS

著作权合同登记 图字：01-2015-1046

图书在版编目（CIP）数据

乾隆皇帝的家庭生活与内心世界 / 陈葆真著. —北京：北京大学出版社，2020.9
（艺术史丛书）
ISBN 978-7-301-30995-7

Ⅰ. ①乾… Ⅱ. ①陈… Ⅲ. ①乾隆帝（1711—1799）– 人物研究 Ⅳ. ①K827=49

中国版本图书馆 CIP 数据核字（2020）第 002380 号

本书简体中文版由石头出版股份有限公司授权出版。

书　　　名	乾隆皇帝的家庭生活与内心世界
	QIANLONG HUANGDI DE JIATING SHENGHUO YU NEIXIN SHIJIE
著作责任者	陈葆真　著
策划编辑	任　慧
责任编辑	谭　艳
标准书号	ISBN 978-7-301-30995-7
出版发行	北京大学出版社
地　　　址	北京市海淀区成府路 205 号　100871
网　　　址	http://www.pup.cn　新浪微博：@ 北京大学出版社
电子信箱	pkuwsz@126.com
电　　　话	邮购部 010-62752015　发行部 010-62750672　编辑部 010-62707742
印　刷　者	北京中科印刷有限公司
经　销　者	新华书店
	787 毫米 ×1092 毫米　16 开本　23 印张　彩插 4　393 千字
	2020 年 9 月第 1 版　2020 年 9 月第 1 次印刷
定　　　价	86.00 元

未经许可，不得以任何方式复制或抄袭本书之部分或全部内容。
版权所有，侵权必究
举报电话：010-62752024　电子信箱：fd@pup.pku.edu.cn
图书如有印装质量问题，请与出版部联系，电话：010-62756370

彩图1 （传）清 郎世宁等《乾隆皇帝朝服像》 约1735—1736 绢本设色 轴 242×179公分 北京 故宫博物院

彩图 2 （传）清 郎世宁等《乾隆皇帝大阅图》 1739 绢本油画 轴 322.5×232 公分 北京 故宫博物院

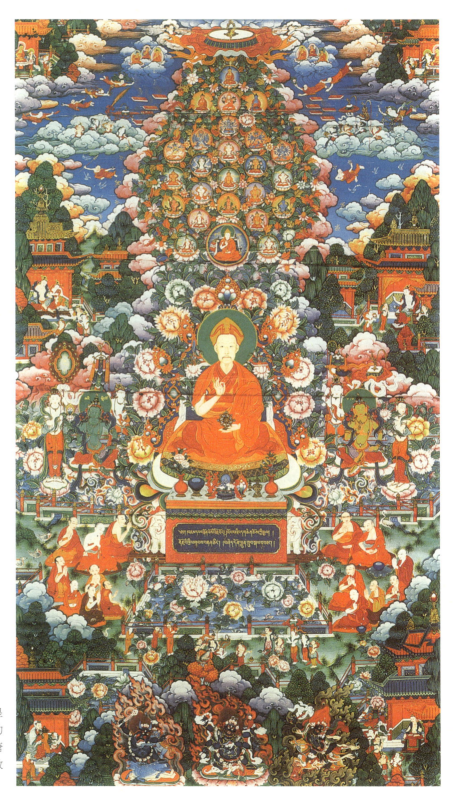

彩图 3 清人《乾隆皇帝普宁寺佛装像》 约 1755—1758 绢本设色 唐卡 108×63公分 北京 故宫博物院

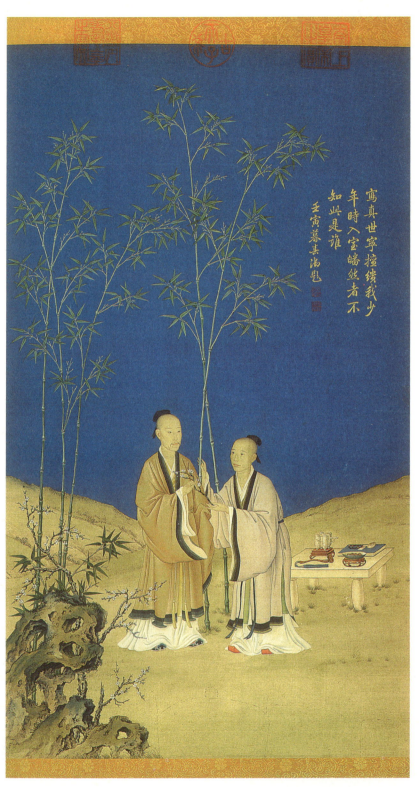

彩图 4　清 郎世宁《平安春信》约 1728　绢本设色　轴　68.8×40.6 公分　北京 故宫博物院

彩图 5 清人 《胪欢荟景图册》之《慈宁燕喜》（及其局部）约 1771 绢本设色 册页 97.5×161.2 公分 北京故宫博物院

彩图6 （传）清 郎世宁等《孝贤纯皇后朝服像》约 1736—1738 绢本设色 轴 194.8×116.2 公分 北京 故宫博物院

彩图 7 清 郎世宁等《心写治平》 约 1761—1778 绢本设色 卷 52.9×688.3 公分 克利夫兰美术馆

彩图8 （传）清 郎世宁等《乾隆皇帝岁朝图》约1736 绢本设色 轴 277.7×160.2公分 北京故宫博物院

目 录

致　谢 / 001

导　论 / 001

第一章　雍正与乾隆二帝"汉装行乐图"的虚实与意涵 / 017
　　一、雍正皇帝"行乐图" / 023
　　二、乾隆皇帝"汉装行乐图" / 032
　　结　语 / 066

第二章　乾隆皇帝对孝圣皇太后的孝行和它所显示的意义 / 069
　　一、雍邸时期 / 072
　　二、皇家生活 / 074
　　三、外出巡狩 / 080
　　四、南巡盛况 / 083
　　五、大寿庆典 / 099
　　六、徽号尊衔 / 103
　　七、家事国事 / 106
　　结　语 / 110

第三章 《心写治平》——乾隆帝后妃嫔图卷和相关议题的探讨 / 113

　　一、《心写治平》图卷的研究回顾 / 117

　　二、本图卷的画家与断代的问题 / 119

　　三、择列妃嫔画像的原则 / 133

　　四、孝贤皇后 / 138

　　五、继后乌拉那拉氏及其他 / 151

　　六、本画卷的图像意涵 / 154

　　结　语 / 155

第四章 从四幅"岁朝图"的表现问题谈到乾隆皇帝的亲子关系 / 157

　　一、关于四幅"岁朝图"的一些问题 / 161

　　二、四幅"岁朝图"的图像表现特色、相互关系和成画年代 / 164

　　三、四幅"岁朝图"图像的纪实性与意涵 / 176

　　四、乾隆皇帝与诸皇子间的亲子关系 / 184

　　结　语 / 199

第五章 乾隆皇帝与《快雪时晴帖》/ 201

　　一、《快雪时晴帖》的流传 / 205

　　二、乾隆皇帝与《快雪时晴帖》的互动 / 209

　　结　语 / 272

结　论 / 276

注　释 / 283

引用书目 / 328

图版目录 / 341

致 谢

在本书即将付印的此时,笔者特别要在这里向以下的几位学者、助理人员和学术单位,致上诚挚的谢意。首先,笔者要感谢的是清史专家庄吉发教授。清代艺术和历史,对笔者而言,原本是个陌生的领域,因此,笔者在2005年刚开始从事有关乾隆皇帝的研究时,便利用课余之暇到台湾师范大学,去旁听庄吉发教授所开的清史专题讨论课,以补充自己对清史知识的不足。在两学期的课程中,笔者得到许多启发,谨此向他致谢。虽然庄教授一再强调:研究清史不能只限于使用汉文资料,必须兼顾满文,甚至蒙古、西藏和朝鲜的相关文献,但可惜的是,笔者限于时间和精力,无法达到这个要求;因此,本书中所用到的,仍只限于汉文的图史资料。希望年轻后辈能及早提升上述各项语言文字上的能力,以求达到更全面的研究效果。

其次,笔者要致谢的是台湾"科学委员会"多年来对本人所从事的清代图像研究的工作在经费上的补助。这些补助使得笔者可以顺利聘用助理人员,进行资料搜集、田野考察和撰写论文等事项。再次,笔者要谢谢多年来本所的一些研究生助理,包括林毓盛、易颖梅、周颖菁和祝暄惠等同学。他们曾在不同的时段中协助笔者,将本书中所收的五篇论文手稿建成电子档;工作烦琐,而他们都耐心以对,完成任务。

此外,笔者还要感谢的是台湾大学、台北故宫博物院和普林斯顿大学(Princeton University)。四十多年前,笔者从台大历史系的初学者开始,摸索到台北故宫博物院，探寻清宫珍藏的奥秘；其后再到普林斯顿大学，打开更广大的视野，研究艺术史；然后再回到台大艺术史研究所任教。在这些历程中，笔者蒙受以上各机构中一些师长和前辈的教导，以及图书收藏方面的支援，使得专业知识得以累积。对此，笔者十分感谢，无时或忘。

又，本书之得以出版，全赖石头出版社社长陈启德先生的热心推动，和社中各位编辑，包括黄文玲、洪蕊和苏玲怡等女士的辛劳协助，尤其是执行编辑苏玲怡付出相当多的心力，笔者谨于此特别向他们致谢。最多本书只是笔者近年来对乾隆皇帝所做的初步研究，其中必有不足之处，尚祈方家不吝赐正。

最后，也是最重要的：笔者谨愿借这本小书，向曾经教导过本人的苏笃仁教授致敬。三十多年前，当笔者任职台北故宫博物院时，曾有幸蒙受苏先生教诲；为时虽短，但受益无穷。可惜当时笔者因为年轻懵懂，对苏先生所教，未能充分吸收；纵然如此，日后却发现自己不论在解读文学作品方面还是教学方面，有许多方法都受到了苏先生的影响。

苏先生出身台湾嘉义书香世家，祖父苏孝德先生（1879—1941）为饱学之士，擅长汉诗和书画，名闻全台，远及日本。苏先生本人精通英文、日文、英美文学和图书馆学。1967 年，他由美返台，任职台北故宫博物院，为副研究员，负责筹建该院图书部门，先为图书室主任，后调派书画处，任编纂，负责主编《故宫英文双月刊》（*The National Palace Museum Bulletin*），撰写台北《故宫季刊》英文摘要，并参与编撰特展图录专刊的英文摘要，直到退职。苏先生曾与吴炳钟和陈本立两位先生合编《大陆简明英汉辞典》（台北：大陆书店，1973）；当时人手一册，被认为是学习英语的必备之物。从 1970 年代初期开始，苏先生一直在台北东吴大学兼课，曾教授"图书馆学""文体学""文学作品导读""英美诗选读""英美散文选""圣经文学""字根·字汇·语意学""英文写作""商用英文书信"和"新闻英语"（此课也曾在台湾大学教授过两年）。苏先生经常在学期开始便向学生强调：他的授课方法是"传道""授业"和"种"惑，极具启（激）发性。他又要求所有选修他所授文学课程的学生，在期末考试时必须携带课本和参考资料应考，其目的在敦促他们尽量发挥所知。因此，凡他所授的课程，都极受学生欢迎与敬佩，喻之为

"出神入化"。读书和教书,一直都是苏先生的乐趣。他编印教材,做注记,不断补充新知,热心传授;其严谨而专注的程度,令人叹为观止。苏先生个性耿介,待人诚恳,处世刚正,不慕名利,凡事讲原则、求精确。他的学问渊博,诲人不倦,三十多年来,嘉惠学子无数。其人文素养之深厚、治学功夫之扎实、思维见解之精辟、教学态度之认真,自成一格,令人钦佩。苏先生虽然才学高超,但从不自我炫耀或哗众取宠,暖暖内含光,不忮不求,人不知而不愠,是少见的正人君子。

多年来,笔者对于苏先生所曾给予的教导,一直感念于心,却愧于无法具体回报。今借此书,野人献曝,不辞浅陋,谨向苏先生致敬,期表谢忱于万一,并祝苏先生嵩寿康泰。

陈葆真谨志于
台湾大学艺术史研究所
2014 年 9 月 1 日

导　论

　　乾隆皇帝（爱新觉罗·弘历；清高宗；1711—1799；1736—1795年在位）（彩图1）是中国帝制史上最后一个盛世之君，也是中国历史上享寿最长的皇帝。他在位六十年，精力旺盛，活动力强，文治武功盛极一时，在清初政治、军事、经济、社会、宗教、艺术和文化等各方面，都留下了许多不可忽视的业绩和影响。二百多年来，学者有关他的研究论著极多，不可胜数；而民间对他的身世和活动，更有许多的揣测、附会和渲染。他显然成为华人世界中最家喻户晓的历史人物之一。但是，作为一个历史人物，他究竟是怎样的一个人？内心中最关注的又是些什么事？这些虽然不是任何一个人可以轻易回答的问题，但学者们还是努力从各个不同的角度去了解他。近年来，有关乾隆皇帝本人和当时相关的历史与文化研究，更成为学界热门的议题；[1]又由于清宫艺术收藏和相关文献资料的陆续公开，致使学者更得以将原先的研究范围扩及艺术史方面。[2]

　　本书所收的五篇论文，都是笔者在近八年（2006—2014）来所做的有关乾隆皇帝图像和相关问题的研究。它们都曾发表在学术期刊或专书中。这些研究的主要议题，都集中在乾隆皇帝的家庭生活和艺术收藏方面，包括：

一、《雍正与乾隆二帝"汉装行乐图"的虚实与意涵》（2010）；[3]

二、《乾隆皇帝对孝圣皇太后的孝行和它所显示的意义》（2014）；[4]

三、《〈心写治平〉——乾隆帝后妃嫔图卷和相关议题的探讨》（2006）；[5]

四、《从四幅"岁朝图"的表现问题谈到乾隆皇帝的亲子关系》(2010);[6]

五、《乾隆皇帝与〈快雪时晴帖〉》(2009)。[7]

今将以上五篇论文加以补充修正,集结成本书,并加上导论和结论,总其名曰:《乾隆皇帝的家庭生活与内心世界》。虽难免有以小视大之憾,但笔者期望经由对这些图像和相关问题的研究,在某种程度上能助使读者更深入地了解他的内心世界和价值观。

在这五篇文章中,笔者主要采取了艺术史的研究方法:以表现乾隆皇帝的某些图像为切入点,先讨论作品的风格问题(包括鉴定和表现特色),然后,再进一步结合史料,去探讨它们的图像意涵和相关的历史与文化背景。由于乾隆皇帝十分在意后代史家对他的评论,有关他的图像和御制诗文都经他核准才定案,因此这些图和诗文都可作为研究他个人生活和内心思想的第一手史料。正由于它们都是经他考虑后认为是可以代表自己形象的作品,所以这些图像所呈现出来的多是富丽堂皇的面貌。而诗文所见也都是光明正大的思想,当中难免有他自我理想化的成分。然而,由于有关乾隆皇帝的存世图像和史料多得难以估算,而本书各篇中所使用的仅是其中的一小部分,因此,根据它们所得到的研究成果,也只能当作是了解乾隆皇帝家庭生活和内心思想的一小部分。

纵然如此,笔者经过仔细的观察和分析后,在上列每一个议题的研究中已然发现,他虽然身为皇帝,但也如常人一般,具有感性和理性,怀有强烈的爱憎之情,而且,在面对各种问题时,内心也会充满了情与理的冲突,有挫折、伤心与无奈。更由于身为皇帝,他有时更身不由己,无法凡事随兴,而必须考虑到许多外在因素的限制,比如祖宗家训、国家体制和道德规范等。换言之,在许多情况下,他只能强迫自己压抑感情,理性从事,以作为天下表率。因此,笔者在解读这些图像时,不仅观察它们华丽的表面现象,更会特别注意到它们背后所隐藏的一些复杂的问题,并试图从中去理解他处理那些问题时内心的感受,以及最后的抉择和表现。而他的抉择和表现本身,便是他生命价值的呈现。

导 论

在简介本书各篇之前,我们先略谈三个问题:一、乾隆皇帝活动的时代和他主要的成就。二、我们如何理解他的内心思想?三、本书为何选择以上这些议题,作为探讨他内心世界的切入点?

首先,我们来看乾隆皇帝活动的时代和他主要的成就。众所周知,乾隆时期(1736—1795)是中国帝制史上最后的一个盛世。当时,大清帝国是全世界疆域最大、人口最多和资源最丰富的国家。乾隆皇帝作为大清帝国的统治者,可说是当时全世界握有最大权力的君主。他是雍正皇帝(爱新觉罗·胤禛;清世宗;1678生;1723—1735年在位)的第四子,二十五岁(1735)即位,在位六十年(1736—1795);退居太上皇四年(1796—1799),八十九岁逝世。他是中国历史上寿命最长的皇帝,也是最幸运的皇帝。

乾隆皇帝是清朝(1616—1911)入关(1644)之后的第四位君主;他继承了顺治(1644—1661)、康熙(1662—1722)和雍正(1723—1735)三朝共九十一年来,在政治、经济和文化等各方面努力经营所造就的一个承平富裕的社会。他在位期间,境内没有大规模的战役,人民得以休养生息,因此人口骤增,生产力提高,社会财富也因此增加。按乾隆五十五年(1790)时,全国人口大约有三亿多(301487114人),是顺治时期人口总数(约一千零六十三万,10630000人)的二十倍以上。[8]不过,当时的粮食产量却只比顺治时期增加了一倍左右。按理来说,以只增加一倍的粮食,应难以养活那已增加了二十多倍的人口;但幸运的是,由于明(1368—1644)末以来,外来物种(如番薯、玉米、占城稻等农作物)的传入和大规模的垦荒,使得耕地增加、农产富足,因此可以满足那时大量人口的粮食所需。[9]总之,长期以来的社会太平、人口蕃滋和物阜民丰等三者的良性循环,造就了乾隆时期的富裕与繁荣。在这种优良的历史条件下,加上乾隆皇帝个人的才干和全国各方面人才的努力,便创造了所谓的"乾隆盛世",在文治和武功方面都到达了空前的高峰。

乾隆皇帝秉性聪颖,从小便接受了严格而良好的皇家教育,[10]加上他本身又勤奋好学,因此能文能武,尤其长于语言能力,自谓曾学过满、汉、蒙、回、番

（苗）和唐古忒（藏）等六种语言。[11]他的个性精明干练，积极进取，处处以他的祖父康熙皇帝（爱新觉罗玄烨；清圣祖；1654年生；1661—1722年在位）为典范，本身又好大喜功，活动力强。正如康熙皇帝一般，他曾多次南巡山东，西狩嵩洛、五台，几乎年年到热河秋狝，四度到盛京谒祖陵（1743、1754、1778、1783），六次南巡江浙地区（1751、1757、1762、1765、1780、1784）。[12]在他的长期主导之下，文臣武将为他效命，不论在军事、外交还是宗教和文化艺术等方面，都留下了令人侧目的业绩。在军事方面，有阿桂（1717—1797）、傅恒（1720—1770）和福康安（1753—1796）等人，先后为他平定了在新疆的准噶尔和回部之乱（乾隆二十四年，1759），四川的大、小金川之变（乾隆四十一年，1776），以及西藏、尼泊尔边界的纷争（乾隆五十七年，1792）。这些军事上的胜利，加上缅甸（乾隆五十五年，1790）和越南（乾隆五十七年，1792）等外邦的内附，使得大清帝国域内绥靖，四邻和睦，造就了令他自诩的"十全武功"。[13]

在宗教方面，乾隆皇帝贯彻清朝立国以来，信奉藏传佛教的政策，利用相同的宗教信仰和政教合一的制度，强化了清朝和蒙古及西藏两地的民族感情和政治关系。他在皇子时期已与蒙古的章嘉活佛三世（1716—1786）十分亲近；即位之后，在乾隆九年（1744），又改雍亲王府为雍和宫，使之成为京城中藏传佛教的重心；同时，他也请来蒙古和西藏僧人，于紫禁城的中正殿制作金铜佛和绘制佛像。此外，他还在承德避暑山庄的外围，先后建了外八庙，其中最著名的是普陀宗乘之庙和须弥福寿寺。乾隆四十五年（1780），班禅六世（1738—1780）入京，祝贺乾隆皇帝的七十大寿。乾隆五十五年（1790），在章嘉活佛的主持下，在京的喇嘛高僧译成了以藏文《大藏经》为准的满文《大藏经》（又称《龙藏》）。[14]又由于"满洲"（Manchu）与"文殊"（Manjuśri）二音相近，乾隆皇帝便相信自己是文殊师利菩萨的化身；也因此，他曾命人制作许多唐卡，在其中表现出他作文殊菩萨装扮的图像（彩图3）。在藏传佛教政教合一的观念下，他自然而然地借此将自己神格化。[15]

在文化和艺术方面，乾隆皇帝更具体实践了清朝立国以来的文化政策：积极学习以儒家为主的汉文典籍和历史经验。按，清朝自从皇太极（清太宗；1592年生；1627—1643）建立大清（1638）之后，便开始经由译书学习汉人的历史文化。

入关之后的康熙和雍正两位皇帝亦积极地学习汉文,进一步直接吸收汉文化,并且以此教育皇子。[16]而乾隆皇帝在这方面的表现,更是有过之而无不及。他与康熙和雍正皇帝一样,除了精通自己的满洲母语和文字之外,也精通汉语和中原的典籍、文史知识和理学;他们不仅能作汉文和汉诗,而且各有御制诗文集传世。其中,乾隆皇帝的诗文著作数量最多:诗有四万首以上,文有千篇以上,是中国历史上最多产的作家。他也学康熙和雍正两位皇帝,有计划地大量搜集古籍,并加以整理和出版,形成了各种百科全书式的类书、丛书和文库。如:康熙时期曾辑印《全唐诗》(康熙四十四年至康熙四十五年,1705—1706)、《佩文斋书画谱》(康熙四十五年至康熙四十七年,1706—1708)和《古今图书集成》(出版于雍正四年,1726);而乾隆时期则收辑了《天禄琳琅书目》(乾隆四十年,1775),编辑了著名的《四库全书》(乾隆三十七年至乾隆四十八年,1772—1783)。

在艺术活动方面,乾隆皇帝也与他的祖父和父亲一般,对中国传统艺术的兴趣极为浓厚。他不断地搜集各种存世的古代工艺美术和书画作品,累积成数量庞大的皇室收藏。而且他在宫中成立了各种作坊和画画处,任用许多艺术家,制作各种艺术品。此外,乾隆皇帝本人也能作书画;尤其喜作书法,几乎到了上瘾的地步。他常在所藏的古代器物和书画上加上自己的题识,表达他的感想。他更进一步命人将这些古代艺术品加以编目整理,比如:在铜器方面,有《西清古鉴》(乾隆二十年,1755)和《西清砚谱》(乾隆四十三年,1778);在书画方面,有《秘殿珠林》和《石渠宝笈》(各有初编和续编;初编作于乾隆九年至乾隆十年,1744—1745;续编作于乾隆五十八年,1793)。[17]最后,更值得注意的,他对于建筑宫室和园林的兴趣之浓厚和所修建的数量之多、规模之庞大和风格之多元,无一不超越他的祖父和父亲。他所增建的众多宫室和园林,分布在不同的地方,包括紫禁城内外、西苑(北海、南海)、清漪园(颐和园)、圆明园、香山的静宜园、西山的静明园、盘山的静寄山庄和承德的避暑山庄等地,共约有六十多处。这些园林和建筑的风格多元,包含汉式、回式和欧洲风格等。在同一园中,它们彼此并存,相互争辉。[18]

其次,我们应该如何去理解他的内心思想?的确,面对一个在各方面都积极有为,而且权势无所不在的盛世之君,我们实在无法全面了解他内心所有真正的想法。我们都知道，皇帝并非一般人，他的行为动机有时并非只是表面上所呈现的样子，其中往往包含着更深沉而复杂的目的。加上天威难测，因此，一般人实难洞悉他的真正想法。然而，真相仍可经由对多方面的史料交叉对证而得出一二。幸运的是，由于乾隆皇帝个人好作诗文，其中又常加上序文和注记，因此，这些诗文应可视为他个人抒情和记事的第一手史料。又由于他充分了解左图右史的意义，常命他的院画家对他生活中各种重要的活动加以绘图留念，因此，这些图画也是了解他内心思想很重要的第一手资料。在此之外，各种相关的历史文献也可以让我们了解他的行事目的。透过对这些诗文、图像和相关文献的观察与解读，我们应该可以对他的某些行为动机和内心思想达到相当程度的了解。

仅就他的诗文方面来看，他在皇子时期，就曾作《乐善堂文钞》十四卷（辑成于雍正八年，1730），收录了许多诗文。这些作品经乾隆二年至乾隆二十三年（1737—1758）的补充和修订后，正式定名为《乐善堂全集定本》，共三十卷，包括文十卷（117篇）和诗赋二十卷（1011首）。他在乾隆二年（丁巳，1737）的序言中说："自今以后，虽有所著作，或出词臣之手，真赝品各半……"[19]他据此宣称，该集中所收的诗文，完全是他自己的创作，而无他人代笔。虽然如此，但由于这些诗文的品质相当高，似非一个二十岁的青年所能够独立完成的，因此，笔者推测，它们纵使不是他师傅们的代笔，也应该是在他们的教导和修改之下完成的。不论如何，这些诗文反映了他在二十岁之前的生活和思想，是了解他早年思想和行为的重要资料。而他在位和退位期间，又曾作诗共约四万二千五百五十（42550）首，文共一千三百九十一（1391）篇；[20]依笔者统计，如再加上他在皇子时期所作，则乾隆皇帝一生所作的诗至少有四万三千五百六十一（43561）首，而文也有一千五百零八（1508）篇以上，可说是中国历史上诗作最多的人。他此期的作品都收录在《清高宗御制诗集》（包括初集至五集以及余集）与《清高宗御制文集》（初集至三集以及余集）之中。

总体来说，乾隆皇帝的文章品质高过于他的诗作。由于他的个性精明干练，理性强过感性，长于说理论辩，因此为文多精辟，自有见解。至于他的诗，一般评价并不高。他在那四万多首御制诗中，除了抒情叙事之外，还常在全诗前加上序言，述明作诗时的时空背景和动因,也常在诗句中加上长注,叙述旧事。他更且时常在不同的诗注中旧事重提,或重复自己对某件事的观感。

由于他的御制诗文都依创作时间的先后编排成集,因此,可以看作是他一生有意持续以诗文来抒情和记事的编年史。由其中,我们可以看到他的所思所想,他的好恶取舍和他的价值观。可能有人会怀疑他在这些诗文中的所言所论并非全然出自真心,而是有意为之,或故意矫饰,或将自己美化和理想化,目的是为了让后来读史者凭借这些资料,来认定他的完美形象。换言之,他的这些诗文可能有一大部分是为了形塑自己,或为了美化自己而作的。如这属实,那么,我们更可由其中看到他是如何形塑自己的,他想彰显的以及想追求的价值是什么。因此,无论那些诗文中所呈现的是否是他真正的面貌,它们至少反映了他对某种价值的肯定与追求,也是一种"虽不能至,但心向往之"的自我期许。因此,我们可以利用这些第一手资料,来观察他的行为,探索他的内心思想。

再就图像方面而言,由于乾隆皇帝常命他的院画家图绘他的各种重要活动以作纪念,因此,存世有许多关于他一生中各种活动的图像,其数难以精确估计。在这些画像中,他分别以不同的年龄和装扮出现在各种不同的场合中,包括《乾隆皇帝朝服像》(彩图1)、《乾隆皇帝大阅图》(彩图2)、《乾隆皇帝射鹿图》(图1.52)、《心写治平》(彩图7)、《乾隆皇帝岁朝图》(彩图8)、《乾隆皇帝普宁寺佛装像》(彩图3)、《万树园赐宴图》(图1.40)和《乾隆皇帝南巡图》(图2.7)等,不一而足。衣冠代表身份、地位和文化。纵然那些图像并非绝对纪实,其中或许含有虚构的成分,但是,他在不同场合中穿着特定的衣冠,从事特殊的活动,自有它的文化脉络和图像意义。结合这些图画和相关史料,我们也可以了解乾隆皇帝生活中的一些活动情况及其意图显示的意义。简言之,解读乾隆皇帝的御制诗文和图像,是了解他内心思想不可或缺的一项工作。

至于笔者为何要选择以上的议题,作为了解他的家庭生活和内心世界的切入点呢?主要的原因是,我们都了解人是环境的产物,一个人的个性和价值观的养成,和他在成长过程中与他生活周遭重要的人、事、物的互动方式有直接的关系;而其中最重要的,便是他的家庭生活。虽然皇帝的成长环境大不同于一般平常人,而且

他的手中又握有全国最高的权力，他处理某些人、事、物的方式也会与常人不同，但是，既然他也是一个具有感受功能的人，因此，他表现喜怒哀乐的方式应该不至于与常人相差太远。基于这种认知，我们便可经由他对待许多人、事、物的方式，来解读他的内心思想和价值观。也因此，笔者便择取了一些表现乾隆皇帝家庭生活的诗文、画像和他最珍爱的艺术藏品，作为观察的对象，探讨它们的表现特色，再结合相关史料，解释它们的图像意涵，并试图以一般人性的角度和常理心去探索他的内心思想。

以下略述本书每篇文章（每章）主要探究的议题和笔者的看法。

第一章：《雍正与乾隆二帝"汉装行乐图"的虚实与意涵》。本章主要探讨的议题有三：首先，雍正和乾隆二帝是否真如他们在一些画像中所呈现的样子，真的曾经在日常生活中穿汉装，从事汉人文士的活动？其次，这两位皇帝（包括他们在皇子时期）的"汉装行乐图"，在艺术表现上各具何种特色？最后，这两位满洲统治者为什么要打扮成这种被统治者的汉人模样？

先就这些画像的真实性而言，笔者根据乾隆皇帝的御制诗注和画像题识，得知他的那些汉装行乐图像应该都非写实，而是虚构的。由此可以推想雍正皇帝的汉装造形应也是虚构的。理由是：衣冠代表一个民族的传统，也是一种文化标志，因此清朝早在关外时期，自清太宗皇太极开始，就不止一次地三令五申，训诫子孙：必须记取金（1115—1234）人汉化改服，最后招致亡国的历史教训。他下令：凡后代子孙，千万不可忘记满洲人"国语骑射"的文化传统和立国精神；而且，永远不可废除满洲衣冠而改服汉式服装。基于这种祖训，顺治皇帝（爱新觉罗·福临；清世祖；1638年生；1644—1661年在位）一入关之后，五年之间就曾七次颁发"薙发令"，强势压迫所有汉人男子剃发改服，以此表示臣服。清朝统治者这种强势的作为，深深地伤害了汉人的民族自尊心，也加深了满、汉之间的裂隙。顺治和康熙二帝严守祖制，在他们存世的画像中，并未发现任何一件他们穿着汉服的作品。但这种情形到了雍正和乾隆二帝时，却有了很明显的改变。这两人从皇子时期开始，到即位之后，都有一些"汉装行乐图"。纵然如此，就图像上来看，他们的造形却有不协调之处，那便是：他们虽然身着汉服，但头上却仍然维持着满洲人剃发的造形,呈现出虽无发髻却又束发戴冠的奇特现象;而有时为了掩饰这种奇特的现象,便使画中人戴上巾帽,以包住头顶部分。由此可证明他们的这些"汉装行乐图"并非写实作品。

再就主题上、风格上和艺术品质上而言,这两位皇帝(包括皇子时期)的"汉装行乐图"呈现了某种程度的差异。整体来说,在题材上,(雍正皇帝)《胤禛行乐图册》(如图1.8、图1.9)在取材上较广,包括模仿历代各种身份的汉人的造形;而乾隆皇帝在他的许多"汉装行乐图"(如彩图4;图1.24—1.27等)中,则多作汉文士的打扮。就艺术品质上而言,后者的精致度明显优于前者的表现。

接着就这些"汉装行乐图"的图像意涵而言,既然乾隆皇帝在他的御制诗注和画像题识中已经明言:他的汉装打扮在现实生活中并非实有,而只是为了画面需要而已。既是虚构,为何这两位皇帝又一而再,再而三地作这种打扮入画呢?这当然与二者在当时各自不同的历史情境中的需要有关。以雍正皇帝而言,当时他身为皇四子胤禛,身处康熙末年诸皇子争夺皇位继承权的政治斗争中,他很可能想借这些图像作为一种自我宣示,企望康熙皇帝可以注意到他的胸怀和才能。因此,他在《胤禛行乐图册》中故意装扮成各式各样、各阶层和各种民族的人士(如图1.8—1.15),借此表示他可以了解、容纳和统治清帝国治下多民族和各种身份的人,是康熙皇帝合适的皇位继承人。至于乾隆皇帝的许多"汉装行乐图",则各有更复杂的图像意涵。举例而言,他在《是一是二图》(如图1.38、1.42、1.43)和许多类似的画像中,重复表现他的文人生活和博古图像,其目的应是借此显示:他虽身为满洲人,但是同时也精通汉人的古典文史和艺术;他不但是满、汉二族的统治者,同时也代表了这两种文化的精粹。不过,在他心中,满洲传统文化的地位仍然凌驾于汉文化之上。因此,他在许多御制诗文和训谕中,一再强调子孙要固守满洲立国根本,重视"国语骑射"。他虽爱好汉文化,却时刻提醒自己和皇子们不得沉溺于其中。因此,这类"汉装行乐图"所具有的图像意涵,便是雍正和乾隆两位皇帝对满、汉文化的主从地位和表里关系的一种宣示。乾隆皇帝的这种态度,也具体地反映在他对待蒙、藏族群的宗教文化的方式上。他曾以菩萨的造形出现在藏传佛教的唐卡中(如彩图3),作为寺庙礼拜的圣物,据此象征他是蒙古和西藏地区政教合

一的领袖。

第二章：《乾隆皇帝对孝圣皇太后的孝行和它所显示的意义》。本章所探讨的，是乾隆皇帝在皇子时期和登基之后，对他的生母孝圣皇太后（钮祜禄氏；熹妃；孝圣宪皇后；1692—1777）（图2.1）的孝行呈现了阶段性变化的情形，以及他在那前、后两个时期之中所呈现出不一致的行为模式之背后所隐藏的意义。

在现有的史料中，我们几乎找不到皇子时期的乾隆皇帝和他的生母（钮祜禄氏）之间有任何互动的文献记录；可见在那时期，母子之间的距离疏远。笔者认为主要的原因，可能是由于他是庶出的皇子，为了尊重嫡母（孝敬皇后，约1678—1731），也为了避嫌之故，他那时才会刻意地与自己的生母保持距离。但是，他在二十五岁登基之后，却侍母至孝，无微不至，持续四十二年，直到她逝世为止。这其中的转变耐人寻味。按，乾隆皇帝登基之后，一直奉养太后至孝：平日居家，时常问安、侍膳、侍疾；寿诞时，送礼祝寿；而且，巡狩远行，无一不奉母同行。其中，又以四度奉母南巡和三次庆祝皇太后大寿的相关活动最为铺张。这由他的许多御制诗和相关文献以及图像（如彩图5；图2.12），都可以得到印证。不过，从另一方面来看，虽然他对孝圣皇太后四十多年来百般孝敬，却一直严遵清朝"后宫不得干政"的祖制，而未曾让皇太后影响到他的施政；也因此，皇太后的权力范围仅限于后宫。

纵然如此，皇太后仍然透过她们母子之间的亲近关系，而对乾隆皇帝的私人生活造成影响；其中之一，便是择立继任皇后的事。事情的原委是：乾隆十三年（1748），乾隆皇帝至爱的元配（富察氏；孝贤皇后；1712—1748）过世，他哀痛逾常。两年后，即乾隆十五年（1750），太后认为中宫不可无主，便建议他择立当时的娴妃（乌拉那拉氏；1718—1766）为他的第二任皇后。当时，乾隆皇帝虽然比较喜欢令妃（魏佳氏；1727—1775），但可能一方面因考虑到令妃是汉裔旗人，依体制，不能立为皇后，而另一方面也为了表示孝顺之故，便接受了太后的建议，纳乌拉那拉氏为继后。然而，他委曲求全的结果并不理想。乾隆三十年（1765），乾隆皇帝第四次南巡，到杭州时，继后因故与他激烈争吵，结果继后即刻被遣返北京，次年（1766）含恨而终。虽然如此，但令妃仍一直未被立为皇后。一直要等到她死后二十年,当她的儿子永(颙)琰(清仁宗;嘉庆皇帝;1760年生;1796—1820年在位)被立为储君时,她才被追封为孝仪皇后。这其中的因素,是因为满、汉地位尊卑有别之故。另外,还有关于他退位的计划,太后也曾给予意见。原来,乾隆皇帝刚登基时,曾向天密誓,计划在位六十年后便退位。后来他和太后谈及此事时,太后认为只要他能善尽职责,届时不必非退位不可;于是,乾隆皇帝向天祈求,如此议可行,则令太后享寿百岁,以为证。但太后后来只活到八十六岁,所以他便遵守原誓,在位六十年后退位。

在本章中,我们看到乾隆皇帝对孝圣皇太后的孝行无微不至。他除了是真心诚意之外,应也有意借这种种孝行来作为万民表率,借这些孝行来形塑自己,让后人认为他是一个遵守祖宗教训、实践儒家核心思想、以孝治天下的仁君。

第三章:《〈心写治平〉——乾隆帝后妃嫔图卷和相关议题的探讨》。根据史料,乾隆皇帝一生中,曾有四十一位名分确定的配偶;但在《心写治平》图卷(彩图7)中所呈现的,却只有他本人和十二位配偶的半身画像。因此,面对这样的一件作品,不免会令人好奇而发问:为何乾隆皇帝只选择这十二位女子与他一起入画?她们有什么特别之处?他的选择标准是什么?这件作品到底是谁画的?它是在什么时候,又是为什么而作成的?这样的一件作品,具有怎样的意涵?根据笔者研究的结果,得知以下的情况:

首先,本图中的十二位女子,实际上并非同时存在;她们在宫中活动的时段也不尽相同;有的彼此之间没有重叠,甚至年长的已经过世了,而最年轻的还没进宫。然而,在此图中,她们看起来却都一样年轻,而且意气风发。由此可以推断,这十三个图像,应是画家根据每一个早已存在的个像,重新绘制而成的一组群像。至于每一个图像最早画成于何时,则可根据它们旁边的题识和所标示的位阶,再对证相关史料,便可考证出来。以乾隆皇帝的画像为例,根据它旁边的题识:"乾隆元年八月吉日",可以确定这个图像原作于乾隆元年(1736)八月,应是为祝贺他二十六岁的生日(八月十三日)所作。依照这种方法,也可查出其他十二个女子个别画像作成的时间。

其次,这些女子的图像之所以被择列在这件图卷上,主要是乾隆皇帝的决定;

而他的选择标准，则完全出于他个人主观的爱憎。这与她们的种族和是否育有子嗣无关。而他的爱憎标准，基本上是以儒家传统的妇德为依据：一个女子，除了必须美丽动人之外，最重要的是还要节俭和温顺。依照这些标准，他特别钟爱孝贤皇后（富察氏），她的画像（图3.1：L1）就出现在他的旁边。乾隆十三年（1748），当孝贤皇后过世后，乾隆皇帝哀痛逾恒；他在其后的有生之年，时常作诗文怀念她的美德。她可说是他一生中最爱的女人。而他最厌恶的，便是他的第二个皇后（娴妃；乌拉那拉氏）。后者只因为有一次反对他，便被冷落，一年后含恨而死；因此，在这画卷中，自然没有她的位置。换言之，画中的女子，全是乾隆皇帝最钟爱的皇后和妃嫔。至于她们排列的原则，首先是依照她们与他成婚（或进宫）年代的早晚，而分成三组；然后，在每组中，再依她们位阶的高低，而排出皇后、贵妃、妃和嫔的先后顺序：最早的一组有四人（图3.1：L1—L4），是乾隆皇帝在皇子时期所娶的女子，最晚的一组有三人（图3.1：L10—L12），是乾隆二十八年（1763）以后才进宫的。

再次，依风格而言，这件图卷中的十三个画像，可以分为前、后两段，分别在不同的时段中，由两组不同的画家所作成。前段画面，包括以乾隆皇帝为首的十人，应是由当时服务于宫廷的意大利传教士郎世宁（Giuseppe Castiglione，1688—1766）和他的学生，大约在乾隆二十六年至乾隆三十年之间（1761—1765），以"海西法"画成的。后段画面，包括三个女子的画像，它们可能是在乾隆四十二年至乾隆四十三年之间（1777—1778），由当时的院画家以传统中国式的线描法所作成的。

最后，这卷作品的图像意涵到底为何？笔者认为本图在表面上所呈现的是：乾隆皇帝一夫多妻，皇后、妃、嫔都各在其位，次序井然，以此显示他治家有方、家庭生活和谐美满的景象。这是乾隆皇帝对自己家庭生活的写照。但在事实上，它应具有更深一层的含义；而这含义便标示在收纳本图的木盒上："心写治平"。它的意思是：儒家君子以"修身"和"齐家"为根本，最后达到"治国"与"平天下"的目的。明显可知，乾隆皇帝命人作此画的目的，不是在炫耀他拥有这么多美丽的女子，而是想借此图向后人宣示：他不但修身有得、齐家有方，而且同时心怀治国与平天下的理想,以此证明他是一个圣主明君。然而,实际上,我们从他的诗文中却可发现,他是一个具有强烈爱憎的人;他对孝贤皇后一生持久的爱,和对乌拉那拉氏的无情冷酷,形成了明显的对比。

第四章:《从四幅"岁朝图"的表现问题谈到乾隆皇帝的亲子关系》。这四幅"岁朝图"分别为:一、《乾隆皇帝岁朝图》(彩图8;图4.1);二、《乾隆皇帝雪景行乐图》(图4.2);三、《乾隆皇帝岁朝行乐图》(图4.3);四、《乾隆皇帝元宵行乐图》(图4.4)。它们所呈现的内容相近:都表现乾隆皇帝和一些孩童穿着汉装,在庆祝新年(或元宵节)。本章主要探讨的议题包括两大部分:第一部分是关于这四幅作品的断代、风格和图像意涵的问题;第二部分则讨论与它们相关的历史事件。

就断代而言,这四幅中,以第一幅《乾隆皇帝岁朝图》的制作年代最早,大约作于乾隆元年(1736);而其他三图,则分别作于乾隆三年(1738)、乾隆十一年(1746)和乾隆十五年至乾隆二十年之间(1750—1755)。就风格而言,后三幅都是在第一幅图中的主要图像(包括乾隆皇帝、他的三个皇子和其他一些孩童的活动内容,以及园林背景等因素)的基础上,加以调整和修改而成的。后面三幅图中修改的程度各有不同,主要差异在于每幅画中所增加的孩童数量多寡有别;而园林背景的规模大小也各异。这样的结果,使得这四幅画成为一组,像是具有故事情节发展一般的连环画:从第一幅到第四幅画中所见乾隆皇帝四周的孩童数量越来越多,象征了乾隆皇帝的子孙繁昌、孳生绵延。

再就这四幅画所具有的图像意涵来看,它至少包括以下三个要点:一、这些图中所呈现的乾隆皇帝,是一个既慈爱又威严的父亲。二、在这四幅画像中,有两位皇子始终以随龄成长的形象,一直陪伴在乾隆皇帝的左右。这两位皇子分别为皇长子永璜(1728—1750)和皇二子永琏(1730—1738)。由于乾隆皇帝曾对皇长子永璜管教过严,致使后者年轻早凋,他对此十分懊悔。而他也曾因皇二子永琏早逝,致使他无法立嫡而感到遗憾。因此,他应是用这种特别的方式来纪念这两位皇子,并表示他心中对他们二人永远的怀念。三、在这四幅画中,孩童人数不断增加的表现,反映了乾隆皇帝心中对儿孙满堂、子孙繁昌,以固祖宗家业的深切期望。

又，根据以上各图像所显示的意涵，再结合相关的史料，我们便可以进一步去了解乾隆皇帝和他十个皇子之间的互动关系，包括：他如何几度秘密地从诸皇子中择立嗣君的经过，如何严格地教育皇子，如何缜密地观察他们的行为，以及如何赏罚和赐予他们荣衔等情况。其中最重要的，便是他择立嗣君的曲折过程。原来，乾隆皇帝一直有立嫡子为储君的计划，且曾前、后两次密立孝贤皇后所生的皇二子永琏和皇七子永琮（1746—1747）为嗣君。但后来由于永琏和永琮都早逝，而不久，孝贤皇后也在乾隆十三年（1748）逝世，于是他的立嫡计划也跟着彻底破灭，他立嗣君的事也因此悬宕下来。一直要到乾隆三十八年（1773）时，他才在心中密立皇十五子永（颙）琰（嘉庆皇帝）为嗣君；而要等到乾隆六十年（1795），他才正式公布这个决定。他之所以如此慎重地选择嗣君，主要是他充分了解到继位皇帝的贤德与才干关乎社稷存亡，所以他才会那样长久地观察和考核诸皇子，最后才从其中择立他认为最适当的皇十五子永（颙）琰为继承人。在这篇研究中，我们看到了乾隆皇帝二度立嫡失败的哀伤，他对两个早逝的皇子的独特的纪念方式，以及他如何以理性严选嗣君的经过。

第五章：《乾隆皇帝与〈快雪时晴帖〉》。乾隆皇帝曾在他所藏的王羲之（303/321—379）《快雪时晴帖》（图5.1）中，作过七十四则长短不一的题识。那些题识具有相当重要的史料价值，主要是由于它们作成的时间，是从乾隆十年（1745）左右开始，一直持续到乾隆六十年（1795）之后，乃至于他身为太上皇（1795—1799）为止，时间跨度长达半世纪以上，再加上那些题识的资料完整而连续，因此可以作为一种抽样调查，助使我们了解他在那期间内心思想的变化，和他如何看待自己所藏的艺术珍品。本章便以这些资料为观察对象，去处理两个问题：首先，整理并解释乾隆皇帝在这件作品的副叶上，所作的七十四则题识的位置、顺序和内容。其次，由那些题识的内容去了解他内心所关注的议题，和他对这件艺术品在态度上的变化过程。

先谈论他那些题识的位置、顺序和内容部分。乾隆皇帝早在乾隆十年（1745）左右，便开始在康熙时期已经进入宫中的《快雪时晴帖》册的副叶上作诗、作画和写题识（图5.2、5.4）。此后，他几乎每年都至少在册中作一则以上的有关京畿地区下雪的题识;连年如此,几未间断,持续了五十多年。他早期所作的一些题识,位置不一,杂乱无序;但到了乾隆四十八年(1783),由于原册副叶的"本幅"上已全写满,再无处可题了,因此,他便先写在另纸上,然后再将它们贴附在各副叶的裱绫左右和上下。于是,整册《快雪时晴帖》除了原来的一页是唐代所摹王羲之的书迹之外,其他都布满了他的七十四则长短不一的诗文和题识(参见第五章图版)。这种反客为主的情形,也见于他所收黄公望(1269—1354)的《富春山居图》卷(子明本)(图5.80)、唐寅(1470—1524)的《品茶图》(图5.81)和董其昌的《婉娈草堂图》(图5.82)上。这反映了他的心态:皇权至上,艺术品只是他收藏的物件而已。他虽然珍惜它们,但是他喜欢按自己的意愿处理它们,便任意为之;完全不考虑会不会破坏作品的艺术品质和艺术家对原作品在空间布局上、视觉效果上和整体美感上的各种关怀。

其次,我们由那些题识的内容中可以发现,虽然他题识的内容和主题,一直都与下雪有关,但是他所关注的议题却有所不同,而大约可以乾隆三十年(1765)左右为界,区分为前、后两期。在前期中,他的题识主题多半是关于这件作品本身,或是和该作品相关的其他艺术性的问题(如图5.13—5.24)。但是他在后期的题识中所谈到的,则包括了农情、战役、母丧和感谢天恩等事(如图5.44—5.77)。这些转变反映了两个现象:一、他对自己所藏的艺术品在早期较为沉迷,但到晚期则较超脱。二、他的整体价值观是政权高于艺术;他提醒自己,不可因热爱艺术而忽略施政。他的这种概念与日俱增,分别反映在他为《石渠宝笈初编》(1745)和《石渠宝笈续编》(1793)所作的两篇序文中。这是可以理解的,因为在本质上,他是皇帝,不是艺术家。

的确,乾隆皇帝充分意识到他是皇帝,而且是历代以来最受上天祝福的君主。他从五十岁开始,在心中便一直拥有这个信念,逾老而弥坚。这令他越老越自信、自满与自大。虽然他常表示敬天法祖,有时也会悔过自责,但事实上,他更易于文过饰非。他这些个性上的特色,虽然无法用图像表现出来,却常可见于他的诗文中。这部分将在本书结论中补充说明。

第一章

雍正与乾隆二帝
"汉装行乐图"的虚实与意涵

寫真世寧擅鐫鑱我少
年時入室瞠然者不
知此是誰
壬寅暮春御筆

第一章 雍正与乾隆二帝"汉装行乐图"的虚实与意涵

所谓帝王的"行乐图",以比较广泛的定义来说,应指描绘帝王日常生活中非仪式性的休闲活动方面的图画。这类帝王"行乐图"起源应该很早,唐代张彦远(约活动于815—875)《历代名画记》(847)中时有所录,如韩幹(?—780)曾作《玄宗试马图》,[1] 又如北宋郭若虚(约活动于十一世纪后半期)《图画见闻志》(1074)所录南唐中主李璟(916—961)《赏雪图》等,[2] 只是传世作品不多。现今存世较为人知的,如描写南唐中主与诸弟下棋的《重屏会棋图》和明人所画的《明宪宗元宵行乐图》,[3] 二者可视为清初帝王"行乐图"的前例。[4]

不过,清初帝王的"行乐图"别具特色,尤其是在雍正皇帝和乾隆皇帝(彩图1,图1.1)的"行乐图"中,常见他们穿着不同民族的服饰出现,装扮成不同的角色。其中十分有趣而令人好奇的,是他们的"汉装行乐图"。事实上,乾隆皇帝时常提醒族人本身文化的优越性和穿着满洲传统服饰的意义。[5] 但

图1.1 (传)清 郎世宁等《乾隆皇帝朝服像》约1735—1736 绢本设色 轴 242×179公分 北京 故宫博物院

矛盾的是，雍正和乾隆两位皇帝在许多的"行乐图"中，却时常穿着汉装。这又该如何解释？衣冠服饰既然代表身份地位和文化认同，为何满洲统治者会着汉式衣冠？笔者和许多学者一般，认为这两位皇帝的"汉装行乐图"并非他们在现实中的写照，也非一种常服，而是一种趣味性的变装秀，同时也含寓着各种不同的意义。[6] 但详情如何，有待探讨。以下，笔者试从图像学的角度，配合相关文献，来讨论雍正和乾隆两位皇帝一些"汉装行乐图"的表现特色和相关问题。

在进入主题之前，我们先谈一下清朝皇室对自己传统衣冠制度的态度。清初从皇太极开始，便强调维护满洲"国语骑射"的文化传统，包括满洲语言文字、衣冠制度以及尚武精神等三方面。皇太极不但如此明确主张，而且三令五申，训诫后代子孙必须严格遵守，保持满洲原有的语言文字、衣冠制度和骑射训练的传统，且不论在任何情况下，皆不得违弃。皇太极之所以如此反复叮咛，主要是因为他从史籍中得知金代（1115—1234）的衰亡，与汉化的弊端有关，由此而产生警惕之心。他在崇德元年（1636）时便说：

> 朕思金太祖、太宗法度详明，可垂久远。至金熙宗合喇及（海陵王）完颜亮之世尽废之，耽于酒色盘乐无度，效汉人之陋习。世宗即位，奋图法祖，勤求治理，惟恐子孙仍效汉俗，预为禁约，屡以无忘祖宗为训。衣服语言，悉遵旧制，时时练习骑射，以备武功。虽垂训如此，后世之君，渐至懈废，忘其骑射。至于哀宗，社稷倾危，国遂灭亡。……先时儒臣巴克什达海、库尔缠屡劝朕改满洲衣冠，效汉人服饰制度。朕不从，辄以为朕不纳谏。朕试设为比喻，如我等于此聚集，宽衣大袖，左佩矢，右挟弓，忽遇硕翁科罗巴图鲁劳萨挺身突入，我等能御之乎？若废骑射、宽衣大袖，待他人割肉而后食，与尚左手之人何以异耶？朕发此言，实为子孙万世之计也。在朕身，岂有变更之理？恐日后子孙忘旧制，废骑射，以效汉俗，故常切此虑耳。我国士卒，初有几何？因娴于骑射，所以野战则克，攻城则取，天下称我兵曰："立则不动摇，进则不回顾。"威名震慑，莫与争锋。[7]

在这段训谕中,他详细地说明了为何必须保持满洲衣冠及"国语骑射"的理由。稍后,在崇德二年(1637)时,他又再次提道:

> 昔金熙宗及金主亮废其祖宗时衣冠仪度,循汉人之俗,遂服汉人衣冠,尽忘本国言语。迨至世宗始复旧制衣冠,凡言语及骑射之事,时谕子孙勤加学习……此本国衣冠、言语不可轻变也。我国家以骑射为业,今若不时亲弓矢,惟耽宴乐,则田猎、行阵之事必致疏旷,武备何由而得习乎?盖射猎者,演武之法;服制者,立国之经。朕欲尔等时时不忘骑射,勤练士卒。凡出师、田猎许服便服,其余俱令遵照国初之制,仍服朝衣。且谆谆训谕者,非为目前起见也。及朕之身,岂有习于汉俗之理?正欲尔等识之于心,转相告诫,使后世子孙遵守,毋变弃祖宗之制耳。[8]

在这段训谕中,最值得注意的是,皇太极十分严格地明示了后世子孙在何种场合应穿着何种服装的规定。他明确规定后世子孙,除了在战争"出师"和"田猎"这两种情况下可以穿便服之外,其余场合必得遵照立国之初的法制,穿着满洲朝服。由此可见,皇太极以满洲衣冠、语言、骑射三者,共为清朝立国的根本和本身文化传统的代表,不容任何改易,因此忧心忡忡地千嘱咐、万交代,令后代子孙不得违背。

鉴于金的汉化与衰亡,皇太极意志坚定地强调保持满洲原有衣冠制度、言语文字与骑射传统的重要性,而且一再训谕子孙不得违背祖训。如果违法,则治重罪,如他在崇德三年(1638)所明令的:

> 崇德三年,秋七月,丁丑,谕礼部曰:"凡有不遵定制变法乱纪者,王、贝勒、贝子议罚,官系三日,民枷责,乃释之。出入坐起违式,及官阶名号已定而仍称旧名者,戒饬之。有效他国衣冠、束发、裹足者,治重罪。"[9]

图1.2　清人《康熙皇帝写字图》约1684 绢本设色　轴　50.5×31 公分　北京　故宫博物院

图1.3　清人《康熙皇帝读书图》(局部) 绢本设色　轴　138×106.5 公分　北京　故宫博物院

入关以后的清初四帝，大致上都遵守皇太极的遗训，但在尺度上已有稍微放宽的现象。依皇太极在崇德二年（1637）原来的规定：除了"出师"和"田猎"两种场合可以穿着便服外，"其余俱令遵照国初之制，仍服朝衣"。[10] 而从图像资料来看，清初四帝在各种正式场合，包括朝仪、庆典、祭祀及巡行等活动中，都穿着朝服。不过，他们穿着满洲便服的时候，已不再限于皇太极所规定的"出师"和"田猎"两种场合，而是扩及平日家居的各种活动，例见于《康熙皇帝写字图》（图1.2）和《康熙皇帝读书图》（图1.3）。值得注意的是，到目前为止，笔者所见过的康熙皇帝的画像，都是身着满服，而没有一件是以汉装出现。然而，这种情况到了雍正皇帝时，却有了改变；在他的画像中，开始出现汉装打扮。以下，我们来看几件雍正皇帝登基前后的"行乐图"和一些相关的问题。

一、雍正皇帝"行乐图"

1. 胤禛"满服行乐图"

雍正皇帝在身为皇四子胤禛时期（1678—1722）的一些"行乐图"中，形象千变万化；在那些图中，他有如变装秀般，穿着各种族群（包括满、汉、蒙、藏和西洋）的服饰和装扮出现。其中一类，表现他穿着严严整整的满洲便服，正在读书或赏花的样子，如《朗吟阁读书图》（图1.4）、《胤禛读书图》（图1.5）和《胤禛赏花图》（图1.6）等。在以上三图中，胤禛的相貌呈现出了不同的成熟度，依此可以判断这些作品制作的年代。如在《朗吟阁读书图》中，他的面貌显得相当年轻，甚至有些稚嫩，年龄可能还不到二十岁（1698）；而在《胤禛读书图》中，他看起来虽然年轻，但表情已较沉稳，年龄可能不到三十岁（1708）；至于在《胤禛赏花图》中，他已显成熟，年纪应已三十多岁。其中，比较值得注意的是《胤禛赏花图》，因为图中有一个孩童，学者好奇他是否便是童年的乾隆皇帝。笔者对此颇有质疑，以下略述己见。

在《胤禛赏花图》中的胤禛，与几个童子和侍者规律整齐地分坐在叠石的假山上赏牡丹花。诸童当中，有一个特别与众不同：那孩童年七八岁，头戴红缨帽，表情严肃，端坐在胤禛右手侧的石台上。这孩童的坐垫

图1.4 清人《朗吟阁读书图》1722年之前 绢本设色 轴 175.1×95.8公分 北京 故宫博物院

图1.5 清人《胤禛读书图》1722年之前 绢本设色 轴 42×34.5公分 北京 故宫博物院

华丽,异于他人,由此也显示出他的身份特殊。由于这孩童的位置、服装和佩件特别高贵,异于其他诸童,因此可以判断这小孩应是胤禛的一个儿子。再加上这孩童的相貌,与《朗吟阁读书图》中的胤禛脸部特色十分相似(图1.7),更可证这孩童应是他的诸子之一无疑。查雍正皇帝共曾生有皇子十人,其中早殇者六人,长大成人者只有四人,包括皇三子弘时(1704—1727)、皇四子弘历、皇五子弘昼(1711—1770)和皇六子弘瞻(1733—1765)。[11] 而在此画中的这个童子,可不可能便是孩童时期的弘历(乾隆皇帝)呢?笔者认为不太可能。因为由史料得知,弘历出生时(1711),胤禛年已三十四岁,而在此图中,胤禛看起来相当年轻,大约三十多岁。那时,他身边较大的皇子,只有皇二子弘昐(1700—1710)和皇三子弘时两人。[12] 图中的童子,年七八岁,因此很可能是上述二子当中的一人。那时皇四子弘历可能还未出生;如已出生,也应仍在襁褓之中。因此,这幅画中的童子,不太可能是乾隆皇帝的幼年画像。

又,罗慧琪博士在她的博士论文中,认为此图中所描写的景致,与康熙六十一

图1.6 清人《胤禛赏花图》1722年之前 绢本设色 轴 204.1×106公分 北京 故宫博物院

图1.7 《胤禛赏花图》局部(左)及《朗吟阁读书图》局部(右)比较

年（1722）五月，胤禛邀请康熙皇帝到自己所住的圆明园镂月开云（又称牡丹台）赏牡丹之事有关。她认为在那次赏花中，康熙皇帝第一次看到聪明俊秀、时年十二岁的皇孙弘历。康熙皇帝在欣喜之余，便命弘历入宫居住，并且携带他同赴避暑山庄和木兰狩猎。此事乾隆皇帝日后时常追记，可知当年牡丹台赏花、祖孙初会一事，对乾隆皇帝而言意义重大，因此这幅画很可能是雍正皇帝或乾隆皇帝为纪念当年那件赏花盛事而作的。[13]但笔者认为这不太可能，主要的原因是，康熙皇帝与弘历在牡丹台见面时，弘历已经十二岁，而此画中的孩童年纪，才七八岁。因此，这幅画与当年牡丹台祖孙初会之事无关。换言之，这幅画中的孩童，应非幼年的乾隆皇帝。

与这类"满服行乐图"相对的，是另外一类表现胤禛穿着各种不同族群的服装、从事不同活动的画作。如在两套《胤禛行乐图册》（详见下述）中，当时还是皇四子身份的雍正皇帝，装扮成汉族历史上的各种名人及趣行，包括"苏轼题壁"和"东方朔偷桃"，甚至滑稽地作西洋贵族持枪刺兽之状，以及作红衣喇嘛在岩穴中入定的样子等。

2.《胤禛行乐图册》

存世表现"胤禛行乐图"的作品应该不少，但已出版者有限。在目前已出版的资料中，以两套《胤禛行乐图册》（以下简称 A、B 两册）较广为人知。

A 册十六开，内容表现胤禛以汉人文士装扮，在一年四季中从事各种不同的休闲活动，包括：春天时的柳荫濯足、高山观云、花下听泉、水湄行吟；夏天时的蕉下乘凉、水榭观荷、竹下吟诗、苇间泊舟；秋天时的乘槎浮海、折桂游园、东篱策杖、树下鸣琴（图 1.8）；冬天时的倚松静思、据案作书、暖室展卷（图 1.9）及雪中独钓等情景。在每一幅画中，他的脸部和身材都呈现一致性的特征，具有写实性：脸呈长椭圆形，上宽下窄，眉眼细长，鼻形适中，口小唇薄，二侧蓄髭，身材高挑，表情轻松，略带微笑等。

B 册十四开，内容表现胤禛身着各种民族的衣冠，显示不同的身份，从事不同的活动，包括：各种王公贵族，如蒙古王公（图 1.10）、射猎苗酋（图 1.11）、刺虎

图 1.8 清人《胤禛行乐图册》（A 册）树下鸣琴 1722 年之前 绢本设色 册页 37.5×30.5 公分 北京 故宫博物院

洋人（图 1.12）；各种宗教人士，如岩穴喇嘛（图 1.13）、汉装行僧（图 1.14）、降龙仙人和彩衣东方朔（图 1.15）；以及各种活动的汉人文士，如林间听泉、崖上观涛、苇间静憩、岸上观瀑、林间弹琴和松下题壁等。在 B 册的十四幅画中，胤禛的脸部特色与表情，都近似 A 册中各幅所见。依罗慧琪博士的研究，这些册页中所表现的汉族题材的人物动作和构图，都沿用了古画的表现模式，特别多见于十六世纪的版画《天行道貌》中的许多图像。[14]

在这两套册页中所见胤禛的脸部和身

图 1.9 清人《胤禛行乐图册》（A 册）暖室展卷 1722 年之前 绢本设色 册页 37.5×30.5 公分 北京 故宫博物院

图 1.10 清人《胤禛行乐图册》（B 册）蒙古王公 1722 年之前 绢本设色 册页 34.9×31 公分 北京 故宫博物院

图 1.11　清人《胤禛行乐图册》（B 册）射猎苗酋　1722 年之前　绢本设色　册页　34.9×31 公分　北京故宫博物院

图 1.12　清人《胤禛行乐图册》（B 册）刺虎洋人　1722 年之前　绢本设色　册页　34.9×31 公分　北京故宫博物院

图 1.13　清人《胤禛行乐图册》（B 册）岩穴喇嘛　1722 年之前　绢本设色　册页　34.9×31 公分　北京故宫博物院

图 1.14　清人《胤禛行乐图册》（B 册）汉装行僧　1722 年之前　绢本设色　册页　34.9×31 公分　北京故宫博物院

图 1.15 清人《胤禛行乐图册》（B 册）彩衣东方朔 1722 年之前 绢本设色 册页 34.9×31 公分 北京故宫博物院

材特征都一致，也都近似于以下将要看到的《胤禛耕织图册》。而后者（B 册）在每一幅的诗塘上，都有他的题诗，并钤有"雍亲王印"及"破尘居士"等二印，因此可知该图册应作成于他四十五岁（康熙六十一年，1722）登基之前。据同理，也可推断这两套《胤禛行乐图册》应作成于同一时期。至于胤禛为何要以这种种不同的造形来呈现自己，笔者认为他除了以此自娱之外，更借此宣示他了解并接受不同族群，包括汉、蒙、藏、苗甚至西洋人，以及不同宗教，包括汉传和藏传佛教等各界人士的生活和文化。简言之，他应是期望借由这些图像，来表现他具有广大的文化包容力，这是当时治理清帝国辖下多民族的统治者所必须具有的气度与能力。而他应也期望能经由各种渠道，使康熙皇帝看到这些画，并借由这种婉转而轻松的自我宣示，使他父皇在择立嗣君时，加重考虑到他的长处。他不止一次地用这种方式来表达他的心志，如见于以下《胤禛耕织图册》和《胤禛道装图》等作品中。

3.《胤禛耕织图册》与《胤禛道装图》

在《胤禛耕织图册》（图 1.16）中，胤禛将自己和他的福晋打扮成农民造形，成为男耕女织的村夫农妇，在田间从事各种农事活动。此册中的人物图像和构图方式，都取法焦秉贞（约活动于 1680—1730）于康熙三十五年（1696）奉命而画的《耕织图》（图 1.17）。[15] 而在《胤禛道装图》（图 1.18）中，他和他的福晋则作道装打扮。这反映了他对道教的兴趣，[16] 同时也显示了他与世无争的心态。在以上所见的"耕织图"和"道装像"中，胤禛望似四十多岁之人，除脸部写实之外，其余的服饰和活动应该都是虚构的。简言之，以上所见胤禛的这些"异装行乐图"，大约都作

第一章 雍正与乾隆二帝"汉装行乐图"的虚实与意涵

成于他四十多岁之时,也就是登基之前。而在这些不同的"异装行乐图"中,虽然他的服饰不同、身份有别,但他脸上的表情始终一致,一直保持着惯有的庄严肃穆和浅浅的微笑。画家以写实的手法,成功地表现出他身为皇家贵公子的骄矜;但相对地,他的身体动作却显得僵硬而不自然。

整体而言,胤禛在这些"异装行乐图"中所呈现的形象,远远比不上他在《朗吟阁读书图》(图1.4)、《胤禛读书图》(图1.5)和《胤禛赏花图》(图1.6)中造形之精确和品质之

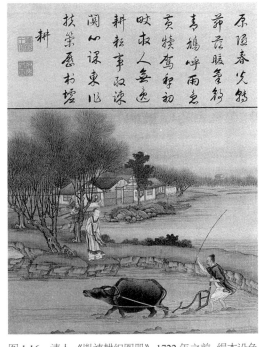

图1.16 清人《胤禛耕织图册》1722年之前 绢本设色 册页 39.4×32.7公分 北京 故宫博物院

图1.17 清 焦秉贞(约活动于1680—1730)《耕织图》1696年后康熙印版 刻本

图1.18 清人《胤禛道装图》1722年之前 绢本设色 轴 52×45.9公分 北京 故宫博物院

029

图1.19 清人《圆明园十二美人图》(之四) 约1722年之前 绢本设色 轴 184×98公分 北京故宫博物院

精致。学者们大都同意胤禛的各种"行乐图",除了穿满洲服饰的画像可能是据实所作的写真像外,其他都可能是一种想象的变装组合画。也就是说,以上这些"异装行乐图"中所见的他的活动,都是虚构的。许多学者已经指出,皇子时期的胤禛所过的现实生活极为奢华。最具体的例子是:他在圆明园的深柳读书堂屏风上,曾命人画了十二位穿着汉装的美人图(《圆明园十二美人图》,原称《胤禛十二妃子》)(图1.19);图中那些女子衣饰之精美,与居室内所陈设物件之精致华贵,正足以反映此时胤禛在现实生活中享受醇酒美人、物质奢华的一面。[17]

那么他为何要命人制作那些虚构的"异装行乐图"呢?关于这个问题,学者各有所见,可参见罗慧琪的博士论文。[18]依笔者的看法,胤禛那种种的"行乐图",并非只是为了好玩和趣味性而作;实际上,可能具有更深沉的政治目的在内,因此值得特别注意。他之所以如此表现,目的之一是试图借那种种异装的"行乐图"和"道装图",表现他喜爱休闲玩赏的生活态度,显示他无心参与当时诸皇子勾心斗角、想被立为储君的政治纷争。原来,由于皇太子允礽(1674—1724)犯下了种种过失,致使康熙皇帝分别在康熙四十七年(1708)和康熙五十一年(1712),两度将他的皇储身份予以废除;在此之后,其他诸皇子为了争取皇位继承权而各结党羽,展开了激烈的斗争活动。[19]当时胤禛年纪刚过四十。而前述两套表现他的《胤禛行乐图册》,以及《胤禛耕织图册》和《胤禛道装图》中所见他的相貌,看起来也正像是这个年龄的样子,因此可以推断这些作品应是他命人在这个时期制成的。也因此，这些图像应具有特殊的意涵。

值得注意的是，此时他似乎特别喜欢使用他的别号"破尘居士"，时常用来签署（或钤印）书画作品，如见于他题《胤禛耕织图册》和《圆明园十二美人图》中的落款和钤印。他似乎有意借"破尘居士"四字，来强调他看破尘世间一切名利与权位的人生观。但是，在另一方面，他又似乎企图借着那两套"异装行乐图"，来暗示他具有广大的政治、文化和宗教的包容力。同时，他也利用《胤禛耕织图册》这类作品，来显现他时常设身处地体会农民生活的心怀，以此呼应康熙皇帝因关心农民生活而命焦秉贞作《耕织图》的心意。简言之，当时身为雍亲王的胤禛，似乎有意借由这种种轻松而非正式的图画，含蓄地表达他的心志。他借由那些图像所宣示的，至少有三个信息：他本身并不热衷名利和权力，但是他具有多方面的文化素养与统治能力，而且他更切身时常关心所有农民的生活。他十分巧妙而婉转地借这些图画为自己宣传，目的是期望康熙皇帝有机会看到（或知道）这些画，或经由各种媒介体会到他的心意，而立他为嗣君。

总之，康熙皇帝晚年曾因不满皇太子允礽及其党羽的作为，时思抑制，终于分别在康熙四十七年（1708）和康熙五十一年（1712）两度废立太子。诸皇子长期观望，勾心斗角，伺机而动，亟望能被择立为皇位继承人。胤禛的这些画像既然约作于那时，因此很可能具有以上所述的那几种自我推荐的意图。

4.《雍正十二月令图》

康熙六十一年（1722），四十五岁的胤禛终于登上了皇位。大权在握又掌握了大量的资源，性好奢华的他便大肆地整修圆明园。[20] 雍正三年（1725）新园落成后，成为他另一个行政与居住的重心。存世一套品质精美的《雍正十二月令图》，所描写的便是他在园林中的各种闲居生活。在这套作品中所见的山水、建筑和人物、装饰等图像，其精致华丽的程度远非前述任何的《胤禛行乐图册》可比，应是由当时的一些院画家共同完成的。图中的雍正皇帝与前两套《胤禛行乐图册》中所见，不论在相貌还是表情上都相当接近，因此可判断这套十二月令图应作成于雍

图 1.20 清人《雍正十二月令图》冬日参禅（局部）1722—1735 绢本设色 轴 187.5×102 公分 北京 故宫博物院

正三年（1725）他重修圆明园后不久。在这十二幅月令图中，可见雍正皇帝穿着汉式服装的各种活动（图 1.20）。

以上所见各种胤禛或雍正皇帝的"汉装行乐图"，在许多主题上，特别是各种文士的活动方面，都成为后来乾隆皇帝"汉装行乐图"的先驱。但是，在绘画表现特色、图像意涵以及美术品质方面，乾隆皇帝的"汉装行乐图"却具有它们的独特性。

二、乾隆皇帝"汉装行乐图"

与以上所见各种"胤禛行乐图"绘画的品质之参差不齐，以及在某些造形上故意表现得滑稽突梯的情况相比，乾隆皇帝的各种"行乐图"，绘画品质较为一致，而且质量相当高。乾隆皇帝存世的"行乐图"数量极多，包括各种服饰类型，如满、汉和藏服。在画家方面，除了他在皇子时期的肖像画作者不明之外，参与乾隆皇帝的"汉装行乐图"制作的宫廷画家较多，也较可考，其中包括西洋传教士画家和中国院画家，因此那些作品常呈现中、西画法并用的现象。在西洋画家方面，主要是郎世宁、王致诚（Jean Denis Attiret，1702—1768）、艾启蒙（Ignatius Sichelbart，1708—1780）、安德义（Joannes Damascenus Salusti，？—1781）、贺清泰（Louis de Poirot，1735—1814）和潘廷章（Joseph Panzi，？—1812）等人。[21] 中国画家则有金昆（约活动于 1713—1740）、唐岱（1673—1752 后）、张宗苍（1686—

1756)、丁观鹏（约活动于 1726—1768）、金廷标（约活动于 1759—1767）和缪炳泰（1744—1807）等人。[22] 现今存世为数众多的乾隆皇帝"汉装行乐图"，早期多半是由郎世宁和中国画家，如金昆、唐岱、丁观鹏和金廷标等人共同合作的结果。合作的模式，通常是郎世宁以西洋画法（海西法）描画皇帝的脸和手的部分，有时也包括树木和建筑物，而衣服和背景则由中国画家完成。但在乾隆三十一年（1766）郎世宁过世以后，乾隆皇帝的这类画像，大概多由其他西洋传教士画家，如王致诚、艾启蒙和安德义，或郎世宁的学生，与上述的中国画家依原有的合作模式完成。他们有时也奉诏取用郎世宁旧稿的部分，再经过调整修改后，制作成新的作品。[23]

根据史料，郎世宁在康熙五十四年（1715）进入宫廷，但当时并未受重视，只负责画珐琅，期间八年。[24] 到了雍正时期（1723—1735），他渐受重视。雍正元年（1723）九月，他作《聚瑞图》（图 1.21），描绘多株同心并蒂莲花及分歧合颖之谷，象征雍正皇帝即位万众一心、谷硕丰登的祥瑞景象。[25] 雍正二年（1724），他又以《嵩献英芝》（图 1.22）为雍正皇帝祝寿。雍正六年（1728），他又作《百骏图》（图 1.23）。在这些作品中，郎世宁运用西洋画法写物，肖似精妙，极具立体感与实质感，因此受到雍正皇帝的欣赏；同时，他渐与皇四子弘历（即位前的乾隆皇帝）来往密切。乾隆皇帝即位后，郎世宁更成为清宫最受重视的西洋画家。一直到乾隆三十一年（1766）逝世为止，郎世宁参与了许多重要作品的绘制，其中绝大多数是负责绘制乾隆皇帝的肖像。[26] 经由乾隆皇帝的指示，他将巨细靡遗的西洋写实法加以调整，采用正面光源去描画物象，消除了侧面光源对物象所造成的强烈阴影和明暗对比。经过了这样的调整和相当程度的理想化，郎世宁在不同的时段中为乾隆皇帝所作的肖像画都是脸部明亮清朗，且具真实感，由此也显现出被画者在不同年龄时期的相貌特色。

而在上述的第一代中国画家如金昆、唐岱、丁观鹏、金廷标等人，和西洋画家如郎世宁、王致诚和艾启蒙等人陆续逝世或离职之后，这种创作模式可能由较年轻的第二代，如缪炳泰和徐扬（约活动于 1751—1776）等中国画家与贺清泰和潘廷章等西洋画家继续执行。但就品质而言，后来这些作品，已较其前郎世宁、丁观鹏

图 1.21 清 郎世宁《聚瑞图》1723 绢本设色 轴 173×86.1 公分 台北 故宫博物院

图 1.22 清 郎世宁《嵩献英芝》1724 绢本设色 轴 242.3×157.1 公分 北京 故宫博物院

图 1.23 清 郎世宁《百骏图》(局部) 1728 绢本设色 卷 94.5×776.2 公分 台北 故宫博物院

和金廷标等人合作时的作品逊色。[27] 以下，我们来看乾隆皇帝登基前、后的几幅"汉装行乐图"和它们的相关问题。

（一）皇子时期

目前所知存世最早的有关乾隆皇帝的"汉装行乐图"，应是他还是皇四子时期的《平安春信》《弘历写字图》和《弘历采芝图》三件作品。

1.《平安春信》

《平安春信》不止一本，目前所知，至少有三本。其中两件藏在北京故宫博物院：一为挂轴（彩图4；图1.24）；另一为养心殿西暖阁的贴落（图1.25）。两本的人物类似，但背景有别。[28] 另外，坊间又有一纸本立轴（其真伪有待讨论）。此处所要谈的是挂轴本。虽然有的学者认为它在某些地方有虚线图形，似未画完，但笔者认为它在整体上已经相当完备，虚线部分或许是底稿的残存，而且它的品质精良，设色用心，就图像的完整性而言，可以看作是定本。本图以青绿设色，表现雍正皇帝和皇四子弘历二人穿着汉装，站在竹丛、老梅与太湖石之间。两人身后为一矮石几，上置书本、如意和铜、瓷等古器物。天空背景全以石青染成，使人物主题更为突出。[29] 雍正皇帝居左直立，望似五十多岁之人，表情如他在

图1.24　清 郎世宁《平安春信》约1728 绢本设色
轴 68.8×40.6公分 北京 故宫博物院

图 1.25　清人《平安春信》约 1735—1795
贴落画　201×207 公分　北京　故宫博物院

其他的画像中所见一般严肃。弘历居右，看起来似乎是年纪不到二十岁的年轻人。他的身材高挑，并不亚于雍正皇帝，却故意稍微屈身，以表谦恭侍父。雍正皇帝正从手中传递一枝梅花给弘历，象征着传递春天的信息。二人穿着汉式衣装，宽袍长裙。不论人物还是植物和物件都极写实，应是郎世宁个人所画。有趣的是，他们的头顶上并无头发，却结有巾髻，因此显得突兀而不自然。依此不自然的发型，可以推断他们的汉装打扮应也是虚构。

本幅并未纪年，但画幅右上方有一则乾隆皇帝在他七十二岁（乾隆四十七年，1782）时的题诗：

> 写真世宁擅，缋我少年时；入室皤然者，不知此是谁。
> 壬寅暮春，御题。[30]

这则题诗显示乾隆皇帝在壬寅年（1782），他七十二岁再看到这件早年画像时，几乎认不得自己年轻时的样子了，因此才说"入室皤然者，不知此是谁"。他在感慨之余，便援笔在画上题了此诗，述明画中人是年轻时的自己，画者则是郎世宁。但此画作于何时，他并未明言。后来到他八十多岁，甚至退位为太上皇之后，还曾看过这件作品，因此在"古希天子"之外，他又加盖了"八征耄念之宝"和"太上皇帝之宝"等印。由于这幅画没有标上作画年份，因此一般学者推测它可能作于雍正时期（1723—1735），但也有学者认为它可能作于乾隆时期（1736—1795）。[31] 依笔者的看法，此画如作于雍正时期，则画中人物的脸部便具有相当成分的写实性。以二人的相貌和身材看起来，雍正皇帝当时年约五十岁，而弘历则在十八岁前后。如依此推断，则此画可能作成于雍正六年（1728）前后。

就图像意涵而言，此图表面上是描写雍正皇帝和弘历父子二人在春天游园，雍正皇帝正从手中传递一枝梅花给弘历。有的学者认为这个动作，除了显示传递春天的消息之外，也象征了雍正皇帝认定弘历为嗣君的意思。如依以上推断，本幅作成于雍正六年（1728），则那时弘历已经十八岁，既已长大成人，并且也在前一年（1727）成婚，因此雍正皇帝如在此时暗示要他将来承担大任，应是合理的事。

事实上，在此之前，雍正皇帝对传位之事早有安排。他在登基后的第一年（1723）八月，便写下密诏，安排将来传位给宝亲王弘历之事，藏在乾清宫正大光明匾后。[32] 既是密诏，当然不能明示，因此，雍正皇帝也可能用各种方式暗示谁为嗣君之事，而这幅作品便可视为雍正皇帝借图像暗示弘历为将来嗣君的证物。另外，雍正皇帝也曾以其他方法，私下暗示弘历已被立为嗣君之事。依据乾隆皇帝自己在乾隆六十年（1795）的记载，雍正皇帝曾于雍正元年（1723）在乾清宫亲自单独召见他，并赐他服食当日祭过天的胙肉，以表现对他的特殊宠爱，同时也暗示立他为储嗣之意。他在《御制诗五集》中的《以纪元六十年恭谒二陵，起程有作，并序》的诗句"虔思赐胙之默成"之下加注说：

> 雍正元年，郊祀日之晡，皇考召予一人至养心殿。赐肉一脔，味纯美不辨何肉，亦未奉皇考明谕。敬识弗敢忘。至予即位后，始忆所赐，必郊祀福胙。盖其时已将予克承大宝默告上苍矣。[33]

然而，如果此图真如巫鸿所说，是作于乾隆时期的话，那么画中二人的脸部表现，便可能是院画家依凭想象，或推测他们当年的面貌而画的。纵使如此，这也不影响此画表现父子情深，及暗示传位的图像意涵。事实上，依据笔者的观察，养心殿西暖阁贴落本的《平安春信》（图 1.25），才可能是乾隆时期所作的。该图的内容和构图，虽近于挂轴本，但它在人物图像和园林背景上都做了修改。两人脸部五官特色相近，因此有人认为他们都是乾隆皇帝的写照。此图对人物衣饰和花木、石头等的表现，多属中国画法，因此，本图大部分应是中国画家所作。

037

2.《弘历写字图》

《弘历写字图》（图1.26）所画为弘历身着绣袍，头戴巾帽，足登朱履，正据案持笔，在书斋中作写字状。本幅画名作"写经"，有些不当。因为在案上摊开的是一大巨幅的芭蕉叶，并非贝叶。这里所引用的应是怀素（725—785）在蕉叶上练字的典故，而非如一般经生在贝叶上抄录佛经之事，因此应改名为《弘历写字图》较为合适。图中所见，穿着汉装的弘历身材瘦长，眉清目秀，面向观者，表情平静，动作沉稳，显现出年轻士子老成持重的样子。这样的衣冠造形与表情举止，有如戏剧上所见的明代苏州一带的贵公子书生形象。由于清代不论在宫中还是民间，男子一律禁服汉装，因此这样的装扮不可能存在于日常生活当中，但它仍可在图画或当时的戏剧中见到。也因此，可以推断画家作此画时，他对画中人物造形及姿态的灵感，很可能取法于当时在宫廷中流行的南戏中所见。[34]

按清初宫中承续了明末以来对剧曲的爱好，因此康熙年间便设有南府，承应内廷音乐和戏剧的演出。关于明代皇帝喜爱看戏的情形，可由清初高士奇（1645—1704）的记载中得知。依高士奇所记，明神宗（1563年生；1572—1620年在位）时，曾在玉熙宫（位于紫禁城外的西安内门街北边，即北海西南侧金鳌玉蝀桥之西）"选禁侍三百余名，学习官戏，岁时升座，则承应之"，专为皇家演戏。至于所演之戏，则"各有院本，如盛世新声、雍熙乐府、词林摘艳等词。又有玉娥儿词，京师人尚能歌之。……他如过锦之戏，约有百回……又如杂剧古事之类……"，可谓类别丰富。而宫中演戏的目的，是"盖欲深宫九重之中，广见识、博聪明、顺天时、恤民隐也"，可知是深具教育效能的。[35]

图1.26 清人《弘历写字图》约1731 绢本设色 轴 直径165公分 北京 故宫博物院

此画制作年代不明，但从画中人物之眉目清秀、表情沉着与姿态安稳等各项表现看来，可推断是弘历二十岁（雍正八年，

1730)左右的画像,那时他刚完成了《乐善堂全集》。[36] 由于在此图中,人物脸部的画法属于中国传统线描及晕染法,而非表现明暗和立体感的海西法,因此可以推断它应是某位中国画家所作的。

3.《弘历采芝图》

《弘历采芝图》(图1.27)今藏北京故宫博物院。[37] 此图表现年轻的弘历与麋鹿和花僮为伴。图中只见他穿道装、戴笠帽,站在画幅正中偏左,正面对着观众。他一手持灵芝,一手抚鹿背,眉目清秀,表情平静,与挂轴本《平安春信》(彩图4;图1.24)和《弘历写字图》(图1.26)相较,显得成熟许多。在他右前方的童子,头上梳双丫髻,一肩荷药锄,一手提花篮,正仰望着他,似乎正待吩咐。画幅左下方有梁诗正(1697—1763)所写的一则长篇小楷题识。右上方则为弘历行书题诗:

> 何来潇洒清都客,逍遥为爱云烟碧;
> 筠篮满贮仙岩芝,芒鞋不踏尘寰迹。
> 人世蓬莱镜里天,霞巾仿佛南华仙;
> 谁识当年真面貌,图入生绡属偶然。

署名"长春居士自题"。弘历早年曾随父亲胤禛住在圆明园中,他的居处便是园区正门内西侧的长春仙馆。那时的胤禛似乎深受道家影响,因此自称"破尘居士",而后在雍正十年(1732),也赐给皇四子弘历"长春居士"、皇五子弘昼"旭日居士"的名号。[38] 因为当时弘历在圆明园中所住之处为长春仙馆,可知此号乃源自居处之名。乾隆皇帝对"长春"二字似有偏爱,这可由他登基后在圆明园东侧增建长春园,以及他让最钟爱的孝贤皇后(富察

图1.27 清人《弘历采芝图》约1734—1736
纸本墨笔 轴 204×131公分 北京 故宫博物院

氏，1712—1748）住在西六宫的长春宫二事上看出来，而且他在多处的书房也常取名"长春书屋"。[39] 本幅画上所见的这首诗，也收录在他于皇子时期所作的诗文集《乐善堂全集》中，标题为《采芝词自题照》。[40]

本幅虽未纪年，但图左下方梁诗正的题识，纪年为雍正十二年（甲寅，1734）。据此可以断定此图应作成于雍正十年（1732）弘历得赐"长春居士"之号，到雍正十二年（1734）梁诗正题字之间；也就是弘历二十二岁到二十四岁之间（1732—1734）。弘历在这首自题诗中反映出道家清净的思想，字里行间流露出一点淡泊潇洒的灵气。他的书法也相当方正端丽，不像日后的圆滑熟练。有的学者认为这则题识可能是梁诗正的代笔。[41] 但他脸上所呈现的清灵气质，日后随着年龄的增长与角色和地位的变化而渐渐转变，与他登基后的狩猎、赐宴、南巡等图，以及其他"行乐图"中所见差异甚大。

有趣的是，乾隆皇帝后来对自己曾在这幅早年的《弘历采芝图》上所作的题识，似乎忘得干干净净；事见乾隆三十一年（1766）他对诸皇子的训谕。那年五月间，有一次他在训谕众皇子切莫染上汉人喜用各种雅号和斋名的"书生习气"时，提到他自己从未使用过雍正皇帝赐给他的"长春居士"名号来署款或题识：

> 上于乾清宫召见大学士军机大臣，谕曰："朕昨见十五阿哥所执扇头，有题画诗句，文理字画，尚觉可观。询之，知出十一阿哥之手。幼龄所学如此，自属可教；但落款作'兄镜泉'三字，则非皇子所宜。此盖师傅辈书生习气，以别号为美称，妄与取字，而不知其鄙俗可憎。且于蒙养之道，甚有关系。皇子读书，惟当讲求大义，期有裨于立身行己。至于寻章摘句，已为末物，矧以虚名相尚耶？皇子中，或年齿已长，间有书斋名字，见之图章，尚无大碍。若十一阿哥，方在童年，正宜涵养德性，尊闻行知，又岂可以此种浮伪之事，淆其识见耶？朕昔在藩邸，未尝不留心于诗文，然从未有彼此唱酬题赠之事，亦未私取别号。犹忆朕二十二岁时，皇考世宗宪皇帝因办当今法会一书，垂问汝等有号否？朕谨以未尝有号对，我皇考因命朕为'长春居士'，和亲王为'旭日居士'。朕之有号，实由皇考所赐，然亦从未以之署款题识。此皆和亲王所深

第一章　雍正与乾隆二帝"汉装行乐图"的虚实与意涵

悉，可问而知也。"[42]

这样的说法十分奇怪，因为这等于说他忘掉自己早年的这幅画像，以及上面的题诗和署款。但事实上却又不可能，因为这幅画上盖了他晚年的三方印记："八征耄念之宝""五福五代堂古稀天子宝"和"太上皇帝之宝"，可知他直到八十岁以后还宝爱这幅画像。而且，如上所述，这首诗也曾收入他的《乐善堂全集》中，而该书在雍正八年（1730）初编后，又分别在乾隆二年（1737）和乾隆二十三年（1758）二度增订过；照理而言，他是不会忘记的。何况乾隆皇帝精明过人，记忆力极好，他在许多诗中所注记的往事，经与事实对证，都极精确。因此，这样的矛盾是十分罕见的。唯一的解释是，那首题画诗确实是他专为该画像而作的，但书法却是别人代笔；而代笔者自己在文末加上了弘历当时得到的赐号"长春居士"。因此，乾隆皇帝后来才会声称：他从来没有签署过那样的别号。这虽属可能，因传世还有一些署名为"长春居士"的题识确为他人代笔，然而，他在宝亲王弘历时期，真的未曾以"长春居士"落款题识吗？事实又不然，因为，至少在雍正十年（1732）他刚得赐号"长春居士"时，便曾亲笔题诗，并署名"长春居士"。那则作品，今裱在唐岱作于雍正十一年（1733）春天的《松阴抚琴图》（图 1.28）诗塘中。[43] 由此可证，他说自己不曾如汉人书生般使用名

图 1.28　清　唐岱《松阴抚琴图》1733 绢本设色　轴 32.5×29.4 公分　台北 故宫博物院

号署款一事,并非事实,也不可能是他忘记了,而是他故意如此说。但为何如此?笔者认为他的目的,是趁机向他的皇子们明白宣示他接受汉文化的态度。

乾隆皇帝如此声称他自己虽受赐"长春居士"之号,但不曾亲自使用它来签署的原因,以及他对诸皇子的训谕——切莫染上汉人的书生息气等事实,明白标示了他接受汉文化的态度是欣赏与运用,但不沉溺于其中。他以这样的原则来教导他的皇子们,主要的原因是要他们不忘记满洲传统"国语骑射"和统治者的身份、责任以及特殊的教育。关于这一点,他特别在同一次训谕中再加以强调:

> 我国家世敦淳朴之风,所重在乎习国书、学骑射。凡我子孙,自当恪守前型,崇尚本务,以冀垂贻悠久。至于饰号美观,何裨实济?岂可效书愚陋习,流于虚谩而不加察乎?设使不知省改,相习成风,其流弊必至今羽林侍卫等官,咸以脱剑学书为风雅,相率而入于无用。甚且改易衣冠,变更旧俗,所关于国运人心,良非浅鲜,不可不知儆惕。朕前此《御制〈皇朝礼器图〉序》,特畅申其旨,曾令阿哥等课诵。迩来批阅《通鉴辑览》,于北魏、金、元诸朝,凡政事之守旧可法,变更宜诫者,无不谆切辩论,以资考鉴。将来成书时,亦必颁赐讲习,益当仰体朕之深计远矣。阿哥等诞育皇家,资性原非常人可及。其于读书颖悟,自易见功。至若骑射行围等事,则非身习劳苦,不能精熟。人情好逸恶劳,往往趋于所便。若不深自提策,必致习为文弱而不能振作。久之将祖宗成宪,亦罔识遵循,其患且无所底止,岂可不豫防其渐耶?阿哥等此时即善辞章,工书法,不过儒生一艺之长,朕初不以为喜。若能熟谙国语,娴习弓马,乃国家创垂令绪,朕所嘉尚实在此而不在彼。总师傅等须董率众师傅,教以正道。总谙达亦督令众谙达,时刻提撕劝勉,勿使阿哥等耽于便安。着将此谕敬录一道,实贴尚书房,俾诸皇子触目警心,咸体朕意。毋忽。[44]

他念兹在兹,纵使到了晚年,在他的《读史》杂著中,仍提醒子孙要注重"国语骑射",因为他认为那是治国之要。[45]

（二）在位期间

宝亲王弘历于雍正十三年（1735）九月，年二十五岁时登基；第二年改元，为乾隆元年（1736）。他在位六十年（1736—1795）后，让位给嘉庆皇帝（清仁宗；1760生；1796—1820在位），而自居太上皇训政，卒于嘉庆四年（1799）。表现他在位期间的各种"汉装行乐图"作品极多，显见他热衷汉文化的程度。但是，就像前面所说的，乾隆皇帝穿着汉装的形象，都是虚构的。这一点，他自己在《题〈宫中行乐图〉一韵四首》的诗注中说得很明白。该诗原作于乾隆二十八年（1763），当时只为题在画上，原诗未加注。但此诗后来又在两处加了小注，且收录在乾隆三十六年（1771）所编辑的《御制诗三集》中：

题《宫中行乐图》一韵四首

乔树重峦石径纡，前行回顾后行呼；松年粉本东山趣（注文：《石渠宝笈》藏刘松年此幅，喜其结构古雅，因命金廷标摹为《宫中行乐图》），摹作《宫中行乐图》。

小坐溪亭清且纡，侍臣莫谩杂传呼；阏氏来备九嫔列，较胜《明妃出塞图》。

几闲壶里小游纡，凭槛何须清跸呼；讵是衣冠希汉代？丹青寓意写为图（注文：图中衫履即依松年式。此不过丹青游戏，非慕汉人衣冠。向为《礼器图》序，已明示此意）。

瀑水当轩落涧纡，岩边驯鹿可招呼；林泉寄傲非吾事，保泰思艰怀永图。[46]

如上所述，此诗原题在金廷标仿刘松年（约活动于1174—1194）的《宫中行乐图》（图1.29）上，纪年标为癸未（乾隆二十八年，1763）新春。但该画上的题诗只有本文，而没有以上所见的两则小注。[47] 可知这两则小注，是他在乾隆二十八年（1763）题了此诗之后，与乾隆三十六年（1771）《御制诗三集》编纂之前，补加上去的，目的在于特别说明画中自己穿着汉服是依刘松年古画图式，属于丹青游戏，并非钦慕汉人衣冠。可知他担心观者会误以为他真的穿着汉装入画。至于他在《〈皇朝礼器图式〉序》（乾隆二十四年，1759）中所写的是：

图 1.29　清 金廷标等《宫中行乐图》（局部）1763 绢本设色 轴 167.4×320 公分 北京 故宫博物院

至于衣冠，乃一代昭度。夏收殷冔，本不相袭，朕则依我朝之旧而不敢改焉。恐后之人执朕此举而议及衣冠，则朕为得罪祖宗之人矣。此大不可。且北魏、辽、金以及有元，凡改汉衣冠者，无不一再世而亡。后之子孙能以朕志为志者，必不惑于流言，于以绵国祚，承天佑于万斯年，勿替引之。可不慎乎？可不戒乎？是为序。[48]

在其中，他说明了遵守祖制、不改衣冠的坚定原则，而且也一再警诫后代子孙不得违背。终其一生，他一直坚持这样的想法与做法，比如他在乾隆六十年（1795），也就是他传位给嘉庆皇帝的前一年，还不放心地下诏，命"归政后所有诸皇子、皇孙，以及曾孙、元孙，仍在尚书房读书，应用冠服、缰辔等项俱着，仍照现在之例，不必更改"。[49]总之，在以上他的《题〈宫中行乐图〉一韵四首》诗中，特别值得注意的首先是："阏氏来备九嫔列，较胜《明妃出塞图》。"其中，他以非汉族的眼光，指称画中女子为可汗的配偶"阏氏"，而且认为胡女阏氏之美，更胜于与可汗婚配的汉女明妃（王昭君）。其次是："讵是衣冠希汉代？丹青寓意写为图"一句,以及它的小注:"图中衫履即依松年式。此不过丹青游戏,非慕汉人衣冠。向为《〈礼器图〉序》,已明示此意"。这些资料,都可证他的这类"汉装行乐图"应该都是丹青游戏,并非真的倾慕汉人衣冠,因而穿戴入画。这种表现的方式,又可见于《高宗观月图》(图1.30),画中乾隆皇帝的衣冠全是汉装。本幅作品虽无纪年,但应是乾隆皇帝在登基不久后,命令院画家冷枚(约1662—1742)和郎世宁等人,共同依据冷枚更早时期所画的《赏月图》(图1.31)旧稿,经过增补修改后作成的。[50]

图1.30 清人《高宗观月图》绢本设色 轴 138.2×70公分 北京 故宫博物院

图1.31 清 冷枚《赏月图》绢本设色 轴 119.8×61.2公分 台北 故宫博物院

简言之，在乾隆皇帝的这类"汉装行乐图"中，除了人物的脸部之外，其余如衣饰和许多背景，大多是虚构的。以下，我们再看几幅他在位时的"汉装行乐图"和相关问题。

1.《乾隆皇帝岁朝图》与相关问题

《乾隆皇帝岁朝图》（以下简称《岁朝图》）（彩图8；图1.32）表现乾隆皇帝坐在一座汉式庭园建筑物的走廊上，与两个侍女和九个孩童在雪景中享受天伦之乐的温馨场面。画中的乾隆皇帝，体型较他人大了许多，画家以此来表现出皇帝的特殊身份。他坐在廊下火盆前，他的背后站着两个侍女，而他的怀中则抱着一个红衣幼儿。他的右手边站着两个孩童，其中较矮者，一手持印，另一手持戟，戟上吊一磬。乾隆皇帝的右手持棒，正作击磬状。怀中的幼儿可能是被清脆的击磬声引起了兴趣，因此伸出小手，挣扎着想要夺取棒子。另外的六个孩童，各有所事：在图右边的一个孩童，蹲在乾隆皇帝的脚边，正在挑拨炭火；另外两人分别站在乾隆皇帝右手边一根柱子的前后，不顾手中的花灯，好奇地望着庭中的另一个正要点燃爆竹的孩童。那孩童正一手捂耳，一手前伸，手中拿着线香，作点燃鞭炮之状，模样既兴奋又紧张。另外两个孩童，各抱持麦楷和果物，从庭院的左方走来。走在前面的那个孩童，已感染到这燃炮前的紧

图1.32 （传）清 郎世宁等《乾隆皇帝岁朝图》约1736 绢本设色 轴 277.7×160.2 公分 北京 故宫博物院

张气氛,不自觉地拿出一枝麦穗试图抵挡;但走在后面捧着果物的孩童,因距离较远,还没看到这紧张的一幕,所以还没产生强烈的反应动作。庭中松、竹、梅岁寒三友和园石,以及建筑物的屋顶上,都覆上一层薄薄的白雪,更烘托出这户人家天伦之乐的温暖气氛。

在衣冠方面,乾隆皇帝身着汉式长袍,头戴金束红缨冠;两个女子和九个孩童也都穿着汉装。其中,乾隆皇帝怀中的红衣幼儿和站立在他右手边的两个孩童,也与他一般戴着金束红缨冠,显示这三个孩童的身份特殊应是皇子。而其余诸童头上只结发髻戴巾,他们的身份可能是宗室子弟。此图所呈现的是乾隆皇帝以汉人皇帝的装扮,由侍女、三位皇子以及许多孩童陪伴,共享新年期间的休闲生活。庭中老松巨大,树皮鳞圈片片,树身弯曲峥嵘,枝叶盘盖于屋顶之上,形似巨龙。画中的乾隆皇帝相当年轻,相貌清俊,蓄有短髭。这有异于他在《乾隆皇帝朝服像》(彩图1;图1.33)中所见的样子;那时他年二十五岁(1735),才刚登基,面容白净,没有髭须。他开始蓄髭,应是登基之后不久的事,因为他在乾隆四年(1739)的《乾隆皇帝大阅图》(彩图2;图1.34)中已蓄有短髭。[51] 可知本幅《岁朝图》应作成于乾隆四年之前。

关于此图制作年代,学者看法各有不同。聂崇正认为它可能作于

图1.33 (传)清 郎世宁等《乾隆皇帝朝服像》(局部)约1735—1736 绢本设色 轴 242×179公分 北京 故宫博物院

图1.34 (传)清 郎世宁等《乾隆皇帝大阅图》(局部)1739 绢本油画 轴 322.5×232公分 北京 故宫博物院

乾隆皇帝的家庭生活与内心世界

图1.35 清 郎世宁等《乾隆皇帝雪景行乐图》1738 绢本设色 轴 289.5×196.7公分 北京 故宫博物院

乾隆三年（1738），[52]中野美代子认为可能作成于乾隆三十八年（1773），[53]而笔者则认为应是乾隆元年（1736）十二月所作。[54]聂崇正认为本图虽无画家落款和纪年，但就图像特色而言，本幅与另一幅《乾隆皇帝雪景行乐图》（以下简称《雪景行乐图》）（图1.35）在风格上极为接近，而后者是由郎世宁、唐岱、陈枚（约活动于1726—1744）、孙祜（约活动于1736—1745）、沈源（约活动于1738—1747）和丁观鹏等六人在乾隆三年（1738）合作而成的，因此可知本幅《岁朝图》极可能也是这些画家在相近的时间内完成的。[55]但是，笔者认为《岁朝图》与《雪景行乐图》中的人物，除了人数多寡不同之外，二者在许多人物图像细节方面几无二致，因此二者可能依据同一稿本再经整修而成，或是二者之中的一件是另外一件的稿本。笔者认为《岁朝图》中孩童人数只有九人，而在《雪景行乐图》中，除了引用其中八人的图式之外，又增加两人，成为十七人。据此可知《岁朝图》中的人物，应是《雪景行乐图》的图像原型，因此，它应作成于《雪景行乐图》（1738）之前。

此外，笔者再根据相关史料，得知乾隆皇帝在乾隆元年（1736）时年二十六岁。当时他只有三个皇子：九岁的皇长子永璜、七岁的皇二子永琏和两岁的皇三子永璋（1735—1760）。[56]而在《岁朝图》中所出现的那三个装扮特殊、身份高贵的孩童，也正分别是那样的年纪。因此，可以推断图中所见的乾隆皇帝怀中所抱的红衣幼儿，应是当时两岁的皇三子永璋；而站在他右手边的两个年龄较大的孩童，则应分别是九岁的皇长子永璜和七岁的皇二子永琏。他们三人头上戴着与乾隆皇帝同样的金冠和红缨,标示出他们身为皇子的特殊身份。这有别于其他孩童只是结发戴巾,显示一般富贵人家的身份。由此可知本幅《岁朝图》中的人物并非全是虚构的,有些主要人物是实存,而且于史有据。又据《养心殿造办处各作成做活计清档》,在"乾隆元年十二月二十五日"的记载中,有一则命令郎世宁、唐岱和陈枚三人合作《岁朝图》的记事。笔者综合以上的各项资料,推断这幅《岁朝图》应该是在乾隆元年(1736)十二月二十五日,由以上的三位画家合作完成的。

又依笔者所见,本图在图像意涵方面值得特别注意。如上所述,笔者认为站在乾隆皇帝右手边,一手持印,一手持戟,戟上悬磬的孩童,是当时七岁的皇二子永琏。依史料得知,永琏为乾隆皇帝与孝贤皇后所生的嫡长子;乾隆皇帝对他十分钟爱,且早有立嫡长子为嗣君的计划,因此曾在乾隆元年(1736)七月时,密立他为皇太子。而在此图中的永琏,手上所拿的那些东西不但十分独特,而且具有象征意义:印代表"印信",戟代表"社稷",而磬则表示"吉庆"。换言之,这些象征物间接暗示了永琏已被立为嗣君的事实。[57]这种借图暗示立储的表现方式,正如前述的《平安春信》一般巧妙,也是本幅《岁朝图》独具的图像意涵。虽然另外两幅作品不论在题材上还是图像上,都与本幅关系密切,但它们各自作于不同时期,而且各具独特的图像意涵。关于这些问题,详见本书第四章的讨论;因限于篇幅,在此不再重述。

不过,值得注意的是,这三个皇子在《雪景行乐图》中的位置与图像,出现了有趣的改变。首先是他们的位置小有变动:虽然永璜和永琏的位置保持不变,同样站在乾隆皇帝的右手边,但原来在乾隆皇帝怀中的永璋,已跑到庭前,趴在地上看两个孩童堆雪狮。其次是他们三人的模样,都较《岁朝图》中所见长大了些。更重要的是,原来象征他们身为皇子身份的金冠与红缨标志在此却都不见了。他们的发饰已改为结发戴巾,看起来和其他诸童没有两样。为何如此?理由我已在另文中说明,[58]此不赘述。简单地说,乾隆三年(1738)七月,皇二子永琏不幸病逝。也就是说,当同年年底作这幅画时,永琏已经不存在了,因此画中的这个人物已不是永琏的肖像,他应是一个具有纪念性质的虚构人物,也因此,他自然不再以皇子装扮出现。永琏曾被密立为皇位继承人,他已逝之后,乾隆皇帝并未马上再密立继位

图1.36 （传）清 郎世宁等《乾隆皇帝岁朝行乐图》约1746 绢本设色 轴 305×206公分 北京 故宫博物院

者，因此在此时画中便未再强调任何孩童的特殊身份。

此外，与上述二图内容相近的，还有一幅《乾隆皇帝岁朝行乐图》（以下简称《岁朝行乐图》）（图1.36）。该图据畏冬的研究，认为可能是乾隆十一年（1746）时，由郎世宁、沈源、周鲲（约活动于1741—1748）和丁观鹏等人合作而成的。[59] 此图画面景观较前二幅宽广，包括近、中、远三景，乾隆皇帝和八个孩童出现在右下角的近景中，另外九个孩童在中景庭院中，共计孩童十七人。图中的乾隆皇帝，怀中并未抱幼儿，而且他的相貌也较前二幅所见清瘦许多。这幅图画，如依畏冬之见，是作于乾隆十一年（1746）的话，那么，此时乾隆皇帝三十五岁，曾有皇子七人，但其中二人已殇亡，此时实存五人，并非图上所见的十一人。但有趣的是，图中站在乾隆皇帝右手边的二人（原代表永璜和永琏），此时又较《雪景行乐图》中所见长高了些，而且二者的身高呈现出明显的差距，但两人并未显示出皇子的身份。他们两人虽仍可能代表永璜和永琏，但其中永琏的造形已非写实，而应看作是画家根据合理的臆测而绘制的。

从以上三幅图中可知，乾隆皇帝在不同时期中命人所作的这些"岁朝图"系列，虽然反映了部分的现实，但多半所描绘的并非实际情况。它们所要表现的，是乾隆皇帝曾经密立永琏为嗣君的图证，和永琏过世后，他对永琏持久的纪念，以及他对家庭生活的重视，还有他心中对子孙繁盛的渴望。[60] 简言之，这三图都由郎世宁与不同的中国画家合作而成。而在人物图像方面，后二图曾经采用了《岁朝图》中的人物图式，再经过调整和变化。

只不过，在这三幅画中的皇家父子和其他孩童的汉装打扮，不论如何肖实，还是令人产生不真实之感。主要的原因，仍在于他们的头上虽然或戴冠，或作结发戴巾之状，但头顶上却是光洁无发。顶上无发，却结髻、戴冠，实属不可能之事。这又具体可证这类"汉装行乐图"的人物图像，除了主要人物的脸部可能肖实之外，其余衣冠多属虚构。有趣的是，画家凭借这些实存和虚构的物像，经过组合，制造出某些图像原型，然后，对这些原型再稍加变化或调整，制作出一系列新的作品。以上述三图为例，郎世宁等画家先是在乾隆元年（1736）十二月之前，完成了《岁朝图》（彩图 8；图 1.32）中主要的人物及景物的图像。到了乾隆三年（1738）十二月，他和另外一批画家，又根据这些图像原型，再加以修改和补充，而作成了《雪景行乐图》（图 1.35）。然后到了乾隆十一年（1746）左右，又依同样方式，对先前的那些图像再加以调整和补充人数，而作成了《岁朝行乐图》（图 1.36）。甚至，到了乾隆十五年至乾隆二十年之间（1750—1755），又依这种做法而作成了另外一幅作品，那便是《乾隆皇帝元宵行乐图》（图 1.37）。[61]

图 1.37　清人《乾隆皇帝元宵行乐图》约 1750　绢本设色　轴　277.7×160.2 公分　北京　故宫博物院

2.《是一是二图》与相关问题

另外一类有关乾隆皇帝相当有趣的"汉装行乐图"，是画中画；最具体的代表，是五件内容与构图都类似的《是一是二图》。这五幅作品，分别由不同的画家在不同的时期所作。画中乾隆皇帝的肖像，也显现出不同年龄的脸部特色；而他也在个别的画上作了简单的题识，并标明书写时的地点分别为养心殿、长春书屋和乾

图 1.38　清　丁观鹏《是一是二图》（及其局部）约 1750 年前　纸本设色　轴　118×61.2 公分　北京　故宫博物院

清宫等三个不同的地方。第一幅是丁观鹏所画（图 1.38），图中的乾隆皇帝坐在一个榻上，面向左方。他的座位左右放置着书籍、古琴和文具。榻右为一高几，几上放一古瓶；左侧一个侍童正在为他倒茶。榻背为一山水画屏。屏上左端垂挂了一幅主人的半身画像，像主面向右方；其方向正好与主人面对的方向相反。二者相对，有如镜中像。这幅肖像画中又有肖像画和相同的构图，以及类似摆设的表现，明显模仿了宋人所画的《人物》小像（图 1.39）。

图 1.39　宋人《人物》小像　约 1100—1125　绢本设色　册页　29×27.8 公分　台北　故宫博物院

这幅宋画上钤有"乐善堂图书记"。由于这方印记的使用时间，主要是在乾隆皇帝当皇子时期，甚至是在他登基之后，直到乾隆十二年（1747）之前，[62] 因此可证这幅宋人《人物》小像，是他在这期间所收的藏品之一。由此也可以看到他对这幅宋画的喜爱，以及对画中文士的生活方式、对那些文物艺术品的欣赏程度之深，因此才会命令丁观鹏以这幅古画为模式，而将自己画成那样的一个汉人文士模样。也就是说，本幅《是一是二图》可看作是丁观鹏临摹宋人《人物》小像之作；其中不但把画中的主人换成乾隆皇帝，而且物件和侍者也经调整。画上有乾隆皇帝所写的六行行书题识："是一是二，不即不离；儒可墨可，何虑何思。养心殿偶题并书。"其中流露出超然的哲思。[63] 此画并无纪年，画中乾隆皇帝看起来还相当年轻，望似三十多岁：他的脸瘦长清俊，胡须稀疏。这些特色，使他较在《万树园赐宴图》（图1.40）中所见，

图1.40 清人《万树园赐宴图》（局部）1755 绢本设色 卷 221.2×419.6公分 北京 故宫博物院

更显年轻。由于后者作成于乾隆二十年（1755）他四十五岁时，因此，可以推断本幅应作成于此年之前，大约在乾隆十五年（1750）之前。

第二本为姚文瀚（约活动于1739—1752）所摹的《弘历鉴古图》（图1.41）。其中屏风上的山水画及室内的摆饰，与丁观鹏画本《是一是二图》稍有不同；此外，二者几无二致。画幅上乾隆皇帝诗题的内容也相同，但书法布局由丁本的六行改为三行，且标明是"长春书屋偶笔"。

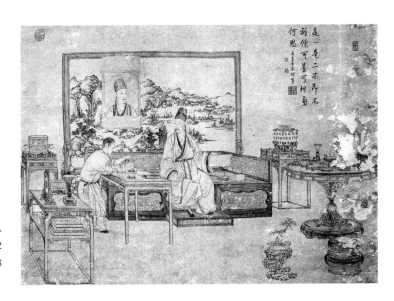

图1.41 清 姚文瀚《弘历鉴古图》1739—1752 纸本墨笔 轴 90.3×119.8公分 北京 故宫博物院

图1.42 清人《是一是二图》1780 绢本设色 轴 北京 故宫博物院

第三本不知画者为谁。图中的屏风山水改为梅花，题署为"长春书屋偶笔"，而且纪年为"庚子长至月"（乾隆四十五年，1780）（图1.42）。当时他七十岁。本幅不知画者为谁，但图中的他相貌较显丰腴，看似五十多岁之人，不像七十岁的相貌。可知画家故意将他画年轻了。

第四本的画者不明。而在他题识后标明是在"乾清宫偶笔"。第五幅画的作者也不清楚。而他在题诗后的落款相当特别，作"那罗延窟题并书"（图1.43）；[64] 不过他并未如其他三本一般，写明他题字时的地点。

以上这五件作品所见，除了画中主人的年纪不同之外，在其他各方面的表现都大同小异。这种现象说明了它们是属于一稿多本的关系，同时也反映了乾隆皇帝深爱这种模式的画像，因此才会命人在不同时期重复依旧稿制作新画。

这种画中画的表现模式，又可见于郎世宁与丁观鹏所合作的《乾隆皇帝观画图》（图1.44）。此画左方表现乾隆皇帝作汉装打扮，他坐在园中，正观看画面右方

第一章　雍正与乾隆二帝"汉装行乐图"的虚实与意涵

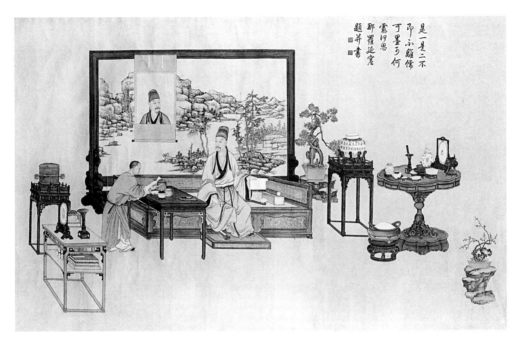

图1.43　清人《是一是二图》纸本设色　贴落　76.5×147.2公分　北京　故宫博物院

图1.44　清　郎世宁、丁观鹏《乾隆皇帝观画图》（局部）约1755—1758　纸本设色　轴　136.4×62公分　北京　故宫博物院

055

几个僮仆所展开的一幅挂轴画；而那幅画所表现的，正是丁观鹏所作的《乾隆皇帝扫象图》（图1.45）的缩本，在此图中的乾隆皇帝扮作文殊菩萨的样子。乾隆皇帝在画中作菩萨的装扮，并不令人特别惊奇，因为他自认为是文殊菩萨的化身，因而常命人将他画成该菩萨的形象，出现在许多件藏传佛教的唐卡上。这类唐卡至少有七件，其中一件便是原来承德普宁寺所藏的《乾隆皇帝普宁寺佛装像》（乾隆二十年至乾隆二十三年，1755—1758）（彩图3；图1.46）。[65] 以上这种画中有画，且画中重复显现主人翁自己的表现法，正与《是一是二图》所见异曲同工。

图1.45 清 丁观鹏 《乾隆皇帝扫象图》 约1755—1758 纸本设色 轴 132.5×62.6公分 北京 故宫博物院

图1.46 清人《乾隆皇帝普宁寺佛装像》约1755—1758 绢本设色 唐卡 108×63公分 北京 故宫博物院

就图像意涵而言，笔者认为乾隆皇帝不啻借由这种种表现宾主不分、主客同一、真幻不二的画像，来宣示他本人在政治和宗教上的多重统治者的身份，同时也是兼备满、汉文化精粹的主导者：他生为满人，贵为皇帝，权倾天下，统治满、汉、蒙、藏各种族群。同时，他又深爱汉文化。他不但深入了解，而且拥有历代的稀世艺术品。简言之，他本身不但是满、汉、蒙、藏各族群的统治者，同时也代表了满、汉、蒙、藏各种文化的精粹。

3.《乾隆皇帝抚琴图》与相关问题

乾隆皇帝一生深受汉文化的吸引。他自小便从名师学习汉文史典籍，特别是儒家经典和书画艺术。雍正八年（1730），当他二十岁时，便将他在那之前所作的诗文论说，结集为《乐善堂全集》。如前所述，这部书在他登基之后，又经二度的修订，成为后来乾隆二十三年（1758）刊印的《御制乐善堂全集定本》。他在皇子时期便对绘画和书法产生兴趣，不但自己时常习作，且开始收藏书画作品。他在早年收藏的作品上钤盖了"乐善堂图书记"。他登基之后，更积极地扩大这种艺文活动的范围：他本人不但持续不断地创作大量的诗文，而且积极地推动画院及各种工坊创作了大量的书画和工艺作品。更重要的是，他在位的六十年期间，收集了大量的古代图书、书画和器物。此外，他又六度下江南，深入汉文化的核心地区，吸收了许多当时的江南艺术家进入宫廷画院服务，并体会江南的园林和建筑艺术。

乾隆十六年（1751），当他四十一岁时第一次下江南，便深为江南明媚的山水和人民富足的生活情形所吸引，特别是精巧的苏州园林和精致的士人文化。[66] 因此，他回到北京后，便在避暑山庄、圆明园、北海和颐和园等各处的许多景点中，仿照江南各处的名园造景，甚至在颐和园中仿建一条苏州街。在那次南巡中，他也曾征集到当地的一些画家，包括张宗苍和金廷标等人，到清宫作画。[67]

张宗苍从乾隆十六年开始到乾隆二十年为止（1751—1755），共在清宫服务五年，期间作了许多乾隆皇帝"行乐图"，例见他在乾隆十八年（1753）为皇帝所作的《乾隆皇帝抚琴图》（图1.47）与《乾隆皇帝松荫挥笔图》（图1.48）。在这两幅作品中，乾隆皇帝都穿士人袍服，分别在清泉垂瀑和树林掩映之间作弹琴和作诗之

图1.47 清 张宗苍《乾隆皇帝抚琴图》1753 纸本设色 轴 194.2×158.7公分 北京 故宫博物院

状。值得注意的是，这两幅画上的山水布局和童子烹茶等母题，令人想起了文徵明（1470—1559）等吴派画家的山水画。张宗苍的山水画曾受唐寅风格的影响。乾隆皇帝很早便喜好吴派画家的作品，这可由他在登基之前已题识过数件所藏的沈周（1427—1509）和唐寅的作品得到证明。[68] 因此，他在乾隆十六年（1751）第一次南巡时，便在苏州接纳了金廷标和张宗苍等人成为宫廷画家。很明显地，张宗苍深为乾隆皇帝所宠爱。他受到了乾隆皇帝的赏识，将吴派的山水传统带到

图1.48 清 张宗苍《乾隆皇帝松荫挥笔图》1753 纸本设色 轴 96.2×152公分 北京 故宫博物院

了清宫画院。乾隆皇帝曾自言：他对张宗苍的作品十分喜爱，以至于"内府所藏张宗苍手迹，搜题殆遍"。[69] 由此可知他喜爱张宗苍作品的狂热程度。

在《乾隆皇帝抚琴图》与《乾隆皇帝松荫挥笔图》这两幅图的左下角，都有张宗苍的落款和纪年，而画幅的右上角则有乾隆皇帝自己的题诗。这两首诗的内容都相同：

> 松石流泉间，阴森夏亦寒；构思坐盘陀，飘然衫带宽。
> 能者尽其技，劳者趁此闲；谓宜入图画，匪慕竹皮冠。
> 　　　　　　　　　　　　　　癸酉夏日题

癸酉为乾隆十八年（1753），当时乾隆皇帝四十三岁。在此诗中，他形容了画中"松石流泉"的景致和自己"飘然衫带宽"的衣着，并且强调他所呈现的那种打扮，只是为了适合于画面的表现效果，并非自己因羡慕那些读书人而穿戴他们的那种宽袍和竹皮冠。由此更可证他在一些"汉装行乐图"中的穿汉服之事，纯属虚构；事实上，那些造形只不过是为"宜入图画"的丹青游戏而已。纵然如此，在所有那些"汉装行乐图"中，他的发型仍有不自然之状。比如，在这两幅画中，虽然并不特别强调他头部的表现，但仍可看出他的头顶无发，却仿汉文士作结髻戴巾之状。由于人物在大型山水背景中比例太小，因此他的不自然状态并不明显。然而，如经仔细观察，仍可看出他头上的这种怪异之处。

由以上的许多例子中，可以发现一个事实，那便是乾隆皇帝和雍正皇帝一样，几乎在所有的"汉装行乐图"当中虽身穿汉服，但发型上绝不全然仿效汉人作留发结髻的样子，因为这样便等于违背了满洲的文化传统和祖宗的训谕。剃除头顶之发与留发束发，这两种发型一直是满、汉文化之间最具体的区别。由于这两种不同的发型分别代表了两种不同的种族和文化，以及因之而延伸出来的政治认同问题，因此在清朝入关初年，便引发了新统治者与汉人之间极大的冲突。最明显的事实，是顺治元年到顺治二年之间（1644—1645），曾经几度因颁布"薙发令"而引发了汉人强烈的反抗。

据《大清世祖章皇帝实录》，顺治元年（明崇祯十七年，1644），清军在和硕睿亲王多尔衮（1612—1650）的领导之下进入山海关，到达北京。当时占领北京的闯王李自成（？—1644）败走，多尔衮进入紫禁城。他一面辅佐侄儿顺治皇帝在北京即位，一面派自己的弟弟和硕郑亲王多铎（1614—1647）进军南京，直取南明政权。身为摄政王的多尔衮，同时也在清军占领的北方统治区内，三令五申、威胁利诱地颁布"薙发令"；时而缓和、时而严厉地命令清军占领区内的汉人男子必须剃发，以示效忠清朝新政权。但留发与束发一直是汉人的习俗和文化传统，特别是秉持儒家孝道思想的读书人，更认为"身体发肤受之父母，岂可毁伤"？因此极力抗争。清朝统治者终以"留发不留头、留头不留发"等极为严厉的手段，强迫汉人剃发服从。这个过程始宽终严，历时二年。顺治元年（1644），由于当时南方未定，所以对"薙发令"的执行时严时宽。但到顺治二年（1645），清军攻下南京之后，便毫不留情地以高压手段执行"薙发令"。汉人男子自此必须全部剃发，一如满人，除僧人与道士之外，无一能够幸免。这对汉人的民族自尊心造成了极为严重的打击。

简计顺治元年到顺治二年之间（1644—1645）所颁布的"薙发令"，至少有七次；其中单是顺治元年就有五次：

（1）甲申……摄政和硕睿亲王多尔衮师至通州。知州率百姓迎降，谕令薙发。[70]

（2）己丑，师至燕京，故明文武官员出迎至五里外……和硕睿亲王谕兵部曰："……着遣人持檄招抚。檄文到日，薙发归顺者，地方官各升一级，军民免其迁徙。……有虽称归顺而不薙发者，是有狐疑观望之意。宜核地方远近，定为限期。……凡投诚官吏军民皆着薙发，衣冠悉遵本朝制度。……"[71]

（3）辛卯，摄政和硕睿亲王谕故明官员耆老兵民曰："……今令官民人等为崇祯帝服丧三日，以展舆情。……除服后，官民俱着遵制薙发。"[72]

（4）又，壬辰，"摄政和硕睿亲王以三河县民为乱，谕令县官加意防辑（缉）……"；"但念尔等皆属吾民，不忍加兵，以故先行驰谕其速改前非，遵制薙发,各安生业。倘仍怙恶,定行诛剿。……"[73]

(5) 戊戌,又谕故明官员军民等曰:"……谕到,俱即薙发,改行安业。……"[74]

顺治元年(1644),由于各地对"薙发令"的强烈反抗,加上当时南方未定,因此稍缓"薙发令"的施行。但是,到了顺治二年(1645),当南京城陷,南明福王政权崩溃之后,多尔衮再无后顾之忧,于是毫不留情地在五月和六月中,两度颁布"薙发令",敕曰:"各处文武军民,尽令薙发,倘有不从,以军法从事。"[75]

可知留发(在头顶上束发为髻)与剃发(只在脑后留辫),是汉人和满人在文化上最明显的差异标志。乾隆皇帝纵使为了画面的一致性,而在画中呈现汉装的造形,但即便在这纯粹属于模仿汉人文士的画面造形上,他仍然一直极具意识地坚持自己身为满人的真实身份与文化认同。因此,纵使在模仿汉人文士生活的"行乐图"中,乾隆皇帝的画像造形顶多穿戴汉人衣饰,但头顶上绝不作留发之状。他应是以此表现他始终坚守满人的文化立场,并未完全"汉化"。这也是为何在上述那些作品的图像中,他呈现出顶上无发,却结髻戴巾,或戴金束红缨冠的不自然状态的原因。然而,这种矛盾的情形,在他五十多岁以后所见"汉装行乐图"中,似乎得到了根本的解决:在那些图像中,他的头上都戴上了满帮的冠帽或披巾,以掩盖顶上无发的事实,比如在《乾隆皇帝写字图》《高宗熏风琴韵图》和《泉下赋诗图》中所见(详下述)。

4.《乾隆皇帝写字图》与相关问题

《乾隆皇帝写字图》(图 1.49)是由郎世宁和中国画家(可能是金廷标)合作而成的,表现乾隆皇帝穿戴着汉式衣冠坐在书斋内的竹椅上。他的左手捻须,右手持笔,手腕搁在前面的书桌上,正凝神望着其左前方。与这幅画相对应的,是另一幅表现他的一个年轻妃子正在梳妆的画像(图 1.50)。在他前面的书桌中央,放着一幅纸,上面压着一柄镇纸;右边为一部书和一矮几;几上面放了一个花瓶;瓶中插了两枝梅花。矮几后方则为另一个高茶几,上面放着一个花瓶,瓶内有两朵兰花。桌面左边放着砚台、小水杯和笔洗。乾隆皇帝的后方墙上,为一幅巨大的梅竹画。本幅画的画风兼具写实和写意。大致而言,除了乾隆皇帝的衣袍和背后的梅竹横幅用笔较写意自由,可能是中国画家金廷标所作外,其余的乾隆肖像和器物都极精细写实,应是郎世宁所作。

画中的乾隆皇帝,仍是眉清目秀、精神奕奕。但比起许多他四十五岁时的画像,如《万树园赐宴图》(1755)(图1.40)中那种脸形稍长、表情清俊精明的表现,本幅画像中的乾隆皇帝看起来脸庞较为圆满丰润,且胡须较为浓密,年龄应已五十多岁。他的表情正经、平静且具威严。他戴着孔明冠,遮住了头顶无发的部分,因此看起来比前面几幅"汉装行乐图"中所见较为自然。他的双手白皙,手指修长,并且蓄着长长的指甲。在此,画家特别以写实的态度,强调乾隆皇帝脸部五官的端正、表情的冷峻以及双手的俊美。这些表现上的特色,早在前述他登基前的《弘历采芝图》(图1.27)及其他"行乐图"中都已经呈现。但是,这其中应有不尽真实而经理想化的部分,最明显的是他那双有如女性一般柔美的双手,特别是修长的指甲。这种表现,又见于他对面正在梳妆的那个宠妃的画像,那娇美之态,令人想起了雍正时期的《圆明园十二美人图》(图1.19)中一个女子的画像,其中特别强调的便是她那白皙、修长而又柔嫩的双手,以及优雅美妙的姿势。

图1.49 清人《乾隆皇帝写字图》约1763 绢本设色 轴 100.2×63公分 北京 故宫博物院

图1.50 清人《乾隆妃古装像》约1763 绢本设色 轴 100.2×97.2公分 北京 故宫博物院

第一章 雍正与乾隆二帝"汉装行乐图"的虚实与意涵

事实上,清初皇帝的许多肖像画,或多或少都经过理想化,特别是在脸部和手部的表现方面。最明显的例子,如前述《康熙皇帝读书图》及乾隆皇帝的许多肖像。首先,以《康熙皇帝读书图》(图1.3)为例,康熙皇帝虽然外表俊美,但幼年出过天花,脸上留有疤痕,并非如图中所见那般平滑润泽。这一点,在当时来华服务于宫廷中的法国传教士白晋(Joachim Bouvet,1656—1730)所写的《康熙帝传》(1697)中已有说明。[76] 可知图中康熙皇帝的脸部表现是经过美化的。其次是他的双手手指修长,且蓄着修长的指甲,这种造形应也是画家加以美化的表现。其实,康熙皇帝时常征战,且提倡骑射,他个人更是其中高手。为了弯弓射箭,他的手指绝对不可能像《康熙皇帝写字图》(图1.2)甚或《康熙皇帝戎装图》(图1.51)中所见那般蓄着长指甲。至于乾隆皇帝,也如康熙皇帝一般爱好狩猎。他不但常以擅射自诩,且提倡骑射,并经常奖励子孙射艺。[77] 为了骑射上的实际需要,他的指甲应如《乾隆皇帝大阅图》(彩图2;图1.34)和《乾隆皇帝射鹿图》(图1.52)中所见那样修剪整齐,而不可能是修长优美之状。由此可以判断,康熙与乾隆二帝在这些图上双手修长柔美,且留蓄长指甲的样子,并非常态,而是一种理想化的造形。画家特别强调被画者丰腴而柔美的双手,主要是想以白皙柔美的双手,显示被画者过着优裕的生活,不必劳动,保养有方,且具文人气质。

图1.51 清人《康熙皇帝戎装图》(局部) 约1682年前 绢本设色 轴 112.2×71.5公分 北京 故宫博物院

图 1.52　清人《乾隆皇帝射鹿图》(局部) 约 1760　纸本设色　卷　37.4×195.5 公分　北京　故宫博物院

　　无论如何，乾隆皇帝似乎特别欣赏画中所见他自己所具有的这种俊美的外表和修长的双手造形，因此他也常令画家在其他类别的图中将他画成这种表情与姿势，比如他在《乾隆皇帝普宁寺佛装像》（彩图3；图1.46）中便是如此。这种脸上的表情与双手的姿态，再经过郎世宁的特写，便成为他画像的特色之一。此处这幅《乾隆皇帝写字图》（图1.49）虽无纪年，但依笔者所见，它应作成于《乾隆皇帝普宁寺佛装像》之后。而更精确地说，它应该与金廷标仿刘松年《宫中行乐图》（乾隆二十八年，1763）（图1.29）为同一时期作成，因为在这两幅图中，他的相貌特色十分相似（图1.53）。那时他正好五十三岁。值得注意的是，在乾隆三十一年（1766）郎世宁逝世之后，乾隆皇帝的肖像已由别的院画家负责，虽然他仍然期望画者能表现出他那种冷静的表情与优雅的手势，但画家已难再如郎世宁一般，将它们表现得如此理想与优美。这可见于他另外的一幅《乾隆皇帝佛装像》（图1.54），以及另一幅他约六十一岁（乾隆三十六年，1771）以后的《高宗熏风琴韵图》（图1.55）和《泉下赋诗图》（图1.56）等作品中。在那三幅画中，他的脸部和手部的造形虽似先时所见，但美术品质已明显较为低弱。

第一章 雍正与乾隆二帝"汉装行乐图"的虚实与意涵

图1.53 乾隆皇帝脸部局部比较:《乾隆皇帝写字图》(左)与《宫中行乐图》(右)

图1.54 清人《乾隆皇帝佛装像》(局部) 1766年后 绢本设色 唐卡 108×63公分 北京 故宫博物院

图1.55 清人《高宗熏风琴韵图》约1771 绢本设色 轴 149.5×77公分 北京 故宫博物院

065

图 1.56　清人《泉下赋诗图》（局部）约 1771　绢本油画　轴　205×135.4 公分　北京　故宫博物院

结　语

综合以上各图中所见，可得以下三点结论：

首先，就主题方面而言，从以上各图中所见，雍正皇帝（包括他的皇子时期）的各种"汉装行乐图"，在许多内容类别上实为乾隆皇帝各种"汉装行乐图"的滥觞。然而，父子两人所偏爱扮演的角色却稍有不同：皇子时期的胤禛，在各种"汉装行乐图"中所扮演的角色较多元，包括贵族、僧人、道士、农夫、渔父和文士等，如表现他的两套《胤禛行乐图册》（图 1.8—1.15）和《胤禛耕织图册》（图 1.16）中所见。而他在登基后，便乐见自己作各种贵族打扮，如在《雍正十二月令图》（图 1.20）中所见；这套作品极为精致，显见皇家气派。至于皇子时期的弘历和登基后的乾隆皇帝，他的各种"汉装行乐图"在主题上主要依循"胤禛行乐图"，且有所增减。一般而言，他较喜爱呈现身为贵公子、从事汉文士的各种活动的样貌。值得注意的是，不论是在皇子时期还是登基之后，他都未曾在画中呈现任何散僧、农夫和渔父的造形；而且，虽然他在位期间也曾命人作过一套《十二月令图》（台北故宫博物院藏），但他并未如雍正皇帝一般，出现在图中，扮演各种角色。然而，由于乾隆皇帝在位长达六十年，而且又集合了当时宫中最好的中、西肖像画家，为他描绘了许许多多有趣而精良的"汉装行乐图"，因此，就绘画的数量和品质而言，乾隆皇帝的"汉装行乐图"比起雍正（或胤禛）的"汉装行乐图"，在整体的艺术品质方面明显高出许多。

其次，从绘画的表现方面来看，上述雍正和乾隆二帝的"汉装行乐图"，至少具有八点共同的特色：（1）那些作品多表现出他们在不同年龄中的脸部特征，因此具有肖像画性质；（2）他们的脸部和手部虽据实描绘，但经常加以美化；（3）他们与画中某些人物的活动场合有时并非完全虚构，而是合乎部分史实；（4）画中人物穿汉式衣冠之事多为虚构；（5）画中人物的衣饰、姿态和画面的构图，多取法戏剧、版画或古画的表现模式；（6）人物与背景的画法多为中西合璧；（7）主要的图像常经修改和调整后，再重复使用，制成新画，由此而产生了一稿多本和主题相近的系列作品；（8）这类"行乐图"的制作，兼具自我娱乐和各种性质不同的图像意涵。

最后，从文化史的角度来看，清初从皇太极开始，便三令五申，要后代子孙无论如何都必须保持满洲衣冠和"国语骑射"的传统。但是在顺治入关（1644）后，直接统治了幅员广大的汉地，他们长期与汉文化接触，不免深受汉文化的影响。特别到了雍正和乾隆时期，汉文化影响更为明显。雍正和乾隆二帝从皇子时期开始，便接受汉文化的熏陶，对汉人的精致文化和艺术一直具有很深厚的兴趣。这可从存世许多表现他们模仿士人生活的"汉装行乐图"中看出来。不过，在那些"汉装行乐图"中，他们的造形却耐人寻味，主要是因为他们虽然身着汉装，但头顶上却一直保持剃发之状。他们应是以此表示从未违反皇太极所立下的祖宗遗训。基于这个原则，他们在所有"汉装行乐图"的造形中，都采用了变通的办法：那便是身穿士人袍服，但头上或戴巾子，或戴冠帽，以遮蔽头顶无发的情形。不过从另一个角度来看，纵然他们未曾真的穿着汉装，但是对汉装的接受却越来越开放。至于他们在这些"汉装行乐图"中所呈现的各种活动，并非完全写实，可能虚实参半，或多属臆作。而且，这些"行乐图"制作的目的，也各不相同：可能是纯为娱乐，也可能是为了自我宣示，更可能是为了要达到政治上某种特殊的目的，等等。然而，他们选择自己被画成那样的肖像画，本身便显示了他们接受汉文化的程度日益加深的事实。换言之，雍正和乾隆两皇帝的这些"汉装行乐图"，具体而微地反映了当时皇室中满、汉文化融合的一种现象。

附记：本文原发表于"两岸故宫第一届学术研讨会：为君难——雍正其人其事及其时代"国际学术研讨会（台北：故宫博物院，2009年11月4—6日），后刊载于《故宫学术季刊》，27卷3期（2010年春），49—102页。

第二章

乾隆皇帝对孝圣皇太后的
孝行和它所显示的意义

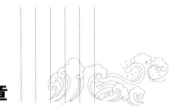

第二章 乾隆皇帝对孝圣皇太后的孝行和它所显示的意义

乾隆皇帝是雍正皇帝的第四个皇子。有关他的亲生父母之谜，野史颇多臆传，比如说他是汉官浙江海宁人陈世倌（1689—1758）之子，或说他的母亲是汉女子，等等。关于这些传说，学者已辨其不可信；[1] 本文采用正史之说。[2] 据乾隆皇帝本纪，他的生母钮祜禄氏为满洲镶黄旗四品典仪凌柱的女儿。钮祜禄氏生于康熙三十一年（1692），幼时家贫，居热河；康熙四十三年（1704），当她十三岁时入京，被选入皇四子胤禛（当时封多罗贝勒）的府中为格格。康熙五十年（1711），当她二十岁时，生下弘历。雍正元年（1723）十二月，她被封为熹妃，之后晋为贵妃。雍正十三年（1735）十二月十三日，母以子贵，她被尊为"崇庆皇太后"（图2.1）。乾隆四十二年（1777），她逝世后，被尊谥为"孝圣皇太后"；期间累加各种尊号（详后论）。又，由于她是雍正皇帝（庙号：世宗宪皇帝）的皇后之一，因此史书都称她为"孝圣宪皇后"。[3] 为论述方便，以下本文统一称她为"孝圣皇太后"，或简称为"太后"。由于乾隆皇帝对她的孝养无微不至，因此她的一生荣华尊贵，为史上仅见。本文将探究乾隆皇帝对她的诸多孝行和它所显示的意义。

乾隆皇帝和他的生母孝圣皇太后一

图2.1 清人《孝圣皇太后朝服像》绢本设色 轴 230.5×141.3 公分 北京 故宫博物院

生相处六十六年，两人之间的互动，以乾隆元年（1736）为界线，分为前、后两个阶段：前期为他登基（乾隆元年，1736）之前，身为皇子（1711—1735）的二十五年；在这时期中，两人互动的资料几乎空白。后期为他登基（1736）之后到乾隆四十二年（1777）孝圣皇太后逝世为止；在这期间，他对她的孝养无微不至。

以下，笔者谨将两人在这两个时期中的互动情形，与相关的文献和图像资料加以整理；并以以下的七个议题呈现：一、雍邸时期；二、皇家生活；三、外出巡狩；四、南巡盛况；五、大寿庆典；六、徽号尊衔；七、家事国事。笔者经由对这些资料的观察和诠释，可以了解乾隆皇帝对皇太后在这两个不同时期中所表现出来的各种孝行，以及他的这些孝行所显示的意义。

一、雍邸时期

如上所述，乾隆皇帝的生母钮祜禄氏十三岁（1704）时，被选入皇四子胤禛的府中为格格。当时她的地位并不高，等同于贴身侍女。康熙五十年（1711），当她二十岁时，生下了胤禛的第四个儿子弘历（乾隆皇帝）。[4] 她是否因此而得以正式晋身为侧福晋，不得而知。至于雍邸时期的这对母子是否有画像存世，这是令人十分好奇的问题。在现今传世的《胤禛读书图》（图 2.2）中，我们可以看到年轻的胤禛穿着汉服，在书斋中读书；屋外另有四女陪侍。罗慧琪指认其中的一个女子，可能便是年轻时候的钮祜禄氏。[5] 但是，关于这一点，目前学界尚未有一致的看法。另外，在《胤禛赏花图》（图 2.3）中，所见的是胤禛和一个身份特别的孩童，以及许多从员，在圆明园的牡丹台（又称"镂月开云"）欣赏牡丹盛开的情形。这个身份特别的孩童，没有问题，应是胤禛的儿子之一。罗慧琪也认为他是弘历的儿时模样；而此图是纪念当年弘历在牡丹台第一次见到康熙皇帝的往事。[6] 关于这点，笔者的看法较有保留。理由是：画中胤禛的相貌看起来仍相当年轻，三十多岁，当时弘历可能尚未出生，或仍在幼年；而画中的孩童看起来已七八岁，依此判断，他不可能是弘历，而较可能是弘历的二哥弘昀或三哥弘时。又，弘历第一次见到康熙皇帝时，已经是康熙六十一年（1722），当时他已十二岁了，应比画中孩童看起来要成熟一些。基于这些理由，笔者认为画中的孩童应非弘历。[7]

按圆明园原为明代官员的私家花园，康熙四十八年（1709）时才赐给雍亲王胤禛。在那之后，胤禛便加以扩建，直到他即位之后，在雍正四年（1726）才正式迁入，作为他平日的园居。[8] 康熙六十一年（1722）三月，雍亲王邀请康熙皇帝到圆明园的牡丹台赏花，并安排年值十二岁的弘历谒见康熙皇帝。康熙皇帝第一次见到弘历，言谈之下，十分欢喜，便命后者随他进宫居住，并赐住畅春园的澹宁居；[9] 夏日又携往避暑山庄，令居万壑松风，且同赴木兰秋狝。同时，康熙皇帝又曾携弘历一同到山庄外的狮子

图 2.2 清人《胤禛读书图》绢本设色 轴 157×71 公分 北京 故宫博物院

图 2.3 清人《胤禛赏花图》（局部）1722 年之前 绢本设色 轴 204.1×106 公分 北京 故宫博物院

园，探望当时随驾的雍亲王和他的家眷。当弘历的生母钮祜禄氏奉命来见时，康熙皇帝便连说她是"有福之人"。[10]

二、皇家生活

康熙六十一年（1722），康熙皇帝逝世，享年六十九岁；雍亲王胤禛即位，年号雍正（1723—1735）。雍正元年（1723），雍正皇帝便备好密诏，立皇四子弘历为嗣君。[11]同年十二月，封钮祜禄氏为熹妃（时年三十二），后晋为贵妃。[12]当时，雍正皇帝住在养心殿，而弘历则奉命住在乾清宫东侧的毓庆宫，隐有东宫太子之意。雍正四年（1726），圆明园二十八景建成，雍正皇帝和眷属迁入居住。当时，弘历奉命住在园内西侧的长春仙馆；[13]雍正十年（1732），他的父皇便因此而赐他"长春居士"之号。[14]由于这些渊源，弘历对"长春"二字特别偏爱，后来他在即位之后，便常喜欢以"长春"作为他在各处的书斋名；这样的地方有五处以上。[15]雍正五年（1727），弘历十七岁，奉命与富察氏（孝贤皇后，1712—1748）（彩图6；图2.4）成婚，[16]同时迁到紫禁城西北区的重华宫居住。[17]皇子时期的他，先后又娶了九个侧福晋。十分明显地，这是历代皇室的策略，那便是妻妾成

图2.4 （传）清 郎世宁等《孝贤纯皇后朝服像》
约 1736—1738 绢本设色 轴 194.8×116.2 公分
北京 故宫博物院

群，尽量繁衍宗室，以固皇权。雍正十一年（1733），皇四子弘历被封为宝亲王，那年他二十三岁。[18]

在这期间，雍正皇帝也用心训练弘历日后成为一个干练的君主，时常派他代理政务和到祖陵祭祀。比如，雍正十三年（1735），弘历奉命入值办理苗疆处，[19]到东陵（在河北遵化县）祭拜顺治皇帝和康熙皇帝的陵墓。有一次，当弘历奉命去东陵祭拜后，回程途中路过蓟县的田盘山（盘山），对那里山势优美、林木葱郁的气象极具好感。[20]因此，后来他登基之后，从乾隆七年（1742）开始，便陆续在盘山营建静寄山庄，且作有许多关于盘山和静寄山庄的诗篇和画作。[21]而且，他每次到东陵祭拜顺治和康熙二帝陵后，必到静寄山庄驻跸。[22]

雍正八年（1730），弘历结集了他在这之前的七年中（1723—1730），于课堂上所作的序论、画记、杂文、诗、赋等共十四卷，名为《乐善堂文钞》。"乐善堂"之名，来自他出生的雍亲王府邸东路建筑群中的一个堂名，因康熙皇帝的赐书而得名。[23]《乐善堂文钞》前面，有他的师长和宗亲，包括：张廷玉（1672—1755）、福彭（1708—1748）、福敏（1673—1756）、朱轼（1665—1736）、蔡廷锡（1669—1732）、邵基（康熙六十年〔1721〕进士）、蔡世远（1681—1734）、鄂尔泰（1677—1745）、允禄（1695—1767）、允礼（1697—1738）、允禧（1711—1758）和弘昼等十人在雍正九年到雍正十一年间（1731—1733）所写的序。此文钞后来在乾隆二年（1737），经过他再增补从雍正八年到乾隆二年之间（1730—1737）所作的各种文章后，集成三十卷，第一次正式刊行；后来，又于乾隆二十三年（1758）再次修订刊行，并定名为现今所见的《御制乐善堂全集定本》。[24]在此集中所录的各种诗文，反映了乾隆皇帝早年所受汉文化教育程度的精深和广博。当时他的授业教师都是硕儒；在他们的指导之下，加上他自己聪颖的天分和敏锐的思辨能力，造就了他这时期的诗文成就。概略地说，他这时期所作的文章，不论在结构方面还是辞藻方面，以及论辩和见解方面，都见功力。他的文章议题多元，主要在为政、论史和修身等方面。这是皇子教育的核心议题。至于他的诗篇，因为限于人生阅历，所以在题材方面多是他生活周遭的人事和风景；而在感情的深度上也较为一般，较少令人震撼的深刻作品；不过，在用字遣词方面较为用心，较少类似他后来的凑句之作。这些作品，固然反映了这一时期他在文史方面的知识和功力，但同时也可看作是他的师傅们对他督导的成果。他对自己这些早期的作品相当自豪，而且明确地保证它们都是他自己所作，绝无后来由别人代笔的情形。他在序中说："盖是集乃朕夙昔稽古典学所心（衍）得，实不忍弃置。自今以后，虽有所著作，或出词臣之手，真赝各半。"[25]

就主题而言，在他这时期所作的一些酬赠诗篇中，常见有关康熙皇帝和雍正皇帝的作品，可见这二人是他心中的典范。又由许多作品中，可知他在这时期的生活中比较亲近的人物，除了他的老师蔡世远（闻之、二希等人）之外，还有他的二十一叔允禧、二十四叔允祕（1716—1773）和他的五弟弘昼等人。或许他想借此表现他是一个尊敬长辈、尊师重道和友爱兄弟的人。其中，他对能书擅画的允禧充满仰慕，曾赠后者诗作多篇。如他在《题二十一叔父山静日长小景》中说："嗟我学画法，年来曾探讨……"[26]此诗作于甲寅（雍正十二年，1734）元日，由其中可知，此时他已会作画，而且也曾和允禧论画。又，他在《夏日寄二十一叔索诗画》中，有句："琼瑶乞并缣缃惠，景仰还期步后尘。"[27]其中明言他景仰允禧的画艺，并希望自己也能和后者画得一样好。由此可知，弘历年轻的时候，对诗文艺术充满兴趣，十分投入，游心于艺，且曾期望自己在书画上更上层楼，达到像允禧一般的成就。

但事实果真如字面上所显示的这么单纯吗？笔者以为不尽然。在它的背后，可能同时具有一种较复杂的政治宣示。它应该也是一种避嫌的行为，或一种表态，表示他对于权力和大位没有任何贪欲的心思。为何如此？笔者认为，那时雍正皇帝虽已即位八年，地位稳如泰山；但是，他和亲兄弟之间在康熙皇帝晚年时争夺皇位继承权的残酷斗争所造成的前车之鉴和阴影，应仍是他最担心会重复上演的事，也是他最不愿见到会发生在他自己诸皇子身上的事。虽然他在雍正元年（1723）已密立弘历为储君，但当时并未公开宣布。何况此时他才即位八年，而且春秋正盛，岂可不加防范自己千辛万苦争夺而得的皇权？哪怕是自己的皇子，他也得防范他们的觊觎。举例而言，当时的皇三子弘时在雍正五年（1727）时，"以年少放纵，行事不谨"，而遭削宗籍后过世。[28]因此年轻的弘历处在这种氛围下，行事自然必须处处小心谨慎。总之，弘历在这时段中所完成的《乐善堂文钞》，目的在于展示自己渊博的学问、精辟的见解和高明的能力，借此以令雍正皇帝安心，因为后继有人；但是，他在另一方面，也必须随时表现出自己对皇位没有野心。这样一来，在让他父皇放心之余，也可以平息其他兄弟的忌妒和不安。所以，此时他借诗文来宣示他的立场，应是为了避嫌的一种自我防卫和防微虑远的明智之举。当然，他的这种行为应是经过高人指点的结果。无论如何，后来弘历虽然身为帝王，担当社稷重任，但仍时时不忘吟诗作画的兴趣，实在都是这时所奠下的基础。

值得注意的是，这时期他所作的诗文之中，几乎没有任何有关儿女私情的作品。就是为女性长辈而作的诗，也十分有限；而且，其中最令人不解的是，找不到任何一件诗文是专为他的生母熹妃（熹贵妃）而作的。虽然，在《乐善堂全集》中有一首题为《恭祝皇母圣寿》，[29] 但是，他在此处所说的"皇母"，应是指当时的孝敬皇后（图 2.5）而言。按当时所有的皇子，都须称皇后为"皇母"；如果是庶出，则称自己的生母为"圣母"，以示尊卑之别。因此，这首诗应是专为当时的孝敬皇后所作的祝寿之诗，而非是为他的生母而作的。甚至在全集之中，也没发现他有任何作品，是赠送给他家庭中与他最亲近的女性（如他的妻妾）。虽然这可能也是他当时故意以此显示他不是一个溺于儿女私情的人，但是，在他这时期的作品中，竟然没有任何一件诗文是赠送或提及他的生母熹妃的，则又有些令人难

图 2.5　清人《孝敬宪皇后朝服像》绢本设色　轴　255×117 公分　北京　故宫博物院

以理解。这样的行径，与他在登基之后的行为完全相反。因为，在他即位后所作的四万多首御制诗中，有多达四百多首以上的诗，都与他的生母有关；其中反映了他在日常生活中，几乎无时无刻不想到他生母的事实。

既然如此，那么他在此时所表现出的这种沉默，与似乎刻意回避的态度，又是为了什么呢？依笔者的理解，此期中，他之所以不提到他的生母的原因，可能是由于他是庶出，而当时皇后还在，因此他不得不有所顾忌；也因此，他对自己亲生母亲的感情也就不敢太过张扬。不过，在雍正九年（1731）孝敬皇后过世和雍正十三年（1735）九月他自己登基之后，这种情形就完全改观了。在那以后的四十二年当中，他时时刻刻表现出对自己的生母热切而浓厚的感情。首先，在雍正十三年（1735）十二月，他尊钮祜禄氏（熹贵妃）为崇庆皇太后。在那之后，他尽心尽力奉养太后四十二年。他在位六十年所作的四万多首诗中，约有四百多首（约占总数的百分之一）都与太后相关；她是在他诗文中出现次数最多的人。[30] 他在日常生活中对太后念兹在兹，无时不放在心上，每凡居处、出入与巡狩，也多奉母同行；贺寿礼，上尊号，更无时间断。

母子二人与皇室和扈从都随季节变化，在每年不同的时间居住在不同的地区，从事不同的活动。约略而言，他们固定的住处有三：一为紫禁城（太后住慈宁宫，皇帝住养心殿）；二为郊外园居（太后住畅春园，皇帝住圆明园）；三为避暑山庄（太后住松鹤斋，皇帝住烟波致爽殿）。他们的居处和活动，每年都随季节变化而迁移。大致上，从每年冬至之前到来年新春期间，因时值隆冬，所以他们都住在紫禁城内。一则，住在那里比较温暖；二则，为了皇帝方便于从事这期间各项重要的祭祀活动。

为了让太后居住舒适，乾隆十六年到乾隆三十四年间（1751—1769），乾隆皇帝特别重修太后所住的慈宁宫，费银五千四百七十八（5478）两有余。[31] 在宫中期间，乾隆皇帝每间隔数日必亲自到太后住处问安。他们在宫中过除夕和新年，并从事一些重要活动，比如：除夕夜于保和殿宴请一、二品武臣；新年初三日，皇帝在紫光阁宴请外藩；[32] 到了正月四五日左右，他们便一同移驾到圆明园，准备过元宵灯节。元宵节前一日，皇帝在那里宴请近支宗室和子孙辈；[33] 元宵节当天，在正大光明殿宴请一品文武大臣;[34] 灯节前后五日，通常在"山高水长"处看烟火;[35] 另外，在节前一日，或燕九（十九）日，皇帝也会在园中小宴廷臣。[36] 通常在节后，太后便回畅春园，皇帝则留居圆明园，一直住到夏天五月。他们通常会在端午节时，一同在圆明园的福海看龙舟竞渡。[37] 过了端午节后，他们才前往避暑山庄和木兰秋狝。[38] 在留京的这段时间，皇帝除了处理政务、每月逢五在乾清宫御门听政外，还必须亲自主持各项重要的例行祭典。

这些重要的祭典，包括大祀、中祀、庙、坛之祭。[39] 从年底开始进行，如：冬至，到天坛祭天;[40] 十二月二十三日，到坤宁宫祭灶神。[41] 正月某吉日，到雍和宫瞻礼;[42] 上辛日，到天坛祈谷;[43] 戊日，祭社稷坛。二月（仲春），在先农坛行耕藉礼；丁日，祭孔并亲临经筵;[44] 朔日，在坤宁宫祭月神。[45] 三月，清明节时，往东陵或西陵谒祖陵。四月（孟夏），癸日，在天坛行常雩礼。[46] 六月（夏至），祭北郊泽坛，等等。也就是说，在这段时间，乾隆皇帝虽然住在圆明园中，但每逢上述例行公事之前，他必须亲自从圆明园返回宫中执行。[47] 但不论住在何处，他总是殷勤地每隔数日就往畅春园向太后问安。

就是每年北狩赴避暑山庄，或到木兰围场秋狝，乾隆皇帝也都奉太后同行。按乾隆皇帝第一次率眷属、宗室、官员和随从等赴木兰秋狝，开始于乾隆六年（1741）；在那以后，他几乎每年都持续为之。据庄吉发教授的统计，乾隆皇帝从乾隆六年到乾隆六十年（1741—1795）的五十五年间，曾赴避暑山庄共四十九次。[48] 他的北狩，起初是在七月立秋之后，才从北京出发，路上行止所需十多天。后来为了避开那时段中常发生的暑热多雨而导致路上泥泞难行，改成一过了端午之后，母子两人便与眷属、宗室、官员、扈从等大队人马，一同出发前往避暑山庄。[49] 他们通常在山庄庆祝乾隆皇帝的生日（八月十三日）和过中秋节。节后，乾隆皇帝一行人便奉太后一同前往木兰秋狝。[50] 每次秋狝，为期大约二十天，然后再回到山庄。这种情形一直持续到太后八十多岁之后，因年纪太大，恐体力不支，才未随行。但也因此，乾隆皇帝便将秋狝时间缩短为十八天。[51] 重阳节时，他们在山庄的山区登高。过了重阳节，天气渐冷，乾隆皇帝才奉太后返回畅春园，而自己则回宫处理政务。一直要到十一月冬至之前，他才迎太后返回慈宁宫，以准备庆贺她在冬至过后的生日（十一月二十五日）。而他则必须在冬至当日到天坛祭天，除夕当日在宫中的奉先殿祭祖。

以上所述，为乾隆皇帝与太后每年例行活动的大概情形。虽然他们在上述三地居处的迁移日期，常会因各种理由而小有变动，但大致上皆依以上的活动模式。[52] 这种方式，基本上保存了游牧民族随季节变动而迁徙的生活习惯。不论居处在何地，乾隆皇帝都经常到太后住处问安，且时常赠送她各种珍贵的物品，其中包括他的御笔书画作品。[53]

三、外出巡狩

如上所述，乾隆皇帝几乎每年夏、秋两季都在避暑山庄度过，他在位六十年中，便曾到避暑山庄四十九次。此外，他又曾外出巡狩至少二十三次。简言之，他在位六十年期间，曾经离京到各地巡狩，共计有七十二次之多，平均每年出外远行 1.2 次。这么频繁的巡狩活动，较康熙皇帝有过之而无不及。按康熙皇帝八岁登基，六十九岁逝世，在位六十一年（1662—1722），期间他离开紫禁城出外巡狩的次数，至少有六十五次，包括赴热河秋狝四十八次（康熙十六年至康熙六十一年，1677—1722），[54] 和到各地巡狩至少十七次，[55] 平均每年远行达 1.04 次以上。这其中还不包括他去东陵谒顺治皇帝陵和在近畿各地的视察活动。康熙皇帝的雄图壮志、精力旺盛，已可谓中国历代皇帝之中少见者；而相较之下，乾隆皇帝更是不遑多让。

值得注意的是，乾隆皇帝到外地巡狩的二十三次之中，有十四次都奉太后同行。他的重要巡狩包括：

（1）东巡山东（曲阜、泰山），六次：

分别发生在乾隆十三年（1748）、乾隆二十一年（1756）、乾隆三十六年（1771）、乾隆四十一年（1776）、乾隆四十九年（1784）和乾隆五十五年（1790）；其中的第一、五、六等三次，都奉太后同行。[56] 这还不包括他在南巡途中，另外顺道赴泰山祭拜的三次,即乾隆十六年(1751)、乾隆二十二年(1757)、乾隆二十七年(1762)。

(2) 西巡河南嵩洛,一次:

发生在乾隆十五年(1750);那次也奉太后同行。

(3) 幸山西五台山,六次:

分别发生在乾隆十一年(1746)、乾隆十五年(1750)、乾隆二十六年(1761)、乾隆四十六年(1781)、乾隆五十一年(1786)和乾隆五十七年(1792);其中前三次都奉太后同行。

(4) 南巡江浙地区,六次:

分别发生在乾隆十六年(1751)、乾隆二十二年(1757)、乾隆二十七年(1762)、乾隆三十年(1765)、乾隆四十五年(1780)和乾隆四十九年(1784);其中前四次都奉太后同行。[57]

(5) 赴沈阳盛京谒陵,四次:

分别发生在乾隆八年(1743)、乾隆十九年(1754)、乾隆四十三年(1778)和乾隆四十八年(1783);[58]其中太后参与前两次。

换言之,在乾隆四十二年(1777),太后逝世之前,乾隆皇帝不论到哪里巡狩,几乎每次都奉太后同行。而事实上,以上这些巡狩的日期,有些是特别为了配合太后的大寿而举行的祈福或祝寿的活动。这样的安排,早已发生在乾隆六年(1741),乾隆皇帝即位之后,第一次奉太后到避暑山庄和木兰秋狝的活动。乾隆皇帝每年在夏秋时节到避暑山庄居住和到木兰围场秋狝,是依康熙皇帝以来的祖制(康熙皇帝几乎年年到木兰秋狝)。据庄吉发教授的统计,康熙皇帝在位期间,曾经北狩热河和到木兰秋狝共四十八次。[59]这个活动的目的有二:一方面,为遵守祖宗家法,训练部属骑射狩猎,具有军事训练的用意;另一方面,则趁此机会与蒙古各部王公和台吉聚会,敦睦情谊,具有政治和外交的效能。[60]

简言之,木兰秋狝兼具了军事、政治和外交作用。但乾隆皇帝之所以特别选择在乾隆六年(1741)第一次到木兰秋狝,实是因为那年正值太后五十大寿,他特别趁此机会奉太后出远门,饱览山川之美和塞外风光,借此为他母亲庆祝五十

图 2.6 清 郎世宁、金昆、丁观鹏、程志道(生卒年不详)、李慧林(生卒年不详)等《乾隆皇帝秋狝图》(又名《木兰图》)(卷四局部)绢本设色 卷 49.5×2955.5 公分 巴黎 吉美博物馆

大寿。而到避暑山庄和木兰秋狝所动员的人员、车马、各种器用和行伍,场面浩大,如《乾隆皇帝秋狝图》(又名《木兰图》)(图2.6)中所见。[61] 更特别的是,他奉太后外出巡狩的活动,有时兼具了国事和家庆的双重目的。比如:乾隆十五年(1750),正逢他自己的四十正寿,那年二月,他先奉太后赴五台山巡礼;他生日(八月十三日)那天,则奉母命立娴妃乌拉那拉氏为继后;九月,又赴嵩山和洛阳。总计他和太后那年共有三次远行活动:二月和九月的两次巡狩,加上秋天到避暑山庄和木兰秋狝。

同样的行为,也发生在他的南巡活动中:乾隆十六年(1751),他第一次奉太后南巡江浙地区,而那年正值太后六十大寿。乾隆二十二年(1757),他再度奉太后南巡归来后,可能因为太被江南美景吸引了,因此又计划在乾隆二十六年(1761),当太后七十大寿时,再举行第三次南巡。但后来因碰到江苏北部水涝严重,他便将原计划延后一年,改在乾隆二十七年(1762),才举行第三次南巡。[62]不过,乾隆二十六年(1761),太后七十大寿的当年,他仍然特地奉太后到五台山祈福。乾隆三十六年(1771),太后八十大寿时,乾隆皇帝也特别奉她到泰山祭拜祈祷。到了乾隆四十一年(1776),当太后八十五岁时,他又再度奉太后到泰山祭拜。当他看到八十五岁的太后仍然能够健康地行走时,便十分高兴地在《登泰山九依皇祖诗韵》中说:"八旬五母仍康步,六十六儿微白头。"[63]由此可见他的孝心和孝行。

在乾隆皇帝多次奉太后外出巡狩的活动中,特别值得一提的是有关他们南巡的史事。由于《钦定南巡盛典》(1791)一书中详细记载了各种相关资料,据此,我们可以了解当年乾隆皇帝奉太后四次南巡时的盛况。而由这些记载,我们也可以推想他每一次外出巡狩时的景况。

四、南巡盛况

乾隆皇帝以康熙皇帝为榜样,东巡西狩,次数频繁,已如前述。但是,他们频仍地出外巡狩,并非只是为了壮游各地美景,而往往都具有政治、军事、宗教与文化等特定的目的。比如赴热河秋狝,乃为遵守祖制,锻炼八旗子弟骑射之术,具有军事训练的意义;同时也可会合蒙古各部王公,联络情谊,强化政治关系。幸五台、登泰山,乃为祈福,具宗教目的。赴曲阜祭孔,乃为崇儒,具有教化意义;同时也可以借此笼络汉人士子之心。出关到东北谒祖陵,乃为饮水思源、敬天法祖。至于这两位皇帝频繁而大规模的六次下江南之举,则兼具了政治、军事、经济、文化与艺术活动的多重意义。

在政治方面,清朝入关之初,南明(1645—1661)政权在江浙地区续存,与之抗衡;后来清兵以高压屠杀和颁布"薙发令"等方式,逼迫当地人民就范;再加上满、汉文化不同,因此造成了江浙地区深沉的民怨。康熙皇帝亲政之后,便试图以怀柔政策笼络此地民心。因此,他在南巡时,便亲赴江宁祭拜明太祖(1328

年生；1368—1398年在位）孝陵，又到绍兴祭拜大禹庙；而且对江浙地区的府县学，特别恩赐增额取士，借助这些措施来表现他对汉文化和历史的尊重，以及对士人的关怀。在经济方面，江浙地区自宋（960—1279）、元（1260—1368）以来，便是全中国财富的中心，人文荟萃，风景秀丽，加上京杭运河始于北京，贯穿河北南部、山东、江苏，而终于浙江杭州，是帝国东部联络南北交通的枢纽。依赖此漕运，南方的粮食鱼盐和各种民生物品得以运送到北方，因此它也是当时全中国最重要的经济动脉。但在清初，因黄河在江苏北部夺淮河河道入海，经常泛滥，造成这个地区的水涝，因此，康熙和乾隆二帝便利用南巡来视察这个地区的水利工程。确保这个地区长久的安定繁荣，笼络江南的士绅民情，使之效忠朝廷，这有关政治和经济的目的，应是康熙和乾隆二帝各自六次南巡的主要动因。此外，沿途巡察各地吏治和检阅地方军事，以及游览江南秀丽的自然风光和人文景观，也是吸引他们一再往访的要素。正是基于这些因素，康熙和乾隆二帝才会那样不惜耗费大量的人力和物力，长途跋涉，六次南巡。以下略谈一些和乾隆皇帝南巡相关的问题。

1. 乾隆皇帝六次南巡的日期

关于康熙和乾隆二帝各自六次南巡的年代，一般清史文献都有记载，不难得知。但至于他们每次南巡的确切日期和天数，许多学者，如左步青和何慕文（Maxwell K. Hearn）等人，都曾在他们所作的相关论文中提到。[64] 其中，何慕文还曾将康熙、乾隆二帝每次南巡的日期换算出公历，计算出他们每次南巡来回的天数，并列表呈现，可谓相当详细，有助于中、西方研究者对这个问题的了解，但其表中仍有一些小小的失误。由于本文只谈乾隆皇帝的南巡，因此笔者便进一步查证分藏在北京历史档案馆和台北故宫博物院的《乾隆朝起居注册》和《大清高宗纯皇帝实录》二书，并对照中西历表，[65] 而对何慕文表中的资料小有补正，参见表2.1所示。

从表中，我们可以看到乾隆皇帝的六次南巡之中，前四次都是奉太后同行，最后一次才携三位皇子同行。其实与他同行的，还有皇后和一些妃嫔，但是这部分他

表 2.1 乾隆皇帝南巡年代、日期和天数表

南巡次第	年岁	纪年（乾隆）	出发日期	回宫日期	天数	皇太后/随行皇子	资料出处（起居：起居注册/实：实录）
一	41	16（辛未）(1751)	1/13（辛亥）=西：2/8	（正）5/4（庚子）=西：5/28[66]	110[67]	奉太后	（京）起居：10:10—94 实：380:18—388:4（v.8:5713—5804）
二	47	22（丁丑）(1757)	1/11（癸卯）=西：2/28	4/26（丁亥）=西：6/12	105	奉太后	（台）起居：16:24—153 实：530:23—537:28（v.11:7692—7800）
三	52	27（壬午）(1762)	1/12（丙午）=西：2/5	（正）5/8（辛丑）=西：5/31[68]	106[69]	奉太后	（台）起居：21:14—148 实：652:11—660:6（v.21:14—148）
四	55	30（乙酉）(1765)	1/16（壬戌）=西：2/5	4/21（丙寅）=西：6/9（该年闰二月）	125[70]	奉太后	（台）起居：24:14—188 实：727:1—735:3（v.15:10419—1054）
五	70	45（庚子）(1780)	1/12（辛卯）=西：2/16	5/9（丁亥）=西：6/11	117	无	（台）起居：30:13—91 实：1098:19—1106:16（v.22:16144—16230）
六	74	49（甲辰）(1784)	1/21（丁未）=西：2/11	4/23（丁未）=西：6/10（该年闰三月）	121	皇子三人：永瑆、永（颙）琰、永璘	（台）起居：34:22—175 实：1197:6—1205:13（v.24:17475—17591）

※ 资料出处：

中国第一历史档案馆编，《乾隆皇帝起居注册》（桂林：广西师范大学出版社，2002）；[清]庆桂等编，《大清高宗纯皇帝实录》（台北：华联出版社，1964）；Maxwell K. Hearn, "Document and Portrait: The Southern Inspection Tour Paintings of Kangxi and Qianlong," p.98 上之表 3；陈垣，《中西回史日历》（合肥：安徽大学出版社，2009），876—892 页。

却隐而不提。值得注意的是，他六次南巡，在时间上都十分规律化：他每次南巡出发的时间，都定在元宵节（农历正月十五日）的前后，但必须是春分（阳历二月四日）之后。而且，他每次南巡费时都长达三到四个月之久：最短一百零五（105）天，最长一百二十一（121）天。通常，他多在清明节（阳历四月五日左右）之后，才从杭州回銮，离开江南。而当他返抵北京之时，多半是在农历四月底或五月初，那时的北方还未进入夏天。简言之，乾隆皇帝每次南巡，在时段上的规划都经特殊的安排，主要是配合南、北两地在气候上的差异。譬如，他都选择在农历开春一二月间，当北方还相当寒冷时南行；路上费时一个月左右；三月到了江南，正好享受江南春暖花开的美景；然后，在清明节左右，趁江南暑热来临之前回銮；而到达北京时，在四月底和五月间，那时夏天还未来临，因此天气十分舒适。这种时段上的安排，也反映了游牧民族顺应季节变化而迁徙的习惯。

纵然如此，但是，乾隆皇帝六次南巡的时间，之所以都选择在初春之际离京、暮春之前回銮的原因，并非只是为了避开北方的天寒地冻，远到江南享受春天明媚的湖光山色和游览各地名胜，而是另有其他更重要的理由。其一，是趁春寒乍暖便于行动时，沿途察访吏治民情；到江宁和杭州等重要城市校场检阅各地驻军；到各地宣抚百姓，笼络民心。其二，也是最重要的原因，是利用往返路程之便，视察江苏北部各地河工和浙江海塘的治水工程；特别是要赶在江南梅雨季节（农历五月）未来临之前，勘查江苏和山东接境处（也就是徐州附近）因黄河夺淮河河道而常造成水涝之地的堤防设施，检视江、浙沿海海塘工程的改善情形。

依笔者所见，在这些正当的理由之外，应该还有他本人和太后对于江南美景的着迷。因此，他从乾隆十六年开始到乾隆三十年为止（1751—1765），短短的十四年之间，四度奉太后南巡，而每次南巡都是阵容浩大，所费不赀。一趟南巡来回路程大约六千多里，可谓遥远而艰辛。当乾隆三十年（1765），他们第四次南巡时，太后已经七十四岁了，乾隆皇帝有感于此，所以当他在回銮渡黄河时，便暗自决定，以后不再奉母南巡。[71] 此后，他暂罢南巡十五年，一直等到乾隆四十五年（1780），也就是太后过世三年之后，他才再作第五度南巡，那时他七十岁。乾隆四十九年（1784），他作了最后一次南巡，那时他已经七十四岁了。他之所以选择在那个年龄作最后一次南巡,可能是因太后最后一次南巡时,年正七十四岁的缘故,所以他便以此为范例。这令人想起他的另外一个孝行:由于他的祖父康熙皇帝在位六十一年(1662—1722),所以他在登基不久后,便决定自己只愿在位六十年,以免超过康熙皇帝在位的年限。由此可见,乾隆皇帝对太后的孝心之诚挚,有如他对康熙皇帝一般。在最后一次南巡中,他第一次命令他的三个皇子——永瑆(1752—1823)、永(颙)琰(嘉庆皇帝,1760—1820)和永璘(1766—1820)随行。他的目的,不但是想借此增广他们三人的见闻,而且也想借这次他们参与南巡的经验,作为一种政治见习。正如他在这次南巡途中所作《御制南巡记》一文中所说的:

> 予临御五十年,凡举二大事:一曰西师,一曰南巡……南巡之事,莫大于河工……故兹六度之巡,携诸皇子以来,俾视予躬之如何无欲也;视扈跸诸臣以至仆役之如何守法也;视地方大小吏之如何奉公也;视各省民人之如何瞻觐亲近也……[72]

由上文中可见,乾隆皇帝自认为他南巡最重要目的,是为了巡视、督导江浙地区的治水工程,他在这方面的具体成效,也可媲美他在军事上的另一伟大成就——那便是多次对清帝国西边用兵平乱的胜利;而这两件大事,正是他在位五十年以来最重要的政绩。此外,同样重要的是,他在第六次南巡时特别携三个皇子随行的目的,主要是让他们见证他自己的行事如何无欲,大小官吏和随从如何守法,百姓如何爱戴他,等等。由此可见他将自己的六度南巡如此加以合理化、正当化和理想化,并且将它赋予了十分重要的意义。虽然,事实上,由于他的数度南巡,已在人力和物力上造成了巨大的耗损,加重了国库的负担,但他在这里却完全不提。[73]相反地,他还特别以图像和文字记录了南巡的盛况。

2. 乾隆皇帝南巡的图史记录

乾隆皇帝命令徐扬和其他的院画家,以他第一次南巡的经过为内容,绘制了

图 2.7　清 徐扬《乾隆皇帝南巡图》禹庙（局部）1776 绢本设色 卷 68.9×1050 公分 北京 故宫博物院

一套十二长卷的《乾隆皇帝南巡图》（图 2.7）。乾隆皇帝命人绘制南巡图的行为，也是仿效康熙皇帝的模式。按康熙皇帝对于自己六度下江南之盛举，认为意义非凡，因此命令院画家宋骏业（?—1713）和王翚（1632—1717）等人，以他第二次南巡为内容，绘制了一套十二长卷的《康熙皇帝南巡图》。图中所绘为他第二次南巡，从京城出发，登泰山，渡黄河，过长江，沿途视察河工；经杭州，往绍兴祭禹陵；到江宁，校阅驻军和探访苏州名胜后，再渡江北返等活动。这一套图卷，现已分散，分别藏在北京故宫博物院、法国国家图书馆和美国纽约大都会博物馆等地。[74] 负责绘制《乾隆皇帝南巡图》的徐扬，为苏州人，长于绘制城市繁华景观，如《盛世滋生图》（又名《姑苏繁华图》）（1759）（图 2.8），便描绘了苏州城内外的景观。徐扬在乾隆十六年（1751），当乾隆皇帝第一次南巡时，在苏州被征召进入画院；后来在乾隆二十九年（1764），奉命制作《乾隆皇帝南巡图》。此图全套共有十二长卷，完成于乾隆三十五年（1770）。当年正值乾隆皇帝六十大寿，因此，此图之完成，正具有祝寿之意。这套图卷原为绢本，如今已部分佚失，而存世的七卷，分藏在北京故宫博物院、美国纽约大都会博物馆和其他公私立收藏处。另外，徐扬又奉命制作了一套纸本的《乾隆皇帝南巡图》，完成于乾隆四十一年（1776），今藏北京中国国家博物馆。[75]

在从前没有照相存真的年代，这类写实性的绘卷具有历史纪实的意义。不过，由于它们在内容上只是择要地描绘二帝南巡时某些特殊景点和重要活动，而且有时会因基于艺术表现效果的考虑，而强调或简化对某些现象的描写，因此无法

图 2.8　清　徐扬《盛世滋生图》（又名《姑苏繁华图》）（局部）1759 绢本设色 卷 36×1000 公分 辽宁省博物馆

详细地呈现整个历史事件发生的过程。换言之，它们只能作为二帝南巡事件在视觉上的参考资料，其详尽程度和真实性无法与文献相比。

或许有鉴于图画在纪实上的限制，因此，乾隆皇帝又命高晋（？—1779）记载了乾隆三十年（1765）他第四次南巡的相关要事。高晋在乾隆三十六年（1771）完成了《南巡盛典前编》。乾隆皇帝特别在此书前面，写了一篇《御制南巡盛典序》。此书和前一年徐扬所完成的绢本《乾隆皇帝南巡图》相应；左图右史，图史互证，加强了南巡事件的具象化。由此也可证乾隆皇帝对自己南巡事件的重视。但南巡之事在此之后，仍继续进行了两次。基于此，乾隆皇帝又命萨载（？—1786）等人继续记载他第六次南巡之事。萨载等人在乾隆四十九年（1784）完成了《南巡盛典续编》。乾隆皇帝又特别在该书正文前写了一篇《御制南巡记》；那时他正在南巡途中。[76] 或许仍有鉴于二书在体例上出现了不统一的情形，在内容上有重复

之处，因此，乾隆皇帝在此之后，又命阿桂、和珅（1750—1799）、王杰（1725—1805）、董诰（1740—1818）、福康安和庆桂（1737—1816）等人，依据高晋的《南巡盛典前编》和萨载的《南巡盛典续编》，删其重复，统一体例，而于乾隆五十六年（1791）完成了《钦定南巡盛典》一书。全书一百卷，内分十二门；依序为：

《天章》（卷1—24）、《恩纶》（卷25—30）、《蠲除》（卷31—34）、《河防》（卷35—54）、《海塘》（卷55—64）、《祀典》（卷65—68）、《褒赏》（卷69—73）、《吁俊》（卷74—75）、《阅武》（卷76—77）、《程涂》（卷78—80）、《名胜》（卷81—88）和《奏议》（卷89—100）等。[77]

由以上此书十二门的排序和各门所含卷数之多寡，可以看出编书者的编辑原则基本上是依照议题的重要性和各类资料详尽的程度，排定了各门的先后顺序。其中，《天章》居首，收录了乾隆皇帝六次南巡的御制诗、文、表、记等作，共二十四卷（卷1—24），其篇幅几乎占了全书（一百卷）的四分之一，由此可见天威之凛然，以及群臣之阿谀。其次，为《奏议》十二卷（卷89—100），详记有关六次南巡的各类相关奏议，足证此书的史料价值。其三，为《河防》（卷35—54）和《海塘》（卷55—64），各有十卷，文字之外，有些附有简图说明，可见南巡之事，治河为主要事项。其四，为《名胜》八卷（卷81—88），其中包括乾隆皇帝南巡沿途所游各地的名胜景点和行宫之所在。此书于乾隆五十六年（1791）进呈，当时乾隆皇帝八十一岁。值得注意的是，在此书进呈的前、后一年，各有一项重要的文化业绩完成，比如：乾隆五十五年（1790），刊印了全套的满文《大藏经》；[78]而乾隆五十七年（1792），则由阿桂等进呈所编成的《八旬万寿盛典》一百卷。[79]以上三套重要的书籍，都完成于乾隆皇帝八十大寿（1790）的当年和前、后一年，因此它们都可以被看作是当时臣下有意的规划，借此专为庆贺乾隆皇帝的八旬万寿，也借此肯定他生平重要的治绩和文化成就。

根据《钦定南巡盛典》的资料，我们得知乾隆皇帝南巡的阵容浩大。由于事关朝廷与地方在各种人力与物力上的配合，因此，在他每次南巡之前，执事者都进行了详细的规划。基本上，在每次南巡的前一年，执事者都要奏明所有相关事项的详细规划案。这些上奏的议案，都收录于《钦定南巡盛典》的《奏议》门中。以下择其大要，略谈乾隆皇帝几次南巡时基本的程途与各种配备的情形，包括随行官员和兵丁，使用的各种交通工具，以及沿途重要的行宫和景点。由其中，我们可以了解乾隆皇帝每次南巡的路程和规模的大概情形。

3. 乾隆皇帝南巡程途的问题

先看乾隆皇帝南巡在程途方面的规划情形。以乾隆十六年（1751）第一次南巡为例，在它的前一年，即乾隆十五年（1750）四月二十三日，向导统领努三和兆惠便提出有关次年南巡程途的奏文。根据他们的规划，那次南巡的路线是：以京城为起讫，来回经过直隶、山东、江苏和浙江（图2.9）。而且依规划，在南巡途中，原则上，大约每隔四十里，便设二处尖营，供皇帝、太后和随从等人员休息；而每隔

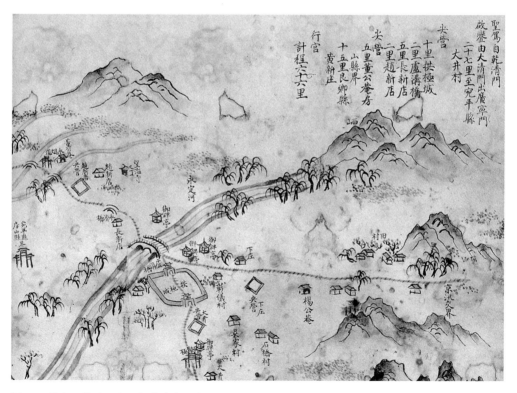

图2.9　清人《乾隆四十五年恭逢皇上南巡经由直隶道路图说》（局部）直隶总督周元理奏折录副附图　319×21.5公分　台北　故宫博物院

八十里左右，便有一处行宫（或大营，或水大营），供皇帝和太后等人住宿。这次预先规划的里数和驻跸站如下：

（1）由京城出发，经直隶赵北口，到山东济南；再经泰安，到江南宿迁县运河的顺河集码头。这段路为旱程，计一千四百九十（1490）里，分二十四站停驻。

（2）由顺河集登舟，视察沿途的朱家闸、九里岗、骆马湖、江南引河等处的河工，一直到徐家渡为止。这段路为水程，计一百五十四（154）里，分四站停驻。

（3）由徐家渡过黄河，经由河堤，视察惠济闸运河口和木龙等处的河工和闸口，到直隶厂营盘驻跸。这段路程计四十二（42）里。

（4）由直隶厂至高家堰堤视察，计三十三（33）里。

（5）由直隶厂登舟，渡淮河，经淮安府城，视察高邮东地南关和车逻坝等处的河道和堤工。

（6）由扬州府平山堂渡扬子江，至镇江，在金山寺驻跸。这段路为水程，计三百七十七（377）里，分八站停驻。

（7）由金山寺至江宁省城为旱程，计一百三十四（134）里，分两站停驻。

（8）由金山寺至镇江府城为水程，再经无锡惠山园至苏州府。这段路计程三百二十五（325）里，分五站。

（9）由苏州府入浙江境，经嘉兴烟雨楼至杭州府行宫。这段路为水程，计三百三十（330）里，分五站。

（10）由杭州过钱塘江至绍兴府，计水程一百一十五（115）里，分两站停驻。

根据以上的资料，可知乾隆十五年（1750）所预估，在次年将举行的第一次南巡的程途，兼采陆路与水路。简计南下时所走的旱程，有一千七百五十八（1758）里，停驻三十三站；水程有一千三百四十六（1346）里，停驻十九站；合计陆程与水程为三千一百零四（3104）里，停驻五十二站。又回銮时，由于不再经过江宁和济南等地，因此可减去一些路程和七站停驻点，但仍有旱程一千四百四十二（1442）里，停驻二十八站；水程一千二百九十四（1294）里，停驻十七站。该次南巡的往返路程和停驻站，总计预估为水陆程途五千八百四十（5840）里，停驻站九十七处，如表 2.2 所示：

表 2.2 乾隆十五（1750）年预估乾隆皇帝第一次南巡的程途里数与停驻站数简表

程途	取径	里数	驻跸站数
去程	陆路	1758 里	33 站
	水路	1346 里	19 站
	小计	共 3104 里	52 站
回程	陆路	1442 里	28 站
	水路	1294 里	17 站
	小计	共 2736 里	45 站
合计		5840 里	97 站

※ 资料出处：

［清］阿桂等编，《钦定南巡盛典》，卷 79，《程途》，1—3 页（《景印文渊阁四库全书》，659 册，256—257 页）。

以上所示，为乾隆十五年（1750）臣下为次年乾隆皇帝第一次南巡所规划的路线和驻跸资料。虽然以后的五次南巡基本上都依照这条路线和驻跸点行动，但是事实上，每次都视需要而有一些调整。最明显的是，乾隆皇帝在第一次南巡时，曾到绍兴大禹庙；但其后的五次，都不再到绍兴去。因此，他每次的实际行程里数和驻跸点都有些变化，比如他在第四次南巡（乾隆三十年，1765）时，因考虑到当时太后已年高七十四岁，所以在沿途便预先多增建了一些行宫，以供住宿。又如，当他第五次（乾隆四十五年，1780）和第六次（乾隆四十九年，1784）南巡时，执事人员因考虑到他已届七十高龄，不堪长途跋涉了，因此便又在沿途再增建一些行宫，供他住宿。又，实际上，笔者根据《钦定南巡盛典》卷 80《程途》中的资料，得知乾隆皇帝六次南巡中，所行经各地的最长里数和停憩点明显多于上述第一次南巡前所预估的各项数字，列表说明如下：

表 2.3　乾隆皇帝六次南巡中实际最长程途里数和驻跸站数表

程途	地区	行宫停驻次数	尖营休憩次数	大营停驻次数	水大营停驻次数	里数	备注／出处《钦定南巡盛典》，卷 80
来回双程	直隶	9×2=18	15×2=30			579×2=1158	1—4 页
	山东	15×2=30	25×2=50			888×2=1776	4—12 页
去程	苏州	11	9	8		1089.2	12—22 页
	浙江	4	4（往返绍兴禹陵，来回+2=6）	2（往返绍兴，来回+4=6）		315（+112=427）	22—25 页 按：第一次南巡往返绍兴禹陵，来回附加尖营（2）、大营（4）、里数（112）
回程	浙江	1				134	25—28 页
	江苏	4	5		7	629	28—32 页
	山东	2				1020	32—37 页
总计		70	94（往返绍兴，来回+2=96）	12（往返绍兴，来回+4=16）	20	6121.2（如往返绍兴禹陵，来回+112=6233.2）	第一次南巡往返绍兴禹陵，来回附加尖营（2）、大营（4）、里数（112）

※ 资料出处：
［清］阿桂等编，《钦定南巡盛典》，卷 80，《程涂》，1—37 页（《景印文渊阁四库全书》，659 册，275—293 页）。

◎ 以上里程数，尚未完整计入乾隆皇帝沿途登岸到各小府／县城的巡视和到各景点的游览里程。

此外，在前四次南巡的来回途中，乾隆皇帝并非一直都陪在太后身边。在前三次回銮时，他必须与太后分途，自行去各地巡视河工和检阅军事：当他们离开了江南，到苏北直隶厂后，乾隆皇帝便和太后分道北上；两人到山东德州再会合。他自己走水程，视察河工；通常都从清江浦出发，走水程往徐州，沿途视察河工；再沿大运河北上，至山东德州。而太后则和陪侍人员从直隶厂走陆路到德州。二人在德州会合后，再一同走陆路北返。途中，乾隆皇帝有时也会绕道往泰山祭拜，太后则不一定每次都同行。[80] 但这种两人分合的规划，到了第四次南巡时，便有了改变。在那次南巡中，乾隆皇帝可能因考虑到太后年事已高，不放心与她分道北上，所以在回銮离开江南后，便一同先走运河到德州，然后再走陆路返回北京。这种时常改变舟行或陆行的规划，可能是为了避免在长途旅行中由于一直采用同一种交通方式而造成单调和疲劳的感觉。

4. 乾隆皇帝南巡时的随行人员与交通工具

乾隆皇帝南巡时，有大量人员随行，使用了各种交通工具。以下试举数例，以窥其大概。首先，在随行人员方面，乾隆皇帝南巡时的随行人员，大致上包括皇室成员、宗室成员、各类官员、护卫和兵丁等。

先看主要随行的皇室成员。从第一次到第四次南巡中，乾隆皇帝主要是奉太后南巡；随行的还有继后乌拉那拉氏和其他妃嫔等；第六次才见随行的永瑆、永（颙）琰和永璘等三个皇子。另外，每次随行的，还有宗室人员和机要官员，后者包括军机大臣、重要词臣、批本奏事等，因为乾隆皇帝沿途还要随时处理来自朝中留守大臣的文书报告、全国各处的重要公文与奏折。换言之，他的每次南巡，也等同于他每次出外东巡、西狩和木兰秋狝一般，在旅途中处理朝政。这种活动式的马上朝廷，在实质上是受到了辽（907—1125）、金（1115—1234）等游牧民族随季节不同而迁移行政中心之习惯的影响。

其次，在兵丁方面，他每次南巡所用的随行兵丁，人数众多，种类各别，端看每段路程上的环境条件所需而调动，从数十人到数千人不等。据乾隆二十九年（1764）臣下预估，次年他的第四次南巡，在回銮时"渡黄，上船人数二千八百七十一（2871）人"。[81] 又据乾隆四十八年（1783）臣下所预估，次年他在第六次南巡之中所需各类侍卫兵丁之数，如："前锋护军仍派七百名……拉船牵纤兵由河兵内拣派……到江南登船时，将兵丁酌减，只拣派五百名；章京四十员；虎枪营侍卫兵丁七十员，仍照向例，拣选四十名当差。"[82]

再次，在交通工具方面，乾隆皇帝每次南巡都动用了许多的车辆、马匹、骆驼和船只等，其数每次南巡不同。[83] 先看车辆方面，依乾隆二十九年（1764）臣下预估，次年他第四次南巡来回所需的车辆，每趟约八百辆（次）；而每辆车需用四匹骡／马，因此共需骡／马三千二百（3200）匹。这比其前乾隆皇帝每次到热河秋

狝时，内务府备差回车六百余辆之数，多出了二百辆。[84] 这是依据乾隆二十二年（1757）第二次南巡回銮时，原备车四百辆之数，而从宽预估的，因为那一次南巡回銮时，乾隆皇帝只用车二百一十二（212）辆，太后只用了三四十辆，两对人马总共用了三百六十（360）辆左右。[85] 果然，乾隆三十年（1765），他第四次南巡起程时，实际上的用车数只有三百四十八（348）辆，远低于事先所预估的数目。[86]

再看马匹方面，依据乾隆四十四年（1779）臣下所预估，次年他第五次南巡，所需的马匹数如下：江北四千匹，江南四千匹，江浙地区两千匹，共约一万匹，用以驮运行李和拉车之用；而需用这许多马匹的原因，是由于它们必须沿途轮休，以防累毙。[87] 至于在各地方巡访时所需用到的马匹，有一部分则需由各地驻防提供，如："回銮时，德州刘智庙处备马一千八百（1800）匹，分别由青州满洲营备八百匹，直隶绿营备一千匹。"[88] 由此可知，南巡沿途的各地方行政单位，都会被指派提供各种资源，以支持所需。

又，在骆驼方面，依乾隆四十四年（1779）所估，次年他第五次南巡时，"武备院称，需驼三百五十（350）余只；茶膳房，需驼四十只；途次更换，需七十五只；共约四百六十（460）余只"[89]。

此外，在船只方面，依乾隆二十九年（1764）臣下所预估，次年他第四次南巡所需用的船只有许多种，包括前行官员使用的船只、皇帝和皇室成员的专用船只两大类。前行的官员单位有十六个，依序为：（1）御前大臣；（2）领侍卫大臣；（3）军机大臣；（4）乾清门行走大臣；（5）侍卫；（6）装载御马；（7）上驷院；（8）武备院；（9）侍卫官员；（10）銮仪卫；（11）章京；（12）批本奏事；（13）军机处；（14）侍卫处；（15）内阁；（16）兵部官员等。[90] 后面接着才是皇帝和皇室成员专用的船只。依乾隆四十四年（1779）的奏文，得知乾隆三十年（1765）第四次南巡时，执事人员在江浙地区所准备的专供皇帝和皇家使用的船只有十艘，分为八种，包括：（1）安福舻一（皇帝专用）；（2）行春舫一（皇帝游赏时的行船）；（3）如意船一（仅为皇帝幸海宁州城专用）；[91]（4）翔凤艇一（太后／后妃专用）；（5）沙飞船二（皇室人员使用）；（6）湖船二（皇室人员使用）；（7）扑拉船一（皇室人员使用）；（8）乌图理船一（皇室人员使用）。另外，在皇家船队之前，还有御舟前引威武船[92]和随行船只。这两类船只的数量因时因地而不同,如:乾隆皇帝回銮离开江南,从清江浦经徐州,走大运河的水程中,也有船只前导和随行。依乾隆三十年(1765)三月初九日臣下的奏文中所记:在第四次南巡途中,"随至德州船一百六十二(162)只,内应前行船五十五(55)只……(加上其他类船只),共船四百二十(420)只"。[93]以上种种数量庞大的船只,俨然成为一组绵延数里的行动船队。

以上所记,仅为笔者择录乾隆皇帝六度南巡中,几则有关随行兵丁人数和各种交通工具之史实。由此可以推想,当日南巡时,其队伍之浩荡和场面之壮观。如上所述,乾隆皇帝曾经六度南巡,第一次南巡为乾隆十六年(1751),当时他四十一岁,正值壮年;最后一次则为乾隆四十九年(1784),当时他已七十四岁,期间共跨三十三年。其中,前四次(乾隆十六年至乾隆三十年,1751—1765)他都奉太后同行。他每次南巡,都领导着那样一支威武豪华而又壮观的队伍,在初春时节离开酷寒的北方,时而陆路,时而水路,走走停停;到江南时,已是暮春三月,正是莺飞草长的时节。过了清明节,这支豪华队伍再从江南沿途北上,约在端午节前后回到宫中。他每趟南巡,耗时都在百日以上,所行走的水陆程途,来回长达六千里以上,所经之处,人马喧腾、旌旗蔽空、舳舻数里。其声势之浩荡,场面之壮观,堪称史上仅见。

乾隆四十九年(1784),乾隆皇帝七十四岁,第六度南巡。在此之后,他便不再南巡,其原因可能有五:(1)他不敢逾越康熙皇帝六次南巡之例。(2)他不敢逾越其母孝圣皇太后在七十四岁时(乾隆三十年,1765)作她最后一次南巡之例。(3)事实上,南巡之旅路途遥远,往返费时,而他毕竟已渐年老,精力不比从前,不宜再作这种长途旅行了。(4)江南重点美景,他大概也都游历过了,而各地河工和海塘建设,也都告一段落了。(5)更重要的原因,可能是多次南巡的场面浩大,所费不赀,国库已渐不支了。可能基于以上这种种原因,所以在那次之后,他便决定不再南巡。

5. 乾隆皇帝南巡沿途之重要行宫和名胜景点

乾隆皇帝在每次来回共六千里以上的南巡途中,大致上每隔八十里左右,便设有行宫（或行馆、行殿、行幄）和营盘（尖营、大营、水大营），以备休憩和驻跸。其数最多时，略计：行宫约七十个，尖营约九十四个，大营约十二个，水大营约二十个（见表2.3）。这些行宫的规模大小不一，新旧都有，包括既有的名胜古刹、官署、名园和新旧行宫等。乾隆三十年（1765），他第四次南巡之前，执事人员因虑太后年已七十多，住在营盘不适，因此，在有些地方又增建数座行宫，以便住宿。乾隆四十五年（1780），乾隆皇帝第五次南巡之前，执事人员又因同样的原因，为他增建数座行宫。虽然乾隆皇帝一再下令新建行宫的用度尽量简约，但是每座简单的行宫，所费还是相当可观。例如，乾隆四十五年（1780）十月初十日，萨载奏言："淮北添建行宫三座，共享银八万九千五百（89500）余两。"换言之，每座新建行宫，平均用银将近三万（30000）两。[94] 如与当时服务于宫中一般院画家的月俸（3两）相较，则可知当时每座行宫所费，等于那些院画家一万个月（或八百三十三〔833〕年）的薪俸（即 3×10000）所得。而如再加上它四周相关的建设费用，其数就更惊人了。据相同资料中萨载所奏，仅为那次（第五次）南巡所做的各项新添和修旧工程、随工陈设，并砖石、桥路、大船、车、骡等项，共计用银五十一万一千九百九十八（511998）两。[95] 此数等同于康熙时期的江宁织造曹寅（曹雪芹的祖父；1658—1712）年薪（一百零五〔105〕两）的四千八百七十六（4876）倍。[96] 由此可见帝王生活之基本配备虽说尽量简约，仍非一般百姓所可想象和企及的。

乾隆皇帝南巡时，所住的那些比较著名的行宫、行馆和行殿，多位于景观优美的名胜区，或富有文化和历史意义的古建筑和园林中。串联这些地标，便可建构当年乾隆皇帝与扈从一路南巡的具体行经路线。据笔者简略统计，乾隆皇帝六次南巡中，曾使用过至少七十处以上的行宫。在那当中，比较著名的约有五十三处（直隶八处，山东二十二处，江苏十九处，浙江四处）；而且，这些行宫的附近，又常有许多著名的景点，它们至少有九十多处以上。换言之，乾隆皇帝在南巡途中，可以令他和太后等人赏心悦目、流连忘返的名胜景点，大约有一百五十（150）处左右。[97] 而这些景点，也常常反复地成为他为诗作文的灵感来源和歌咏的对象，见《钦定南巡盛典》的《天章》部分。

乾隆皇帝在他众多有关南巡的诗文中，对那些行宫和周边景点不断重复歌咏抒情，显见他对它们欣赏的程度。其中有许多江南地区的特殊景点，更令他难以忘怀，比如：江苏地区的镇江金山寺、无锡惠山园、苏州城外寒山寺、苏州城内狮子林；浙江地区的嘉兴烟雨楼、海宁安澜园、杭州西湖及周边景点、宁波天一阁等。对于以上的这些景点，他除了以诗文咏叹之外，还命随行画家以绘画记胜，后来又在北方皇家苑囿中加以仿建，借以保留那些美景的形象。而在那些仿建的江南美景当中，有许多便是专为太后祝寿而特别建造的。

五、大寿庆典

乾隆皇帝对于太后每年的寿诞，从不草率。如：到慈宁宫祝寿；自制诗画，与皇子、皇孙送寿礼；彩衣捧觞献舞，都是惯例。"每万寿庆辰，酒酣，帝躬起舞蹈，赏灯赐膳。"[98]而每逢太后的大寿，则更加铺张，安排各种大规模的庆祝和祈福活动。换言之，乾隆皇帝每逢太后大寿（特别是六十、七十、八十岁）时，都大规模地预先在当年春天或秋天，以出外巡狩的方式（如前所述），令太后欣喜。除此之外，他更大规模地修建佛寺或园林，以事庆祝。而在太后大寿的当天（十一月二十五日），更在宫中和京城内外，同时举行盛大而奢华的祝寿活动。其中最明显的是乾隆十六年（1751）和乾隆二十六年（1761），前后两次为太后祝寿的活动。这些活动所耗费的金额难以估计。

为了庆祝乾隆十六年（1751）太后六十岁的大寿，乾隆皇帝已在先前两年动手准备修建清漪园（今颐和园）为她祝寿：乾隆十四年（1749），他先命人整治北京皇城西北郊的水系；乾隆十五年（1750），改瓮山为万寿山；乾隆十六年（1751），将山前的金海改称昆明湖，又在万寿山上修建大报恩延寿寺。[99]乾隆十六年（1751），完成了以上大部分的工程。[100]快到太后大寿时，他又率众献礼、上尊号。在这之前，太后已有的尊号为"崇庆慈宣康惠敦和"，现在又在后面加上"裕寿"两字。[101]生日当天，他又率眷属、子孙、宗亲、朝官等，在寿安宫举行祝寿献礼的仪式。[102]乾隆皇帝所献之礼，包括自制诗文、书画、各种珍宝、器用和如意等正式祝寿礼。[103]

清漪园中，有一些景点，是乾隆皇帝在各次南巡后，仿江南美景而建的。如：乾隆十六年（1751），乾隆皇帝第一次奉太后南巡归来之后，便在万寿山后仿无锡惠山的寄畅园而建了惠山园（嘉庆时改为谐趣园）和苏州街。他后来又在万寿山前的昆明湖，仿西湖苏堤而建了西堤六桥。又，乾隆二十三年（1758），他在第二次南巡（乾隆二十二年，1757）归来后，在万寿山的大报恩延寿寺侧，仿照杭州六和塔而建一高塔，但该塔尚未建成便毁于火，因此他便在原地改建了佛香阁（图2.10）。

乾隆二十六年（1761），正值太后七十岁大寿。当年元旦，适逢"五星连珠"，天现祥瑞，再加上感念"人生七十古来稀"的缘故，乾隆皇帝对他母亲这次的寿诞所进行的活动项目更多，而且其花费也更惊人。首先，关于五星连珠的现象，乾隆皇帝特别以诗文记盛，[104] 他还命院画家作《五星联珠图》长卷（台北故宫博物院藏）。其次，这次的祝寿活动，主要包括以下的四个项目：（1）事前在北京西郊修整明代已有的五塔寺（正觉寺）（图2.11）和万寿山。按乾隆十六年（1751）和乾隆二十六年（1761），曾两次修整五塔寺，光是它的工程费用，就高达银七万零六百二十（70620）两；[105] 这等于当时一个普通院画家月银（3两）的二万三千五百四十（23540）倍，也等于他一千九百六十一（1961）年的薪水。两相对照，显见皇家用度之挥霍与豪奢。另外，他又仿山西五台山殊像寺，在香山建宝相寺。[106]（2）上尊号，他在上述太后已有的尊号之后，又再加上"恭懿"二

图2.10 佛香阁 位于北京海淀区颐和园万寿山前山、大报恩延寿寺侧 建于清乾隆二十三年（1758）

字。(3) 太后生日当天，自清漪园经西直门、西安门、西华门，沿线部署各个祝寿单位和庆祝活动。同时，乾隆皇帝命院画家张廷彦等绘制《崇庆皇太后万寿庆典图》（图2.12），以记其盛。[107] 这个举动完全模仿了康熙皇帝六十大寿时作《万寿图》的前例。[108] (4) 太后生日当天接受各方祝寿：乾隆皇帝在寿安宫侍膳，并在慈宁宫行庆贺礼；王大臣则于慈宁门行礼。[109]

图 2.11　五塔寺　位于北京海淀区西直门外，始建于明成化九年（1473），清乾隆二十六年（1761）大修

更有甚者，乾隆三十六年（1771），太后八十大寿时，乾隆皇帝更大肆庆祝。那次庆典的主要活动，包括以下的五个项目：(1) 预先在避暑山庄外围建普陀宗乘之庙（小布达拉宫）（图2.13），并重修北京黄寺和功德寺，为太后祝寿。[110]

图 2.12　清　张廷彦（1735—1794）《崇庆皇太后万寿庆典图》（局部）1761　绢本设色　卷　65×1020 公分　北京　故宫博物院

图 2.13 普陀宗乘之庙 位于河北省承德市避暑山庄附近 始建于清乾隆三十二年（1767），竣工于乾隆三十六年（1771）

图 2.14 清人《万国来朝图》（局部）绢本设色 轴 322×210 公分 北京 故宫博物院

（2）仿杭州圣因寺所藏贯休（约活动于十世纪）的《十六罗汉像》刻石，而在西苑（北海）的万佛楼建了妙香亭《十六罗汉像》，为皇太后祝寿。[111]（3）奉太后到泰山祭拜祈福（如前述）。（4）太后生日当天接受各方祝寿：乾隆皇帝在寿安宫侍膳，然后在寿康宫行庆贺礼；王大臣和庶官则分别于慈宁门和午门两地行礼。[112]（5）画工艾启蒙等奉命绘图记盛。[113] 当时艾启蒙和其他画工奉命所作的绘画，可能便是现今所见的一幅《万国来朝图》（图2.14）[114] 和《胪欢荟景图册》。现今存世标为"万国来朝图"的作品有四幅，它们的构图类似，着重表现在前景所见各国使者朝贡候宣之状，背景则为众多宫殿。在本幅《万国来朝图》中，只呈现各国使者带着各种珍奇贡物聚在太和门外，等候召见，而没有直接描绘太后在慈宁宫接受祝寿的场面。而在《胪欢荟景图册》中的《慈宁燕喜》（彩图5；图2.15），则明显呈现了乾隆皇帝彩衣献觞、为母祝寿的情形。由其中乾隆皇帝的相貌望似六十岁左右来看，本幅极可能是那年（1771）所作。又，在另外一幅《万国来朝图》中，可见乾隆皇帝手抱幼儿之状。该图可能作于乾隆四十九年（1784），因在那年他的一首《元旦试笔》中，有"古稀天子承天佑，卌九年临万国朝"之句可以为证。[115]

六、徽号尊衔

乾隆皇帝对太后无时不显现他的崇敬和感恩之心，因此，除了以上所见，在太后大寿当年上徽号之外，更在各种国家喜庆时，尊上加尊地册尊皇太后，并恭上徽号。这种情形共有九次，每次都以十分隆重的仪式举行。[116] 以下表2.4 简列乾隆皇帝为他母亲上尊号的时间、理由和所上的徽号：

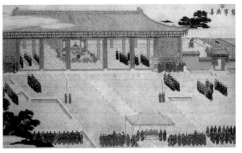

图 2.15 清人《胪欢荟景图册》之《慈宁燕喜》（及其局部）约 1771 绢本设色 册页 97.5×161.2 公分 北京 故宫博物院

表 2.4 孝圣皇太后历年所获徽号表

序号	时间	事由	徽号
1	雍正十三年（1735）十二月	弘历即位	崇庆皇太后
2	乾隆二年（1737）十二月	册立皇后富察氏	崇庆慈宣皇太后
3	乾隆十四年（1749）四月	平金川	崇庆慈宣康惠皇太后
4	乾隆十五年（1750）八月	册立皇后乌拉那拉氏	崇庆慈宣康惠敦和皇太后
5	乾隆十六年（1751）十一月	皇太后六十万寿	崇庆慈宣康惠敦和裕寿皇太后

(续表)

序号	时间	事由	徽号
6	乾隆二十年（1755）六月	平准噶尔	崇庆慈宣康惠敦和裕寿纯禧皇太后
7	乾隆二十六年（1761）十一月	皇太后七十万寿	崇庆慈宣康惠敦和裕寿纯禧恭懿皇太后
8	乾隆三十六年（1771）十一月	皇太后八十万寿	崇庆慈宣康惠敦和裕寿纯禧恭懿安祺皇太后
9	乾隆四十一年（1776）五月	平定大、小金川	崇庆慈宣康惠敦和裕寿纯禧恭懿安祺宁豫皇太后

※ 资料来源：

唐邦治辑，《清皇室四谱》，卷2，后妃，17a—18a页（《清代传记丛刊》，第48辑，69—71页）；张尔田，《清列朝后妃传稿》，传上，107a—116a页（《近代中国史料丛刊》，第75辑，742册，223—241页）；赵尔巽、柯劭忞等编，《清史稿》，30册，卷214，列传1，后妃，8914—8915页。

其中，关于平定金川之事，乾隆皇帝不但有诗记其事，[117]而且更命人作《红旗捷报图》（台北故宫博物院藏）作为纪念。由此也可见乾隆皇帝如何利用各种国家和皇室及私人的喜庆场合，为太后尊上加尊的行为。于是，原来平凡的钮祜禄氏，在雍正时期先升为"熹妃"，再晋为"熹贵妃"；乾隆时期，先尊为"崇庆皇太后"，后累加徽号，到乾隆四十一年（1776）时，已被尊称为"崇庆慈宣康惠敦和裕寿纯禧恭懿安祺宁豫皇太后"。此时，她的尊荣几乎已达极致了。

乾隆四十二年（1777）正月二十三日，太后以八十六岁高寿，逝世于圆明园的长春仙馆。乾隆皇帝尊谥她为"孝圣慈宣康惠敦和敬天光圣宪皇后"，四月，葬于泰东陵。[118]失去了一生最亲近的人，乾隆皇帝的哀痛长久无法释怀。他将长春仙馆改为佛堂，且每每触景伤情，在他此后所作的诗中，时常流露出对太后的思念之情。比如，他在太后刚过世后不久所作的挽词[119]和《恭奉圣母梓宫往泰陵是日启程长句志痛》[120]二诗中，都流露出他强烈的丧母之恸。这种感觉，在同年年底他所题王羲之《快雪时晴帖》中的一首诗中，也可以看出来："复雪叨天贶，自宵达曙连；缤纷迷旷宇，雾霡湿非烟。诚幸逢膏续，仍欣在腊前；无人相慰藉，独立一酸然。"[121]诗中一开始所说的是因为该年腊月得雪有利于农而欣喜，但到结尾时，他的这种欣喜之情，却又因无法与他母亲分享而转为伤悲。一年后（乾隆四十三年，1778），他又在其所作的《长春仙馆礼佛有感》中怀念起他的母亲。[122] 十七年后（乾隆五十九年，1794），他在《游狮子园》一诗中，又想起了康熙六十一年（1722），当康熙皇帝在那园中见到他的生母时，称赞她是"有福之人"的往事。[123] 十八年后（乾隆六十年，1795），当他已经八十五岁时，在《新正雍和宫瞻礼示诸皇子》的诗中，也提到他曾将自己原来所计划的在位满六十年便退位之事告诉太后，但太后认为不必一定要如此做的往事。[124] 由以上这些诗中可见：不论太后已经逝世多久，他对她的怀念一直是持久不变的。

从以上诸事中可证：乾隆皇帝从登基之后，四十二年来对太后的孝养始终如一，无微不至。但这并不表示他对太后每事都禀告，或言听计从。相反地，他一直严守清朝立国以来的祖训：后宫不得干政；而且，对于母族外戚也防范甚严。纵使贵如太后，她的父母想到圆明园宫内探亲，也必得事先向皇帝申请，获准后才可行，否则便算逾制。[125] 例如，在乾隆皇帝刚登基后不久，有一次内侍径引太后的亲弟进入后宫，根本没到太后住的慈宁宫，而只不过远远地在东六宫的苍震门内谢恩。乾隆皇帝得知后便十分震怒，对侍者加以斥责，且令不得再犯。[126] 照理而言，他对自己的亲生母舅，不应如此不客气，因此，这件事情在表面上看起来，固然显现出乾隆皇帝恪守祖宗家法的行为严格执行外人不得随便进入后宫的规定，但是换一个角度来看，它也反映了乾隆皇帝对于他母亲的家族并未特别礼遇的事实。据笔者推测，他如此的行为，可能的原因有二：(1) 他的外祖父凌柱，只是一个四品典仪内大臣，家世并不显赫。(2) 他的母舅才具平庸，所以他未加以提拔重用。相对地，乾隆皇帝对于自己的皇后和贵妃的族人，只要是具有才干，他都十分照顾。比如，他重用孝贤皇后的弟弟傅恒。傅恒一生立下许多战功，被封为一等公。还有傅恒的儿子福康安，也因战功而受爵。另外，他也重用慧贤皇贵妃（？—1746）的父亲高斌（1683—1755）与兄弟高晋和高恒（生卒年不详）。三人曾分别担任直隶和江浙两地的总督，以及总管两淮盐政。[127] 由此可证，乾隆皇帝并非完全排斥外戚，而是看他们是否具有才干。

太后笃信佛教，她曾亲手贴绣，制作佛像《绿度母贴绣像》（雍和宫藏）（图2.16）。有一次，她向乾隆皇帝建议：顺天府某处一佛寺残破，应加修缮。乾隆皇帝

图 2.16 清孝圣皇太后《绿度母贴绣像》北京 雍和宫

虽然表面上听从她的嘱咐,却随即召来她的随从,训诫他们不得视太后所好,而随便向她通报外界的相关消息;当然,也不得随便引尼师入宫见太后。[128] 乾隆皇帝一方面顺从太后所请,但另一方面也同时在防范小人居中兴风作浪,由此可见乾隆皇帝的精明干练:他侍太后至孝,对她生活上的大小事都加以过问,但同时又善于防微杜渐。[129]

七、家事国事

虽然太后的地位尊贵,但她的职权只限于后宫之内。不过太后对于自己的地位与权力,有时也具有相当程度的自觉,并以迂回的方式,建议乾隆皇帝加以配合。不过她的要求都具善意且考虑周详,这类事实至少有三例,而其影响大至家国大事,小到个人的行为方式。第一个例子是:太后在乾隆皇帝两度面临择立新后的问题时,都扮演了关键性的角色。根据清朝礼制,太后的权责中,最重要的一项,便是册立皇后的仪式。[130] 换言之,太后有权参与皇帝决定立哪一个女子为后。而在这一点上,她的确扮演了一个十分重要的角色,两度影响到乾隆皇帝续立皇后的人选。第一次发生在乾隆十五年(1750)。原来,乾隆皇帝的首任皇后为富察氏(孝贤皇后)(彩图6;图2.4),她是他在皇子时期的福晋。富察氏柔美温婉,生活节俭,侍太后极孝,帝后两人极为恩爱。她曾生下皇二子永琏(1730—1738)和皇七子永琮(1746—1747)。乾隆皇帝有意立嫡,曾先后密立他们为嗣君,可惜二人都早逝:永琏逝世于乾隆三年(1738),年仅九岁;永琮出生后,第二年便逝世,年纪不满两岁。更不幸的是,乾隆十三年(1748)三月,富察氏在随乾隆皇帝和太后东巡山东的回程途中，突然病殁于济南。乾隆皇帝为此哀痛逾常，因此并未马上再立新后。乾隆十五年（1750），当他四十岁时，在太后的建议下，只好将当时的娴贵妃乌拉那拉氏立为新的皇后。[131] 后者也为他生下二男（皇十二子永璂，1752—1776；皇十三子永璟，1755—1757）一女（皇五女，1753—1755），但乾隆皇帝和这位继后之间的感情并不融洽。

乾隆三十年（1765），乾隆皇帝奉太后第四次南巡，继后和其他一些嫔妃也同行。当舟至杭州时，继后与皇帝因故争吵，继后随即断发以示抗议。断发为满洲人的守丧习俗，继后以此犯下大忌。乾隆皇帝震怒之下，立刻命人将她护送回京，从此不予理会。乾隆三十一年（1766）七月，继后病逝。乾隆皇帝当时在避暑山庄，知道消息后，不但不哀痛，反而再加以斥责，并命人将她降格，以皇贵妃之礼发丧，也未给予谥号。他的怒气延及她所生的儿女，他们无一受宠。[132]

换言之，此时，乾隆皇帝再度面临择立新后的问题，但出人意料的是，在此之后，乾隆皇帝不再立后。他只是将他最喜爱的令妃（魏佳氏，图2.17）晋升为令贵妃，统摄六宫之事。令妃为正黄旗包衣管领下人清泰之女，她在乾隆十年（1745）左右进宫后，便极受乾隆皇帝钟爱，很快由贵人晋升为嫔，后又晋为妃。乾隆三十年（1765），乌拉那拉氏失宠后，她便晋为贵妃，后来又升为皇贵妃。第二年，继后过世，但令皇贵妃却一直未被立为皇后。令皇贵妃曾生四男、二女；男子之中，仅皇十五子永（颙）琰和皇十七子永璘存活。她在乾隆四十年（1775）逝世，享年四十九岁。[133] 乾隆皇帝为此十分伤悲，特别作《令懿皇贵妃挽诗》。[134] 其实，在她逝世前两年，也就是乾隆三十八年

图2.17 清 郎世宁等《令妃吉服像》约1761—1765 见《心写治平》（局部）绢本设色 卷 52.9×688.3公分 美国克利夫兰美术馆

（1773）时，乾隆皇帝已经密立她所生的皇十五子永（颙）琰为嗣君，[135]但他都不动声色，而要等到二十一年后，也就是乾隆六十年（1795）九月时，才正式宣布这项消息。次年（1796），永琰即皇帝位，改名为颙琰，年号"嘉庆"（1796—1820）。[136]那时，令皇贵妃母以子贵，才被追谥为"孝仪皇后"。

在事实上，令妃可说是继孝贤皇后之后，乾隆皇帝生平当中最珍爱的伴侣，但是他为何在乌拉那拉氏过世后，只肯让她以皇贵妃之名统摄六宫长达十年（乾隆三十年至乾隆四十年，1765—1775）之久，让她长期握有实权，却不给荣衔？乾隆皇帝为何一直要等到她已经过世二十年之后，才因为她所生的皇十五子即位为皇帝的关系，而追谥她为"孝仪皇后"？史家很少去质疑这其中的缘由。笔者推测，乾隆皇帝之所以如此作为，应曾经与太后商议过；而他们的理由可能有两个，略述如下：

第一个，也可能是比较重要的原因，应和令妃的家世有关。令妃为满洲正黄旗包衣管领下人清泰之女。包衣为满洲入关前，在辽东征战胜利中所俘的汉人；他们的地位低下，有如世仆，但在编制上和他们所属的满洲主人归属同一旗籍，其中最有名的例子，是曹寅（曹雪芹祖父）一家。[137]令妃虽然在编制上也属于内务府上三旗，得以参与选秀入宫，后来得宠，步步高升，成为皇贵妃，但她毕竟是汉裔，而且出身低下。因此，要立她为后，在当时的情况之下，是件十分困难的事。满洲社会重视阶级，婚嫁更是如此；而那时的满洲世族中，最有势力的，是瓜尔佳氏、钮祜禄氏、伊尔根觉罗氏和马佳氏等八大家："凡尚主、选婚，以及赏赐功臣奴仆，皆以八族为最。"[138]更何况清朝入关之后，十分重视满、汉之别：在全国各地，满、汉都分区居住，互不通婚。就是皇室选秀女，也仅限于全国八旗及龄（十三岁）少女；汉女不得参与。虽有文献记载，顺治皇帝时，"户部侍郎石申之女，以汉籍入选，赐居永寿宫"，为庶妃，[139]但这是特例。一般来说，汉女不得入宫；就是入宫得宠，也只能当庶妃；而且，宫中也不得穿汉服。[140]简言之，当时满人以统治者自居，汉人则是被征服的被统治者；满、汉不通婚，是为了维持统治者的血统纯正。虽然包衣也算是旗人的身份，但如果要立一个有汉人血统的包衣之女为皇后，权位都在满洲宗室和贵族之上，那无论如何是无法令满人接受的事。

因此，笔者认为，太后应该是基于这样的考虑，当孝贤皇后过世之后，才会强烈建议乾隆皇帝立身为满人的娴妃乌拉那拉氏为继后；虽然当时乾隆皇帝并不乐意，因为他深深地怀念着孝贤皇后，[141]更何况那时他最宠爱的女子是令妃，而非乌拉那拉氏。但为了以上的原因，他只好勉强接受太后的建议。不过这个勉强的决定，结果导致后来帝后失和，继后失宠。乾隆三十一年（1766）继后过世之后，中宫再度缺位；那时乾隆皇帝可能还是基于以上的原因，而一直不肯立令皇贵妃为皇后。一直要等到乾隆六十年（1795）九月，他宣布令皇贵妃的儿子永（颙）琰为嗣君时，母以子贵，她才有资格自然而然地被追谥为"孝仪皇后"。不过，那时令皇贵妃已经逝世整整二十年了，谥号只是死后尊衔，不具实质意义。然而，也唯有在那种情况下，采取那种方式，才能勉强令满人接受令妃的身份与地位。简言之，令妃生前虽然深受宠爱，却一直未被立为皇后的关键原因，应与她的汉裔血统和出身包衣有关。

另一个，也可能是较为次要的理由，则应与乾隆皇帝一直考虑立嫡子为嗣君的经历和理想有关。如上所述，乾隆皇帝曾在乾隆元年（1736）时，密立孝贤皇后所生的皇二子永琏为嗣君。但可惜，永琏在乾隆三年（1738），年仅九岁便过世。后来，在乾隆十一年（1746），他又密立孝贤皇后所生的皇七子永琮为嗣君。不幸的是，永琮在次年又早逝，时年才两岁。更不幸的是，再次年，乾隆十三年（1748），连他钟爱的孝贤皇后也过世了。于是他立嫡的计划彻底失败。[142]因此，当乾隆三十一年（1766），继后乌拉那拉氏过世之后，如果他马上立令皇贵妃为新后的话，那么当时令皇贵妃所生的两个皇子——皇十五子永（颙）琰和皇十七子永璘便成为嫡子。基于他素来有立嫡的想法，如此一来，他们之中的一个，便可能成为嗣君。但由于在此之前，他已有二次密立幼年嫡子为嗣君，最后都失败的经历，因此，这次他不再贸然行事。何况那时永（颙）琰才六岁，而永璘也才刚出生，两人都贤愚未辨；因为怕重蹈覆辙，所以他暂时不想急着为他们母子改变身份。可能也是基于这个原因，乾隆皇帝在此时才决定不立新后。如此一来，也可以避免立刻面对立嫡与否的问题。

第二个例子，是关于乾隆皇帝退位的计划。原来，乾隆皇帝在刚即位时，曾立下誓言:在位满六十年后,便禅位给嗣君,原因是他不敢逾越康熙皇帝在位六十一年的期限。但是,后来乾隆皇帝对这个计划有些悔意,于是他便和太后商量。太后认为:只要他一直善尽职责,届时不必一定非要退位不可。乾隆皇帝因此向上天默祷:如果上天同意太后之言,就令她享百岁之寿,以为明证。但此愿未果,太后终于在乾隆四十二年(1777)以八十六岁高寿过世。乾隆皇帝也因此谨守他原来的誓言:乾隆六十年(1795)让位给嗣君。[143] 由以上所述乾隆皇帝如何择立新后,与决定是否该如期禅位的行为来看,可以得知太后在乾隆皇帝的家庭生活中扮演了十分重要的角色,而且产生了直接的影响力。皇帝的家事,有时也关系到整个国家的政治动态。从这一点来看,太后在形式上虽然完全恪守国家体制和规范,未曾直接干政,但在实质上则对乾隆皇帝的某些决策的确发挥了相当大的影响力。简言之,她是乾隆皇帝一生中最亲近也是最重要的人。

第三个例子,是太后善引祖宗的行为,要求乾隆皇帝仿效。比如,她曾援引康熙皇帝侍候孝庄太皇太后(1613—1687)的先例,示意乾隆皇帝每次木兰秋狝后,回到避暑山庄时,一定要先到她所居之处问安,以示尽孝。[144] 此事虽小,却可见太后个性之精明,而乾隆皇帝也乐于受教。母子二人配合无间,借此传为佳话,也可彰显他的孝行。

结 语

经由以上的观察,我们可以了解乾隆皇帝对他的生母孝圣皇太后(孝圣宪皇后)的孝行,有着前期和后期两个不同阶段的表现;而这些不同的表现,自有它们各异的时空背景和特殊的意义。首先,他在皇子时期,与他的生母钮祜禄氏(熹妃)之间的互动资料,几乎是空白的。其中的一个原因,可能是因为钮祜禄氏出身不高贵,刚到雍邸时只是格格,身份低下之故。她生下弘历之后,由于弘历聪颖过人,倍受雍亲王和康熙皇帝钟爱,因此,她的地位逐渐上升:在雍正皇帝即位之后,先升为熹妃,后晋为熹贵妃,但是她毕竟是侧室,因此,名分和地位自然在孝敬宪皇后之下。此时弘历虽已被密立为嗣君,但尚未公然明示。由于他是庶子,所以各方面都须保持低调。他必须向雍正皇帝和皇母孝敬宪皇后表示忠诚,以确保他的身份和地位,因此也就不能明目张胆地与自己的生母熹妃太亲近。基于此,纵然此时他已能作诗文书画,而且还时常以自己的作品赠送他的皇叔和皇弟,甚至也曾作诗为他的皇母(孝敬宪皇后)祝寿,但都不曾以任何作品赠送给他的生母(熹妃)。

等到雍正九年(1731),他的皇母(孝敬宪皇后)逝世,和雍正十三年(1735),雍正皇帝逝世后,这种情形才见逆转。雍正十三年(1735)八月他即位;不久,到了十二月底,他马上尊他的生母熹贵妃为崇庆皇太后,其后更是表现出无止尽的各种孝行。简言之,乾隆皇帝登基之后,对他的生母孝圣皇太后四十二年里至亲至孝的行为,可谓克尽孝道、无微不至。他除了平日居家时常向太后问安和侍膳外,每次巡狩都奉太后同行。每当太后寿庆时,又特别送礼祝寿;而每逢太后大寿时,更大肆庆祝,包括上徽号、建寺祝寿,并到名山祈福,且命人作画纪念。四十多年里,他对太后的各种孝行和太后所享受到的各种尊荣,可谓前所未有。同时,他对太后的感恩之情,时时在念,并见于他诸多的御制诗中,真可谓念兹在兹,始终如一,至死不渝。他似乎要以这种种行为,来证明他是中国历史上侍母最为尽心,也是最孝顺的皇帝。

但为何他要如此大肆宣扬他的这些孝行呢?笔者认为可能的原因有四:(1)这或许是为了弥补他早期因限于时空环境,不敢对他的生母表现出真情的一种过度夸张的行为。(2)此期由于他身为皇帝,再无任何顾忌,因此他的一片孝心真情发自内心而不能自已,不仅形之于外,又见之于诗文书画,可谓天性至孝。(3)他既身为人君,因此有意借由各种图画和文献公开显示他的各种孝行,所谓"百行孝为先",以此作为万民表率。(4)他有意借由史册,将他的孝行传之久远,以证明他是一个恪守祖宗家法,实践儒家核心价值观念,以孝治天下的圣主明君,并期望以此在历史上流芳百世。

附记:本文原刊载于《故宫学术季刊》,31卷3期(2014年春),103—154页。

第三章

《心写治平》——乾隆帝后妃嫔图卷和相关议题的探讨

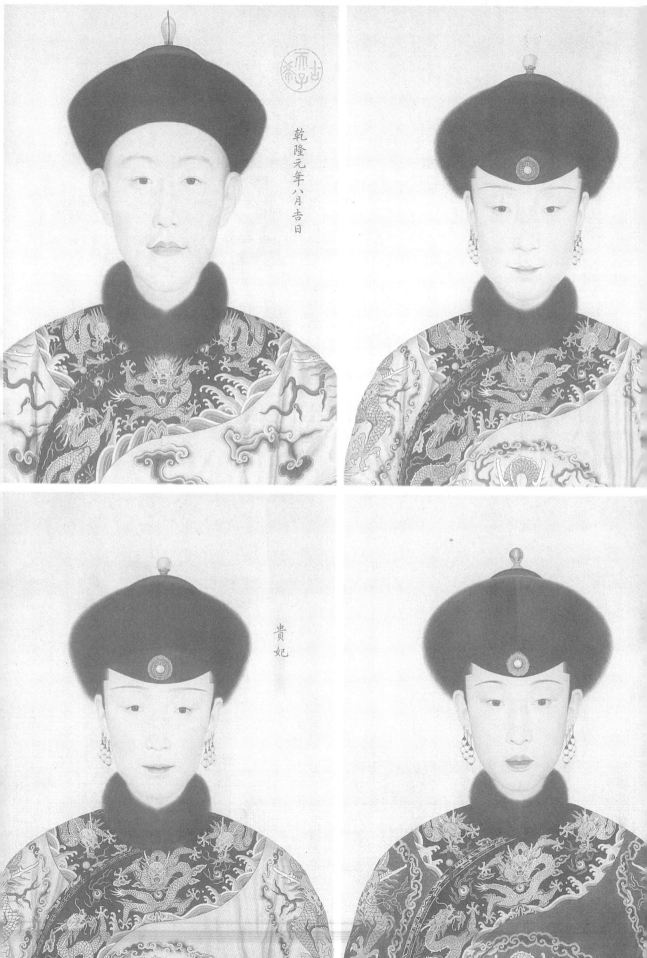

第三章 《心写治平》——乾隆帝后妃嫔图卷和相关议题的探讨

乾隆皇帝是清代入关后统治中国的第四位君主。[1]清初经过顺治（1644—1661）、康熙（1662—1722）和雍正（1723—1735）时期几近百年励精图治、刻苦经营，内外局势稳定，民生经济步入常轨，使得乾隆皇帝在位的六十年间（1736—1795），得以发展文治武功，造成大清盛世。[2]但是，在他之后，大清帝国却百病丛生，急速走向衰亡，百年之后甚至灭亡。[3]史家对于这位身居帝国盛衰关键节点的统治者一直充满兴趣，相关研究论著极多。仅这半个世纪以来，有关乾隆皇帝和当时中国的政治、经济、军事、社会、宗教、文化等方面的研究专论，不计其数。[4]

在艺术史方面，学者的兴趣多集中在乾隆时期各种艺术品的制造和风格问题；在书画方面，又以乾隆皇帝的肖像画、他的书画鉴赏能力，以及在他影响下的画院活动等问题，受到较大的关注。近二十年来，这方面的研究论著相当多。自1985年开始，中外学界和博物馆界陆续举办了许多重要的学术研讨会和文物特展，也出版了许多重要的学术论著。[5]当然，其中最引人注目的议题之一，便是乾隆皇帝的肖像画。存世所见乾隆皇帝的肖像画，种类很多，表现了他在各种场合中穿着不同的服饰，从事相关的活动。比如表现他刚登基不久的《乾隆皇帝朝服像》（彩图1；图3.2）；他和十二位后妃嫔的《心写治平》（彩图7；图3.1），他赐宴蒙古王公时着便装观赏力士相扑的《塞宴四事图》（北京故宫博物院藏），他在某次秋狝狩猎时着猎装的《乾隆皇帝射鹿图》（见图1.52），[6]他六次南巡时在不同场合作不同装扮的《乾隆皇帝南巡图》（见图2.7），[7]以及作汉人文士打扮的各种"行乐图"（见图1.24—1.27等）[8]等，可谓千变万化，不胜枚举。然而，这些看似变装秀的种种肖像画，都图写了他生活中的一个面向，也反映了他个人对某些议题的价值观，是研究他个人思想和当时相关人物，以及历史的十分重要的图像资料，值得艺术史和历史学者加以重视。本文在此拟以美国克利夫兰美术馆所藏的《心写治平》图卷为

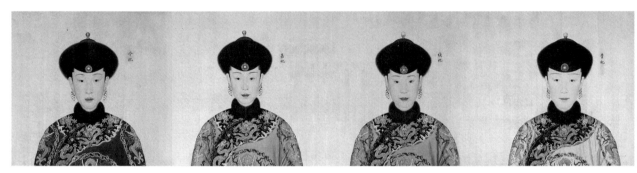

图 3.1　清　郎世宁等《心写治平》约 1761—1778　绢本设色　卷　52.9×688.3 公分　美国克利夫兰美术馆

中心，探讨某些相关的艺术史和历史方面的问题，包括作品的内容、制作背景、图像意涵和乾隆皇帝的家庭生活，特别是他对元配孝贤皇后（富察氏）的深情，对继后乌拉那拉氏的厌恶，以及对后宫妃嫔的道德教育等。期望经由本章的研究，能使我们对乾隆皇帝的个性、家庭生活与妇德观，产生较具体而深刻的认识。

一、《心写治平》图卷的研究回顾

据传原藏于圆明园的《心写治平》图卷（彩图 7；图 3.1），可能在 1860 年英法联军第二次攻打北京时从该园中流失，据说曾经英人 Spink 之手，后来几经转折，在 1969 年入藏美国的克利夫兰美术馆（收藏号：69.31）。[9] 它是研究乾隆皇帝和他的皇后妃嫔关系的十分重要的一件作品。本图卷为绢本设色（52.9×688.3 公分）。画卷由右向左展开，依次呈现了乾隆皇帝和他的皇后，以及十一位妃嫔的半身画像，每个图像的右侧，都附上榜题。乾隆皇帝画像的榜题为："乾隆元年八月吉日"。十二位后妃嫔（L1—L12）的顺序为：（1）皇后，（2）贵妃，（3）纯妃，（4）嘉妃，（5）令妃，（6）舒妃，（7）庆嫔，（8）颖嫔，（9）忻嫔，（10）惇妃，（11）顺妃，（12）循嫔。本卷画中，所有的人物都一律穿戴正式场合才使用的"吉服"冠袍。"吉服冠"的特色，正如画中所示：红顶、黑边，帽缘以黑貂皮毛为饰，冠顶缀一颗珍珠，它的大小因身份和位阶而异。"吉服袍"为锦绣长袍，在胸前、双肩和襟缘上饰团龙和游龙，正如这里所见。这些袍服也以不同颜色来区分穿着者身份和位阶的高低，比如皇帝、皇后和贵妃着"明黄色"，妃着"金黄色"，嫔则着"香色"（浅红黄色），只有令妃（L5）例外，她的榜题标为"妃"，但所穿着的却是嫔级的"香色"（其理由何在，稍后讨论）。她们的左右耳坠各有三串，每串各垂两颗珍珠。这些衣冠服饰的特色，正合乎清朝宫廷礼制所规定的"吉服"特征。如乾隆三十四年（1769）所编的《国朝宫史》，其中明载：皇后妃嫔的"吉服冠"是以"薰貂为之，上缀朱纬，顶用东珠"；而她们的"珥"是"左右各三，以金为龙形，末锐下曲"；作为耳坠的东珠，也依身份的差别而使用不同的等级。至于龙袍的颜色,也有明文规定:皇后及贵妃以上为"明黄色",妃级为"金黄色",而嫔则为"香色"。[10] 由卷中画像的服饰可知,这是一件具有正规典礼性质的画卷;画中人物的脸上,也都显现出静穆的表情。画中的乾隆皇帝,年轻俊秀,头部微仰,正视着前方,目光安定,表情冷静,反映出他理性平衡和极端自信的性格。他的皇后妃嫔也都眉清目秀,除了上述以服装颜色区分她们的地位高低之外,这里也发现皇后的形体较皇帝为小,但较其他妃嫔为大。因此,形体大小也象征身份和阶级的高下。在相似的衣冠装饰之下,这些皇后妃嫔脸上的表情都表现出相同的模式:她们的脸部微俯,下颔微收,眼睛张大,柔顺地正视前方,表情静肃,呈现出专注听命、温柔顺从的忠诚之态。画家在她们这些模式化的服饰、姿态和表情的限制之下,仍然尽力以极细致精微的技法,去表现每一个女子在五官造形和化妆风格上的特色,因而在某种程度上得以显示出她们的个性。

这样一卷呈现皇室帝后妃嫔的肖像画卷,不曾见于历代任何著录或其他公私立收藏中,恐怕是现存唯一的作品,因此别具意义,也弥足珍贵。对于这件品质精良的重要作品,从 1970 年代以来,已有许多学者加以研究,其中包括 Cécile and Michel Buerdeley(1972)、Sherman E. Lee(1977)、Wai-kam Ho(何惠鉴)(1980)、Ju-hsi Chou(周汝式)and Claudia Brown(1985)、杨伯达(1988)、Mawell K. Hearn(何慕文)(1990)、庄素娥(2001),及 Chui-mei Ho and Bennet Bronson(2004)等人。[11] 他们所注意的问题,主要集中在两方面:一为此画作成的时代,一为画家是谁。关于此画何时所作的问题,许多学者基本上都据乾隆皇帝画像右侧的题识,认为此卷主要是作于"乾隆元年"(1736)和后来一些不同的时段;至于确切年份为何,学者看法不一。比如何惠鉴认为"最后三人(惇妃,L10;顺妃,L11 和循嫔,L12)的画像,应该是后来才添加上去的",他认为这三人的封号"是乾隆皇帝逝世(1799)之后才受封的"。[12] 周汝式认为此卷可能被裁过,而许多位妃嫔的名字也经过更动。[13] Ho Chuimei 则认为此卷作成于 1736、1758/1759 及 1776 年之后。[14] 至于在画家是谁的问题上,多数学者都依人物脸部的渲染方法及立体感表现的不同,认为乾隆皇帝和皇后(L1)及贵妃(L2)像,出于郎世宁之手,其他则可能是郎世宁的学生所画;[15]而何惠鉴与Ho Chuimei则认为,最后三人是后来画成再添加上去的。[16]然而,根据笔者的观察,发现事实远比上述学者的这些推论更为复杂。此外,除了以上的议题之外,这件作品还有许多问题尚待探讨,比如令妃的题识和画像不符的原因何在;此卷上的十三个画像,是为原本还是重画本;此卷制作的背景为何;它的图像意涵到底是什么;等等。以下笔者仅依研究所得,对本图卷的画家与断代、乾隆皇帝的家庭生活、本卷图像的意涵等三方面相关的问题,提出一些看法。

二、本图卷的画家与断代的问题

笔者发现,本卷的乾隆皇帝和十二个女子的画像,并非由同一画家在同一时间内画成的,而是至少由四个画家,分别在两个不同的阶段,依据十三幅作于较早时期的个别画像,重新画后再组合而成的。它的制作过程相当复杂。首先,我们先看这十三个画像为何不可能是在同一个时段中画成的原因。检验史料,乾隆皇帝一生当中所拥有的配偶,共有四十一位,其中这十二位女子是分别在不同时期进宫与他成婚的。雍正时期(1723—1735),他已有九位妻妾:雍正五年(1727),他奉命娶小他一岁的富察氏(1712—1748;谥孝贤皇后)(L1)为正福晋;后来又纳八位侧福晋(其中两位卒于雍正十三年,1735)。他登基后到乾隆四十一年(1776)前后,又陆续添加年轻的后宫女子三十二人。其中可知年纪最小的,便是图卷上的顺妃(钮祜禄氏)(L11),她生于乾隆十四年(1749),小于皇帝三十八岁。[17]这些在不同时期入宫的女子,命运也不相同,她们各依皇帝宠爱的程度,在不同时期分别被授予等级不同的封号。依《国朝宫史》的记载,她们的位阶分为八级,由下而上依次为"答应""常在""贵人""嫔""妃""贵妃""皇贵妃""皇后"等。至于乾隆皇帝同时可以拥有多少皇后和妃嫔,她们居住于何处,职责为何,也有明文规定。据同书记载,他可以有一位皇后、一位皇贵妃、二位贵妃、四位妃、六位嫔,嫔以下则无定数:

> 皇后居中宫，主内治。皇贵妃一位、贵妃二位、妃四位、嫔六位，分居东西十二宫，佐内治。……贵人、常在、答应，俱无定位，随居十二宫，勤修内职。[18]

如与上述的宫规对照，则发现目前图卷上所见与它互有出入。因为在这里，我们只看到皇后一位（L1），但无皇贵妃，贵妃也只有一位（L2）（还少一位），妃却有七位（多出三位），嫔有四位（还少两位）。这样的数目，与上述的宫规明显不符，可知这件图卷表现的并不是乾隆元年（1736）后宫的皇后与妃嫔的状况。再说图上女子中，年纪最长的为孝贤皇后（1712—1748）（L1），而年纪最小的为顺妃（1749—1788）（L11）。两人出生的时间，相差三十七年，因此不可能像画中所见，在同一时间点上看起来同样年轻。再说皇后去世时，顺妃还没出生，因此，她们绝无可能同时被画。另一个明显的证据是，画中的贵妃（高佳氏，？—1745；谥慧贤皇贵妃）（L2），卒于乾隆十年（1745），而令妃（魏佳氏，1727—1775；谥孝仪皇后）（L5）同年才进宫，刚被封为贵人，随后封嫔，要到四年后（乾隆十四年，1749）才晋为妃。因此，两人活动的时间既未重叠，自然也没有以画中那种地位同时被画的可能性。再根据史料得知，画中这些妃嫔受封的年份，都不相同（见表3.1），因此，这十二个女子在现实中，绝不可能在同一时段被画成目前所见的样子。唯一的可能是，她们个别在受封之后，被画成单幅画像，后来再根据那些单独的画像，重新画成目前所见的这种集体群像。至于为什么要作成这样的群像，它的背后一定有极特殊的理由，因为这样一卷帝后群像不论是在存世作品中，还是画史记录中，都是仅有的例子。就是从画像的风格来看，前面十人脸部的画法采用了当时欧洲传教士引进的西洋式晕染法（海西法），而后三人则用中国传统的线描法和染色法。这两种画风极为不同，显见并非同一画家所作。详情如何，极为复杂。

根据笔者对这件作品的研究，发现以下四点现象：（1）首先，就画风上来说，这十三个画像共呈现出六种不同的绘画法则。它们分别是由四个艺术家画成的，其中包括郎世宁和他的两个助手，以及另外一名院画家。郎世宁和他的助手们，在较早时期画了手卷前面的十个画像;他们采用了写实的技法和海西法设色,表现出每个人物脸部的特色。另外一位院画家,则在后来再以传统的中国画法画了最后的三个画像。(2)从理论上来看,这十三个画像最早的形制应该是单幅画像,而且依她们受封为榜题上所见的身份的年代,可以判断出该件画像作成于九个不同的时段,依次为乾隆元年(1736)、乾隆二年(十二月)(1738)、乾隆六年(1741)、乾隆十年(1745)、乾隆十四年(1749)、乾隆十六年(1751)、乾隆十九年(1754)、乾隆三十九年(1774)和乾隆四十一年(1776)。至于将这些个别的画像重新绘制在手卷上,成为目前的列像形式,则可能历经了两个阶段:第一阶段可能发生在乾隆二十六年至乾隆三十年(1761—1765),那时只是将前面十人的个别画像重画在一段画卷上,并加上题识;第二阶段可能是在乾隆四十二年至乾隆四十三年(1777—1778)左右,那时才将后面三人的个别画像重画在另一段画卷上,加上题识,然后与前段画卷组合成为现状。(3)每一位女子画像的榜题,所标示的是她被画时的头衔,而不是她一生中所获最高的头衔。(4)所有的榜题,应该都是乾隆皇帝在每段画卷组合完成后,再书写上去的。以下笔者将以风格分析配合历史文献来支持这些论点。

画卷一开始所见的,是乾隆皇帝、皇后(孝贤皇后)(L1)和贵妃(慧贤皇贵妃)(L2)三人的画像。三人都穿着明黄色的龙袍,显示他们最崇高的身份地位。年轻的皇帝看起来冷静而充满自信。他的脸是以精细的线条勾画,并以西洋的晕染法仔细染出立体感,由于采用正面光源,因此不见侧光所形成的阴影,光线均匀,脸部明亮。他右侧的榜题写着:"乾隆元年八月吉日",说明这幅画像是作于那时(1736)。依据史料,乾隆皇帝生于康熙五十年八月十三日(西历1711年9月25日),登基于雍正十三年九月三日(西历1735年10月18日),但要到次年(1736),他才开始采用"乾隆"年号纪年。[19]因此,这里榜题显示的"乾隆元年八月吉日"所提示的是:这幅画像作成的场合,应是为了庆贺他二十六岁的寿诞,而不是为祝贺他的登基而作的。因为,在专为纪念他的登基大典而作的全幅画像中,他是身着朝服,更具威仪感地坐在宝座上(彩图1;图3.2)。该幅画像应是郎世宁在那时所作的。另外,特别值得注意的是,还有一幅郎世宁在同一时期所作的

表 3.1 《心写治平》图卷中

图序	名衔	生年	进宫年	封嫔	封妃	封贵妃	封皇贵妃
1	皇后（富察氏）	1712 康熙 51:2:23	1727 雍正 5:7				
2	贵妃（高佳氏）	?	1723—1735 雍正年间			1738 乾隆 2:12:4	1745 乾隆 10:1
3	纯妃（苏佳氏）	1713 康熙 52:5:21	1723—1735 雍正年间		1738 乾隆 2:12:4	1745 乾隆 10:11	1760 乾隆 25:4
4	嘉妃（金佳氏）	?	1723—1735 雍正年间	1738 乾隆 2:12:4	1741 乾隆 6:11	1749 乾隆 14:4	
5	令妃（魏佳氏）	1727 雍正 5:9:9	1745 乾隆 10	1745 乾隆 10:11	1749 乾隆 14:4	1759 乾隆 24:2	1765 乾隆 30:6
6	舒妃（叶赫那拉氏）	1728 雍正 6:6:1	1741 乾隆 6	1741 乾隆 6	1749 乾隆 14:4		
7	庆嫔（陆佳氏）	1724 雍正 2:6:24	乾隆初年?（10 年?）	1751 乾隆 16:6	1759 乾隆 24:2	1768 乾隆 33:6	
8	颖嫔（巴林氏）	1731 雍正 9:1:29	乾隆初年?	1751 乾隆 16:6	1759 乾隆 24:12		
9	忻嫔（戴佳氏）	?	1753 乾隆 18	1754 乾隆 19:闰 4	1763 乾隆 28:9		
10	惇妃（汪氏）	1746 乾隆 11:3:6	1763 乾隆 28	1771 乾隆 36:11	1774 乾隆 39:9		
11	顺妃（钮祜禄氏）	1749 乾隆 14:11:25	1766 乾隆 31	1768 乾隆 33:6	1776 乾隆 41:6		
12	循嫔（伊尔根氏）	?	?	1776 乾隆 41:11	1794 乾隆 59:12		

※ 深色背景：画像最早稿本的制作年代。
※ 本表为笔者据克利夫兰美术馆藏《心写治平》图卷中乾隆帝后妃嫔图像顺序，并参照相关史料制成。参见［清］于敏中等，《国朝宫史》；［清］庆桂等，《国朝宫史续编》；张尔田，《清列朝后妃传稿》，传下，1—30 页；［清］庆桂等编，《大清高宗纯皇帝实录》；赵尔巽、柯劭忞等编，《清史稿》；吴十洲，《乾隆一日》，表 7 "乾隆帝后妃一览表"等资料。

后妃嫔资料简表

封皇后	皇子女	卒年	享年	出处	备注	画者
1738 乾隆 2:12:4	子：2，7 女：1，3	1748 乾隆 13:3:11	37	传下： 2a—14b		1 (郎世宁)
	无	1745 乾隆 10:1:26	?	传下： 21b—22a		1 (郎世宁)
	子：3，6 女：4	1760 乾隆 25:4:19	48	传下： 23b—24b		2
	子：4，8， 9，11	1755 乾隆 20:11:16	?	传下： 22b—23a	吴，表7，卒年作20年1月16日（？）	2
1795 乾隆 60:9	子：14， 15，16，17 女：7，9	1755 乾隆 40:1:29	49	传下： 18b—21b	吴，表7，封皇贵妃年作30年5月9日（？）	1 (郎世宁)
	子：10	1777 乾隆 42:5:30	50	传下： 27a—b		3
	无	1774 乾隆 39:7:15	51	传下： 25b—26a		3
	无	1800 嘉庆 5:2:19	70	传下： 27b—28b		1 (郎世宁)
	女：6，8	1764 乾隆 29:4:28	?	传下： 24b—50a		1 (郎世宁)
	女：10	1806 嘉庆 11:1:17	61	传下： 29a—30a	《国朝宫史续编》，乾隆《圣谕》，又载乾隆四十三年（1778）11月8日因杖殴宫女致死事，降为嫔。	4
	无	1788 乾隆 53	40	传下： 30a	吴，表7，作"乾隆五十三年"因故降为贵人。此年未见其传记中。	4
	无	1797 嘉庆 2:11:24	?	传下： 26b—27a		4

图 3.2 （传）清 郎世宁等《乾隆皇帝朝服像》（局部） 约 1735—1736 绢本设色 轴 242×179 公分 北京 故宫博物院

图 3.3 清 郎世宁《乾隆皇帝肖像图》约 1737 纸本设色 画屏 56.2×42.3 公分 巴黎 吉美博物馆

《乾隆皇帝肖像图》（图 3.3），它不论从哪一方面来看，都与他在本卷中的画像相似。这三幅画像脸部的画法如此相似，证明它们应是由同一画家根据同一个稿本画成的。这样的现象，也可见于皇后和贵妃两人的画像中。

乾隆皇帝的画像之后，为皇后（孝贤皇后）和贵妃（慧贤皇贵妃）两人的画像。这两位女子，在乾隆皇帝还是皇子时，便成了他的福晋与侧福晋，后来在乾隆二年十二月四日（西历 1738 年 1 月 23 日），分别受封为"皇后"和"贵妃"。[20] 两人都是乾隆皇帝最宠爱的女子。但遗憾的是，两人都早逝：慧贤皇贵妃卒于乾隆十年（1745），而孝贤皇后卒于乾隆十三年（1748）。[21] 就画风上来看，在画像中，两位女子看起来都同样地年轻端庄、温柔、含蓄而内敛。她们脸部的画法，如同乾隆皇帝画像一般，用笔细致，并且都以同样精巧的渲染方法表现出立体感。这种画风，与上述郎世宁所画的《乾隆皇帝肖像图》所见极为近似，因此可以判断此处二人的画像，应也是郎世宁在乾隆二年十二月（西历已是 1738 年 1 月），两人正式受封之后所作。[22]

据耶稣会传教士王致诚在乾隆三年（1738）的记载，他曾看过郎世宁所画的乾隆皇帝和皇后肖像。[23] 虽然我们无法据此认定他所看到的便是上述的作品，但可知郎世

124

第三章 《心写治平》——乾隆帝后妃嫔图卷和相关议题的探讨

宁在那时确实作过乾隆帝后像，而且应该不止一幅。实际也是如此，因为现在有关皇后和贵妃两人的肖像，除了本画卷上所见之外，还有《孝贤纯皇后朝服像》（彩图6；图3.4）[24]、《孝贤纯皇后像屏》（图3.5）、《慧贤皇贵妃朝服像》（图3.6）和《慧贤皇贵妃像屏》（图3.7）等。这四件作品，可能都是郎世宁在那同一时期内所作。从风格上来看，此处画卷上的后妃二人的脸部画法，与她们的"朝服像"和"像屏"上所见都极为近似。特别值得注意的是画卷和"像屏"这两组画像之间的关系。虽然由于材质不同，画卷上的两人（绢本设色）比"像屏"上的两人（纸本油画），在笔墨和设色上看起来似乎较为简略，但这二组作品不论是在衣冠服饰（吉服）方面，还是尺寸高度（均为53公分左右）方面，都极端相似，这正可说明这里所见的三件皇后像和三件贵妃像都是一稿三画。而在乾隆时期的院画当中，这是常有的事。根据当时的文献，乾隆皇帝时常任命某一画家作画；在作画前，必先呈上"画样"（草图），得到他同意后，画家才依据那些草图作成定稿，而那些定稿便成了范本。乾隆皇帝时常在日后又命令同一画家依他之前所作的定稿，再另作一幅作品；或命令某一画家临摹另一画家的定稿，再作一画。[25]基于以上的这些理由，笔者相信此处乾隆皇帝、皇后和贵妃等三人的画像，也是在这种情况下作成的。

图3.4（传）清 郎世宁等《孝贤纯皇后朝服像》（局部）约1736—1738 绢本设色 轴 194.8×116.2公分 北京 故宫博物院

图3.5（传）清 郎世宁等《孝贤纯皇后像屏》约1736—1738 纸本油画 画屏 53×40.5公分 北京 故宫博物院

图3.6（传）清 郎世宁等《慧贤皇贵妃朝服像》（局部）约 1736—1738 绢本设色 轴 196×123 公分 北京 故宫博物院

图3.7（传）清 郎世宁等《慧贤皇贵妃像屏》约 1736—1738 纸本油画 画屏 53.5×40.4 公分 北京 故宫博物院

也就是说，虽然它们最早的个像稿本可能是郎世宁在乾隆元年到乾隆二年年底之间（1736—1738）所作，但现在所见的这三人群像，却应是在后来的另一个时段中，因某种特殊的情况，重新依据旧稿画成的（详见后论）。卷上其他每一位女子的画像也是这种情况。

第四和第五个肖像所画的，为纯妃（苏佳氏，1713—1760；谥纯惠皇贵妃）（L3）与嘉妃（金佳氏，？—1755；谥淑嘉皇贵妃）（L4）。这二位原都是乾隆皇帝未登基前已娶的侧福晋。前者在乾隆二年十二月四日（西历1738年1月23日）封为纯妃；后者在同时只封为嫔，四年后，即乾隆六年（1741）十一月才晋妃（见表3.1），[26] 因此，这两人的画像最早的稿本作成的时间上限，应分别是乾隆二年十二月（1738）和乾隆六年（1741）。就图像上而言，这两位女子与前段的皇后和贵妃相当不同。最明显的是，这里的两位女子都穿着金黄色的龙袍，显示了她们"妃"级的地位，有别于较高级的皇后和贵妃所穿的明黄色龙袍。就脸部画法来看，这两人的脸部表现相当一致，且明显异于前面的皇后与贵妃，特别在脸形、眉毛与嘴唇的造形上：此处所见两人的脸形，较前二者略瘦长，双眉之间的距离较近，眉毛颜色较浓，并且弧形弯度较大；嘴巴较小，唇形也较厚，且施色均匀。因此可以判断，这两人的画像是由第二个画家所作。

第三章 《心写治平》——乾隆帝后妃嫔图卷和相关议题的探讨

第六个肖像所画的是令妃（魏佳氏，1727—1775；谥孝仪皇后）(L5)。令妃在乾隆十年（1745）入宫，先封为贵人，同年册封为令嫔，很快地又晋封为令妃。乾隆三十年（1765），继后乌拉那拉氏被打入冷宫之后，令妃晋升为贵妃，不久再升为皇贵妃，统摄六宫之事。她在乾隆四十年（1775）过世，享年四十九岁，后祔葬于孝贤皇后陵。乾隆六十年（1795），因她所生的皇十五子永（顒）琰（嘉庆皇帝；1760生；1796—1820在位）被择立为皇太子，而被追封为孝仪皇后。[27] 或许是由于她的美艳温柔，因此才特别获得乾隆皇帝的珍爱：她在入宫后，马上得宠，并且很快地便封嫔晋妃。尤其，她为乾隆皇帝连生了四子（皇十四、十五、十六、十七子）和二女（皇七、九女），因此极受宠爱。这是为何她能继乌拉那拉氏之后统摄六宫之故。她在此处画像中所穿的龙袍为香色，因此可知她当时的身份是嫔，也因此，可知本幅画像最早的稿本，应作成于乾隆十年（1745）她封为嫔之后不久。画中的令嫔，年轻娇嫩，一派清纯，似乎比其他的女子看起来更为美艳。她的脸呈长椭圆形，皮肤白里透红，似乎吹弹可破，杏眼微微上扬，眉毛乌黑而弯曲，口小唇红，楚楚动人。此处所见她脸部的造形和施色的方法，与前面所论的两种表现方法差异极大，显现出高度的写实技巧。由于它呈现了优异的艺术品质，因此笔者认为它可能是出于郎世宁之手。

第七和第八个肖像表现的是舒妃（叶赫那拉氏，1728—1777）(L6)和庆嫔（陆佳氏，1724—1774；谥庆恭皇贵妃）(L7)。舒妃在乾隆六年（1741）进宫，先封为贵人，后封为嫔，乾隆十四年（1749）才晋升为妃。[28] 庆嫔在乾隆初年进宫，初封为贵人，乾隆十六年（1751）册封为庆嫔，后来才晋升为庆妃。[29] 因此，这两人的画像最早稿本作成的时间，应分别在乾隆十四年（1749）和乾隆十六年（1751）。就图像上而言，这两位女子脸部的画法一致，但与前面所见的画法明显不同。此处女子的眉毛看起来弧度较小，起笔的地方较尖；嘴小唇厚，下唇施色明显较浓于上唇；唇下又加阴影，强调它与下额之间的凹凸起伏。这种画法不见于上述诸女子的脸部表现，因此，可以推断是出于第三个画家之手。

第九和第十个肖像所表现的是颖嫔（巴林氏，1731—1800；谥颖贵妃）(L8)和忻嫔（戴佳氏，？—1764；谥忻贵妃）(L9)。颖嫔在乾隆初年进宫，先封为贵

图3.8 （传）清 郎世宁等《婉嫔像屏》约1749
纸本油画 画屏 54.2×41公分 北京 故宫博物院

人，乾隆十六年（1751）封为嫔；忻嫔在乾隆十八年（1753）进宫，乾隆十九年（1754）封为嫔。[30]因此，两人画像的最早稿本作成的时间上限，应分别在乾隆十六年（1751）和乾隆十九年（1754）。就图像上来看，颖嫔的肖像显现了优异的艺术品质。她的脸形瘦长而椭圆，杏眼，柳叶眉，双颊红润，嘴形优美，嘴角微微上翘，双唇丰润。她的美艳可比令妃。类似的表现法又见于《婉嫔像屏》（图3.8），它可能是郎世宁在乾隆十四年（1749）婉嫔受封后不久画的。因此可以推想此处颖嫔画像应也是郎世宁所作。虽然此处忻嫔的樱桃小口和上唇较淡而下唇较浓的化妆法，近似舒妃（L6）和庆嫔（L7）的画像所见，但是由于她的脸部造形，尤其是弧度缓和的柳叶眉和杏眼，以及高度的艺术品质，都和颖嫔相当接近，因此可以推断忻嫔的画像也可能是郎世宁所作。

最后的三个肖像，所画的是惇妃（汪氏，1746—1806）（L10）、顺妃（钮祜禄氏，1749—1788）（L11）与循嫔（伊尔根氏，？—1797；谥循贵妃）（L12）。惇妃在乾隆二十八年（1763）进宫，初封常在，乾隆三十六年（1771）赐号贵人，后封嫔，乾隆三十九年（1774）晋升妃。因此，这幅画像最早的稿本，应作成于乾隆三十九年（1774）之后不久，因为乾隆四十三年（1778）她因擅杀宫女而一度被降为嫔。[31]惇妃后来很快地又复为妃，主要是她早在三年前（乾隆四十年，1775），已生了皇十女和孝固伦公主（1775—1823），亦即乾隆皇帝最钟爱的幼女，因而特别获宠之故。[32]既然画上所见她的衣着与榜题都显示出她的身份，可知这幅画像的最早稿本作成的时间上限是乾隆三十九年（1774）。顺妃在乾隆三十一年（1766）

进宫，赐号顺贵人，乾隆三十三年（1768）封为顺嫔，乾隆四十一年（1776）晋为顺妃，[33]但乾隆五十三年（1788）因故又被降为贵人。[34]循嫔入宫年代不详，可能在乾隆三十年（1765）前后，初赐号贵人，乾隆四十一年（1776）封循嫔。既然这两幅肖像中所见两人都已封为妃与嫔，可知它们的原稿作成的时间上限应是乾隆四十一年（1776）。以上惇妃、顺妃和循嫔三人的脸部画法都相当一致，每一位都是脸形瘦长，双眉尖细高挑，眼角微微向两侧斜扬，口小而唇薄，又以平涂的方法晕染，呈现了中国传统人物画的画法，明显异于前述十个肖像的海西法。因此可以判断此处三人的肖像，应是另外一位熟习传统中国画的院画家所作，与郎世宁的画风没有任何关系。

如上所见，本卷中的十三个画像都穿着吉服，有如圣像一般，以半身正面对着观众。除了乾隆皇帝的脸上表现出一种冷静而充满自信的表情之外，十二位女子看起来都相当温和而内敛，几乎不见任何强调个别性的特殊表情。因为个性在乾隆皇帝的后宫是不被认可且受谴责的，这点我们在后面将会讨论到。然而，除了最后三个女子的画像之外，画家们在这种制式化的限制中，还是想尽办法很敏锐地捕捉到这些被画者脸上所隐藏的个性特色，而且成功地以种种含蓄而幽微的方法把乾隆皇帝的志得意满和皇后妃嫔们的无言之美表现出来。他们以写实的态度，极尽其能地仔细描绘每位人物脸上五官的特色，使得这些人物的画像产生某种程度的个性。在多数情况下，这些画家都极精心地描绘了这些人物的眉、眼、口、鼻的形状、曲度、大小比例与布列位置等等，再辅以西洋式的晕染法表现皮肤的质感和脸上五官表面高低起伏的状态。这样的结果，使得观者不但可以发现到乾隆皇帝的英俊雄姿和每位女子独特的魅力，而且可以经由这些人物的五官形状和脸上表情，感觉到他们的个性，因此也展示了高度的美术品质。如上所述，这十个画像的最早稿本，极可能是由郎世宁和他的助手在乾隆元年到乾隆十九年之间（1736—1754）所作，因此画像的品质也受到相当的控制。[35]至于最后三幅的最早稿本，因完成于乾隆三十九年（1774）和乾隆四十一年（1776），那时郎世宁已经过世（卒于1766年），再也无法监控宫中任何画像的品质，而画者也因才能有限，所以使得这三幅画像看起来既僵化刻板，也缺乏个性和美感。

就像是纪实图一般，在这画卷中的每个画像，都表现了穿戴着正式服饰的被画者，显示了他们在地位升迁之后、荣获新衔时的样貌。这些画像最早的个像稿本，应该都储放在宫里一些专藏皇室成员图像的档案中。照理而言，乾隆皇帝的每一个配偶，自从进宫之后，应该都会有机会在不同的情况下，因不同的目的而被绘制图像。如前所述，乾隆皇帝一生共有四十一位配偶，她们的地位分为八个等级，每个等级在生活的各方面享有不同的特殊待遇，包括服饰、饮食、住屋、生活费和侍女人数等。[36] 依循这套制度，这些妃嫔的地位可能依皇帝的恩宠或惩罚而升迁或降级。她也可能因新获升迁而蒙赐写真的机会。特别是当她升到嫔的地位之后，更是如此，因为嫔列第五级，正超过八级的中数，可算是身列皇室中的尊荣地位。

其次的问题是，本卷的这些画像，是在何时和何种情况下绘制，并组合而成目前所见的这样一件手卷？依笔者的研判，这件手卷的绘制过程，大约可以分为前、后两段，前段包括前面的十个画像，后段包括最后的三个画像。这两段画像的绘制，可能分别在乾隆二十六年到乾隆三十年（1761—1765）、乾隆四十二年到乾隆四十三年（1777—1778）等两个时段，而且都与当时特殊的历史背景有关。笔者认为前段图像的绘制，可能与乾隆二十六年到乾隆三十年之间一连串庆祝西北大捷的种种活动有关。那时乾隆皇帝正值盛年（五十一岁到五十五岁），而且国势与军威都达到了鼎盛状态，特别是在西北用兵方面取得了空前的大胜利。原来，新疆地区自从康熙时期（1662—1772）开始，便常因准噶尔和回部两地的内乱而动荡不安。乾隆二十年（1755），乱事再起，乾隆皇帝派傅恒（孝贤皇后之弟）等将领率军攻伐。[37] 乾隆二十四年（1759），战事全面结束，西北底定。乾隆二十六年（1761），位于西苑的紫光阁重修落成，乾隆皇帝特别在此地设庆功宴，宴请王公、大臣、蒙古和回部的首领及西征将士一百多人，并命姚文瀚作《紫光阁赐宴图》（北京故宫博物院藏）；[38] 另外，他又命人作《紫光阁凯宴将士图》。[39] 此外，值得注意的是，他还命人将平定准噶尔和回部的功臣，包括傅恒、兆惠、班第、富德、玛瑺、阿玉锡等一百人的画像，陈列在紫光阁中。这种做法，有如汉武帝（西元前 156 生；前 141—前 87 在位）时命人画"云台二十八将"，和唐太宗（599 生；626—

649 在位）时所作的《凌烟阁功臣图》一般，除了对被画者个人表示奖励外，也等于是向他所有的臣民宣示忠臣的典范。此外，清军在先前征战期间时传捷报，乾隆皇帝特别高兴，不断地命人作画。为此，郎世宁曾作二幅，包括《阿玉锡诈营图》（1755）和《玛瑺斫阵图》（1759）（二者并藏在台北故宫博物院）。[40]乾隆三十年（1765），乾隆皇帝并命郎世宁、王致诚、艾启蒙、安德义等西洋画家作《得胜图》（《石渠宝笈续编》作《平定伊犁回部战图》）共十六幅，其中，郎世宁画了两幅。后来，乾隆皇帝又命两广总督李侍尧将这些《得胜图》寄往法国雕印成铜版画。[41]

笔者认为，很可能是在这样的时空背景中与志得意满的心情下，乾隆皇帝也命令郎世宁以类似的模式，绘制一卷他与九个特选的贤德后妃所组成的十人列像图卷。其目的有如"紫光阁功臣图"般，表扬那些后妃的德行和对家庭的贡献，同时也借此教育他后宫的女子，具有教化的功能。为了纪念她们年轻时荣获新衔，并且看起来神采焕发的样子，他便命令郎世宁和他的助手，以他们在这之前（1736、1738、1741、1745、1749、1751、1754）所曾作过的这些人的个别画像为范本，重新绘制并序列成卷。也正由于郎世宁主导了卷中这十个画像的重新绘制，因此才能有效地控制它们的艺术品质。

依笔者所见，在这段画卷上，每幅画像的旁边原来并没有题识，这点可由现存清代皇室人员的肖像画几无题识，而像主的名字多以纸张书写，浮贴于画幅背后的做法得到证明。据此，可以推测当这段画卷完成之后，某位书家才在每幅图像的旁边加上了榜题。但是，在这些榜题中，却出现了一处瑕疵，那便是令嫔画像（L5）的旁边，却标上了"令妃"的头衔，这二者之间呈现的矛盾，到底是如何发生的？依常理而言，任何书者，哪怕是因为不小心笔误，而造成了这样明显的过失，也必会招致极为严厉的惩罚。但是，如果那失误是乾隆皇帝本人所做的，那么这种情形便完全可以接受。依此可以证明，乾隆皇帝应是书写这则榜题的人。据此也可以推测，这段图卷上的其他榜题，也都是他的手笔。这也是为何这些题识，不论是楷书还是行书，在结字和运笔上，都近似乾隆皇帝所受王羲之和赵孟頫（1254—1322）书风影响的特色。[42]换句话说，当这部分图卷完成后，乾隆皇帝在它上面十幅画像的旁边，写上了现在所见的那些榜题，而在"令嫔"之侧题字时，偶因笔误而写成"令妃"，造成了目前所见的这种矛盾。此外，他也极可能是因为特别钟爱令嫔刚受封时的这幅画像，而不取她另外位阶更高时的画像，因此执意将它纳入这卷画中；可是他在书写榜题时，却误将"令嫔"写成了"令妃"，正如此处所见。

至于后段画卷的绘制，笔者认为可能是在乾隆四十二年到乾隆四十三年（1777—1778），也就是他六十七岁到六十八岁之间命人所作的。那也是他个人生活陷入低潮、倍感家庭生活特别可贵的一段时期。乾隆四十一年（1776），乾隆皇帝已六十六岁，此时，他的四十一位配偶当中，差不多已过世了一半，只剩下二十二位。[43] 而二十七个子女，也只剩下十人。[44] 也就是说，他的妻妾与儿女共六十八人当中，此时已死了三十六人。他凄凉的心情可想而知。加上第二年（1777），他一辈子衷心孝顺的生母孝圣皇太后，也以八十六岁高龄去世，[45] 令他更为伤恸。[46] 面对死亡的侵袭与岁月的摧残，年过六旬的乾隆皇帝心情之低沉，可想而知。而且，自乾隆三十年（1765）之后，他的健康状况似乎不如以前，生育能力骤降，只再获得一子、一女（皇十七子、皇十女）而已。在这种情况之下，他很可能会如常人一般，寻索周遭亲信在情感上的支持，回味记忆中的美好事物。这也可能是他为何在此后越来越宠幸佞臣和珅（1746—1796）的缘故。[47] 同时，他似乎也更珍惜身边那些年轻的女子，尤其是惇妃、顺妃和循嫔等人。她们三人都是乾隆三十年（1765）前后进宫的，而且都比皇帝年轻三十多岁。其中，惇妃又为他生下最小的皇十女，成为他最钟爱的女儿。可能在这种情况下，他再度命令某一位宫廷画家，依据上述三人的个像，重新集绘成一段群像，并附接在原来由郎世宁主导的第一段十人画像之后。画成之后，他又依前例，在这三幅画像的旁边写上榜题。这是为何这三个榜题的书法，与他在十多年之前为前段画像所写的所有榜题相比，看起来字体较大，行书成分较高，而"嫔"字右半边"宾"字的写法也稍异的原因。此外，值得注意的是，现在的图卷上每幅女子画像的榜题所标示的，只是她们年轻被画时的身份，而不是她们一生当中所曾获得的最高头衔。

几近七十岁的乾隆皇帝每一次展开这件图卷，便应会自然而然地回想到他自己和所钟爱的一些妻妾在年轻时所共享的温馨岁月。对他而言，在那些美好的时光当中，最令人兴奋的时刻，可能便是他们初获无比的荣誉、地位与权力时：譬如他正式登基为皇帝，以及那些女子第一次晋升更高位阶的时候。在那些场合中，他们都正值二十多岁的青春年华，每一位的脸上都洋溢着喜悦和满足，正如这卷图像中所见。他们那一张张呈现愉悦与充实感的年轻脸庞，深藏在他的记忆当中，成为他内心深处的慰藉。他也以这件历史纪实画，证明了他在家庭生活中愉悦而成功的一面。

可以想象的是，当垂垂渐老的乾隆皇帝看着这些画像的时候，心中难免混杂着思念与感伤。每一幅画像可能唤醒他对那位女子个别的感情，引发他回忆起自己年轻时与她共度的私密时光。但是，令人哀伤的是，画卷中的一些女子早已作古，而他自己此时也已成老者。纵使是画卷中最后三个年纪最轻的女子，她们的画像虽然比不上其他的女子那般看起来楚楚动人，然而，在他看来，应也值得珍惜，因为他深知她们终不免岁月无情的逼迫，很快也会一一老去。这样的一件图卷，所呈现的不仅是他自己的，同时也是那些女子年轻时的生活记录。生命是不会为任何人重新来过的，哪怕是他贵为皇帝也不例外。也因此，他岂能不珍惜这样的生命记录呢？在这种心境下，我们可以了解到这件图卷为何会成为他老年时最为珍爱的藏品之一，因为画幅上钤有他七十岁时（1780）所刻的"古希天子"和八十岁时（1790）所刻的"八征耄念之宝"这两方印记。据此，更可证明这件图卷必是他十分珍爱的作品，所以直到年暮之时，他还时常展玩欣赏。

三、择列妃嫔画像的原则

其次的问题是，乾隆皇帝如何决定哪一位配偶的画像该被收入在这件画卷中。乾隆皇帝前后既有四十一位配偶，他为何只选择这十二位的画像与他自己的画像并列？他所选择的标准到底是什么？这些画像的排列有什么原则？这样的画卷具有怎样的图像意涵？笔者发现画中十二个女子的择列标准，完全取决于乾隆皇帝个人的主观爱恶。而他欣赏的女子，除了年轻貌美之外，必须个性温和，善于体贴，而且能与他分忧解劳,其中最佳典范便是孝贤皇后(以下详论)。族群的不同不是问题,因为在这十二位女子当中,有六位(L1、L6、L9、L10、L11、L12)是满族,四位(L2、L3、L5、L7)是汉族旗人,一位(L4)是朝鲜族,隶汉军旗人,[48]一位(L8)是蒙古族。聪明才智也不是他特别注重的因素。生育能力虽然重要,但并非绝对因素,因为在这十二个女子中的贵妃(L2)、庆嫔(L7)、颖嫔(L8)、顺妃(L11)和循嫔(L12)等五人都未曾生育(见表3.1),却一样得宠入列。[49]

为何这些女子的画像如此排列,它们究竟根据了什么原则?依笔者的观察,乾隆皇帝之所以命人将这些画像如此序列安排,主要是先根据她们入宫时间的早晚分组,在其间再依她们地位的高低排序,形成了长幼有别、尊卑有序的排列方式。根据她们进宫的先后,这十二名女子可以分为三组,每组在一个特定的时段内入宫。第一组包括皇后、贵妃、纯妃和嘉妃等四位(L1—L4),她们都出生在康熙年间(1662—1722),且在雍正时期(1723—1735)已与当时为皇四子的弘历成婚。她们四人再依地位的尊卑排列先后顺序。这四人在乾隆皇帝的后宫之中年资最深,地位尊贵,因此排列在画卷前段。第二组包括令妃、舒妃、庆嫔、颖嫔和忻嫔等五人(L5-L9)。这五个女子分别在乾隆元年至乾隆二十年之间(1736—1755)入宫,因此排在画卷的中段。而她们五人位置的先后,则依妃嫔地位的高低排定顺序。最后一组包含惇妃、顺妃和循嫔等三人(L10—L12)。她们都是在乾隆二十年(1755)之后才进宫,因此排在画卷的后段。同样地,三人的次序,也依妃先于嫔的原则来排列。值得注意的是,本图卷中的这十二位女子的排列顺序,与后来她们过世后,葬在乾隆皇帝裕陵和妃园寝中的位置大抵相同。依乾隆皇帝自己的安排,他和孝贤皇后(L1)、慧贤皇贵妃(L2)、嘉妃(淑嘉皇贵妃)(L4)、令妃(孝仪皇后)(L5)和哲悯皇贵妃(?—1735),[50]共六人合葬于裕陵中(图3.9)。[51]至于纯妃(纯惠皇贵妃)(L3)、舒妃(L6)、庆嫔(庆恭皇贵妃)(L7)、颖嫔(颖贵妃)(L8)、忻妃(忻贵妃)(L9)、惇妃(L10)和循嫔(循贵妃)(L12),则都同葬于裕陵妃园寝中的重要位置(图3.10)。[52]这反映了她们生前受到乾隆皇帝宠爱的程度。

从许多方面来看,他评价一个女子贤德与否,似乎深受儒家道德观的影响。众

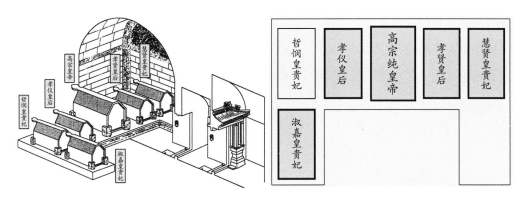

图 3.9　清高宗裕陵地宫金券原来棺椁位置图　a. 空间示意图（据北京坟协贾嘉之原图改绘）　b. 平面示意图

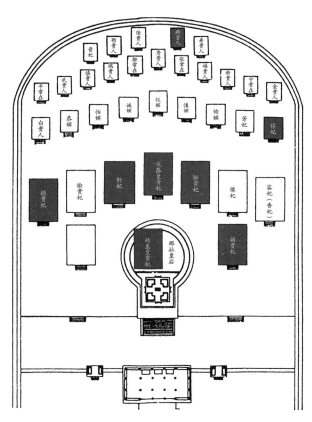

图 3.10　清高宗裕陵妃园寝葬位示意图（据徐广源之原图改绘）

所周知，乾隆皇帝熟知儒家经典和古代史籍，对于史书上所载历代后妃自我奉献以辅佐君王的种种美德懿行，更是耳熟能详。此外，在他的收藏中，也有许多表现这类具有谏诫教化意味的绘画作品，其中最有名的便是传为顾恺之（约344—405）所作的《女史箴图》（大英博物馆藏），以及传为李公麟（约1049—1106）所作的摹本（北京故宫博物院藏）。二者都是他极为珍惜的作品。[53] 根据著录，传顾恺之的《女史箴图》应在乾隆十年（1745）之前已进入清宫收藏；且从此之后，一直受到乾隆皇帝的宝爱,这点可由卷上所盖的"八征耄念之宝"和"太上皇帝之宝"(1796年他传位之后所用)二印得到明证。事实上,他因太宝爱这件作品,还特别将它和其他三件作品,包括传李公麟的《九歌图》《潇湘图》和《蜀江图》,合称"四美具",共同储放在建福宫的静怡轩中,并为他最珍爱的四件绘画作品,与他珍藏在养心殿三希堂中的三件书法作品——王羲之的《快雪时晴帖》、王献之(344—386)的《中秋帖》和王珣(350—401)的《伯远帖》相互辉映。[54] 乾隆皇帝对传顾恺之《女史箴图》的欣赏,处处可见,最明显的是,他不但在引首处题上"彤管芳"三字,又在卷后隔水上画了一株兰花,并在拖尾上写了两则题识,还命邹一桂(1686—1772)在另纸上画了一幅松竹画,共装成一卷(图3.11),时时把玩。[55] 此外,他也在传为李公麟所摹的《女史箴图》卷前的引首上,题了"王化之始"四字(图3.12)。[56] 由此也可看出乾隆皇帝认同了张华(232—300)在《女史箴》文本开场所揭示的要义:"茫茫造化,二仪既分。……在帝庖牺,肇经天人。爰始夫

(上)图3.11 清高宗题 (传)顾恺之《女史箴图》(局部)约1746 纸本墨书 卷 24.8×348.2公分 伦敦 大英博物馆

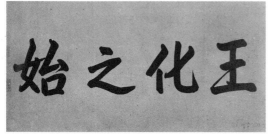

(左)图3.12 清高宗题 (传)李公麟摹 (传)顾恺之《女史箴图》(局部)纸本墨书 卷 27.9×600.5公分 北京 故宫博物院

第三章 《心写治平》——乾隆帝后妃嫔图卷和相关议题的探讨

妇,以及君臣。家道以正,王猷有伦……"[57] 他心中理想的妇德典范,也正如《女史箴》文中所列举的一般,古代一些后妃的嘉言懿行,特别是"樊姬谏猎""婕妤当熊""班姬辞辇"等古代后妃自我牺牲与克制私欲以护卫皇帝的故事,更引发他的兴趣。因此,有关班姬的故事,曾二度见于他的诗文创作。[58] 此外,在乾隆三十一年(1766),他更命金廷标画了《婕妤当熊图》(图3.13),可见这则故事在他心中的重量。他也以此来教育他的后宫妃嫔。据《国朝宫史》的记载,在他妃嫔所住的十二宫中,每年农历十二月二十六日到隔年二月三日之间,每宫都会挂上一幅阐扬妇德的古代故事画,称"宫训图",[59] 内容如下:

1. 景仁宫:燕姞梦兰图[60]
2. 承乾宫:徐妃直谏图[61]
3. 钟粹宫:许后奉案图[62]
4. 延禧宫:曹后重农图[63]
5. 永和宫:樊姬谏猎图[64]
6. 景阳宫:马后练衣图[65]
7. 永寿宫:班姬辞辇图[66]
8. 翊坤宫:昭容评诗图[67]
9. 储秀宫:西陵教蚕图[68]
10. 启祥宫:姜后脱簪图[69]
11. 长春宫:太姒诲子图[70]
12. 咸福宫:婕妤当熊图[71]

这些作品都是当时院画家所作。每幅作品上,又配上朝臣所录乾隆皇帝所作的相关评论,例见于钟粹宫所挂的《许后

图3.13 清 金廷标《婕妤当熊图》1766 水墨淡彩 轴 149.4×75.2公分 北京 故宫博物院

图 3.14 清人《许后奉案图》1736—1795 绢本设色 轴 126.8×103.5 公分 北京 故宫博物院

奉案图》(图 3.14)。这些画题涵盖了远古黄帝时期到北宋仁宗(1010 生;1022—1063 在位)时代著名后妃的嘉言懿行,其中尤多汉代(前 206—后 220)及其前的故事。

四、孝贤皇后

在后妃嫔当中,乾隆皇帝最爱的便是他的嫡配富察氏孝贤皇后(L1)。终其一生,他对她生死不渝。雍正皇帝登基时(1723),乾隆皇帝为皇四子,时年十二,住在乾清宫东侧的毓庆宫。雍正五年(1727),他十七岁,奉命与富察氏(时十六岁)成婚,才迁到位于紫禁城内西北区的重华宫,并以建福宫和敬胜斋等处作为休

第三章 《心写治平》——乾隆帝后妃嫔图卷和相关议题的探讨

闲游憩之地。[72] 雍正七年（1729），雍正皇帝又赐长春仙馆，作为他们夫妇在圆明园的居处。[73] 富察氏温柔体贴，极得乾隆皇帝钟爱，夫妇同心，恩爱逾常。在乾隆皇帝心中，她是他的知音，也是所有妇德的代表，因此他在诗中一再提到她的美德：她深深了解乾隆皇帝重视满洲传统的习俗，有一次还亲手制作一个满洲式的燧囊（图3.15）送给他，令他念念不忘。[74] 乾隆皇帝登基后的第二年末（时已为西历1738年），便正式册封她为皇后，彼此更同心地共度了十三年，期间她一直为他分忧解劳。譬如，他在国事中最关心的事务之一，便是全国各地降雨的情况，因为干旱或水涝都会影响农作物的收成和百姓的生活，以及国家的税收。这可见于他诗中无数因盼雨的焦虑和得雨的喜悦而写的作品；在《雨二首》的注文中，他还特别提到皇后在这一点上与他同忧共喜的情形。[75] 因此，她是他最亲爱的妻子，也是这世上除了他的生母之外，他最爱的女人。在后宫生活中，皇后的美德也得到赞扬，她不但是能孝敬孝圣皇太后的好媳妇，[76] 也是后宫诸女子的表率。唯一遗憾的是，她所生的二男、二女当中，三个早殇：皇二子永琏，本被密立为皇太子，但九岁早殇，谥"端慧"；皇七子永琮，二岁时殇亡，谥"悼敏"；皇长女（1728—1729）也早殇，只剩下皇三女（1731—1792），封固伦和敬公主，于乾隆十二年（1747）下嫁科尔沁蒙古王公，仍住京师。[77] 乾隆十二年（1747）除夕，皇七子永琮的殇亡，[78] 令皇后备受打击，虽然身边仍有皇三女（当时年十七），但二男、二女当中三个早殇，经历这些伤痛，她身心俱疲。

图 3.15　清孝贤皇后　绣燧囊荷包　1747　靛蓝织绣　5.3×13.2 公分　台北　故宫博物院

乾隆十三年（1748）春二月，乾隆皇帝带着皇后与皇太后第一次东巡到山东，登泰山祭祀，之后并到曲阜祭孔。三月初，乾隆皇帝回銮到济南城，在城中受到百姓热烈迎驾，见到济南贡生张廷望的孙子，名永清，年方五岁，却能背诵乾隆皇帝登基前所作的《乐善堂全集》。[79] 皇后在两个月前才丧皇子，因而触景伤情。[80] 原已疲惫的身心，再加上旅途劳顿，使她不胜负荷，感觉身体不适。但她并未特别注意，还鼓励乾隆皇帝游览当地名胜，如大明湖的趵突泉等地。而乾隆皇帝也没意识到严重性，仍然兴致高昂，在诗兴大发、多所吟咏之际，又发现华不注山和鹊山的地理位置与赵孟頫所画的《鹊华秋色图》（台北故宫博物院藏）中所见不同，于是马上派专人回京带回该画，与实景比对一番，大加赞美，如见于他的题识：

题赵孟頫《鹊华秋色图》

昔览天水是图时，不信名山能并美；今登济城望两山，初谓何人解图此。
因命邮致封章便，真迹携来聊比似；始信笔灵合地灵，当前印证得神髓。
两朵天花绣野巅，一只灵鹊银河涘；是时春烟远郭收，柳隄窣绿花村紫。
天光淡霭水揉蓝，西鹊东华镜空里；留待今题信有神，不数嘉陵吴道子。[81]

当他们到了德州，便改行水路。登舟后，却发现皇后疾病加重，终于不起，而于三月十一日薨逝。于是全队人马乘船到通州后，改由陆路兼程赶回京城，将皇后遗体先殡于长春宫，后移殡到景山观德殿。[82] 乍失爱侣的乾隆皇帝几乎崩溃，连作了几首诗，对皇后的贤德既爱又悲，日思夜念，梦萦魂牵，情深意挚，感动人心，可说是他诗作中较好的作品：

大行皇后挽诗

恩情廿二载，内治十三年；忽作春风梦，偏于旅岸边。
圣慈深忆孝，宫壸尽钦贤；忍诵关雎什，朱琴已断弦。
夏日冬之夜，归于纵有期；半生成永诀，一见定何时。
祎服惊空设，兰帷此尚垂；回思相对坐，忍泪惜娇儿。

愁喜惟予共，寒暄无刻忘；绝伦轶巾帼，遗泽感嫔嫱。
一女悲何恃，双男痛早亡；不堪重忆旧，掷笔黯神伤。[83]

大行皇后移殡观德殿，感怀追旧，情不自禁，再成长律，以志哀悼
凤輴逍遥即殡宫，感时忆旧痛何穷；一天日色含愁白，三月山花作恶红。
温凊慈闱谁我代，寂寥椒寝梦魂通；因参生死俱归幻，毕竟恩情总是空。
廿载同心成逝水，两眶血泪洒东风；早知失子兼亡母，何必当初盼梦熊。[84]

无惊
心内芳型眼内容，但相关处总无惊；思量不及蘧腾睡，犹得时常梦里逢。[85]

梦
其来不告去无辞，两字平安报我知；只有叮咛思圣母，更教顾复惜诸儿。
醒看泪雨犹沾枕，静觉悲风乍拂帷；似昔慧贤曾入梦，尚余慰者到今谁。[86]

此外，他也感叹天象示异，命运难转。[87]他对已故皇后的挚爱与思念，终生不渝。根据笔者统计，从乾隆十三年（1748）他三十八岁丧后之后，一直到嘉庆元年（1796）他八十六岁，几乎半世纪中，他曾专为她作了三十首左右的怀念诗。

他最痛苦的时期，是在她刚逝世后的那几个月中，那时几乎每件事都会引发他的伤感。他不断回忆过去二十二年间与她共同生活的许多情形。比如，看到故皇后亲手所做、送给他的满洲燧囊，他便思念起她的贤惠节俭，眼泪潸然地写下了一首诗，诗前并写序说明：

朕读皇祖御制《清文鉴》，知我国初旧俗，有取鹿尾绒毛缘袖以代金线者。盖彼时居关外，金线殊艰致也。去秋塞外较猎，偶忆此事，告之先皇后，皇后即制此燧囊以献。
今览其物，曷胜悼怆，因成长句，以志遗徽。

练裙缯服曾闻古,土壁葛灯莫忘前;共我同心思示俭,即兹知要允称贤。

钩绍尚忆椒闱献,缂织空余彩线连;何事顿悲成旧物,音尘满眼泪潸然。[88]

有时他无端有感:

四月八日叠旧作韵

先皇后自端慧皇太子薨后,至丙寅始举皇第七子。是日适遇佛诞,再沛甘霖,喜而有作。丁卯周晬,因叠前韵,不意除夕有悼殇之戚。及届今年佛诞,则后丧又将匝月矣。感旧抚时,回肠欲绝,悠悠天路,知同此痛耳。

得失纷如塞马传,借无喜者岂忧焉;都来两岁光阴耳,恰似一番梦幻然。

诇意瓜沉连及蔓,实伤坤衍只余乾;从今更不题新句,便看将来作么缘。[89]

看画时,他也睹物思情,如题牟益(?—1178)的《捣衣图》(台北故宫博物院藏),诗前并附长序:

再题牟益《捣衣图》,用高士奇旧题韵

昔曾用谢惠连韵题此图卷端。每读卷尾高士奇所题三绝句及识语,感其意而悲之。重为检阅,则宛然予意中事矣。夫人虽贵贱不同,其为伦常之情则一也。触景伤神,次韵再题。时戊辰蚕月。

溶溶凉露湿庭阿,双杵悲声散绮罗;暖殿忽思同展玩,顿教沾渍泪痕多。

独旦凄其赋锦衾,横图触景痛难禁;江村题句真清绝,急节曾悲树下砧。

沼宫霭霭女桑低,盆手曾三玉腕提;盛典即今成往迹,空怜蚕月冷椒闱。[90]

在她去世弥月时,他又悲从中来:

先皇后大故,顿成弥月,光阴迅速,永别之日长,同欢之情断矣。感而成诗,以志沉痛。

> 素心二十二年存，属纩何须握手言；诗谶自尤临祖道，梦祥翻恨始添盆。
> 锦衾角枕惟增怨，落叶哀蝉非所论；追忆祎衣陈画鹢，悲生痛定尚销魂。[91]

下雨时，更令他想起皇后在世时与他为雨旸的同忧共喜之情，而今已不能再：

> 忆十三年来，朕无日不以雨旸系念，先皇后实同此欣戚也。今晨观德殿奠酒，若常年此时遇雨，应解愁而相慰，兹岂可复得耶。兴言及此，泪欲沾襟。[92]

过端午和七夕时，他又有诗如下：

午日漫成二首
> 节物朱樽绣虎屏，强欢聊以慰慈宁；岂知圣母思贤妇，何况同心只异形。
> 似幻佳祥徒梦月，示人明象已占星；去年光景分明记，渌水含风漾画舲。
> 亶矣光阴逝水道，墨辛夷败绿蒲稠；天中忽复临佳节，时雨犹难解宿愁。
> 新茧献丝虚后望，彩囊结佩忆前头；晓来那更陈青粽，举案回思泪啜流。[93]

独不见
> 文窗窈窕夏室凉，牙床绣幔风前张；梦无行雨来襄王，银塘水浮青雀舸。
> 泛泛鸳鸯或右左，一别仙源寻不可；西峰秀色景如前，年年七夕双星筵。
> 牛女应笑无会缘，蜡炬成灰落花片；火传春到依然转，夜台之人独不见。[94]

两个月后，遵旧制释服时，乾隆皇帝仍哀痛不已："大行皇后遐弃倏经两月，朕遵旧制以十三日释服，而素服诣几筵，摘缨聊以尽夫妇之情，亦我国朝常例也。今既再易月，不可同于臣庶百日之制，以礼抑哀，缀缨除发，丧事日远，益切哀悰。"在诗中，他肯定皇后的贤德，必将使她的"芳踪付彤史"，留名后世，而自己对她则是"情自长无绝"：

寤寐求无得，梦魂时尚牵；亦知悲底益，无那思如煎。
环佩声疑杳，鸾凤信绝传；椒涂空想象，两度月轮圆。
衷悃心常结，音尘日已遐；芳踪付彤史，时服换轻纱。
情自长无绝，礼惟当岂加；底知忧用老，新鬓点霜华。[95]

值得注意的是，在此诗中，他用"付彤史"来肯定皇后，相信她的美德可以比美历史上著名的贤德后妃，她的芳名将流传千古，正如他在《女史箴图》引首所题的"彤管芳"一般。

乾隆十三年（1748）五月廿一日，乾隆皇帝亲择"孝贤"两字，作为故皇后的谥号，诗中并注明"孝贤"两字本是故皇后所属意的。因为乾隆十年（1745），乾隆皇帝的另一个宠妃贵妃高佳氏（L2）过世，追封为皇贵妃，定谥"慧贤"时，[96] 皇后曾向乾隆皇帝说："吾异日期以孝贤为谥，可乎？"此时乾隆皇帝便遵照她生前的期望，以"孝贤"为谥。[97] 不久，乾隆皇帝又作《述悲赋》悼念她，文辞凄楚，令人动容。[98]

孝贤皇后的遗像挂在长春宫中，乾隆皇帝常前往祭奠，对之怆然，不禁学潘岳（247—300）的《悼亡诗》体，并用其韵作长诗一首。诗中自白他对故皇后的感觉："别后已杳杳，忆前犹历历。"表示他虽知她已亡故，但仍对她一直难以忘怀。而令他一再难忘的，是她的诸多美德，而非仅是她的美貌而已："所重在四德，关雎陈国风；讵如汉武帝，为希见美容。"但一方面，他也逐渐说服自己去接受凡人皆生而有死的现实限制；而且，皇后享年已近四十，因此不算是早卒了："达人应尽知，有生孰免逝；况年近不惑，亦岂为夭厉。"虽然他不断地以此自我安慰，然而，他仍不免感伤"犹惜窈窕质，忽作朝云翳"。不过现实上，他已安排好冬天将送她到东直门外的静安庄殡所，与已逝的慧贤与哲悯两皇贵妃在一起，并且预计三年后，再将她们一同移到胜水峪，葬在他所亲卜的吉地佳城，将来与他长年相伴。[99] 当年冬天，依计划，他将孝贤皇后梓宫移到静安庄时，又悲不能禁：

奉移孝贤皇后梓宫于静安庄，凄然神伤，抆泪赋此

凤辂平明将奉移，欲留不住我心悲；幽宫阒殿仍同叙，旧感新愁并一时。

廿载恩情惟梦会，千秋懿德尽人知；重垣纵复如中禁，肠断荒郊朔籁吹。[100]

虽则如此，他对她仍是念念不忘，待之如生，每有重要行止和大事，还会特地到她灵前殷殷告知。比如，在她过世后的第二年，即乾隆十四年（1749）秋天，他要到承德避暑山庄和秋狝行围前，还特地去静安庄向她告知行踪。[101]最重要的是，乾隆十五年（1750），他奉皇太后之命，将册封乌拉那拉氏为继后之前，也特地到静安庄奠酒告知此事，显示了他对她生死不渝的忠诚。[102]

其后，在乾隆十七年（1752）他将孝贤皇后梓宫移葬胜水峪之前的三年之间（乾隆十三年至乾隆十六年，1748—1751），他每年都在皇后忌日（三月十一日）时，亲自或派人前往静安庄酹酒。[103]乾隆十六年（1751），他奉皇太后，并带着新册封的继后乌拉那拉氏，和其他宫眷及扈从第一次南巡；正月十三日出发，五月四日返京。[104]他预知南巡期间在外，无法准时在皇后忌日当天赴祭，因此特别在出发前（正月七日）预行致祭。[105]而五月四日南巡回来不久，他便又亲往静安庄去祭奠。[106]纵然如此，在南巡的路上，他也未尝忘记孝贤皇后。到了孝贤皇后的冥诞（二月二十二日）时，他也作诗回忆当年他们在东巡路上，还为此驻跸行庆之事。[107]而到了三月十一日她的忌辰当天，他"虽预祭以申哀，更临期而余痛"。由于无法亲往静安庄致祭，因此他只好"北云遥望"，成诗抒情。[108]

虽在第一次南巡途中，处处所见都充满了新奇的景物，但他心中却一直无法忘记与孝贤皇后相关的事。特别是经过济南城这个伤心地时，他更是不堪回首，悲痛不已，一再作诗抒情：

过济南杂诗

曲阜春巡忆戊辰，同扶凤辇侍慈亲；行宫抱疾催旋銮，犹恐怀归劳众人。

大明湖已是银河，鹊架桥成不再过；付尔东风两行泪，为添北渚几分波。

> 遍翻彤史若齐贤，五日登舟咏断弦；南幸奉亲重设闸，那能遽忘济城边。
> 清明节故断魂天，华注何堪重忆前；却是山灵犹解事，连朝为我隐云烟。[109]

可以说，从孝贤皇后过世之后，济南城成了他永远的伤心地。此后，他在每一次东巡或南巡途中，凡是经过济南时，都绝对不再入城。在他所作的诗句中，每每可见他难平的感恨伤痛，如后来他在第二次南巡（乾隆二十二年，1757）时所作的《过济南杂诗叠旧作韵》更是如此：

> 济城重过又春辰，老幼迎銮意最亲；巡狩宁缘适一己，驰驱亦复厪多人。
> 大清河复小清河，欲悉民艰缓辔过；只有平陵不重到，恐防忆旧泪汍波。
> 五岁神童亦自贤，谁知深恨触悲弦；那堪嶷嶷将成冠，鞠跽趋迎跸路边。
> 春云又复暗遥天，六出霏霏策骑前；稍可历城不入望，为予埋恨是轻烟。[110]

而其中最感人的一首，便是乾隆三十年（1765）当他第四次南巡时所作的《四依皇祖南巡过济南韵》，诗中更明白地说出了他心中难以平愈的伤痛：

> 四度济南不入城，恐防一入百悲生；春三月昔分偏剧，十七年过恨未平。
> 排遣闲情历村墅，殷勤正务祝宁盈；明朝便近方山驻，秀色遥看云表横。[111]

不但如此，任何与孝贤皇后有关的东西，也都会引发他的伤心。比如乾隆十六年（1751），当《孝贤皇后亲蚕图》四卷（图3.16）画成，他在题识时，又是极端伤感。该画是乾隆十三年（1748）四月，孝贤皇后死后一个月，乾隆皇帝特别任命院画家金昆、郎世宁、吴桂、曹树德、卢湛、陈永价、程梁、丁观鹏、程志道和李慧林等人所合作的。[112] 画分四卷，分别表现乾隆九年（1744）孝贤皇后第一次到皇宫外面西苑东北角的先蚕坛（今北海幼儿园）行飨祀典礼的情形。[113] 图中所见，为孝贤皇后及陪祭的诸王、妃嫔，与扈从卤簿等大队人马诣坛、祭坛、采桑和献茧等仪式。[114] 由于场面盛大，人物众多，因此费时三年才全部完成。而遗憾的

第三章 《心写治平》——乾隆帝后妃嫔图卷和相关议题的探讨

是，图画作成时，画中的皇后已经逝世三年了。乾隆皇帝睹物思人，因此在卷后题诗（图3.17），难掩伤怀：

> 先皇后亲蚕图成，命弆藏蚕馆，并志以诗
>
> 农桑并重以身先，创举崇祠荐吉蠲；秋叶哀蝉惊一旦，春风浴茧罢三年。
>
> 宛看盆手成新卷，益觉椎心忆旧弦；柘馆萧条浟池上，分明过眼阅云烟。[115]

类似的情景，在在引发他的伤心。如他在乾隆十九年（1754）清明前一日，三度展观牟益的《捣衣图》（图3.18）

图3.16 清 郎世宁等《孝贤皇后亲蚕图》（局部）1748—1751 绢本设色 卷 51×590.4公分 台北 故宫博物院

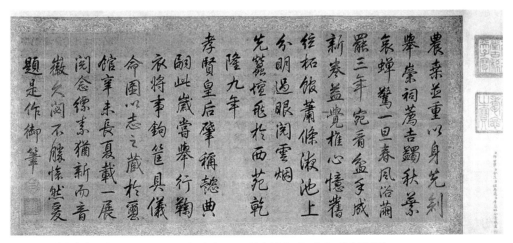

图3.17 清高宗跋《孝贤皇后亲蚕图》（局部）1751 纸本墨书 卷 台北 故宫博物院

147

图 3.18　宋 牟益《捣衣图》(局部) 纸本墨画 卷 27.1×266.4公分 台北 故宫博物院

时，又想到第一次在丁卯年（乾隆十二年，1747）题此画时，皇后还在；但第二次在戊辰年（乾隆十三年，1748）再题时，皇后已过世；而今甲戌年（乾隆十九年，1754）三题时，皇后已过世七年了，不禁悲从中来，志诗抒怀，并题识：

> 是卷题于乾隆丁卯，比戊辰再题，则已遭先孝贤皇后之戚。迨今甲戌，倏已七易星霜矣。寒食前一日适值忌辰，追念前徽，抚怀节序，披图触绪。茧馆犹新，用写悲怀，仍赓旧韵。[116]

他对孝贤皇后的钟情，是持续一生、没有改变的。生前如此，死后仍然，纵使她已下葬到遥远的胜水峪了，他仍未改初衷，其绵长持久的情愫，在历代帝王中可谓极为稀有。而他的这种感情，也在他其后所作的许多祭陵诗中反映出来。乾隆十七年（1752）十月，当胜水峪地宫准备妥当后，他便将孝贤皇后移葬该地，并以慧贤、哲悯二个爱妃陪衬左右。[117] 如他自己所说的，清皇室最重视国家祭典，[118]

其中最重要的事项之一，便是祭拜祖陵。清朝入关前，在盛京（沈阳）附近已有太祖（爱新觉罗·努尔哈齐，1559—1626）的福陵，与太宗（爱新觉罗·皇太极，1592—1643）的昭陵；入关后，又有东陵和西陵。东陵在河北遵化县，有世祖（爱新觉罗·福临；顺治皇帝）的孝陵，康熙皇帝的景陵，以及乾隆皇帝亲卜的万年吉地（胜水峪，后来的裕陵）。西陵在河北易县，有雍正皇帝的泰陵。依清代规矩，皇室每年四孟、清明、中元、冬至、岁暮和墓主忌辰，都要祭陵。皇帝如不能亲自去祭拜，也要派亲王或皇子代表赴祭。乾隆皇帝恪守礼法，除了东巡、西狩、南巡和秋狝之外，清明时到东陵或西陵祭拜，是他每一两年的例行之事，这可由他诗中得到证明。他每到东陵，多住在盘山的静寄山庄。[119]在祭顺治和康熙二帝的诗文中，总是充满了颂扬思慕之情。祭过二帝之后，他必定会到孝贤皇后陵去酹酒。他对孝贤皇后总是有表达不尽的情意。如乾隆十九年（1754），他四十四岁，[120]和乾隆二十一年（1756），他四十六岁时，曾经两度前去祭拜。[121]而乾隆二十五年（1760），他以半百之年再到陵上祭奠，那时孝贤皇后已经逝世十二年了，他再作诗抒情：

孝贤皇后陵寝酹酒

谒陵之便来临酹，设不来临太矫情；我亦百年过半百，君知生界本无生。

庚回戌去诚俊尔，日夏夜冬有底争；扫却喜愁归静寄，盘山山色实相迎。[122]

经过了十二年，他对于孝贤皇后之死的伤感似较淡化。因为在这期间，他正尽量与继后乌拉那拉氏培养感情，专注于与她之间新的生活，所以对于孝贤皇后的思念渐得转移。但是，乾隆三十一年（1766），当他五十六岁时，由于继后犯了过失而被打入冷宫（详后述），不久后去世，使他更觉孝贤皇后种种美德之可贵，因此再度赴陵。酹酒时，他更感慨"生前思不尽，别后事斯多"，[123]觉得旧人更令人怀念。这种感慨越到老年越深刻。乾隆三十五年（1770），他六十岁，在皇后陵前酹酒时，又感慨万千地说："六旬我独庆，百世汝称贤。"但在寂寞与思念的心情下，他同时也劝告自己要"达观息多恋"。[124]乾隆三十九年（1774），他已六十四岁，又去祭陵时，虽再度劝告自己"余恋只宜捐"，但所反映的，其实还是对她的不了之情。[125]

乾隆三十八年到乾隆四十年的三年之间（1773—1775），他连丧三个爱妃：豫妃（1729—1773）、庆贵妃（1724—1774）（L7）和令贵妃（1727—1775）（L5）先后去世。可能由于前二者都无子，而令贵妃美丽温柔，又曾为他生下皇十四、十五、十六、十七等四子，和皇七、九等二女，所以得到他的特别眷顾，因此作《令懿皇贵妃挽诗》以悼念。[126]第二年（1776），他将令懿贵妃移祔在孝贤皇后之旁，并以此祭告。[127]乾隆四十五年（1780），他七十岁时，又来到皇后陵前，感慨"幻景徒惊速，故人不慭遗"，算来地下的皇后与陪葬的慧贤和淑嘉两个皇贵妃，如活着也都已经（或是）"七十岁"了。同时他告诉皇后，我们的曾孙近日前已经完婚了，睡中的你可曾听说了吗："曾孙毕姻近，眠者可闻知？"[128]乾隆四十八年（1783），他七十三岁，又去祭陵，对于二十多年共同生活的往事，仍念念不忘："事远重提处，能忘独旦歌？"[129]乾隆五十二年（1787），他七十七岁，在赴陵酹酒所作诗中，又感伤地怀念起她的柔顺美丽，并问她：你可知道我们已经有元孙了吗？同时表示他的怀念与惆怅：

孝贤皇后陵酹酒

拜瞻礼既毕，胜水峪临前；追念吟窈窕，不孤谥孝贤。
春秋复三岁，参昴共千年；可识元孙获，思之益怅然。[130]

三年后，乾隆五十五年（1790），他已是八十岁的老翁了，还如期上坟，酹酒诗中再称赞她："深宜称孝贤，平生难尽述。"[131]五年后，乾隆六十年（1795），他已八十五高龄，再度赴陵祭奠，这时距孝贤之丧已经四十七年了，但他仍是旧情未了，依依不舍地说："本欲驱车过，矫情亦未安"，而且强烈感受到失去所爱的皇后和许多年龄相近的妃嫔们，留他一个人长寿，毕竟没有多少欢乐可言，因此说："齐年率归室，乔寿有何欢？"[132]

同年（1795）九月三日，他正式册立令贵妃所生的皇十五子永（颙）琰为皇太子，宣布次年禅位，改元嘉庆元年（1796），而他退居宁寿宫，以太上皇之名训政。嘉庆元年清明时，已经禅位的八十六岁老皇帝，带着三十五岁的新皇帝来到东陵祭拜顺治、康熙二帝,并禀告禅位之事,然后到逝世已经四十八年的孝贤皇后陵上酹酒,告知此事,且告慰同陵中的令贵妃(孝仪皇后):

孝贤皇后陵酹酒

吉地临旋跸,种松茂入云;暮春中澣忆,四十八年分。

携叩新皇帝,酹觞太上君;母应以子贵,名正顺言欣。[133]

这是乾隆皇帝最后一次来到孝贤皇后陵前酹酒。这时他已真的垂垂老矣。三年后(嘉庆四年,1799),八十九岁的老皇帝也走完了他的人生,依他生前的计划,葬在胜水峪的裕陵,与他最钟爱的孝贤皇后(L1)、孝仪皇后(L5)、慧贤(L2)、哲悯和淑嘉(L4)等皇贵妃长伴左右(见图3.9)。至于画卷中其他的妃嫔和他的继后乌拉那拉氏,还有其他三十多个位阶不同的配偶,则同葬在附近的裕陵妃园寝(见图3.10)。[134] 乾隆是中国历史上享寿最久的皇帝,也是诗文著作最多的皇帝,更可能是中国历史上对自己的元配皇后用情最深的皇帝之一。

从这一方面来看,乾隆皇帝可说是一个充满人情味的君主。但是,与这相对的,却是他严酷冷峻的一面。那也是他试图忘却和极力掩盖的。最明显的例子,是他与继后乌拉那拉氏的不和,以及对她的惩罚。

五、继后乌拉那拉氏及其他

乌拉那拉氏原是乾隆皇帝未登基前的侧福晋;乾隆二年十二月四日(公历1738年1月23日)封为娴妃,位阶仅次于孝贤皇后与慧贤贵妃,位居第三。乾隆十年(1745),慧贤贵妃逝世;乾隆十三年(1748),孝贤皇后也去世,之后娴妃才晋升为贵妃,统摄六宫之事。乾隆十五年(1750),在他四十大寿之前,皇太后认为中宫无主,因此命乾隆皇帝于八月二日正式册立娴贵妃为皇后。[135] 但由于乾隆皇帝对孝贤皇后的感情太深,因此对此事似乎相当勉强。他在再度立后之前,不但

先至静安庄孝贤皇后的灵前告知，[136]而且，他在婚礼次日，亦即四十岁生日所作的《万寿日题》诗中，也流露了这种面对新人怀旧人的情绪：

万寿日题

　　净敛缃云碧宇宽，宜旸嘉与物皆欢；中宫初正名偕位，万寿齐朝衣与冠。

　　有忆那忘桃月节，无言闲倚桂风寒；晚来家庆乾清宴，觍眼三年此重看。[137]

面对婚礼的欢宴场面，他心中却仍旧想念三年前（1748）的三月间孝贤皇后之死，而独自凄然。特别是在"中宫初正名偕位，万寿齐朝衣与冠"，大家为立新后欢庆之时，他却"有忆那忘桃月节，无言闲倚桂风寒"。虽则如此，他也勉强自己与新后培养感情，努力从对孝贤皇后的思念中抽离出来。这从乾隆十六年到乾隆三十年间（1751—1765），他四次奉太后南巡时，每次都带着继后同游之事看出来。

继后也在这段时间先后为他生下了二男（皇十二子永璂、皇十三子永璟）与一女（皇五女）。相对地，他对孝贤皇后的思念，似乎也被其后三次（乾隆二十二年，1757；乾隆二十七年，1762；乾隆三十年，1765）充满新奇的南巡阅历，与新发展的家庭生活冲淡了一些。因此，自从乾隆十七年（1752）十月，他将孝贤皇后从静安庄移葬到胜水峪后，其后十三年间（1752—1765），他只去过皇后陵前致祭三次。[138]而在所作的诗中，也可看到他的悲情已渐转趋冷静，似乎他与继后的良好关系已渐抚平他心中的创伤。但是，乌拉那拉氏的个性似乎相当刚烈，言行也失于谨慎。因此，乾隆三十年（1765），当他们在第四次南巡，到了杭州时，在舟中，继后由于某种缘故，以言语顶撞了皇帝，并愤而断发。断发是满人服丧之举，继后以此犯下大忌，而遭乾隆皇帝打入冷宫。第二年（1766）七月十四日，她在冷宫中凄凉而死。乾隆皇帝那时正往木兰秋狝，闻讯后态度冷淡，只下谕：

　　据留京办事王大臣奏：皇后于本月十四日未时薨逝。皇后自册立以来，尚

> 无失德。去年春，朕恭奉皇太后巡幸江浙，正承欢洽庆之时，皇后性忽改常。于皇太后前，不能恪尽孝道。比至杭州，则举动尤乖正理，迹类疯迷。因令先程回京，在宫调摄。经今一载余，病势日剧，遂尔奄逝。此实皇后福分浅薄，不能仰承圣母慈眷，长受朕恩礼所致。若论其行事乖违，即予以废黜，亦理所当然。朕仍存其名号，已为格外优容。但饰终典礼，不便复循孝贤皇后大事办理。所有丧仪，止可照皇贵妃例行。[139]

谕旨中，仍然指责她的言行失当，并下令只以皇贵妃的等级下葬，而且也未赐她任何谥号。毫无疑问，乌拉那拉氏原应有画像，照理而言，她的画像位置应出现在慧贤贵妃（L2）之后，但因乾隆皇帝对她怀着强烈的不满与愤怒，因此，当他后来任命画家又制作这段图像时，很可能便把她的画像切除了。或许由于继后言行之不当，使他深有感触，而更能欣赏《女史箴图》中古代贤德后妃自我抑制与牺牲的精神。也可能正是由于这个缘故，他在第二年（1766）春天，命金廷标作了《婕妤当熊图》（见图3.13），且自己在画轴上题诗，赞美冯婕妤敢于自我牺牲以护卫皇帝的行为，借以加强对后宫女子的道德教育。

乌拉那拉氏事件给乾隆皇帝的打击极大，致使他以后不再立后。纵使他对令妃（L5）宠爱有加，但也仅封她贵妃或皇贵妃之衔，在继后失宠和过世后统摄六宫之事而已。要等到令妃过世（乾隆四十年，1775）二十年后，由于册立她所生的皇十五子永（颙）琰为皇太子，因此才追封她为"孝仪皇后"。令妃生前之所以一直未被立为皇后的主要原因，可能与她虽是旗籍，但本身却属于汉裔血统的因素有关。[140] 除了乌拉那拉氏之外，另一位受到冷漠待遇的女子是婉妃（陈氏，1716—1807）（见图3.8）。婉妃是一个美丽的女子，虽然也是在雍正时期（1723—1735）便与弘历成婚的老伴侣，但可能因为她不是旗籍，而是汉裔之故，加上她又未生育，因此长期受到十分冷漠的待遇。她虽在乾隆十四年（1749）被册封为嫔，但后来却默默地等了四十五年，一直未再晋升。直到乾隆五十九年（1794），当她已经七十九岁了，才被封为妃。[141] 她或许孤独寂寞，但也可能清心寡欲地活到嘉庆十二年（1807），享年九十二岁，是少数活到乾隆皇帝死后的妃嫔之一，也是乾隆

皇帝和他四十一个配偶及二十七个子女当中，享寿最久的人。由于她并不是乾隆皇帝所钟爱的女子，所以她的画像并没有包含在本画卷中。

但有时乾隆皇帝对于妃嫔所犯的严重罪行，却又显得过分包容，例见于他处理惇妃（L10）的例子。惇妃比乾隆皇帝小三十五岁，她在乾隆二十八年（1763）进宫后，很快得宠，步步高升，乾隆三十九年（1774）封为妃，曾生下皇十女（和孝固伦公主，1775—1823）。乾隆皇帝由于晚年得女，因此十分钟爱她。母以女贵，惇妃难免骄纵。有一次，她因故而杖杀了一个宫内使唤的婢女。乾隆皇帝因此大怒，在乾隆四十三年（1778）十一月八日上谕中，降惇妃为嫔，且扣减她的例用银两，以赔偿宫女家属。[142] 但或因惇妃曾为他生下皇十女，那是他在乾隆三十年（1765）之后，仅得的两个子女之一（另一为令妃所生的皇十七子永璘），所以极为宠爱，因此对惇妃的责罚也仅止于此，甚至不久之后又恢复了她的妃衔。而她的画像，也如旧地保留在那时已经完成的画卷上，并没有加以切除。

六、本画卷的图像意涵

最后，我们来看这件画卷的图像意涵，笔者认为它可以分为三个层次来理解：

首先，它可以被看作是乾隆皇帝个人所认定的美满家庭生活的图像记录。经由这些选择和排列，乾隆皇帝与他钟爱的十二个女子，共组成一卷美好的家庭写照图，借以回味他和她们在各自人生历程中最年轻，且第一次接受权位和荣耀的那一刻，也就是自己刚登基，以及她们初次受封为皇后和妃嫔时，脸上展现出最喜悦、满足的神情与光彩的时候。那应是他和她们一生中最美的形象吧！他想保留的应该是这样美好的记忆。

其次，从较深的层次来看，这么一卷看似单纯的帝后妃嫔组合画卷，其实正含寓着乾隆皇帝所推崇的儒家人伦思想：修身、齐家、治国、平天下。他相信和乐的家庭是治国、平天下的基础。正因为如此，他才特别在收藏这件画卷的雕花木盒上，御书刻写"心写治平"四个字。那正是他这种思想的反映。乾隆皇帝熟习儒家经典，他以这样的一卷图画，自我宣示了本身所从事的修、齐、治、平的功夫与成就。

再次，从更深的层次来看，这件图卷反映了他关于人伦次序和宇宙自然互动关系的信念。图卷上的一帝和十二后妃，除了呈现人间至尊的皇室家庭以外，也象征着宇宙的乾坤两仪和阴阳两极。一帝和十二后妃，象征一"日"和十二"月"。彼此间的和乐圆满，更含有一年十二个月中的日月运行顺畅、日升月恒、乾坤并济、天地和合、宇宙和谐之意。那也是乾隆皇帝始终深切期望的。

结 语

克利夫兰美术馆所藏的《心写治平》图卷，表现的是乾隆皇帝和他所钟爱的十二个女子的画像。从风格上来看，这件作品可分为前段和后段两部分。前段的十个画像，包括乾隆皇帝和随后的九个女子（L1—L9），脸部是以海西法画成，作画者很可能是郎世宁和他的助手，在乾隆二十六年到乾隆三十年之间（1761—1765），依他们在这之前（1736、1738、1741、1745、1749、1751、1754）为这些人物所画的个像稿本，再重新制作的群像。后段的三个女子画像，包括惇妃、顺妃和循嫔（L10—L12）的脸部，则是以传统中国肖像画的画法作成；作画者可能是另外一个宫廷画家，在乾隆四十二年到乾隆四十三年之间（1777—1778），依她们较早的个像所作成的群像。卷中图像的选择和位序的排列，完全由乾隆皇帝所主导。而且，他在各段画像完成以后，亲笔写上所有的榜题。至于他为何在四十一位配偶当中，单择那十二位女子的图像，则全凭他的主观爱好。他所认定的贤淑妇女的标准，深受儒家妇德观（特别是史书所载古代后妃的嘉言懿行）所影响。本图卷具有多层次的图像意涵。首先，它图载了乾隆皇帝理想化的家庭生活。其次，它反映了乾隆皇帝对儒家的君子之教——修身、齐家、治国、平天下那套价值观的认同，并以此图自我宣示他在这方面的成就。最后，本图卷的一帝和十二后妃，象征一"日"和十二"月"；而且他们的位序井然，正象征了他所治理的帝国，终年都

是日升月恒、阴阳调和、乾坤并济、宇宙和谐。因此,《心写治平》也正反映了乾隆皇帝如此的愿望。

附记:本文原刊载于《台湾大学美术史研究集刊》,21期(2006年9月),89—150页。

第四章

从四幅"岁朝图"的表现
问题谈到乾隆皇帝的亲子关系

第四章 从四幅"岁朝图"的表现问题谈到乾隆皇帝的亲子关系

　　研究中国古代帝王的生活和他们的内心世界，除了文献资料之外，最重要并且也是最直接的物证，便是和他们个人相关的图像，特别是他们的肖像画。然而，由于历经朝代的更迭、战争的破坏以及时间的洗劫，他们个别的肖像能幸存至今的，相当稀少。因此，史家和艺术史学者常苦于无法清晰地勾画出他们在生命历程中的真实面貌。幸运的例外，则是清高宗乾隆皇帝（彩图 1）。[1] 由于他是中国帝制时代最后一个皇朝的盛世之君，在位时间长达六十年（1736—1795），本身便极具意识地留下大量的诗文著作，并且对于绘画具有高度的兴趣和主导权，因此，曾命人为他制作了为数众多的个人生活纪实画。而这些作品的大多数也幸存下来，保存在故宫博物院，其中有一部分已经发表。受惠于此，研究者便可以从他那些存世图像中，找到某些和研究议题相关的作品，作为观察和讨论的对象；并且结合他的诗文作品和相关史料，探索那些图像背后某些更深层的实质意义。

　　本文便将以这样的立足点和研究方法，去观察存世四幅描绘乾隆皇帝与一些孩童在元宵前后同享天伦之乐的"岁朝图"：《乾隆皇帝岁朝图》（彩图 8；图 4.1）、《乾隆皇帝雪景行乐图》（图 4.2）、《乾隆皇帝岁朝行乐图》（图 4.3）和《乾隆皇帝元宵行乐图》（图 4.4），并探讨以下四个相关的议题：一、关于四幅"岁朝图"的一些问题；二、四幅"岁朝图"的图像表现特色、相互关系和成画年代；三、四幅"岁朝图"图像的纪实性与意涵；四、乾隆皇帝与诸皇子之间的亲子关系。

图 4.1 （传）清 郎世宁等 《乾隆皇帝岁朝图》 约 1736 绢本设色 轴 277.7×160.2 公分 北京 故宫博物院

图 4.2 清 郎世宁等 《乾隆皇帝雪景行乐图》 1738 绢本设色 轴 289.5×196.7 公分 北京 故宫博物院

图 4.3 （传）清 郎世宁等 《乾隆皇帝岁朝行乐图》 约 1746 绢本设色 轴 305×206 公分 北京 故宫博物院

图 4.4 清人 《乾隆皇帝元宵行乐图》 约 1750 绢本设色 轴 277.7×160.2 公分 北京 故宫博物院

第四章 从四幅"岁朝图"的表现问题谈到乾隆皇帝的亲子关系

一、关于四幅"岁朝图"的一些问题

关于"岁朝"的定义，广泛地说，指农历新年元旦到元宵节（至正月十五日的灯节结束；在清宫，特别是乾隆时期，通常是延续到正月十九日）。凡是图绘这期间与各种节庆活动相关的作品，都可称为"岁朝图"。在此，我们所要谈的是四幅表现乾隆皇帝在新年期间与一些孩童同享天伦之乐的"岁朝图"。关于乾隆皇帝的这类作品，为数可能不少；据笔者所知，已经公之于世的有四幅。由于这些作品的内容相近，画名也类似，因此学者对它们的称呼并不一致，常有紊乱的现象。为了方便讨论起见，笔者在本文中将这四幅作品定名为：佚名（应为郎世宁等），《乾隆皇帝岁朝图》；郎世宁等，《乾隆皇帝雪景行乐图》；郎世宁等，《乾隆皇帝岁朝行乐图》；佚名（可能为郎世宁、丁观鹏等），《乾隆皇帝元宵行乐图》。同时，笔者也将学者的相关研究论著及作品资料列表说明如下：[2]

表 4.1 乾隆皇帝四幅"岁朝图"作品的详细资料

序号	4.1	4.2	4.3	4.4
品名	《乾隆皇帝岁朝图》	《乾隆皇帝雪景行乐图》	《乾隆皇帝岁朝行乐图》	《乾隆皇帝元宵行乐图》
画家	应为郎世宁、唐岱、陈枚（见本文所论）	应为郎世宁、唐岱、陈枚、孙祜、沈源、丁观鹏	郎世宁、沈源、周鲲、丁观鹏等人	可能为郎世宁、丁观鹏及其他清宫画家（见本文所论）
纪年	应为乾隆元年（1736）十二月（见本文所论）	乾隆三年（1738）十二月	应为乾隆十一年（1746）九月（详见畏冬二文）	可能为乾隆十五年至乾隆二十年（1750—1755）之间（见本文所论）
钤印	"八徵耄念之宝""五福五代堂古稀天子宝""太上皇帝之宝"	×	"八徵耄念之宝""五福五代堂古稀天子宝""太上皇帝之宝"	×
材质	绢本设色	绢本设色	绢本设色	绢本设色
形制	轴	轴	轴	轴
尺寸	277.7×160.2 公分	289.5×196.7 公分	305×206 公分	277.7×160.2 公分
藏地	北京故宫博物院	北京故宫博物院	北京故宫博物院	北京故宫博物院

(续表)

序号	4.1	4.2	4.3	4.4
图版说明	故宫博物院编,《故宫博物院藏清代宫廷绘画》,图59说明,254页;朱诚如主编,《清史图典》,7册,511页;聂崇正,《郎世宁》,166、183页;中野美代子,《乾隆帝》,99页,称此图为《岁朝图B》。	南天书局编,《清代宫廷生活》,图433,278页;故宫博物院编,《故宫博物院藏清代宫廷绘画》,图50说明,253页,称此为《弘历雪景行乐图》;聂崇正,《郎世宁》,126—129、183页;又,同书,172页,称此图为《乾隆岁朝行乐图》;中野美代子,《乾隆帝》,95页,称此图为《岁朝图A》。	朱诚如主编,《清史图典》,6册,225页,称此图为《乾隆帝岁朝图》;聂崇正,《郎世宁》,183页;又,同书,173页,称此图为《岁朝图》;畏冬,《郎世宁》,称此图为《上元图》;中野美代子,《乾隆帝》,97页,称此图为《上元图》。	朱诚如主编,《清史图典》,7册,513页,称此图为《元宵行乐图》;聂崇正,《郎世宁》,183页。

如表4.1所见,这四幅作品的尺寸都相当大,目前都裱为立轴形制,但以其尺寸之大来看,原来它们或许都是贴在墙上,作为装饰的"贴落",后来才改装成为目前的立轴形制。这四幅图的主题大同小异,在各种出版图录中所标示的画名时有出入,且在称呼上并不统一:有的称"乾隆帝",有的称"乾隆皇帝",有的称"弘历"。为方便讨论起见,本文以下将它们的名称一律省去"乾隆帝""乾隆皇帝"或"弘历"等字,简化为《岁朝图》《雪景行乐图》《岁朝行乐图》及《元宵行乐图》。

虽则每幅图上所见画家与成画年代的资料完整程度不一,但是如图所见,这四幅作品的主题类似,内容相近,都描绘乾隆皇帝坐在宫苑建筑物的廊下(或阳台上),与诸孩童同享天伦之乐的情景。各幅的构图、配景与童子人数及位置虽有不同,但都根据了八组主要人物的图像(A—H)而予增减。这八组人物可称为核心元素,包括:

A. 乾隆皇帝和他背后两名手持立扇的宫女;

B. 穿红衣的幼儿;

C. 蹲在乾隆皇帝脚边,拨弄盆中炭火的孩童;

第四章 从四幅"岁朝图"的表现问题谈到乾隆皇帝的亲子关系

D. 两个站在乾隆皇帝右侧年纪较大的孩童：稍大者将右手搭在次高者的右肩上；后者左手持戟，戟上悬磬；

E. 庭前一孩童一面屈身以线香正要点燃一枚鞭炮，一面作要往相反方向逃开的姿势；

F. 廊柱前、后各有一个孩童：柱前者放下手中花灯，双手作捂耳状；柱后者作正想缩身躲到柱后的样子；

G. 在他后方有一孩童抱着柴枝前来；

H. 在院子的左上方，另一孩童手捧果盘走进院中。

这四幅图中的主角都是乾隆皇帝。他的相貌看起来都相当年轻，造形和表情也都相当接近。另外的孩童，不论他们是全数还是部分出现在各幅中，每一相关组群的孩童，都呈现相近的衣着颜色、造形和动作。就风格方面而言，既然这四幅作品中这些主要人物的图像特色如此相近，可见它们彼此之间应有密切的关系。那么学界对这四幅画又有怎样的看法？

在此，我们先就目前学界对这四幅画研究的概况略作说明。首先是针对这四幅画成画的年代问题，学者的见解不一。第一幅《岁朝图》（中野称《岁朝图B》）上并无年款。聂崇正与中野美代子两人对于它的成画年代，看法有极大的出入。聂崇正认为，从风格上看来，它与《雪景行乐图》相近，可能是由同一批画家在乾隆三年（1738）时作成的。而中野美代子也从风格上去观察此画，结果，她却认为此图应是郎世宁去世之后，由他的后学者在乾隆三十八年（1773）之后作成的。第二幅《雪景行乐图》（中野称《岁朝图A》）上，明确地标示了画者的姓名和此画完成的时间：它是由郎世宁、唐岱、陈枚、孙祜、沈源和丁观鹏等六位画家共同合作，在乾隆三年（1738）完成的，关于这一点，所有学者都没有异议。而第三幅《岁朝行乐图》（中野称《上元图》），根据畏冬查证《养心殿造办处各作成做活计清档》中的相关记载，推测此图可能是郎世宁、沈源、周鲲和丁观鹏等人，在乾隆十一年（1746）奉敕所作的《上元图》，聂崇正和中野美代子都接受这个看法。[3]至于《元宵行乐图》，到目前为止，学者并未给予足够的关注；朱诚如和聂崇正都认为此图制作年代不详,而中野美代子则未提到这幅画。

其次,为这些作品的图像意涵问题。这方面只有中野美代子提出她的看法。她认为三图都反映了乾隆皇帝立嗣君的事件。简言之,她认为《雪景行乐图》(中野称《岁朝图A》)为哀悼皇二子永琏之丧;《岁朝行乐图》(中野称《上元图》)为决定立皇七子永琮之意;而《岁朝图》(中野称《岁朝图B》)则为决定立皇十五子永(颙)琰(1760—1820)为储君的纪念。[4]

虽然以上多位学者对上述四幅画成画年代的推断和图像意涵的解释,都具有相当的合理性和说服力,但笔者对于第一幅《岁朝图》和第四幅《元宵行乐图》的成画年代,别有看法;而且,对于这四幅画相互之间图像的相关性,以及这些作品的图像意涵等问题,也认为有进一步深入探讨的必要;此外,笔者更好奇的是,这四幅作品如何反映乾隆皇帝和他诸多皇子间的亲子关系。以下,笔者拟分别针对这些问题提出浅见。

二、四幅"岁朝图"的图像表现特色、相互关系和成画年代

首先,我们依次来看这四幅图在图像上的表现特色、它们之间的关联性和个别成画的年代。

1.《岁朝图》

《岁朝图》(中野称《岁朝图B》)(彩图8;图4.1、4.5)所描写的是御园雪后,乾隆皇帝和两名宫女及九名孩童共处一庭院,而又各自专注于自己兴趣所在的生活片刻。所有的人物都身着汉装。图中的焦点放在乾隆皇帝(图4.5:1A)身上。他出现在画幅右侧卷篷式屋顶建筑物的廊下的两个槛柱之间。他的形体较他人为大,看起来相当年轻:脸呈瓜子形,面目清秀,鼻挺正,唇红,两边短髭,无须。

乾隆皇帝头戴一金束冠,冠上饰一红缨;身穿墨绿色镂金华袍,足登朱履;左手抱一红衣幼儿(图4.5:1B);坐在一张由满布疖瘤的奇木所做成的靠背椅中。他

第四章　从四幅"岁朝图"的表现问题谈到乾隆皇帝的亲子关系

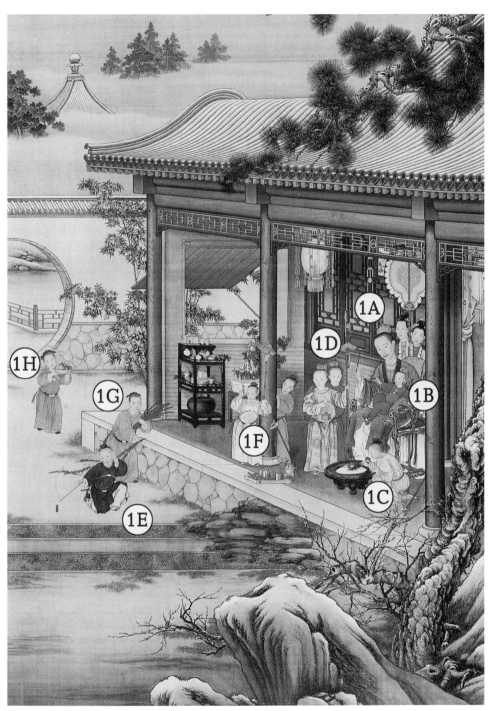

图 4.5 《乾隆皇帝岁朝图》说明图

的前方地上,有一圆形铜炭火盆,他将双脚轻顶住火盆边沿。火盆旁,有一个穿着淡红色衣袍的童子蹲在地上,正在拨弄着盆内的炭火(图4.5:1C)。乾隆皇帝的目光垂视,他的注意力完全放在怀中的幼儿身上。那幼儿年约二三岁,身着红衣裤,足穿蓝鞋,领戴金约,头戴小金束冠,上饰一红缨,样式与乾隆皇帝所戴者相同。由这种特殊的衣冠装扮,可知他应是皇子之一。幼儿在父亲怀中极不安分地扭动四肢,为要安抚他,年轻的父亲希望借着击磬(谐音"吉庆")来引起他的注意;于是,他右手执一小木槌,敲击了右侧一个孩童所持的戟上所悬挂的磬(图4.5:1D)。清脆的声音,似乎引起了幼儿的注意;于是他循声伸出小手,想抓住声音的来源。以上这群以乾隆皇帝为中心的五人布局与身体姿态(包括乾隆皇帝身后的两名宫女),共同形成了一个"S"形的视觉动线,成为全图右半边人物群组的重心。

与此相对的,是在乾隆皇帝右前方的另外七个孩童的布局,和他们各自专注的活动。首先,是站在乾隆皇帝右手边的两个年龄较大的孩童(图4.5:1D),年约七八岁左右。站在内侧者,身材较高,他身穿蓝袍,右手搭放在他旁边身材较矮的孩童身上,状似亲密。后者身穿淡紫袍,左手持"戟",戟上悬"磬";右手弯到胸前,手中拿一印。两人头上,戴着与乾隆皇帝和红衣幼儿相同的金束冠与红缨装饰物。由他们的位置紧贴在乾隆皇帝身侧、头戴样式相同的冠饰及手上所持的戟磬和印信等图像特色,可证这两个孩童的身份极为特殊。他们应也是乾隆皇帝的皇子。

虽然身体站在父亲身侧,但两人的目光却各有专注。穿蓝袍者,望着画幅右下方玩炭火的孩童(图4.5:1C);而穿紫袍者,则远望着庭院中另一个孩童正要燃放鞭炮的紧张动作(图4.5:1E)。那孩童身穿靛蓝袍服,一手拿着冒烟的线香,伸臂指向立在地上的一枚红色炮竹,作将要点燃之状;而他的另一手则捂着耳朵,同时缩身向着廊下方向,似乎准备一点火就逃跑的样子。这种一触即发的紧张时刻,令另外两个胆小的孩童吓得躲在廊柱的前、后观望(图4.5:1F):站在柱前的那个,紧张得放下了手中的花灯,双手作捂耳状;而站在柱后的那个,更害怕得缩身躲在柱后,只敢探出半个身子来看究竟。与此相对的,是院中另外两个胆子较大的孩童,他们若无其事地不为所动。其中一个穿紫长袍(图4.5:1G);他抱着一堆带穗的麦秸走进来。那些麦穗,象征"岁岁平安"的意思。另一孩童穿着粉红色长袍（图 4.5：1H）；他双手捧着一大盘水果，正从左上方另一个院子走进这个院中；他镇静地经过燃放炮竹的孩童身后，不为所动地向乾隆皇帝所在的地方前进。

明显可见，本图左下方这一组七个孩童的布列位置，呈现一个横"Y"字形的视觉动线，它的指向又将观者的眼光引导回乾隆皇帝身上。画家兼用中、西画法，极为精细地使用线条勾画和色彩晕染，描绘了人物、树石和建筑物的外形，讲求造形的精确，强调立体感和质量感。画幅上方中间区域，由右到左，依次钤有"八征耄念之宝""五福五代堂古稀天子宝"及"太上皇帝之宝"三印。可知此图作成之后，到乾隆皇帝八十六岁（1796）退位、身为太上皇时，一直是他最珍爱的作品之一。

《岁朝图》上并无画家姓名和纪年。聂崇正认为，本幅中许多人物造形和绘画风格，都与郎世宁和丁观鹏等六位画家在乾隆三年（1738）所完成的《雪景行乐图》（中野称《岁朝图 A》）极为相近，因此判断此画应该也是由同一批画家在相同时间内作成的。[5] 关于这一点，笔者的看法稍有不同，从乾隆皇帝脸部的表现特色来看：他的脸呈瓜子形，眉清目秀，鼻子挺直，唇红而丰，两边短髭，无须等，近似他在《雪景行乐图》（图 4.2）和《乾隆皇帝大阅图》（彩图 2；图 4.6a）中所见。后两者分别作于乾隆三年（1738）和乾隆四年（1739），他二十八岁和二十九岁时，因此，从图像上来看，本图应当也作于此时前后。不过，再从文献上来看，笔者认为此图很可能是作于乾隆元年（1736）年底，因为《养心殿造办处各作成做活计清档》中有一条记载："乾隆元年十一月十五日，传旨：'着唐岱、郎世宁、陈枚商酌画《岁朝图》一幅。钦此。'"又记："于十二月二十五日画完。"[6] 由此可证，本幅《岁朝图》极可能是唐岱、郎世宁和陈枚等三人，在乾隆元年（1736）十二月二十五日所共同完成的。那时乾隆皇帝二十六岁。

本幅在四幅作品中，所呈现的人数最少，只有八组（图 4.5：1A—1H），共十二人，人物及各种物象的描画也最精致。而且，有趣的是，我们将在以下看到，这八组人物图像似乎成为基本母题，类似的孩童形象重复在其他三幅中出现。只不过在不同图中，孩童的人数时有增减；并且，值得注意的是，在那些不同时间所作的画里，相关孩童的造形，似乎也随着年龄的增长而变化。这些有趣的现象，不但显示《岁朝图》是这群作品的"祖型"，而且可以看出这四幅图有如一套连环故事

图 4.6a （传）清 郎世宁等 《乾隆皇帝大阅图》 1739 绢本油画 轴 322.5×232 公分 北京 故宫博物院

图 4.6b 《乾隆皇帝岁朝图》局部

图 4.6c 《乾隆皇帝雪景行乐图》局部

画般，呈现了不同年份中的乾隆皇帝与他身边一些渐渐长大的孩童，以及新添的幼童们同享新春赏雪的天伦之乐。以下我们依序再看其他三幅。

2.《雪景行乐图》

《雪景行乐图》（中野称《岁朝图A》）（图4.2、4.7）中，除了背景之外，本幅的内容、构图和人物图像，都类似《岁朝图》（彩图8；图4.1、4.5），但人物总数增为十四人。人物组群基本上类似《岁朝图》，计有乾隆皇帝和宫女二人（图4.7：2A），但孩童增为十一人，包括原来的那九个孩童（图4.7：2B—2H），及新

第四章　从四幅"岁朝图"的表现问题谈到乾隆皇帝的亲子关系

图 4.7　《乾隆皇帝雪景行乐图》说明图

添的孩童两人（图 4.7：2I、2J）。但值得注意的是，有些特定孩童的造形和位置，已稍加以调整，因此，和前图相较之下，他们在这里呈现了年龄增加、体型变高，且活动力较强的有趣现象。比如，此画中，站在乾隆皇帝右手边那一对搭肩与持戟的兄弟，比在前图中的样子长大了些。在《岁朝图》中的这两人，个子原来相差不多，身高都只到父亲坐姿的颈部左右（图 4.5：1D）。但在本图中，两人的身高差距相当明显，而且都较前图所见长高了许多；身高都及于父亲坐姿的头部（图 4.7：2D）。更明显的是，两人脸上的表情，比起《岁朝图》中所见那种稚嫩的神态，看起来沉稳且成熟了许多。现在的他们，已非童子，而是少年的模样了。更有趣的是，在《岁朝图》中所见原来坐在乾隆皇帝怀中的红衣幼儿（图 4.5：1B），在此图中不但已经长大，而且不安于位地跑到了庭院前方（图 4.7：2B），正好奇地看着其他两个孩童（图 4.7：2I、2J）在玩堆雪狮。此图中的这两个孩童和堆雪狮的活动，都是《岁朝图》中没有的新增母题。以上十四个人物的位置布列，在整体上形成一个大的横"C"字形。此图右下角出现了画家人名和纪年："乾隆戊午嘉平月奉敕，臣郎世宁、唐岱、陈枚、孙祜、沈源、丁观鹏恭画。"[7] 可证本幅是作于乾隆三年（1738）嘉平月（农历十二月），那时乾隆皇帝二十八岁。

3.《岁朝行乐图》

《岁朝行乐图》（中野称《上元图》）（图 4.3、4.8）中的背景场面，扩大成为前、后两个庭院。相对地，建物和人物的比例也缩小了许多，使得整个景观与观者之间的距离拉大。值得注意的是，此图中的人物造形和布局，与前二幅有相近处，但也有明显的差异。比如此图中，除了明显沿用了大部分《岁朝图》中的人物图像外，他们的位置也遭到调动，而且孩童人数也添加了许多。此图中的总人数为二十人，分布在前、后两个院落中。前院中的人物（图 4.8：3A—3H），大部分沿用了《岁朝图》的所有祖型（图 4.5：1A—1H），但位置小有调动；最重要的是，某些特定的孩童，在此图中又更显见成长的样貌。比如，站在乾隆皇帝右手边的那对兄弟（图 4.8：3D），现在长得更高大了，似乎已是青少年，身高都已经超过了乾隆皇帝坐姿的头部了。而原来站在廊柱前面，双手作掩耳状的孩童，他的位置已移到

第四章　从四幅"岁朝图"的表现问题谈到乾隆皇帝的亲子关系

图 4.8 《乾隆皇帝岁朝行乐图》说明图

171

庭院当中（图4.8：3Fa）。至于半躲在柱后的那个孩子，似乎移到了左边的游廊中（图4.8：3Fb）；而拨炭火的孩子（图4.8：3Ca）背后，则再添加了一个站着的孩童（图4.8：3Cb）。这群包括乾隆皇帝在内的十二人，他们的布列位置与庭前的老梅树，在视觉上共同形成了一个横的椭圆形。

有趣的是，原本在《雪景行乐图》中所见堆雪狮的三个童子（图4.7：2B、2I、2J），在此图中被移到了后院中的一角，位居画幅的中心（图4.8：3I）。他们三人的位置稍有变动，原来位于狮左侧的朱衣小孩（图4.7：2B），在此图中被移到了雪狮的右边。另外，在这院落中，又增添了六个孩童，分布在雪狮左方和它上方的游廊下以及游廊前。这群为数九人的孩童，他们的布列位置和邻近松枝，在视觉上又形成了另一个横的椭圆形，与前院人物分布的椭圆形曲线互相呼应。明显可见，本图是依据《岁朝图》和《雪景行乐图》的旧稿，再加以扩充变化而成的。本幅右下角可见画家姓名，包括郎世宁、沈源、周鲲和丁观鹏等四人。至于它的成画年份，依畏冬的查证，可能是《养心殿造办处各作成做活计清档》中所记，是乾隆十一年（1746）九月所作的。

4.《元宵行乐图》

至于《元宵行乐图》（图4.4、4.9）的内容，与前三幅作品稍有不同，但主题明显：乾隆皇帝坐在画面右方的楼台上，面向着观众（图4.9：4A）。他表情冷静，与院落中环绕在高高的灯架下热闹而投入地玩赏各种元宵花灯的群众，不论在位置上还是情绪上，都呈现出明显的对比。此图中，只引用了两部分《岁朝图》中的人物图像：乾隆皇帝和两个宫女（图4.9：4A；图4.5：1A），以及搭肩和持戟而立的两兄弟（图4.9：4D；图4.5：1D）。值得注意的是，这对兄弟在此图中已是青年模样，再也不像前面三图中所见般（图4.5：1D；图4.7：2D；图4.8：3D）站在乾隆皇帝的身侧，而是移到了楼下的走廊内，远望着左方人群赏灯的活动。在此图中的乾隆皇帝身边，没有任何一个孩童为伴。这与其他三图中所见——他的附近聚满孩童的热闹画面比起来，显得寂寞而冷清，有种怪异的凄凉感。值得特别注意的是，在此图中，当其他孩童都不见时，为何独留这两个年长的孩子远远地站在楼下的游

第四章 从四幅"岁朝图"的表现问题谈到乾隆皇帝的亲子关系

图 4.9 《乾隆皇帝元宵行乐图》说明图

廊中？这种特别的现象别具意义。关于这一点，笔者将在后文中进一步讨论。本幅上不见画家姓名和纪年，但依画中那两个较大的孩子的造形比其他三幅所见更为成熟这一现象来推断，本幅的成画应在上一幅《岁朝行乐图》（1746）（图4.3、4.8）作成之后。而从图像上来看，此图中乾隆皇帝的脸部表现较《岁朝图》（图4.5：1A）和《雪景行乐图》（图4.7：2A）中所见清瘦许多，且嘴唇也较薄小，不如前二者那般红润。这些特色，正可见于他在《万树园赐宴图》（图4.10）中的样貌。二者都呈清瘦修长的瓜子脸形，眉眼清秀，双唇紧闭，一副严肃的表情（图4.11）。由于《万树园赐宴图》是郎世宁和其他清代宫廷画家等人奉命在乾隆二十年（1755）作成的，又由于曾经共同创作上述三幅"岁朝图"的七个画家，在此时多已过世，只有郎世宁和丁观鹏还在宫廷中活动，因此可以推断本幅《元宵行乐图》大约也是由郎世宁和丁观鹏主导，加上其他院画家共同作于那个时间前后。简单地说，《元宵行乐图》的成画时间，大约是在乾隆十五年到乾隆二十年之间（1750—1755），时值乾隆皇帝四十岁到四十五岁之际。

图4.10 清人《万树园赐宴图》（局部）1755 绢本设色 卷 221.2×419.6公分 北京 故宫博物院

图4.11 乾隆皇帝脸部局部比较：《万树园赐宴图》（上）与《乾隆皇帝元宵行乐图》（下）

第四章　从四幅"岁朝图"的表现问题谈到乾隆皇帝的亲子关系

综合以上所论，笔者仅将上述四幅"岁朝图"的创作年代和画家群的看法列表如下：

表4.2　乾隆皇帝四幅"岁朝图"的创作年代和画家群

画家＼作品	《岁朝图》乾隆元年（1736）	《雪景行乐图》乾隆三年（1738）	《岁朝行乐图》乾隆十一年（1746）	《元宵行乐图》乾隆十五年至乾隆二十年（1750—1755）
唐岱（1673—1752后）	✓	✓		
郎世宁（1688—1766）	✓	✓	✓	✓
陈枚（约活动于1726—1744）	✓	✓		
孙祜（约活动于1736—1745）		✓		
周鲲（约活动于1741—1748）			✓	
沈源（约活动于1738—1747）		✓	✓	
丁观鹏（约活动于1726—1768）		✓	✓	✓

由上表所见，郎世宁和丁观鹏两人，应是参与这四幅"岁朝图"的制作中最主要的两人。正如以上所述，这四幅作品在图像上的造形特色，包括服饰、佩件、动作、姿势、组群、位置布列和背景等要素，都有其相同与相异之处。它们的相同处，在于主要人物的造形和动作等；而其不同处，则在于人物活动的背景，包括建物和园林，以及孩童人数由少而多，另外还有相关的孩童在不同的画中呈现了因年龄的成长而变化的样貌等。这些因素显示：以上四幅作品是在不同时期中作成的。基于这些观察，笔者认为它们的成画时间顺序依次为：《岁朝图》（乾隆元年，1736）、《雪景行乐图》（乾隆三年，1738）、《岁朝行乐图》（约乾隆十一年，1746）及《元宵行乐图》（乾隆十五年至乾隆二十年，1750—1755）。《岁朝图》应是这群作品中最早完成的；它的主要人物图像，成为了其他三幅的祖型来源。其次的问题是：这些画具有多少的历史纪实性？它们是百分之一百的纪实，还是纯属虚构？由于这一点关系到这些图像的意涵问题，因此必须在以下稍予讨论。

三、四幅"岁朝图"图像的纪实性与意涵

虽然一般学者都认为,乾隆皇帝所有的"汉装行乐图"都是属于一种具有政治含义的变装秀,在事实上未曾真实发生过。[8] 如果真的是那样,那这四幅"岁朝图"也不例外地全属虚构。但笔者认为问题并不那么简单。清皇室成员穿着汉装一事,或许是虚构;然而,在这四幅"岁朝图"中,人物的图像还是以一部分史实为核心材料,特别是《岁朝图》(彩图8;图4.1、4.5)中的乾隆皇帝和他的三个皇子的相貌,应是根据他们在乾隆元年(1736)时的实有情状。其中,乾隆皇帝的相貌,可以从其他有纪年的图画中找到对证;而画中三个皇子的身份与年龄,也可以依史料而得到印证。

先谈《岁朝图》中乾隆皇帝的相貌(图4.5;1A)。如前所述,图中的乾隆皇帝十分年轻:脸庞呈瓜子形,眉清目秀,唇红而丰润,上唇两侧留有短髭,但还未蓄须。

依笔者的观察,这种特色,又见于他在《乾隆皇帝大阅图》(乾隆四年,1739;他二十九岁)(彩图2;图4.6),[9] 和《乾隆皇帝哨鹿图》(乾隆六年,1741;他三十一岁)(图4.12)中的表现。[10] 在此之后,

图4.12 (传)清 郎世宁等《乾隆皇帝哨鹿图》(局部) 1741 绢本设色 轴 267.5×319公分 北京 故宫博物院

第四章　从四幅"岁朝图"的表现问题谈到乾隆皇帝的亲子关系

他便开始蓄须；因此其后所见的他的画像，都是有髭有须的样子。问题是，他是何时开始留髭的？笔者认为，那应是在乾隆元年（1736）八月以后的事。因为在表现他刚登基的《乾隆皇帝朝服像》（彩图 1）和《心写治平》（彩图 7；图 3.1）（其上榜题"乾隆元年八月吉日"）这两幅画中，他的脸上光润，不见任何须髭。[11]可知他开始留髭，是在《心写治平》所见的"乾隆元年八月"之后。而在乾隆三年（1738）所作的《雪景行乐图》（图 4.2、4.7）中，他脸上已经留有短髭了。可证他开始留髭，是在乾隆元年八月到乾隆三年之间（1736—1738）。我们由以上他这些肖像中（图 4.13），可以看出这个事实。又，如前所述，他在《岁朝图》中已见留髭的情形，而《岁朝图》的作成时间，是在乾隆元年十一月十五日到十二月

图 4.13　乾隆皇帝各幅肖像局部比较
a.《乾隆皇帝朝服像》局部 1736　b.《乾隆皇帝肖像》局部 1736　c.《乾隆皇帝岁朝图》局部 1736
d.《乾隆皇帝雪景行乐图》局部 1738　e.《乾隆皇帝大阅图》局部 1739　f.《乾隆皇帝哨鹿图》局部 1741

二十五日之间,因此,《岁朝图》中所见的乾隆皇帝画像,便可能是存世的乾隆皇帝开始留髭的画像当中最早的一幅。

其次为《岁朝图》中三个皇子身份的辨认。如前所述,在此图中,站在乾隆皇帝右手边的那两个穿蓝袍和穿紫袍的孩童(图4.5:1D),以及他怀中穿红衣裤的幼儿(图4.5:1B),由于和乾隆皇帝一样,头戴金束冠和红缨装饰,有别于其他童子,因此可判定他们是乾隆皇帝的三个皇子。依史料得知,乾隆皇帝一生有配偶四十一人,共生皇子十七人(早殇者七人),皇女十人(早殇者五人)。[12]乾隆元年(1736)时,他只有三个皇子,包括哲悯皇贵妃所生的皇长子永璜,当时年九岁;孝贤皇后(彩图6;图3.4)所生的皇次子永琏,当时年七岁;纯惠皇贵妃所生的皇三子永璋,当时年二岁;其余诸皇子都还没有出生。而此画中三个皇子的样貌,正可与史料中所记他们当时的年岁符合,因此可证图中穿蓝袍、个子较高者,应是九岁的皇长子永璜;穿紫袍、次高者,应是七岁的皇二子永琏;而穿红衣裤的幼儿,应是两岁的皇三子永璋。其中,最值得注意的是皇二子永琏,因为他是乾隆皇帝最钟爱的孝贤皇后所生的嫡子。乾隆皇帝即位之后,便有立嫡子为储君的计划,曾经在乾隆元年(1736)七月密立永琏为皇太子。[13]在此画中,穿紫袍的永琏,手中所持的"戟"和戟上所悬挂的"磬",便是"吉庆"的谐音;而他另外一手中所持具有吊链的印,也是重要的信物。他在手中拿着这些极为特殊而具有象征意义的物件,较诸其他两个兄弟手中空无所有的情形,显示了他在三个皇子当中,是最得父皇宠信的。[14]因此,笔者认为本幅《岁朝图》中的乾隆皇帝与三个皇子的肖像,不但和史实相符,而且,更重要的是,它以那些特殊的图像,暗喻了乾隆皇帝在乾隆元年(1736)七月密立永琏为皇太子的事实。这种做法并非孤例,又可见于《平安春信》(彩图4;图1.24)。学者认为该图暗喻了雍正皇帝将传位给弘历的事实。[15]

至于其他六个孩童,虽然头上只是戴巾结髻,但衣袍样式与皇长子和皇二子所穿的相似,由此可知他们的身份也非一般。虽然他们并非乾隆皇帝的皇子,而个别的身份也无法根据史料一一辨认,但这类孩童并不完全属于虚构;他们可能是宗室或内务府官员家的孩童,在宫中作为皇子的玩伴,有如曹寅(1658—1712)曾为幼

第四章　从四幅"岁朝图"的表现问题谈到乾隆皇帝的亲子关系

年康熙皇帝的玩伴和伴读者一般。有趣的是，这些孩童的造形和动作，甚至有时连手中的持物，也都成为固定的图式，重复出现在《雪景行乐图》和《岁朝行乐图》二幅画中。他们在画面中出现的目的，主要为利用其手中的持物表现吉祥的意思，并制造多福多寿多男子的景象，以及人丁兴旺的热闹气氛。这反映了乾隆皇帝心中对多子多孙的期望。简言之，《岁朝图》中的人物穿着汉装一事，虽可能纯属虚构，但其中的主要人物，特别是乾隆皇帝和三个皇子，及其他童子的活动内容和园林场景，应是有所依据的。它所表现的是乾隆元年（1736）元宵节前后，年轻的乾隆皇帝和他的三个皇子同享天伦之乐，并观赏其他孩童在御园中从事各种活动的有趣画面。此外，它也反映了乾隆皇帝对于子孙兴旺的愿景。

如前所述，其他的三幅画，都曾在引用《岁朝图》中某些主要的人物图式时，有所增减且作了调整。笔者认为这些调整具有相当重要的意义，因为它们不但符合某些事实的发展，而且反映了乾隆皇帝内心情感的变化。在那三幅图中，乾隆皇帝的造形和衣冠虽与《岁朝图》中所见类似，没有多大变更，但是他怀中已无幼儿，而且，他的目光也不再垂视或看着任何一个孩童。相反地，他的脸和身体的方向转向观者，而且脸部表情冷漠，似乎对于周遭孩童的活动无动于衷。而更有趣的，是那三个皇子在后来三幅图中的表现方式（图4.7：2D、2B；图4.8：3D、3B；图4.9：4D）。他们的形象出现了三个明显的变化：其一是他们都不再戴着和乾隆皇帝相同的金束冠，而改成与其他孩童一般的巾髻；其二是永琏拿在手中的链印不见了；其三是他们三人的形象，在后来的三幅图中有如连续剧的发展一般，身高开始增加，在位置上也渐渐离开了父亲。这些有趣的表现，令人觉得图像似乎有了生命，正依时间的进展而逐渐变化。以下，笔者将检视这些不同图中的主要图像是如何改变的，这些改变到底合乎多少事实，以及它们呈现了何种意义。

如前所见，在《岁朝图》中，皇三子永璋还坐在父亲怀中，而长子永璜和次子永琏都站在父亲身边，二人高矮差别不大，身高仅及父亲坐姿的肩部。他们的图像，正好与当时他们的年岁（分别为二岁、七岁、九岁）相符。而在《雪景行乐图》中，三子永璋已经长大了些，且远离父亲，跑到了廊前，蹲在雪狮旁，看

着两个较大的孩童堆雪球（图4.7：2B、2I、2J）。据嘉庆十九年（1814）进士吴振棫（1790—1870）在《养吉斋丛录》中所记，当时宫中"冬日得雪，每于养心殿庭中堆成狮象，志喜兆丰，常邀宸咏"。[16] 由此也可推知，这种娱乐之习必也流行于乾隆时期（1736—1795）。也就是说，宫中得雪后，堆雪狮象，既为玩赏，又兆祥瑞，乃当时风气。由此可见，此画中的活动，也反映了当时生活的部分事实。

而在《雪景行乐图》中的永璜和永琏，虽然姿势不变地仍然站在父亲右手边，但二人忽然长高了许多：永琏高及父亲坐姿的脸部，而永璜甚至高过后者的头部。如依此图纪年为乾隆三年（1738）十二月，那么，那时永璜应该是十一岁，永琏九岁，而永璋四岁。在此图中，他们三人的造形正好符合当时他们实际的年龄。可是，奇怪的是，这三人在此图中的发型是头顶上结髻戴巾，异于《岁朝图》中戴金束冠、饰红缨的那种打扮。这又是为何？这种造形上的调整，可能反映了一件令乾隆皇帝十分伤痛的事，那便是皇二子永琏的逝世。

依据史料中所记，乾隆三年（1738）十月二日，皇二子永琏不幸去世，追赠"端慧皇太子"。那正是本幅《雪景行乐图》完成的二个月之前。痛失挚爱的儿子，乾隆皇帝极为伤心。他的立嫡计划也一时落空，心中暂无替代人选。或许由于他对永琏感情太深，无法忘怀，因此在此图中，他并未命令画家将永琏的形象消除，而只不过在他的图像细节上稍作调整，以表示这个孩童已非皇储的特殊身份而已。因此，在图中，虽然永琏仍然穿着紫袍，左手持戟，与长兄一同侍立在父亲的身侧，但他的右手已改为下垂状，而非如《岁朝图》中所见那般，拿着一个"具有吊链的方形印"。同时，原来所见他与其他两个皇子头上戴的金束冠，在此也改为巾髻。既然在此画中的永琏已是一个纪念性的人物，而且已非皇储的身份，因此，他的造形自然也就和其他孩童一般打扮。

至于乾隆皇帝的图像，在本图中也有了明显的改变：虽然他的衣冠和造形与前图差不多，但在此，他怀中已不再抱着幼儿，手中改拿如意，脸上原有的那种温慈关切的表情，已转为冷漠，似乎别有心思；而他的坐姿，也改为侧坐，面向观者，似乎对周围和院中孩童的活动无动于衷。这种图像上的改变，反映了乾隆皇帝在丧

第四章　从四幅"岁朝图"的表现问题谈到乾隆皇帝的亲子关系

失嫡子之后心情的低沉与空落，以及他与诸子和孩童之间保持了相当明显的心理距离，并显示了他不易亲近的权威感。纵然如此，他在伤心之余，仍持续抱持着对自己多子多孙的愿景。因此，在本图中，孩童人数较前幅增加了两个，他们正在庭院前堆着象征吉祥的雪狮子玩耍。

类似调整图像的情形，也出现在《岁朝行乐图》中。如前所述，此图可能作成于乾隆十一年（1746）。此图中的基本人物图像，与《雪景行乐图》的不同之处在于两方面：一方面是永璜和永琏似乎在八年中随着岁月的流逝而长高了不少，永璜长得比永琏高出许多，而且两人在此图中已是青少年模样（图4.8：3D）。他们的肩部，也都高过了坐在旁边的父亲的头部。两人的这种造形，符合一部分事实：依据史料，永璜此时年应十九，而此图中的青年形象正是如此。又，虽然永琏八年前已逝世，但如果他还活着，此时也应是个十七岁的少年，画家便依此予以图像化，正如图中所见。另一方面为永璋和其他两个孩童一起玩雪狮的那组图像：在《雪景行乐图》中，它出现在庭院下方（图4.7：2B、2I），但在此图中，它却被搬到了画幅上方的后院中（图4.8：3B、3I）。而且，画家在其中又增加了许多孩童，致使前、后院的孩童人数增加到十八人。

这一点，也在相当程度上反映了一部分事实，那便是：乾隆皇帝在乾隆三年到乾隆十一年（1738—1746）这八年中，又陆续添得了三个皇子，包括皇四子永珹（1739—1777）、皇五子永琪（1741—1766）和皇六子永瑢（1743—1790）。在乾隆十一年（1746）元月时，他们分别为八岁、六岁和四岁。虽然这些新增的皇子，并没有如前二图中所见的皇长子、皇二子和皇三子一般加以特写，不过，此图后院新增的一群孩童，应包括他们在内。而那些新增的孩童，所反映的是乾隆皇帝内心里对子孙繁昌所抱持的不变的愿望。

在《元宵行乐图》中，乾隆皇帝的位置移到了画幅右方的楼台上（图4.9：4A）。他仍维持类似的坐姿，两侧也站着侍女。但特别明显的是，在前面所见的多数孩童，在此图中都不见了，只剩下永璜和永琏两人（图4.9：4D）。虽然两人仍维持一贯的组合和同样的姿势出现，但他们的位置，已不再是陪侍在父亲的身侧，而是移到了楼台的下层，二人观望着左方院中一群孩童玩赏花灯的活动。图右所见的父子三人，相隔在楼台的上、下二层，这种人物稀少、布局疏朗的局面，形成了一股冷峻又寂寞的气氛。但图左高耸的灯架与四周赏灯的人群，却又形成了一股热闹的气氛。两者因此形成了强烈的对比。值得特别注意的是，画面中孤独的皇帝与疏离的两个皇子所形成的寂寥之感，似乎反映了乾隆皇帝忧郁的心境。它与以上三幅画中所见的乾隆皇帝与群童为伴所营造出来的温馨之感，呈现了巨大的反差。这幅画并未纪年。它究竟画成于何时？为何如此表现？实在令人好奇。笔者认为这样的现象，与乾隆皇帝在乾隆十一年到乾隆十五年之间（1746—1750）所发生的家庭变故，有密切的关系。

乾隆皇帝在乾隆十一年到乾隆十五年之间（1746—1750），接二连三地遭受了他生命史上最为痛切的损失。首先是乾隆十二年（1747）十二月二十九日，他丧失了出生一年多的七子永琮。永琮生于乾隆十一年（1746）四月初一，为孝贤皇后所出。如前所述，嫡出的皇二子永琏已于乾隆三年（1738）十月逝世，使乾隆皇帝立嫡为嗣的计划首次受到打击，因此，这时再度得到嫡子，让他十分高兴，心中期望将来便立永琮为皇太子。但永琮不幸于次年年底殇亡，追封"哲亲王"，谥"悼敏"。[17] 这使一心想立嫡为嗣的乾隆皇帝，又遭受一次严重的打击。更不幸的是，三个月之后，乾隆十三年（1748）三月，他最钟爱的元配孝贤皇后也过世了。[18] 他立嫡为嗣的希望，至此完全破灭。而且第二年（1749），他新添不久的皇九子（1748—1749）也夭折了。接二连三的打击，使得乾隆皇帝几乎崩溃，性情暴躁，动辄苛责他人。皇长子永璜和皇三子永璋两人本为他所喜爱，但两人却因在服孝贤皇后之丧期间言行失当，未足表现哀思，而引发乾隆皇帝对他们严厉的指责，特别针对皇长子，明言"此人绝不可继承大统"。皇长子永璜因此病郁，卒于乾隆十五年（1750），得年二十三岁，追赠"定安亲王"。乾隆皇帝为此十分伤痛，他还特别为此三度作了挽诗加以悼念。

在《皇长子薨逝志悲》的序文和诗中，他一再伤痛地提到先后失去至爱的皇后和三个皇子的心情：

> 皇长子诞自青宫，今年甫二十有三。不幸薨逝，既追封亲王，厚饰终之

典。而父子至情,伤痛不能已已。朕先抱端慧皇太子、悼敏皇子之戚,继有中宫之哀。时命多舛,今复遘此。虽勉自抑制,其何以堪。诗以志悼。

宵旰焦劳者,那堪变故丛;灰心临素幔,泪眼向东风。

将老失长子,前年别正宫;何愆频命蹇,不敢问苍穹。[19]

在《皇长子挽词》中,他不禁自责曾对皇长子太过严厉地训责,同时也抒发了三年之中连丧三男的哀痛:

灵旐悠扬发引行,举辁人似太无情;早知今日吾丧汝,严训何须望汝成。

三年未满失三男(注文:丁卯除夕丧悼敏皇七子,已〔己〕巳六月丧皇九子,令庚午三月又丧皇长子。屈指未满三年云),况汝成丁书史耽;见说在人犹致叹,无端丛已实何堪。

书斋近隔一溪横,长杏芸窗占毕声;痛绝春风厩马去,真成今日送儿行(注文:弥留之际奏朕云:"不能送皇父矣。"朕含泪告之:"吾今反送汝耳。"言犹在耳,痛何如之)。[20]

在《皇长子定安亲王园寝酹酒》中,他在伤心之余,又记起他曾带皇长子到木兰狩猎之事:

佳城惊见此何来,千古伤心酒一杯;犹忆前年当此日,相携教射木兰回。[21]

此外,乾隆皇帝又在所作的《三多谣》诗中感叹:

四十而九子,予亦称多男;屈指两年中,忽乃亡其三。

我心非木石,怆凄情何堪;犹虑或过痛,强抑悲转含。

封人用祝尧,故非尧所忻。[22]

至此，他已失去了皇长子、皇次子和早殇的皇七子。但这似乎并未改变他对永璜和永琏两个爱子的怀念。这是为何在《元宵行乐图》中，只有他们两人的图像会再度出现的原因。只不过，他们的位置已远离父亲，站在楼台的下层。这样的表现，反映了他们两人在形体上已与父亲分属两个世界的事实，以及乾隆皇帝对他们持续思念的心情。简单地说，本幅内容所呈现的，应是乾隆皇帝心中对于已逝的皇长子永璜和皇二子永琏的怀念；此外，当然还有他对子孙繁茂的期望。根据这个观察，笔者推测这幅作品应作于永璜逝世的乾隆十五年（1750）之后；而其下限，则应在乾隆二十年（1755）《万树园赐宴图》（图 4.10）之前，理由已如前述。

四、乾隆皇帝与诸皇子间的亲子关系

以上四幅作品中所见的乾隆皇帝，是一个慈爱但也严峻的父亲。他的感情是内敛的，与诸子之间也保持着相当的距离：他心中持久的愿望，是子孙繁昌，以强茂的家族维持不坠的祖宗帝业。而在现实中，他更是如此地努力。如前所述，乾隆皇帝曾有配偶四十一人，共生皇子十七人，皇女十人。[23] 皇子当中，最长者皇长子永璜，生于雍正六年（1728），最小的皇十七子永璘，生于乾隆三十一年（1766），二者相差三十八岁。十七子中，早殇七人；存活者十人，包括皇长子永璜、皇三子永璋、皇四子永珹、皇五子永琪、皇六子永瑢、皇八子永璇（1746—1832）、皇十一子永瑆、皇十二子永璂、皇十五子永（颙）琰和皇十七子永璘。其中，皇六子永瑢，先于乾隆二十四年（1759）十六岁时，出继为慎郡王允禧（1711—1758）之孙。后来，皇四子永珹，也在乾隆二十八年（1763）二十四岁时，出继为履亲王允祹（1685—1763）之孙。虽则如此，但除了袭有爵位之外，他们两人仍和其他皇子一般，一同接受皇子教育和生活规范。[24] 乾隆皇帝是一个严父，他对皇子的教育相当严格，对他们的日常生活规范也很多。他如何教育他的皇子？如何规范他们的生活与行为？他又如何在诸皇子中选择他的继承人？这些都是有趣的问题，而且可以从许多相关的史料中窥见端倪。以下，我们依序来探讨这些问题，以了解乾隆皇帝与诸皇子之间的互动情形。

1. 乾隆皇帝对诸皇子的教育

清朝入关之后，诸帝自觉本身为新兴的少数民族，要统治广大帝国中的多元民族，特别是历史文化久远、人数众多的汉人地区，必须依靠贤能君主的领导，才能有效治理。清初诸帝强烈意识到，君主必须具有广博的知识与深厚的文化素养，因此他们特别注意读书。这种观念与事实，正好反映在存世许多表现康熙、雍正和乾隆皇帝的"读书图"和"写字图"中。同时，他们又意识到要培养贤君之根本，乃在于皇子时期的教育。因此，清初诸帝自顺治皇帝开始，对于皇子的教育便十分重视。依一般情况而言，皇子六岁起，便与近支宗室和王公的及龄儿童一起上学。从雍正时期（1722—1735）开始授课，地点设在乾清门东楹的上书房，以便居处在附近的乾清宫和养心殿的皇帝随时就近监督。乾隆时期（1736—1795），又在西苑、圆明园和避暑山庄等处，也设上书房，使皇子随父皇驻跸各处时，仍可读书不辍。乾隆皇帝更特别延聘名师硕儒及武艺高强的师傅，传授皇子满、汉典籍和骑射武艺，期望训练他们成为文武兼备之人。[25] 当时在军机处任职的赵翼（1727—1814），在他的《檐曝杂记》中有一则《皇子读书》，以十分感佩的态度，记载了皇子读书精勤、终日习文练武的情形；同时，他又感慨地将这种情况，与明代皇子教育的松散作了对比：

> 本朝家法之严，即皇子读书一事，已迥绝千古。余内直时，届早班之期，率以五鼓入。时部院百官未有至者，惟内府苏喇数人（注文：谓闲散白身人在内府供役者）往来黑暗中。残睡未醒，时复倚柱假寐。然已隐隐望见有白纱灯一点，入隆宗门，则皇子进书房也。吾辈穷措大，专恃读书为衣食者，尚不能早起，而天家金玉之体，乃日日如是。既入书房作诗文，每日皆有程课。未刻毕，则又有满洲师傅教国书，习国语及骑射等事，薄暮始休。然则文学安得不深，武事安得不娴熟？宜乎皇子孙不惟诗文书画无一不擅其妙，而上下千古、成败理乱，已了然于胸中。以之临政，复何事不办？！因忆昔人所谓生于深宫之中，

长于阿保之手，如前朝宫廷间，逸惰尤甚。皇子十余岁，始请出阁，不过官僚训讲片刻，其余皆妇寺与居，复安望其明道理，烛事机哉？然则我朝谕教之法，岂惟历代所无，及三代以上，亦所不及矣。[26]

简要地说，皇子们每天寅时（早上三点到五点）准备上学，卯时（五点到七点）师傅开始授课。他们的课程，大致上是早上拉弓、射箭；之后学清书、满语、蒙语，其余时间学汉课（以儒家经典、四书、五经为主）；午餐后写字、念古文、念诗或作书画；年龄稍长者，日减去写字，而加看《资治通鉴》，且学作诗、论和赋；但不作八股时文。读书之暇，或讲书，或讨论掌故。[27]

基本上，皇子们几乎全年无休地学习，全天放假日极少，只有皇帝万寿节当天及前一日、元旦、端午、中秋及本人生日等六天左右。上半天课的时间，夏天与冬天不同。夏天的两个月，从初伏（夏至，六月二十三日之后）到处暑（立秋，八月二十三日）为止。冬天则只有四天：从封印日（除夕）当天到来年开印日（正月初三）为止，[28]就连元宵节也没放假。比如：乾隆四年（1739），皇家依例在圆明园过元宵节，当天，乾隆皇帝发现他年幼的六弟果亲王弘瞻（1733—1765）与皇长子永璜两人晚上不在书房读书，而在山高水长处看烟火，便因此训饬了他们一顿。[29]

皇子年纪稍大后，仍得继续学习，纵使偶然奉命办差，事毕也要回到书房，接续一天的功课，否则便会受到严厉的谴责。比如乾隆三十五年（1770），皇四子永珹便曾因此受责。乾隆皇帝训饬他："祀神行礼原在清晨，祀毕仍可照常进内。乃四阿哥借此为名，一日不进书房，殊属非是。"[30]

乾隆皇帝对他们的学习情形十分重视，一发现师傅和学生怠惰，便严加训饬和惩罚。曾为此而受到惩处的师傅，包括刘墉（1720—1804）等十四人，其中轻者降职，重者革退。《国朝宫史》中，登载了乾隆五十四年（1789）三月初七与初八两则关于这方面的训谕：

乾隆五十四年三月初七日奉谕旨。

第四章 从四幅"岁朝图"的表现问题谈到乾隆皇帝的亲子关系

> 朕阅内左门登载尚书房阿哥等师傅入直门单。自三十日至初六日，所有皇子皇孙之师傅竟全行未到。殊出情理之外。因召见皇十七子同军机大臣并刘墉等面加询问。如系阿哥等不到书房，以致师傅各自散去，则其咎在阿哥，自当加惩责。今据皇十七子奏称："阿哥等每日俱到书房。师傅们往往有不到者。曾经阿哥们面嘱其入直。伊等连日仍未进内"等语。皇子等年齿俱长，学问已成，或可无须按日督课。至皇孙、皇曾孙、皇元孙等，正在年幼勤学之时，岂可稍有间断？师傅等俱由朕特派之人，自应各矢勤慎。即或本衙门有应办之事，亦当以书房为重。况现在师傅内，多系阁学、翰林，事务清简，并无不能兼顾者，何得旷职误功，懈弛若此？皇子为皇孙辈之父叔行，与师傅等胥有主宾之谊。师傅等如此怠玩，不能训其子侄，皇子等即当正词劝谕。如劝之不听，亦应奏闻。乃竟听伊等任意旷职。皇子等亦不能无咎。至书房设有总师傅，并不专司训课，其责专在稽查，与总谙达之与众谙达等无异。师傅内有怠惰不到者，总师傅自应随时纠劾，方为无忝厥职。今该师傅等，竟相率不到至七日之久，无一人入书房，其过甚大。而总师傅复置若罔闻。又安用伊等为耶？此而不加严惩，刨又复何以示儆。……俱着交部严加议处。[31]

另外又有一则：

> 三月初八日奉谕旨。
>
> 昨因尚书房阿哥等师傅，自二月三十至本月初六，七日之久，无一人入书房，殊出情理之外。已降旨将总师傅嵇璜、王杰交部议处，刘墉与胡高望等，交部严加议处矣。……刘墉着降为侍郎衔，仍在总师傅上行走，不必复兼南书房，以观其能愧悔奋勉否。……嵇璜年力衰迈，王杰兼军机处、南书房行走，既不能随时查察，即不必复兼此虚名总师傅之职。着改派阿桂、李绥为总师傅，以专责成。……着总师傅等，另选人品端方、学问优长之员，带领引见，候朕简派。……刘墉着降为编修，革职留任，不必复在尚书房行走，着在武英殿修书处效力赎罪。其余各师傅等，统俟部议上时，再降谕旨。[32]

于是次年（乾隆五十五年，1790），乾隆皇帝便特别吩咐为皇子选择师傅时，应着重在他们的笃实，更甚于机敏，他说：

> ……因思尚书房翰林入教皇子、皇孙等读书，准须立品端醇，借资辅导，原不同应举求名者，仅在文艺辞章之末。况皇子及皇孙年长者，学业已成。其年幼之皇孙、皇曾孙、元孙等，甫经就傅，不过章句诵读之功，尚属易于启迪。选择师傅，只以品行为先。与其徒借词藻见长，华而不实，转不若朴诚循谨之人，尚可资其坐镇。[33]

乾隆皇帝对于皇子的学习导向，有偏骑射而轻文艺的主张。虽然他自己喜爱汉文化，尤其是诗文书画，可是他却训诫皇子们千万不能沉迷于其中，而应注重满洲传统的"国语骑射"，并且为此而几度严正地训诫他们。事见乾隆三十一年（1766）五月十三日，他对诸皇子的训谕：

> 五月十三日。
> 上于乾清宫召见大学士军机大臣，谕曰：
> 朕昨见十五阿哥所执扇头有题画诗句，文理字画尚觉可观。询之知出十一阿哥之手。幼龄所学如此，自属可教。但落款作"兄镜泉"三字，则非皇子所宜。此盖师傅辈书生习气，以别号为美称，妄与取字，而不知其鄙俗可憎。且于蒙养之道甚有关系。皇子读书，惟当讲求大义，期有裨于立身行己。至于寻章摘句，已为末务，矧以虚名相尚耶？……我国家世敦淳朴之风，所重在乎习国书、学骑射。凡我子孙，自当恪守前型，崇尚本务，以冀垂贻悠久。至于饰号美观，何裨实济？岂可效书愚陋习，流于虚谩而不加察乎？设使不知省改，相习成风，其流弊必至令羽林侍卫等官，咸以脱剑学书为风雅，相率而入于无用。甚且改易衣冠，变更旧俗，所关于国运人心，良非浅鲜，不可不知儆惕。……阿哥等诞育皇家，资性原非常人可及。其于读书颖悟，自易见功。至若骑射行围等事，则非身习劳苦，不能精熟。人情好逸恶劳，往往趋于所便。

若不深自提策，必致习为文弱而不能振作。久之将祖宗成宪，亦罔识遵循，其
患且无所底止，岂可不豫防其渐耶？阿哥等此时即擅辞章，工书法，不过儒生
一艺之长，朕初不以为喜。若能熟谙国语，娴习弓马，乃国家创垂令绪，朕所
嘉尚实在此而不在彼。总师傅等须董率众师傅，教以正道。总谙达亦督令众谙
达，时刻提撕劝勉，勿使阿哥等耽于便安。着将此谕敬录一道，实贴尚书房，
俾诸皇子触目警心，咸体朕意。毋忽。[34]

为了提倡骑射，乾隆皇帝曾特别在宫中建箭亭，而且立碑强调骑射为满洲立国之本，以督促皇子皇孙不可懈怠此技。他并且从乾隆二十三年（1758）开始，便命皇子、皇孙每年随侍他到避暑山庄和赴木兰行围狩猎，以锻炼他们的骑射技术。[35]他甚至经常检验皇子、皇孙的射技，并予嘉奖鼓励，以提倡尚武精神。这种情形，一直持续到他的老年。如见于他在乾隆五十一年（1786）、乾隆五十二年（1787）、乾隆五十六年（1791）及嘉庆二年（1797）所作的四则《观射》诗注文中。[36]此外，昭梿（汲修主人，约活动于十八世纪末到十九世纪中期）的《啸亭杂录》和赵翼的《檐曝杂记》中，也有这类关于乾隆皇帝本人擅射、提倡射技和皇子擅射的记载。[37]

2. 乾隆皇帝对诸皇子的生活规范

乾隆皇帝对于皇子日常生活的规范，也相当严格。皇子的身份特殊，他们的食衣住行、奴仆侍从和各种生活的范例，都有明文的规定。[38]一般说来，这些皇子自幼便有保姆和奴仆照料。他们居住的地点，是在紫禁城内东北边的东五所，后来南迁到东南边的南三所。另外，又随侍父皇驻跸在圆明园和避暑山庄。皇子六岁及龄后，便由侍从陪伴上学，成长到十五岁左右成婚，分府后，才搬出紫禁城，由皇帝另赐宅第居住。乾隆皇帝平日对生活在身边的众皇子们的行为动态极为注意，规矩严格，比如：禁止皇子、皇孙私自请外人到宫内或园内剃头；未经禀报，不得离开圆明园，私自入城；纵使是皇子间，如未先禀报，也不得私自授受礼物；更严禁皇子、皇孙与外臣私下互赠礼物，等等。一旦发现任何违规之事，乾隆皇帝

轻则严厉地加以申饬，重则夺爵并严惩相关臣子。《国朝宫史续编》中记载了皇五子、皇八子和皇孙绵德，因犯过失而受到谴责和惩罚的例子。比如：乾隆三十一年（1766），皇五子永琪私自请民人入园为其剃头，事后被乾隆皇帝发现而遭斥责。又如乾隆三十五年（1770），皇八子永璇私出圆明园，入城未报，乾隆皇帝知道后震怒，加以重责。再如乾隆四十年（1775），皇六子永瑢收商人银子，乾隆皇帝责其不当。最严重的是乾隆四十一年（1776），长孙绵德与礼部汉司员秦雄褒交结赠礼，绵德因此被革王爵，而秦雄褒则被发配伊犁。[39]

成年的皇子，除了读书和习射等基本功课之外，也常奉命参与许多重要活动，包括随侍父皇到各处巡狩、到木兰行围、谒祖陵、代行各种祭祀、接待外藩和藏僧，以及在宴会上侍宴行酒等。乾隆皇帝便在这些日常和特别场合中，观察他们的行事作风和办事能力。那些绩效考核，便成了他择立嗣君的依凭要件之一。

3. 乾隆皇帝择立嗣君的曲折过程与决定因素

择立嗣君，是乾隆皇帝心中最为关切的议题之一。因此，他刚一即位，便仿效康熙皇帝的初衷，计划立嫡为嗣。但事与愿违，已如前述。在孝贤皇后过世之后，他的立储计划暂时搁置，直到乾隆三十八年（1773），他六十三岁之时，才在心中密立当时年仅十四岁的皇十五子永琰为储君。那年，他在冬至祭天时默祷上苍，祈求明鉴。然后，再过二十二年，到了乾隆六十年（1795），永琰三十六岁时，他才正式昭告天下，立永琰为皇太子，第二年归政于新君，自己退位为太上皇。他为何会在乾隆三十八年（1773）决心密立皇储呢？又为何选择当时年仅十四岁的皇十五子为储君呢？他自己对以上这些令人好奇的问题，都未曾解释。中野美代子则尝试加以说明。她认为这关系到《易经系辞》中"天数二十有五，地数三十，凡天地之数五十有五"的天数理论。她认为，由于乾隆皇帝本身即位时正好二十五岁，因此他对这个天数更具好感，且认为别具意义。而皇十五子永琰也正好出生在乾隆二十五年（1760），因此，他更认为这是吉兆，所以对永琰怀有一份特殊的期望。又依乾隆皇帝自己原先构想，在乾隆六十年（1795）归政时，永琰已经三十六岁，足以担任重责大任了，因此，他才会决定选择永琰为嗣君。[40]

中野美代子的这种看法十分有趣。事实上,乾隆皇帝在五十岁(乾隆二十五年,1760)之后,因受到钱陈群(1686—1774)的影响,而对《易经系辞》中"天地之数五十循环相生"的理论备感兴趣,因此在其后的诗中时常引用,并加解释。这可明见于他在八十五岁(乾隆六十年,1795)的《随笔》诗及注文和后记中的自白:

随笔

一五一十(注文:作平声,请见白居易诗)系数衍,圣人学易我轮年(注文:《论语》:"五十以学易。"朱子谓:"是时孔子年几七十矣。'五十',字误无疑。"而孙淮海《近语》则曰:"非五十之年学易,是以五十之理数学易。"大衍之数五、十,合参,与两成,五衍之成十。盖五者十,其五十者五其十。参伍错综,而易之理数在是矣。乾隆每逢五之年,予为十岁;十之年,予为五岁,虽为偶值,亦实天恩,钱陈群曾论及此,因并书志之后);六旬期满应归政(注文:今乾隆六十年,予八十五岁),仰沐天恩幸致然。

昔钱陈群于予五十寿辰,撰进诗册,序内援引系辞传第八章,而取王弼注云:"演天地之数,所赖者五十。"以予二十五岁即位,上符天数,推而演之,纪年为十,则得岁为五。得岁为十,则纪年为五。循环积迭,言数而理具其中。嘉其思巧而却向,作诗履采及之。今既纪年六十,得岁八十有五,岂非天恩所赐乎。中心蘷感,曷可名言!兹随笔有作,因广陈群之义,并识之。[41]

同样的观念,也曾见于乾隆五十五年(1790)他八十岁的《庚戌元旦》《元正太和殿赐宴纪事二律》和《山庄锡宴祝嘏各外藩即事二律》的注文中:

庚戌元旦

庚戌三阳又肇春,天恩沐得八之旬;七希曾数六诚有,三逮应知半未臻。(注文:三代后,帝王年登古希者,惟汉武帝、梁武帝、唐明皇、宋高宗、元世祖、明太祖六帝。至于年登八十者,又惟梁武帝、宋高宗、元世祖三帝。然总未五代同堂。予仰沐天恩,备邀诸福,尤深感荷。)[42]

元正太和殿赐宴纪事二律

……十五推年五十逢（注文：予于二十五岁践阼，自后纪年，逢五则为正寿。纪年遇十，春秋又恰逢五，五与十皆成数，而今岁五十五年，又值天地之数。自然会合，循环相生，未可思议。昊苍眷佑于予，若有独厚者然）。[43]

山庄锡宴祝嘏各外藩即事二律

八旬寿亦世常传，惭愧称厘内外骈；六帝中间三合古，一堂五代独蒙天。

何修而得诚惕若，所遇不期审偶然；益慎孜孜待归政，或当颐志养余年。[44]

而且，在同年（乾隆五十五年，1790）他生日（八月三日）前一天的诗中，他又重复地说："五十五年天地数，八旬八月诞生辰……"[45] 由上可见，乾隆皇帝确实从五十岁以后，便深信"五"与"十"二数循环相生的易理，崇信"天数二十五"为吉兆。这可能真的影响到他如何选择嗣君的决定，有如上述中野美代子所言：皇十五子永琰因生于乾隆二十五年（1760）这一吉数之年，所以后来被择为嗣君。

但是，笔者认为事情并不像中野美代子所说的那么单纯。因为，如果"天数二十五"是唯一的理由，那么，皇三子永璋出生时（1735），正是乾隆皇帝二十五岁，也是他登大位之年，那岂不是双重吉兆，最适合择立为嗣君的吗？但为何乾隆皇帝不如此做？又，为何他不在乾隆十三年（1748）孝贤皇后过世后，也就是他的立嫡计划彻底失败之际，甚至在乾隆十五年（1750）皇长子永璜过世后，他对立长也绝望时，就择立生于具有双重吉兆之年的永璋作为继承人呢？可知"天数二十五"并非乾隆皇帝考虑嗣君的唯一理由。

笔者在此想要从较为实际的人事方面，来解释乾隆皇帝为何会在乾隆三十八年（1773）选定皇十五子永琰为储君的原因。这其中不仅关系到他对各皇子品行与能力的评价，而且也牵涉到他对这些皇子生母好恶的情形。如前所述，乾隆皇帝即位之初，原计划立嫡为嗣，但孝贤皇后所生的皇二子永琏及皇七子永琮，不幸先后在乾隆三年（1738）和乾隆十二年（1747）过世，而孝贤皇后也于乾隆十三年（1748）去世，这使乾隆皇帝的立嫡计划彻底破灭。纵使要立长也不可能，因为皇长子永璜也于乾隆十五年（1750）三月过世了。此时，他身边还有五个皇子，包括皇三子永璋（十五岁）、皇四子永珹（十一岁）、皇五子永琪（九岁）、皇六子永瑢（七岁）和皇八子永璇（四岁）。他们都是妃子所生。由于那时乾隆皇帝只有四十岁，还属青壮之时，应会再立新后，而且心中仍未放弃立嫡之意，他或许期望在立新后之后，可生下嫡子，如此便可实现他立嫡的初衷。因此，立储君之事也就暂时搁置。

于是，乾隆十五年（1750）八月，他便奉他的生母孝圣皇太后之命，立娴皇贵妃乌拉那拉氏为新后。新后先后为他生下了二男、一女：皇十二子永璂（1752—1776）、皇五女（1753—1755）和皇十三子永璟（1755—1757）；其中，只有永璂存活，其余皆早殇。而当乾隆十七年（1752）四月二十五日永璂出生时，乾隆皇帝还特别在他当时所作的一首诗注中说："适中宫诞生皇子"[46]，记载皇子出生之事，这在他诗中不但是少有，而且是仅有的事。可知他当时为此有多高兴。更何况这个皇子是中宫皇后所生。照理来说，永璂应是嫡子，而如依照他原来的立嫡计划，则永璂应是储君人选。不过，可能由于永璂才干平庸，不得他的欢心。而更不幸的是，乾隆三十年（1765），当他第四度南巡时，在杭州与新后乌拉那拉氏发生冲突。新后个性刚烈，持剪断发。断发为满洲丧俗，新后因此犯了大忌。乾隆皇帝怒不可遏，即刻将她遣送回京，打入冷宫。次年（1766）七月，新后凄凉而死。乾隆皇帝余怒未息，不仅仍旧斥责她的过失，而且只准她以皇贵妃之礼安葬。[47]这等于是在她死后，废除她的皇后头衔一般。子因母祸，永璂可能也因此而更不得宠。他不但未曾被考虑为储君人选，也未曾获得任何爵位，而且，当他在乾隆四十一年（1776）以二十五岁之龄过世时，也没得赐任何谥号。更遗憾的是，终乾隆一世，永璂从没得到乾隆皇帝任何的追赠头衔。此举反映了乾隆皇帝好恶两极化的个性，以及因恨其母而及于其子的迁怒心态。

自乾隆三十一年（1766）乌拉那拉氏逝世后，乾隆皇帝再也不立新的皇后。而他的立嫡计划，至此也完全宣告结束。于是，在诸皇子中选择最贤能、最适合为君主的继承人，便成了他唯一考虑的方面。此时，在他身边的皇子有七人，其中，皇四子永珹已在乾隆二十八年（1763）出继为履亲王允祹之孙；皇六子永瑢也于乾隆二十四年（1759）出继为和慎郡王允禧之孙；而留在身边的，只有皇八子永璇、皇十一子永瑆、皇十二子永璂、皇十五子永琰和皇十七子永璘等五人。这五个皇子中，前三人都曾有令他不愉快的记录。

正如前引的一些训谕中所见：皇八子曾因未经禀报，就私自离开圆明园入城，因而受责。皇十一子擅于书画，自号"镜泉"，太偏好汉人习气，在他心中已有不良印象。皇十二子虽无不良记录，但因是乌拉那拉氏所生之故，也不得他的欢心。于是剩下的人选，就只有皇十五子永琰和皇十七子永璘了。他们两人都是乾隆皇帝极为钟爱的令妃魏佳氏所生。令妃在乾隆十年（1745）入宫时，年仅十九，年轻貌美，极得欢心，短期内便封嫔晋妃，成为新宠。乾隆三十年（1765），当乌拉那拉氏犯上、被打入冷宫后，她便马上被册立为皇贵妃，统摄六宫之事。后来，令妃虽未被立为皇后，但在名实上都是乾隆皇帝最宠爱也是后宫中权位最高的女子，自然她所生的皇十五子和皇十七子也会受到皇帝较多的关注了。而且，更重要的是，皇十五子永琰行为端正，不曾犯下任何乾隆皇帝不能接受的过失，因此自然地成为嗣君的首要人选。不过，乾隆皇帝只是将此意密藏心中，而未明示。他一直在暗中继续观察永琰的言行。一直到乾隆三十八年（1773）的冬天，他才将想立永琰为嗣君的心意默祷上苍。同时他祈求上苍，如果所立非宜，请天示罚。可是，为何要等到这一年，他才决定向上天禀告嗣君人选呢？笔者认为，这与乾隆皇帝受他的同年异母弟和亲王弘昼（1711—1770）及其继承人永璧（?—1772）在三年之间先后去世的刺激有关。

和亲王为纯懿皇贵妃耿佳氏（1689—1784）所出，生于康熙五十年（1711）十二月，与乾隆皇帝同年而小四个月。兄弟两人从小便十分契合。在乾隆皇帝的《乐善堂全集》和《御制诗集》中，便有多首诗记他与和亲王一同读书和优游等活动。乾隆三十五年（1770），和亲王逝世，享年六十。那时，年也六十的乾隆皇帝亲往酹酒，并作诗志哀："一朝丧弟兼贤辅，自顾何心庆六旬"，[48] 可知他因伤痛和亲王的逝世，连庆祝自己的六十大寿也无心绪了。同年兄弟的逝世，对他的打击必然相当大。何况更令他伤怀的是，和亲王逝世之后，爵位由他的儿子永璧承袭，但哪知两年后，永璧也忽然去世。[49] 亲兄弟和其子两人相继亡故，必然引发了乾隆皇帝对生命无常的感慨和深刻的危机意识。他可能也因此而感到择立嗣君的迫切性。而他更不会忘记,自己在刚即位时便向上天默祷:如他能在位六十年,届时必当归政给嗣君。而今嗣君未定,使他不安。于是他便在乾隆三十八年(1773)冬至祭天时,向天默祷想立永琰为嗣君的心意,同时祈求上天,如果他所择不当,也请苍天惩罚警诫。[50]

纵使立储人选密定之后,乾隆皇帝在表面上仍然一直不动声色,对诸皇子态度依旧。而对永琰也无任何特殊待遇,只在第二年(乾隆三十九年,1774)永琰十五岁时,替他娶妻完婚。此事在他一首《西直门外》的诗注中曾提到。[51] 又次年(1775),永琰生母令皇贵妃逝世,乾隆皇帝曾作《令懿皇贵妃挽诗》哀悼。[52] 然而,直到此时,所有的皇子,除了出继的皇四子永珹和皇六子永瑢袭有爵位外,其余诸子仍然无一受封。乾隆皇帝在表面上如此莫测高深,对诸皇子一视同仁的做法,维持了二十二年,一直到乾隆六十年(1795)。

在长达二十二年中,他如此不动声色、莫测高深的原因,主要是遵守康熙皇帝以来密立皇储的传统;同时也是为了持续在暗中观察永琰的言行、举止与才干,是否适任为一国之君。但另一方面,其实是在这期间,乾隆皇帝受到孝圣皇太后的影响,曾为自己是否履行当初所立的"在位六十年便退位"的誓言动摇过。主要是,原来有一次,他偶将此誓言之事禀告孝圣皇太后。后者表示,只要他能一直善尽职责,届时并不一定非要归政不可。于是,他又向上天默祷:如果上天同意其母之言,则请使其母能享百岁之福,以为明证。可是此愿未果,皇太后终于在乾隆四十二年(1777)正月过世,享年八十六。由于如此,乾隆皇帝便也决定谨守誓言,定于乾隆六十年(1795)归政。他自己也不隐讳此事的经过,事见于他所写的《新正雍和宫瞻礼示诸皇子》一诗及注文中。[53] 于是,此后事情渐渐明朗化。

在孝圣皇太后过世之后两年(乾隆四十四年,1779),乾隆皇帝六十九岁时,才开始选择性地封他的皇子爵位。第一次只封了皇八子永璇为仪郡王(时年已三十五岁),而其他皇子仍无爵位。再过十年,到了乾隆五十四年(1789),他七十九岁时,才第二次封其他的皇子们以不同的爵位:皇十一子永瑆为成亲王(时年已三十三岁),皇十五子永琰为嘉亲王(时年二十九岁),最小的皇十七子永璘为贝勒(时年二十三岁)。依爵位高低来看,成亲王永瑆和嘉亲王永琰显然较受宠爱,也较有希望成为嗣君。但乾隆皇帝还是密不宣布他在这二人之中,究竟属意何人。直到六年之后,也就是乾隆六十年(1795)九月初三日(当年他即位之日),当他在位整整满一甲子之时,他才正式宣布四件事:(1)立嘉亲王永(改为颙)琰为皇太子;(2)明年乾隆纪元周甲(1796)后,他将归政,由嗣君接任,改元嘉庆元年;(3)届时,他将退居太上皇之位,但仍将继续训政;(4)同时追谥永(颙)琰生母令皇贵妃为孝仪皇后,其神主升祔太庙。[54] 虽然,表面上乾隆皇帝让位,

图 4.14 清人《嘉庆皇帝朝服像》约 1796 绢本设色 轴 271×141 公分 北京 故宫博物院

由嗣皇帝(图 4.14)接任,年号"嘉庆"颁行天下,但实际上,在往后的四年里,身为太上皇的乾隆皇帝并未依计划搬到宁寿宫去住,而仍住在养心殿。宫中纪年也仍持续用"乾隆"六十一年,直到乾隆六十四年(1799)一月他逝世为止。这期间,显然他仍大权在握。三十六岁的嗣皇帝,除了正式以皇帝身份履行各种祭典外,国政和日常生活方面,依然事事以奉太上皇为尊;每年驻跸热河,他也都随侍在侧。[55] 不论是在实际事务上还是在心理上,身为太上皇的乾隆皇帝仍为一家之主和一国之君。

嘉庆二年(1797)十一月二十一日的夜晚,乾清宫因守监者火烛不慎而引起大火,危及交泰殿,幸而风势逆转而止。为此,太

上皇作《悔过六韵》。在其中，他深切自责，并向上天忏悔，表示自己可能因处处幸蒙天庥而过于自满，所以上天以此示警。不过，由于他仍事事过问国政，因此如有任何过失，责任应在他，而非嗣皇帝之过。[56] 这充分表现出一个专制的父亲肯于负责的一面。

由以上诸事，可见乾隆皇帝是一个十分严格而负责的父亲。他对诸皇子的爱，是理性甚于感性，讲求实效功能胜于亲密慈睦，君臣之义高过于父子亲情。因此，他与诸皇子之间，始终保持着相当的距离。这应是他从一开始，便有意以这样的模式来建构他与皇子之间的互动。有趣的是，这样的亲子关系，也反映到前述的几幅画中。除了在《岁朝图》（彩图8；图4.1、4.5）中，他眼光垂视着怀中的朱衣幼儿，呈现出以身体和目光与怀中的孩子互动的慈爱姿态之外，在其他的三幅画中，他都独自侧坐，面向观者，目光垂视，表情冷漠，与所有的孩童都无互动。而且，更明显的是，在《元宵行乐图》（图4.4、4.9）中，他的位置甚至还在楼台的上层，这使他和其他孩童的距离更为遥远。事实上，他一直以超然的皇权凌驾在任何私情之上，正如他在处罚专宠的惇妃（汪氏）因杖殴婢女致死的训谕中所说的："朕临御四十三年以来，从不肯有溺爱徇情之事。尔诸皇子及众大臣皆所深知。"[57]

总之，乾隆皇帝在亲子关系上，最真正的关切点是功能性与实效性，也就是多子多孙，绵延祖胤，百代永昌，以使其帝王世系永续不绝，因此，每当皇子殇亡时，他便十分伤心。这在以上四幅"岁朝图"中可以看得很清楚，特别是在《元宵行乐图》中，更明显地反映出这种期待与伤怀。

这样的想法，也一再地反映在他的许多诗作中，特别是他年纪愈老，感念也愈明显。比如他在乾隆四十九年（1784）自己年已七十四岁时，环视四周，一生曾有的十七个皇子，只剩下了五个，早年的配偶也都早逝，因此他感到寂寞哀伤，而在《古希词》中说道：

古希天子古希词，幻以为欣幻以悲；十七男惟剩斯五，好逑配早赋其离。[58]

在这种心情下,他寄望到孙辈身上之情,也就更殷切了。乾隆四十九年(1784),他在第六度南巡途中,官报他获得五代元孙(载锡,1784—1821)时,曾令他兴奋万分,因而特别作诗志喜。[59]事实上,他长期以来对孙辈的教育便极留心,从小便带他们到南苑或避暑山庄及木兰行围,见习骑射,并且还常测试皇子、皇孙的射技,目的是强调满洲骑射的传统。而如射技高的,他便加以奖赏;但如不理想时,他便十分不悦。这在他的多首《观射》诗中都可看到。[60]

在家庭方面,他最大的满足,便是当乾隆六十年(1795)他八十五岁时,亲享五代同堂,他因此高兴地作了《五福五代堂识望》。[61]在文中,他为自己能享此洪福而十分自得。他甚至进一步去查遍史书,找出在中国历史上曾享寿八十以上,又享五代同堂之福的古代君主六人,经与他们一一比较,发现自己在福、寿两全方面都比他们优越,因而沾沾自喜,他一而再,再而三地宣说这件事,比如,他在乾隆五十五年(1790)八十岁时所写的《山庄锡宴祝嘏各外藩即事二律》一诗的注文中说:

> 自汉以来,帝王登古稀者,惟汉武帝、梁武帝、唐明皇、宋高宗、元世祖、明太祖六帝,其中惟梁武帝、宋高宗、元世祖年登八十。而三帝之中,惟元世祖可称贤主。然亦未能如予之五代一堂。详见八征耄念之宝记。[62]

为此,他又刻"五福五代堂古稀天子宝",加盖在他所珍爱的一些藏品上。正如此处所见《岁朝图》(彩图8;图4.1、4.5)和《岁朝行乐图》(图4.3、4.8)上所钤。甚且,他在嘉庆三年(乾隆六十三年,1798)所作的《戊午春帖子》中,还盼望他的元孙载锡早日生子,使他获得来孙,以享六世同堂之福。[63]不过遗憾的是,他的这个愿望,在他生前并没有实现。更遗憾的是,他所衷心期望的百代帝业,在他之后竟如江河日下,百年之后(1911)终至灭亡。

结 语

综合以上所论,得知这四幅"岁朝图",是在乾隆时期(1736—1795),由重要的宫廷画家,包括唐岱、郎世宁、陈枚、孙祜、沈源、周鲲和丁观鹏等人,分别在乾隆元年(1736)、乾隆三年(1738)、乾隆十一年(1746)和乾隆十五年到乾隆二十年(1750—1755)之间合作完成的。它们所反映的,是在那期间乾隆皇帝立嫡为嗣的喜悦与失望;同时更反映了他内心对多子多孙永远的期盼。这样的心情,也时常出现在他此期和其后所作的御制诗文及训谕中,因此可以说,择立贤能的嗣君,并使子孙繁盛,一直是他最关注的议题之一。他在长久的思考与观察后,终于择立皇十五子为嗣君;而到乾隆六十年(1795),当他八十五岁之时,又因得享五代同堂,而作《五福五代堂识望》,并刻"五福五代堂古稀天子宝",可谓志得意满。

附记:本文原发表于"乾隆宫廷艺术"学术研讨会(台北:台湾大学,2009年6月18日),后刊载于《台湾大学美术史研究集刊》,28期(2010年3月),123—184页。

第五章

乾隆皇帝与《快雪时晴帖》

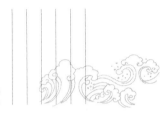

王羲之快雪時晴帖

上上真蹟
內府寶藏

第五章　乾隆皇帝与《快雪时晴帖》

2008年秋冬之际，台北故宫博物院举办了院中珍藏的"晋唐名迹特展"，殊为胜事。其中，王羲之的《快雪时晴帖》首次全册依序展列，使观者得以纵览其整幅及历代各家之题跋和印章，特别有助于了解此帖之收藏及流传经过。

王羲之《快雪时晴帖》（图5.1），本幅纸本，行书三行，共二十四字："羲之顿首，快雪时晴，佳想安善，未果为结，力不次。王羲之顿首。"幅后另行有"山阴张侯"四字，左下角有"君倩"二字，二者皆未详何人。此帖经学者研究，大多认定是唐代的双钩廓填摹本。[1]虽则如此，但由于它真实地保存了原迹的面貌，可谓只下真迹一等，因此其宝贵可知。

此帖从南宋（1127—1279）以来，由收藏印和题跋资料可知其流传有绪，这一点林雅杰和郭果六已在他们的文章中说明，在此不再重复。[2]就册中所见，元

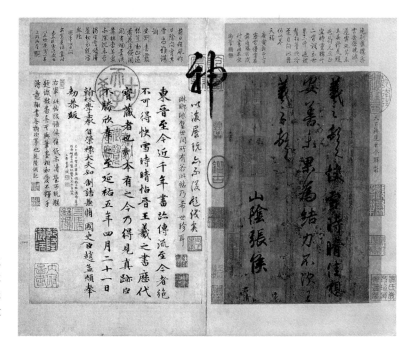

图5.1　东晋　王羲之《快雪时晴帖》纸本墨书　册页　23×14.8公分　台北　故宫博物院

(1260—1368)、明(1368—1644)以来的题跋者之中,最著名的包括赵孟頫、刘赓(1248—1328)、王穉登(1535—1612)和文震亨(1585—1645)等人(共作十二则题记);入清以来,则清高宗乾隆皇帝的重要性,又凌驾于上述诸人之上。他不但将此册重裱,且加上御画二幅和多达七十四则题识(其中七十一则为亲笔;三则为董诰代书)。这些题识书写的纪年,涵盖五十多年:从乾隆十年(1745)之前开始,到乾隆六十年(1795)他退位之后。期间少有间断,除了乾隆十三年(1748)、乾隆十六年(1751)、乾隆二十三年(1758)、乾隆三十一年(1766)和乾隆三十四年(1769)等五年未见他的题识之外,他几乎每年都在册中书写一则(或更多)题识或诗作(换言之,他平均每年在册上作1.48则题识)。而当他晚年因眼花而无法御题时,便命董诰代录御诗三则。甚至在乾隆六十年(1795)他退位身为太上皇之后,还没忘记亲自在册中加上最后一则题识。

虽然,相关文献如张照(1691—1745)和梁诗正(1697—1763)所编的《石渠宝笈初编》(1745、1747),以及台北故宫博物院编的《故宫书画录》(1965)中,都登录了这件作品,但前者对于乾隆皇帝在册中的题跋,只录他在乾隆十二年(1747)之前所作,[3]而后者对之则全都"略不录"。[4]因此,这七十四则乾隆皇帝题识的内容,便鲜为人知,更罔论其书法全貌。幸而近年来有一些坊间出版社,获得台北故宫博物院同意,曾将此帖全册依原页顺序影印刊行,读者因此可以详阅其中细节,甚为难得。[5]近年来,中外学界对清初盛世的历史和文物研究热烈,乾隆皇帝尤为其中重点。而乾隆皇帝在这册中所作的长达五十多年的编年式题识,更是了解其思想、行事、书风至为重要的原始资料。因此,笔者在本章中,将详细阅读这些题识,并结合相关史料,解释乾隆皇帝在何种时空情境下书写这些题识,以及为何某些年份中没有作题识,进而诠释这些题识的内容、思想、生活行事、鉴藏态度和书风变化等各方面的问题,期望借此研究,更具体地了解作为人君和书画鉴藏家的乾隆皇帝。简言之,本文的重点,将借由乾隆皇帝与《快雪时晴帖》的互动,来观察他的生活行事、内心思想与书风变化。在进入本议题之前,我们先看本件作品的流传情况。

第五章　乾隆皇帝与《快雪时晴帖》

一、《快雪时晴帖》的流传

王羲之所作《快雪时晴帖》在历代流传过程中，产生了许多摹本，见于唐代以降的各家著录中。现代学者林雅杰曾将这些相关著录加以整理，如唐代褚遂良（596—658）的《晋右军王羲之书目》，北宋的《宣和书谱》（约1120）、米芾（1051—1107）的《海岳题跋》《宝章待访录》《书史》《宝晋英光集》，元代周密（1232—1298）的《云烟过眼录》，明代都穆（1458—1525）的《铁网珊瑚》、詹景凤的《东图玄览》（1567）、张丑（1577—1643）的《清河书画舫》，清初卞永誉（1645—1712）的《式古堂书画汇考》（1682）、孙岳颁（1639—1705）和王原祁（1642—1715）等人所编的《佩文斋书画谱》（1708）、吴升（约1639—约1715）的《大观录》（1712）和张照及梁诗正等编的《石渠宝笈初编》，等等。[6]林雅杰根据册上钤印和题跋，述明了"本幅"进入清宫前后的流传史，且根据文献指出此帖曾在乾隆十二年（1747）产生过摹刻本，收入《三希堂法帖》的事实。他同时也简述了清代末年三希堂其他的两件名迹——王献之的《中秋帖》和王珣的《伯远帖》流落海外后，重返北京故宫博物院的经过，以及独有王羲之《快雪时晴帖》储放于台北故宫博物院的史实。[7]

笔者参较林雅杰的研究成果，检视相关史料及本册上的题跋和印记，辑列出著录所见王羲之《快雪时晴帖》在南宋之前的一些摹本与流传情形，以及台北故宫本《快雪时晴帖》从南宋以来流传的经过，略如以下所述。

（一）王羲之《快雪时晴帖》在南宋之前的摹本与流传

1. 东晋（317—420）：王羲之作《快雪时晴帖》原本。

2. 唐（618—907）：原本经魏徵（580—643）和褚遂良及其后人收藏。

（1）魏徵藏，传其子孙（故有郑公之印）→

（2）褚遂良之孙（故有"褚"半印）[8]→

3. 北宋（960—1127）：除原本外，又产生三四件摹本，分别在苏易简（957—995）、米芾、王诜（1037—约1093）及刘泾（约1043—约1110）等人的收藏中；

其中一本后来进入宣和内府。

（1）苏易简收藏原本（甲本）。当时又曾另作两个摹本（乙、丙本），共成甲、乙、丙三本，分予其三子收藏。

a. 其中，可能是原作的甲本，传苏舜钦（易简孙，字子美，1008—1048）→苏激（舜钦子）（上有苏子美跋及国老押署）→米芾。米芾在宋哲宗绍圣三年（丙子，1046；米误作丙申）时，曾将之示翰林学士蔡公（故上钤有翰林印）。

b. 后来，王诜曾向米芾借观此本。王诜剪去该卷后的子美跋及国老押署，将它们移接到他自己（或别人）新作的另一个摹本（丁本）上，然后将原迹（甲本）还给米芾。米芾在绍圣四年（丁丑，1097；米误作丁酉）作一长跋，记载了以上的事实。[9] 具有米芾跋的甲本，或于后来进入宣和内府，但跋文皆被裁去。米芾之跋文后来独自流传，到明时入韩太仆（存良）家。[10]

（2）刘泾（巨济）易得一本，上无"褚"印（是否为苏家摹本之一的乙、丙本，或王诜所摹的丁本，不得知）。[11]

据米芾以上所记，可知在北宋时，此帖至少已有四本以上，即苏家的甲、乙、丙三本，和王诜时所摹的丁本。其中一本（可能是米芾所藏，且附有自跋的甲本）进入了宣和内府（王穉登跋中言），《宣和书谱》录之。由于现有的台北故宫本中并未见任何的宣和藏印，因此可知当时进入宣和内府的那一本，与今藏台北的故宫本没有关系。

（二）《快雪时晴帖》从南宋以来的流传

由于台北故宫本《快雪时晴帖》上载有南宋以来各代的印记和题跋资料，因此可以得知它从南宋以来的流传情况，有如以下所列：

1. 南宋（1127—1279）：高宗（1107—1187；1127—1162年在位）（"绍兴""永兴军节度使之印""希世藏"等印……）→

2. 金（1115—1234）：金章宗（1168年生；1189—1208年在位）（"明昌御览"印）→南宋：贾似道（？—1275）（"秋壑珍玩"印）→

3. 元（1260—1368）：

（1）张德谦→

（2）张宴（"张氏珍玩""北燕张氏宝藏"印）……→

（3）元内府（刘赓、赵孟頫、护都沓儿等人所作三跋）（延祐五年，1318）[12]→

4. 明（1368—1644）：

（1）朱希孝（1518—1574）→

（2）王穉登（1535—1612）：①重装（万历甲辰，1604）；②题签："快雪时晴帖，晋右将军会稽内史王羲之真迹"（附今册内"本幅"前）；③作跋（己酉，1609）；④借汪道会观（己酉，1609）→

（3）吴廷（约活动于十六世纪后半叶至十七世纪前半叶）（"吴廷"印）→

（4）刘承禧（延伯，题："天下法书第一，吾家法书第一"）→

（5）重归吴廷（余清斋主人跋）：⑤文震亨（1585—1645）跋→

5. 清（1644—1911）：

（1）冯铨（1595—1672）（"冯铨之印""冯氏鹿庵珍藏图籍印"印）；[13]→冯源济（铨之子）（"冯源济"印）；冯源济于康熙十八年（1679）进献御览→

（2）清圣祖康熙皇帝（"懋勤殿鉴定章"印）→乾隆皇帝（①重装成册；②钤诸御宝；③加上御画二幅；④御题七十四则；⑤张照书签；⑥梁诗正题识；⑦张若霭画雪梅）[14]→清仁宗嘉庆皇帝（"嘉庆御览之宝"印）→宣统皇帝（爱新觉罗·溥仪，1906—1967）（"宣统御览之宝"印）→

6. 台北故宫博物院：

今将此册进入清宫之前原有的"本幅"和题跋次序，和乾隆皇帝后来添上的御画、题识以及词臣书画的位置现状分别加以标示，列表如表5.1，以见其进宫前、后样貌的变化。如表所示，总计王羲之《快雪时晴帖》在"本幅"之外，有元人跋三则；明人跋记六则；清人画三幅，包括乾隆皇帝御画两幅和张若霭画一幅；清人题识七十六则，包括清人书签一则，乾隆皇帝御笔题识七十一则，董诰代笔三则，及梁诗正跋一则。关于乾隆皇帝的这些题识之布列和内容等问题，郭果六已有专文《书圣法帖与帝王题识》加以讨论。[15]笔者觉得乾隆皇帝的这些题识深具史料价值，值得进一步详加探讨，因此谨将相关问题论述如下。

表 5.1　王羲之《快雪时晴帖》形制及题识现状表

页码	原册	题识现状 （○ 进宫前之状；● 御笔书画； △ 清人题识）	乾隆皇帝题识之纪年与编号 （"乾"：御笔题识，七十一则； "董代"：董诰代笔，三则）
5	封面	● 御笔题签一（约1745年前）	乾10前-1
6—7	引首	● 御笔题"神乎技矣"四字（约1746）	乾11-1
8—9	册首	● 御笔题诗五章（1746）	乾11-2
10—11	前副叶 一	● 御笔题识七则	乾11-10（四识），乾18-2，乾18-3，乾18-4，乾20，乾30，乾32-1
12—13	前副叶 二	○ 明王穉登原签（约1604） ● 御笔画云林小景（1746） ● 御笔题识五则 △ 清人书签	乾11-3，乾24-1，乾25，乾32-2，乾33
14—15	本幅 对幅	○ 元赵孟𫖯跋（1318） ● 御笔题识八则	乾10前-2，乾11-11，乾11-12，乾12-2，乾14-2，乾35-1，乾35-2，乾60后
16—17	后副叶 一	○ 元刘赓跋（约1318） ● 御笔题识七则	乾11-4，乾15-1，乾29，乾35-3，乾36，乾48，乾49
18—19	后副叶 二	○ 元护都沓儿跋（1318） ● 御笔题识六则	乾11-8，乾15-2，乾37，乾38，乾50，乾51
20—21	后副叶 三	○ 明刘承禧题 ● 御笔画羲之观鹅 ● 御笔题识八则	乾11-6，乾11-7，乾14-1，乾21，乾39，乾40，乾52，乾53
22—23	后副叶 四	○ 明王穉登跋（1609） ● 御笔题识五则	乾19，乾41，乾42，乾54，乾55
24—25	后副叶 五	○ 明王穉登跋（1609）（续） ○ 明汪道会跋（约1609） ● 御笔题识八则	乾11-9，乾12-1，乾24-2，乾24-3，乾43，乾44，乾56，乾57
26—27	后副叶 六	○ 明文震亨跋（约1610—1622间） ○ 明吴廷跋（1622） ● 御笔题识六则 △ 董诰代书（1793）一则	乾18-1，乾26，乾27，乾45-1，乾45-2，乾58-1，乾58-2（董代）
28—29	后副叶 七	○ 明王穉登重装记 ○ 明吴廷跋 ● 御笔题识七则 △ 董诰代书二则（1794—1795）	乾11-5，乾17，乾22，乾28，乾46，乾47，乾59（董代），乾60-1（董代），乾60-2

(续表)

页码	原册	题识现状 （○ 进宫前之状；● 御笔书画； △ 清人题识）	乾隆皇帝题识之纪年与编号 （"乾"：御笔题识，七十一则； "董代"：董诰代笔，三则）
30—31	后副叶 八	△ 梁诗正跋（约1746）	
32—33	后副叶 九	● 御笔"妙"字 △ 张若霭书并记（1746）	乾 11-13

二、乾隆皇帝与《快雪时晴帖》的互动

正如本册各页中所见，乾隆皇帝所写的这七十一则和董诰代书的三则题识，文体包括诗文与评记，字数从一字到数百字，长短不一。就其布列状况而言，其中的三十九则题识散布于册中各页，并未依循年代排列，次序紊乱；而其他的三十五则题识，则多依年代排列，规则整齐。笔者在仔细研究这些题识的年代、布列方式、内容与书法风格之后，得知它们共同呈现了两大阶段的变化。这两大阶段大抵可以乾隆三十年（1765）为界。而这两大阶段，各自又可进一步切分为前、后两期。换句话说，随着时间的进展，这些题识的布列方式、内容议题和书法风格等三方面，都一致地呈现了阶段性的差异，整体反映了乾隆皇帝在不同阶段中的生活行事、内在思想与健康情形，因此特别值得注意。今将乾隆皇帝在这两大阶段中所作的题识之布列方式、内容关注与书法特色，配合相关史实，互相对应，借此期望能了解作为人君和艺术鉴藏者的乾隆皇帝的生活行事和内在思想。

（一）第一阶段（乾隆十年前至乾隆二十九年，1745年前—1764）

第一阶段，从乾隆十年（乙丑，1745）之前到乾隆二十九年（甲申，1764），也就是他三十五岁到五十四岁之间的二十年。在这期间，他在册中所作的题识，共约三十八则。其中，乾隆十三年（1748）、乾隆十六年（1751）和乾隆二十三年（1758）没有题识。从布列的位置来看，这些题识多属兴之所至，随意题写，其分

布杂乱无序，并未经过整体规划。从书法上来看，则显其用心。而依内容而言，又可以乾隆十八年（1753）的冬天为界，分为前、后两期：前期多言书艺，后期则重农事。以下，我们先看这前、后两期在上述几方面所呈现的特色。

1. 前期（乾隆十年前至乾隆十八年，1745年前—1753）

前期所作，包括乾隆十年之前到乾隆十八年春所作，约二十五则题识和两幅绘画。此期的题识，位置无序，从册前题签"王羲之《快雪时晴帖》，上上真迹，内府宝藏"（乾10前-1，图5.2），到册末题张若霭画《雪梅》页上的"妙"字（乾11-13，图5.3）等，虽大都未依时间顺序排列，但由著录、多数题识的纪年和书风，可以推断他作这些题识的情形，略如以下所述。

乾隆十年（乙丑，1745），他三十五岁。

在这之前，他所书的题识应有两则，包括上述题签："王羲之《快雪时晴帖》，上上真迹，内府宝藏"等字，和他书于"本幅"（见图5.1）左上侧的"神"字（乾10前-2，图5.4）。因为这两则题识，皆见录于乾隆十年成书的《石渠宝笈初编》养心殿著录中，因此可知这二则题识书写的年代，应早于乾隆十年；而且，他在题签之前，这套册页早就重新装裱完毕了，也因此，他才能痛快地在此册中随意题写。

乾隆十一年（丙寅，1746），他三十六岁。题识共约十三则。

他从乾隆十一年的新年开始，到同年冬至后

图 5.2 清高宗书《快雪时晴帖》册题签 1745 年前

第五章　乾隆皇帝与《快雪时晴帖》

图 5.3　清高宗题《快雪时晴帖》册末张若霭画《雪梅》1745 年前

三日为止，陆陆续续在此册上题了七则题识（乾 11-2、乾 11-3、乾 11-5、乾 11-6、乾 11-9、乾 11-10、乾 11-13），作了两幅画；并且，又分别命梁诗正在册后写了一篇题识，张若霭画了一幅雪梅，董邦达在此册包袱套上画了一幅雪景。此外，有六则（乾 11-1、乾 11-4、乾 11-7、乾 11-8、乾 11-11、乾 11-12）并未纪年，不过，笔者依其书风及内容，推断它们极可能也是该年所书。

图 5.4　清高宗题《快雪时晴帖》册"本幅"左上侧　1745 年前

乾隆皇帝在此年中所作的两幅图画和十三则题识，并未依纪年时间的先后顺着页序布列。现在，我们择其大要，阅读几则重要题识，以明该年中他对此帖的态度。

（1）正月所作诗五章。

他在该年正月摹了此帖，并书诗五章，置于"册首"。诗的主要内容为：

锦囊乐毅久成烟，老子西升只廓填；独有山阴双逸士，尚携海水历桑田。
赚得兰亭萧翼能，无过玉匣伴昭陵；剩留快雪公天下，一脉而今见古朋。
（乾 11-2，图 5.5）

他在诗中说到，王羲之的《乐毅论》《老子西升经》，久已不在人间，存世的只有双钩廓填，而《兰亭序》的真迹，也随唐太宗（599 年生；626—649 年在位）之死而陪葬昭陵，因此，传世的王羲之真迹只有《快雪时晴帖》。而今，此帖在他的收藏中，他依此便得以看到古代书圣一脉单传的真面貌。由此可知，他认定《快雪时晴帖》是王羲之唯一存世的真迹。所以，他又在引首用中楷书题了"神乎技矣"四字（乾 11-1，图 5.6）。

（2）新年期间作《仿倪瓒山水》。

大约同时，他在欣赏此帖之际，不禁技痒，于是在此册的前副叶上，画了一幅《仿倪瓒山水》（图 5.7），并题：

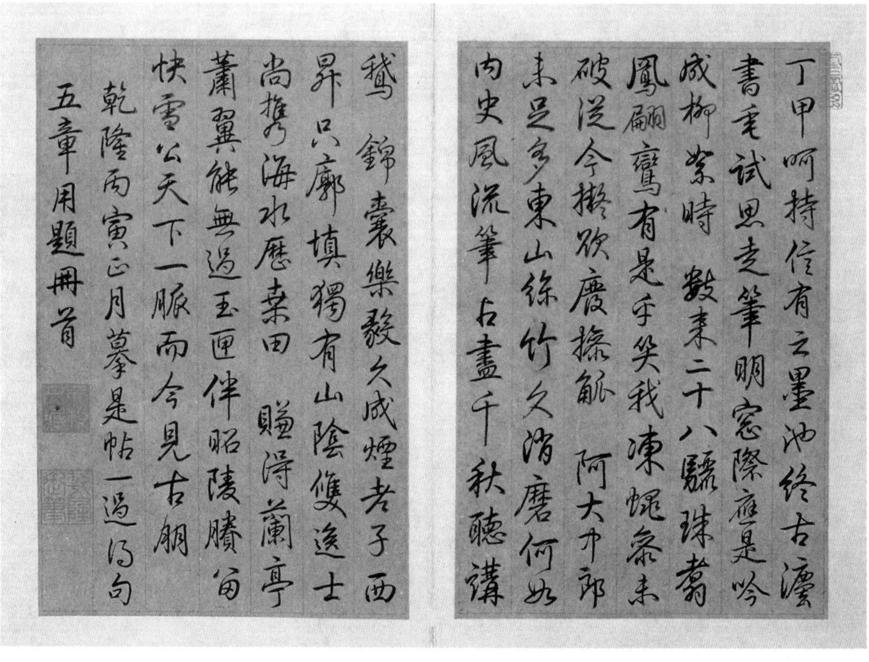

图 5.5　清高宗题《快雪时晴帖》册首 1746（之二）

乾隆丙寅，新正几暇，因观羲之《快雪时晴帖》，爱此侧理，辄写云林大意。（乾11-3，图5.8）

他素来爱好倪瓒（1301—1374）的山水，时常仿倪瓒作疏林小景，一则因其简易，一则因其清雅，所以有此一作。

（3）将此帖放置在三希堂中。

二月上旬，他决定将此帖和王献之的《中秋帖》及王珣的《伯远帖》，一同贮放在养心殿西暖阁的温室中，并题其额曰"三希堂"。为此，他特别在此册之末，以行书六行记此盛事：

王右军《快雪帖》为千古妙迹，收入大内养心殿有年矣。予几暇临仿，不止数十百过，而爱玩未已。因合子敬《中秋》、元琳

图 5.6 清高宗题《快雪时晴帖》册引首 1746（之一）

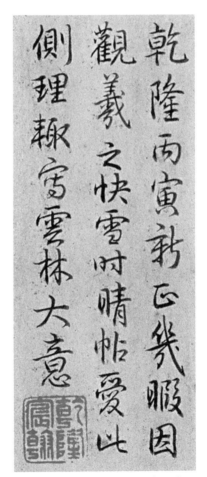

图 5.8 清高宗题跋局部 1746（之三）

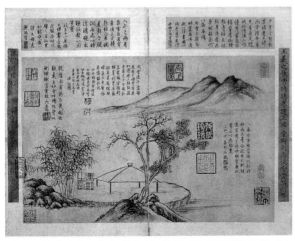

图 5.7 清高宗作《仿倪瓒山水》并题《快雪时晴帖》册"本幅"前副叶 1746

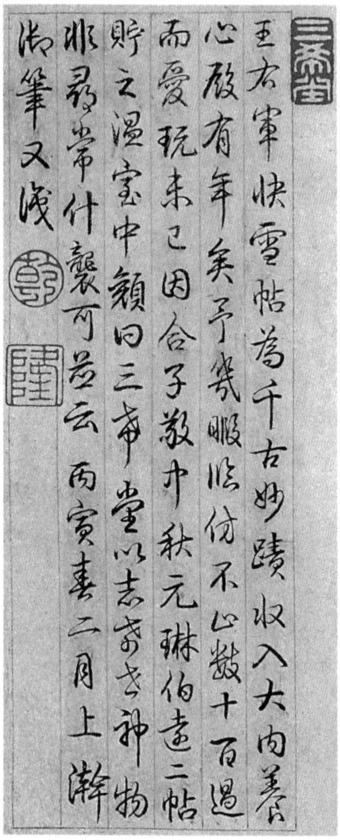

《伯远》二帖，贮之温室中，颜曰"三希堂"，以志希世神物，非寻常什袭可并云。丙寅春二月上澣，御笔又识。（乾11-5，图5.9）

在这前后，他曾观赏了自己所藏钱选（约1239—1299）的《羲之观鹅图》（纽约大都会美术馆藏，图5.10），并在该幅上写了一则题识：

> 誓墓高风有足多，独推书圣却云何；行云流水参神韵，笔阵传来只白鹅。

（4）二月二十二日，作《羲之观鹅图》。

如上所述，他因欣赏钱选所作的《羲之观鹅图》，从而产生灵感，便于那年仲春下澣之二日（二月二十二日），在此帖"本幅"的后副叶上，也仿钱

图5.9 清高宗题《快雪时晴帖》册末 1746（之五）

图5.10 元 钱选《羲之观鹅图》1271—1368 纸本设色 卷 23.2×92.7公分 纽约 大都会美术馆

选作了一幅《羲之观鹅图》（图 5.11），并在它的右上角题识：

> 左幅茧纸光润可爱，即效雪溪体补空。仲春下浣之二日，长春书屋御识并书。（乾 11-6，图 5.12）

这里所说的长春书屋，是他的书房。他早年随父亲雍亲王胤禛居圆明园时，便住在长春仙馆。后来，雍正皇帝又曾赐他别号为"长春居士"，因此日后他独好"长春"二字，许多处的书屋，多以"长春"为名，譬如长春园、静宜园和避暑山庄等各地，都有长春书屋。[16] 此处所指的长春书屋，应在养心殿内。

（5）抄录自题钱选画上之诗于此册中。

过后不久，他又在本图右侧重抄了原题在钱选《羲之观鹅图》上的诗句，并记其事：

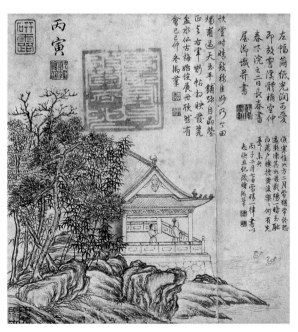

图 5.11　清高宗仿钱选作《羲之观鹅图》并题于《快雪时晴帖》册"本幅"后副叶 1746

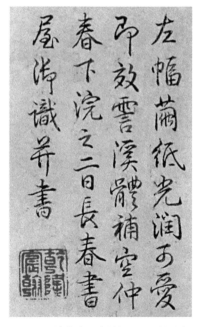

图 5.12　清高宗题跋局部 1746（之六）

誓墓高风有足多，独推书圣却云何；
行云流水参神韵，笔阵传来只白鹅。
近题钱选《观鹅图》之作。春日斋居清暇，展阅此帖，辄复书之。（乾11-7，图5.13）

（6）题《春雪和白居易韵》于册上。

该年闰三月，在清明节之前下了一场大雪。乾隆皇帝很高兴那时节下大雪，还不至于伤害春麦生长，因此作《春雪和白居易韵》于书册上。其诗曰：

放勋命羲和，定时以闰月；今岁闰在春，二月不妨雪。

密云连宵旦，庭树疏阴歇；时而散冰花，时而洒琼屑。

但觉春融盎，不苦寒栗冽；纵赏意固佳，倚吟兴堪结。

被井乳欲酥，压梅腰岂折；分茶漱芳润，展帖抱清绝。

破腊悬望余，素景慰心别；已疾气昭苏，宜麦月单阏。

白诗这几暇，事同异其说；堪方雨有灵，漫比霜不杀。

孙赋亦熟读，讵厌闻妖孽；农语有明征，未至清明节。

春雪和白居易韵。偶展右军帖，遂书册上。乾隆御识。（乾11-8，图5.14）

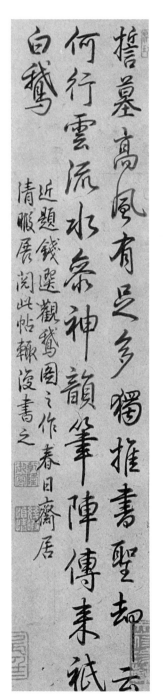

图5.13 清高宗题《快雪时晴帖》册 1746（之七）

本题识虽未纪年，但据诗中所说"今岁闰在春，二月不妨雪"，可知是作于某一个有闰月的春天（一月至三月）。据陈垣（1880—1971）《二十史朔闰表》，可知乾隆十一年（1746）闰在三月。[17] 由此可知此诗是作于该年二月。这则题识也见录于《石渠宝笈初编》，而该书虽初成于乾隆十年（1745），但其后又增补了乾隆十二年（1747）之前的资料。此外，此则书法之结字修长、用笔尖细、线条起伏变化明显等特色，也类似该年之书法风格。依以上五项证据，可以推断这则题识应作于乾隆十一年（1746）。

（7）题旧诗句于册上。

同年仲冬（农历十一月），他在雪后去淑清苑，在那里读到他自己的旧作《咏雪》，诗中有一句"积素坠枝全作雨"，甚觉得意。他回宫的路上遇大雪，景色清明，他一时兴起，便用苏轼（1036—1101）聚星堂体及原韵，作了四首诗。之后便在此册后副叶上，追记上述的淑清苑咏雪旧句：

> 丙寅仲冬雪后过淑清苑，读旧作"积素坠枝全作雨"之句，归展此帖，欣然有会，命笔书之。（乾11-9，图5.15）

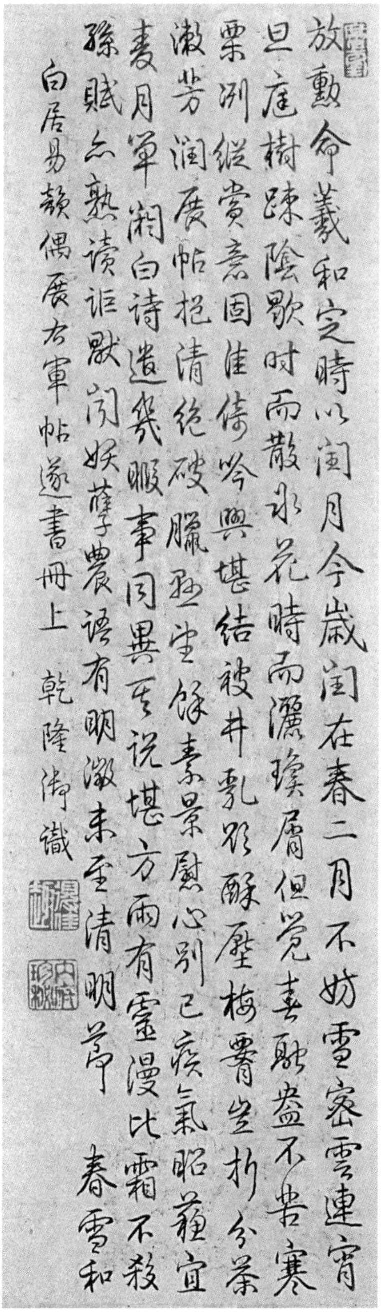

（8）录四首《用东坡聚星堂体并元韵》，诗在册前。

图5.14 清高宗《春雪和白居易韵》题于《快雪时晴帖》册"本幅"后副叶 1746（之八）

同年冬至后三日，他又在册上题了四首《用东坡聚星堂体并元韵》诗（略不录）。[18] 诗后记曰：

> 定兴道中雪，用东坡聚星堂体并元韵四首。丙寅长至后三日。御笔。（乾 11-10，图 5.16）

所谓"定兴道中雪"，指的是那年稍早的九月，他第一次奉其母孝圣皇太后到五台山礼佛，在回程路上遇雪，一时兴起，而仿苏轼的聚星堂咏雪诗，并和其元韵而作了四首诗。[19]

（9）简题一则。

他对此帖的欣赏态度，可谓如痴如醉，不能自已，因此又在此帖"本幅"之左题曰：

> 琳琅球璧，世间所有。若此帖乃希世珍耳。（乾 11-11，图 5.17）

这则题识虽无纪年，但从书法的工整特色来看，约可推断作于该年。

（10）得意辄书，无拘次第。

在这时期，他对此帖十分珍惜，而且时常逢雪展册，不拘次第，随兴题识。他这种情不能已的心情和行为，在

（左）图 5.15　清高宗《淑清苑咏雪旧句》题于《快雪时晴帖》册"本幅"后副叶 1746（之九）

（右）图 5.16　清高宗《用东坡聚星堂体并元韵》题于《快雪时晴帖》"本幅"前副叶 1746（之十）

第五章　乾隆皇帝与《快雪时晴帖》

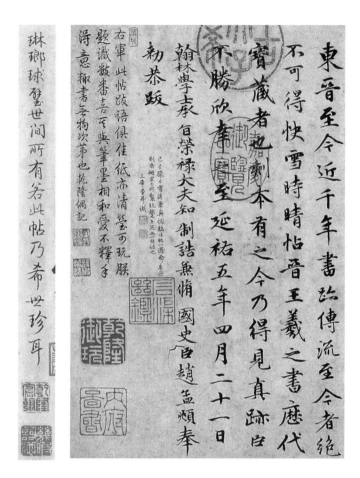

（左）图 5.17　清高宗题《快雪时晴帖》册"本幅"左侧　1746（之十一）

（右）图 5.18　清高宗题《快雪时晴帖》1746（之十二）

一则题识中说得再明白不过了。他说：

> 右军此帖，跋语俱佳，纸亦清莹可玩。朕题识数番，喜其与笔墨相和，爱不释手。得意辄书，无拘次第也。乾隆偶记。（乾 11-12，图 5.18）

这则题识的位置，正在赵孟頫跋文的左侧。值得注意的是，它的书法与上述诸诗及题识所见相比，在结字上显得较为方正规整，在用笔上显见更多起伏顿挫，且起笔与收笔及勾点，更觉明朗精谨，整体显现了赵孟頫书法风格的特色。也就是说，他在书写这则题识时，不知不觉地受到了赵孟頫书法风格的影响。正如他的宣示，他

219

此时在册中作题识的态度,是"得意辄书,无拘次第也"。也正是因为这种态度,他在这阶段中所作的题识,真的是散置各处,毫无次序。但依它们的纪年及书风特色,仍可寻绎出它们的轨迹。以下将这些散布的题识,依其年序加以辑记,以见在这阶段中,他对待此帖的心情变化,并兼释他的生活行事和内心关怀。

乾隆十二年(丁卯,1747),他三十七岁。题识二则。

(1) 一则作于嘉平(十二月)之望(十五日):

丁卯嘉平之望,几暇重展是卷,适天际同(彤)云密布,瑞叶频飘。对景挥毫,不觉为之一快。用书册尾,以志欣幸。(乾12-1,图5.19)

有趣的是,在丁卯年十二月的这则题识中,"同"云即是"彤"云。在此册他后来的所有题识中,凡"彤"云,他皆写作"同"字。其中是否有他意或避讳,待查其因。

(2) 另一则题识无纪年月,位在此帖"本幅"之右:

(左)图5.19 清高宗题《快雪时晴帖》1747(之一)

(右)图5.20 清高宗题《快雪时晴帖》1747(之二)

天下无双,古今鲜对。(乾12-2,图5.20)

这则题识虽无纪年,但观其"天"字的书法特色,结字呈等腰三角形;最上一横的运笔,显示起笔时笔尖并未藏锋,而是稍微向右上拉,再向下压;"人"字的左撇右捺间的开阔弧度，约呈六十度；捺笔先提高，再向右斜下。这些在结组与笔法上的特色，正可见于上一则题识中"天"字的写法。由此可以推断，这则短记很可能作于同一年。

乾隆十三年（戊辰，1748），他三十八岁。终年没有任何题识。

以乾隆皇帝当时正热衷于此册，且又勤于题识而言，这是十分奇特的事。但事出有因。原来，在上则题识（乾隆十二年十二月十五日）的二周之后，他遭逢了丧失皇七子永琮的伤心事。永琮为他所钟爱的孝贤皇后所生的第二个嫡子。乾隆皇帝从登基之后，便有立嫡为嗣的计划，因此在乾隆元年（1736）七月，便密立孝贤皇后所生的皇二子永琏为继承人。但永琏在乾隆三年（1738）不幸早逝。[20] 乾隆皇帝遭受打击之余，便把希望寄托在永琮身上。但永琮又在乾隆十二年（1747）十二月二十九日过世。[21] 因此，他的立嫡计划再度失败，心情不悦。或许正因如此，他在上则题识之后，便无心展玩此帖或加以题咏。

更惨的是，乾隆十三年（1748）三月，他最钟爱的孝贤皇后在丧子之余，体弱心伤，在随他东巡山东的返京途中突然病逝。痛失所爱，使乾隆皇帝几乎精神崩溃。[22] 因此，他纵使对雪，也无心展册题咏。这也是为何乾隆十三年开春之后一整年，甚至历经乾隆十四年（1749）春天，都未见他在此册中题咏的原因。一直要到乾隆十四年的冬天，他才又恢复了兴致。这次，他不但题咏，而且还命人将他所缩临的《快雪时晴帖》和《羲之观鹅图》刻在玉石上。

乾隆十四年（己巳，1749），他三十九岁。题识二则。

（1）仲冬一则：

《快雪时晴》致称佳妙。乃今田烛甫过，天玉平铺；弥月晶莹，正与右军斯帖相映发。瓷盆水仙古梅始绽，展册欣然有会。己巳仲冬，御笔。（乾14-1，图5.21）

(2) 腊日一则：

己巳腊日，雪后乘兴缩临此帖一过。命朱采刻于姚宗仁所制《玩鹅》玉器，亦一佳话也。三希堂并识。（乾14-2，图5.22）

由这则题识中得知，他在此之前已命姚宗仁在一件玉器上刻了《玩鹅图》。关于那件《玩鹅图》是否便是他在乾隆十一年（1746）所画的《羲之观鹅图》，仍有待查。总之，此时，他又命朱采将他所缩临的《快雪时晴帖》补刻在同一块玉石上。关于这件事，他在次年（1747）的题识上又记了一次。

（左）图5.21 清高宗题《快雪时晴帖》1749（之一）
（右）图5.22 清高宗题《快雪时晴帖》1749（之二）

乾隆十五年（庚午，1750），他四十岁。题识二则。

(1) 第一则作于新正：

雪霁亦云可，年前三白过；迷离融日影，景色护春和。

冰箸垂檐细，银花缀树多；时晴临缩本，玉枕较如何。

庚午新正，雪晴有作。昨得汉玉石子，命工制为《羲之玩鹅》。曾缩临是帖于上，故末句及之。并书于册。御识。（乾15-1，图5.23）

第五章　乾隆皇帝与《快雪时晴帖》

(2) 第二则为除夕前所作：

每对右军此书，辄有成连海上之叹。况甘雪应时，情景适合，快何如之。庚午除夕前三日，斋次。（乾15-2，图5.24）

诗中所言"成连海上之叹"，引用了古代能乐者伯牙受其老师成连引导，在蓬莱岛上聆听海浪冲击岩洞所激发出的天音美乐，而有感其奥妙，因此获得弹琴诀窍的典故。此诗所说的，就是他从王羲之的《快雪时晴帖》中，感受到其书法的绝妙品质，因而十分快乐。又由这则题识中所说的"斋次"一词，可知当他题识时，并不在三希堂中，而是住在紫禁城内的斋宫，应是依例为除夕的祭祀而先行斋居。

乾隆十六年（辛未，1751），他四十一岁。终年没有任何题识。

可能的原因是，他在该年正月十三日便奉皇太后，并携继后乌拉那拉氏及其他的妃嫔、皇子、王公、大臣和扈从等人，第一次南巡，过了大约四个月后，直到五月四日才回京。[23] 由于那时他并未携带此册同行，所以未见题识。

有趣的是，在该次南巡中，他仍然命人携

（左）图 5.23　清高宗题《快雪时晴帖》1750（之一）

（右）图 5.24　清高宗题《快雪时晴帖》1750（之二）

带一些相关名画，适时适地对景题咏。比如，他到了金山时，便取出文徵明所作的《金山图》，对景赏画，并在上面题写了自己所作的诗：

> 不到江天寺，安知空阔奇；
> 携将亲证取，当境固如斯。
> 辛未南巡，行笈中携待诏此帧。二月既望，坐金山江阁因题。御笔。[24]

（图5.25）

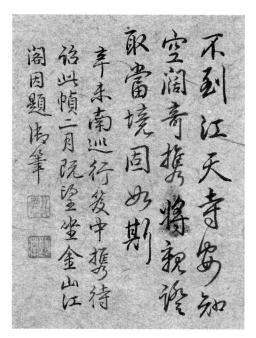

图5.25 清高宗题文徵明《金山图》1751 台北 故宫博物院

甚至稍早，在乾隆十三年（1748），当他东巡山东到了济南时，看到鹊、华二山的位置，与记忆中赵孟頫画《鹊华秋色图》所见左右互易，因感困惑。为了证实赵孟頫所画与实景不符，他命人从山东飞骑回宫，携来该图。在对证实景之后，便将赵孟頫的画误事实题在该图画卷上。[25]

相对地，对于《快雪时晴帖》，自从乾隆十一年（1746）他将它放入三希堂之后，几乎再也不让它离开那个地方，只除了少数几次例外，纵使如此，也仍只限于宫中。如上述的乾隆十一年，有一次他带此帖到养心殿的长春书屋中画《羲之观鹅图》及作题识。又如上述他于除夕祭祀前斋居时，将它带到斋宫中展赏题咏。这样的情形，后来还有几次。但除了这两处外，可说此帖在乾隆时期从未离开过三希堂或紫禁城，更别说是随着他到处旅行了。因此，本册可谓是真正的镇堂之宝。

乾隆十七年（壬申，1752），他四十二岁。题识一则。

> 壬申祈谷，斋日适得甘雪。越二日，诣斋宫，又值快晴。南窗暄景，展卷

欣然，命笔记之。（乾 17，图 5.26）

此处提到的"祈谷"，是一项重要的祭祀。依清代礼制的规定，皇帝每年在正月最先遇到的"辛"日那天，必须到天坛祈谷；而祈谷之前三日，必先居紫禁城内的斋宫斋戒；到了祭祀前一日，则移居到天坛的斋宫，以备次日致祭。[26] 这则题识，应是那年春天祈谷日之后所写，而所记的便是那一年祈谷之前得雪的情形。又，三希堂位于养心殿西暖阁面南。因此，这里所说的"南窗"，应是指三希堂的"南窗"。类似的行事，又见于次年（1753）所记。

乾隆十八年（癸酉，1753），他四十三岁。题识四则，其中三则是在正月初所作的。

（1）第一则作于正月二日：

> 癸酉新正二日，瑞雪霏春。自午初迄于诘朝，缤纷玉墀，委积鸳瓦。去冬三白，未及盈尺。得此为之畅然满志。适以祈谷致斋，静对名迹，命笔记之。御识。（乾 18-1，图 5.27）

由题识中又可知，那时他又因祈谷致斋，静对名迹而作记。这样的情形，常常出现在册

（左）图 5.26　清高宗题《快雪时晴帖》1752

（右）图 5.27　清高宗题《快雪时晴帖》1753（之一）

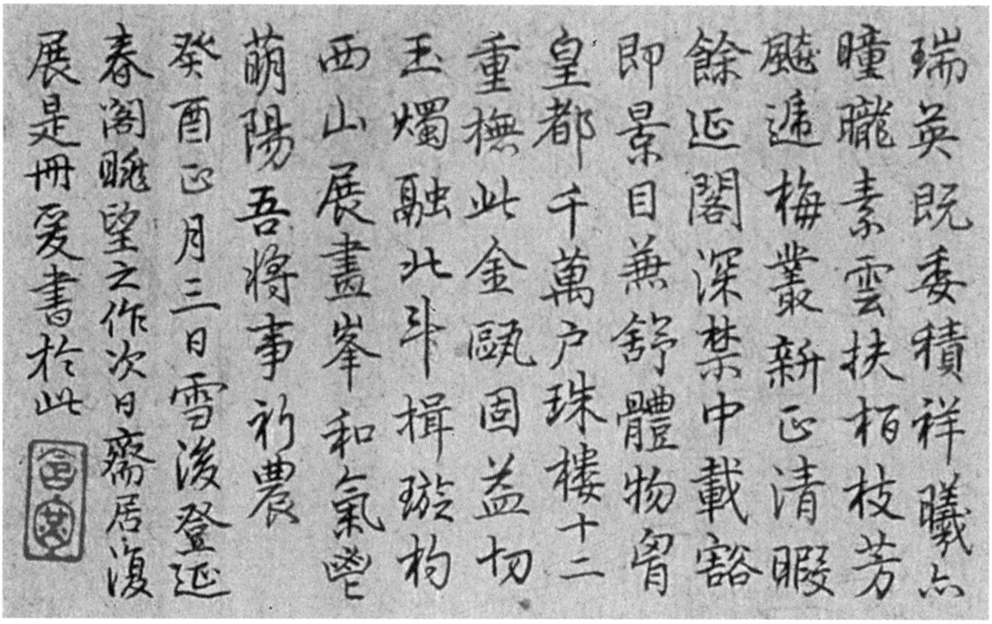

图 5.28　清高宗题《快雪时晴帖》1753（之二）

中他日后所写的多则题识中，因此，可以看作是他与此帖互动的一种模式，也反映了他对待此帖的态度：以一种斋戒般清净虔诚的心情来面对这件珍贵的名迹。

（2）第二则作于正月三日。因那次的瑞雪丰沛，连积数日未消，他在宫中登延春阁赏雪，心情平和，而作诗记事：

> 瑞英既委积，祥曦亦瞳昽；素云扶栢枝，芳飙遞梅丛。
> 新正清暇余，延阁深禁中；载豁即景目，兼舒体物胸。
> 皇都千万户，珠楼十二重；抚此金瓯固，益切玉烛融。
> 北斗揖璇枸，西山展画峰；和气氤萌阳，吾将事祈农。
> 癸酉正月三日，雪后登延春阁眺望之作。次日斋居，复展是册，爱书于此。（乾18-2，图5.28）

（3）第三则记于正月四日：

第五章　乾隆皇帝与《快雪时晴帖》

> 时晴快雪对时晴，真者当前怵惕生；
> 展阔缩临皆自我，兰亭何必擅前旌。
> 　兰亭橅者大小不一，真草亦殊。快雪独无闻焉。曩尝缩临蝇头本，刻于天然玉子。兹于雪后御斋宫，展阔临之。因题一绝。癸酉新正四日。御笔。（乾18-3，图5.29）

在这则题识中，他明言在斋宫对临《快雪时晴帖》之事，并且再次提到乾隆十四年（1749），他曾命朱采将他所作的此帖缩临本刻在姚宗仁所刻的《玩鹅图》玉石上的旧事（乾14-2，图5.20）。

值得注意的是，就内容而言，从以上所见乾隆十一年到乾隆十八年（1746—1753）正月所作的这些题识中，乾隆皇帝的主要关注点，多偏于记咏《快雪时晴帖》书法的精妙，及其作为存世王书真迹的可贵和他一面欣赏雪景一面临写此帖的愉悦心情，等等。虽然他偶尔也在题识中说到下雪对农事的好处，但这并非是他在此期中最关切的议题。可是，到了乾隆十八年（1753）十二月

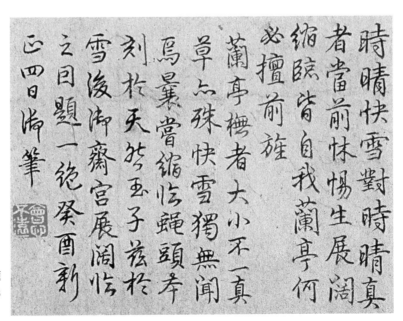

图5.29　清高宗题《快雪时晴帖》1753（之三）

之后，他的关注点开始有了大幅度的改变。从乾隆十八年十二月他所写的题识开始，直到乾隆六十年（1795）冬至为止，他在此册的诸多题识所显露的主题，已明显转向记咏雪景和对农事的关心；对于此帖的书法之事，已几乎不再提起。

2. 后期（乾隆十八年末到乾隆二十九年，1753年末—1764）

后期所作，包括乾隆十八年末到乾隆二十九年末的十一年之间所作的共十三则题识。

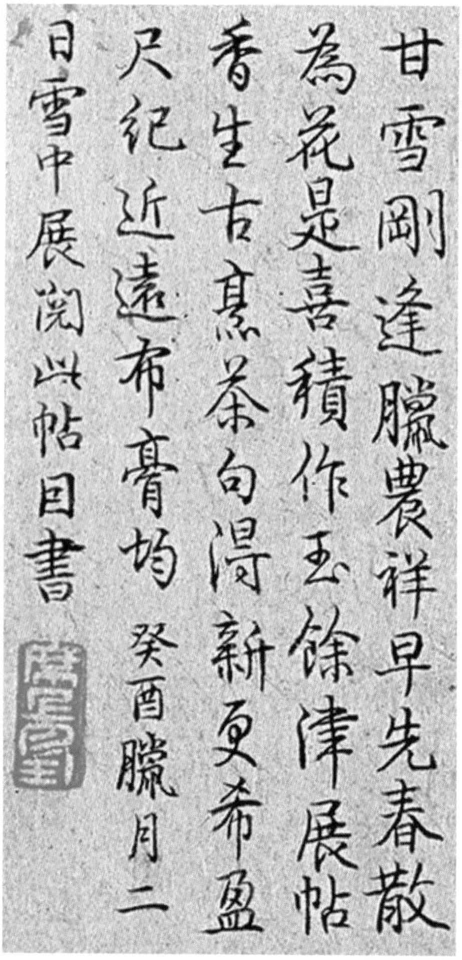

乾隆十八年（癸酉，1753），他四十三岁。题识一则。

甘雪刚逢腊，农祥早先春；散为花是喜，积作玉余津。

展帖香生古，烹茶句得新；更希盈尺纪，近远布膏均。

癸酉腊月二日，雪中展阅此帖，因书。（乾18-4，图5.30）

他在以上诗中，记载了该年十二月得雪。因春前得雪有利于农事，所以他说"农祥早先春"。他由所见雪花心喜，而更希望雪下盈尺，得使远近农田共沾润泽，所以说"更希盈尺纪，近远布膏均"。

乾隆十九年（甲戌，1754），他四十四岁。题识一则。

该年正月十五日元宵节后，又再降

图5.30　清高宗题《快雪时晴帖》1753（之四）

雪，他因此更高兴地在燕九日（正月十九日）如此写道：

> 去腊及今岁，春前优沾三白。灯夕后复降甘雪。快慰良深。同一雪也，予之快在农田，与昔贤之临池挥翰者快同，而所以快者异矣。甲戌燕九日对雪展帖，因题。（乾19，图5.31）

在其中，他很清楚地表示他在写这则题识时所感到的快乐，与从前的贤者题笔书写时的乐趣相同，但他们之所以快乐的原因，却并不相同：他自己是因为知道下雪有利于农田而快乐，一般贤达之士则是因为创作书法或书写文章而快乐，二者在本质上是不同的。以此，他强调了自己身为国君，时时关心民瘼的责任意识与道德情操。此后，他就下雪一事所联想与关注的问题，已不再是《快雪时晴帖》的书法之美，而是关乎国计民生的农业利弊情形了。比如，他常在题识中表示：初冬十月到次年正月间所下的雪有利于农田，因此值得欣喜；但二月以后所下的晚雪，则会因为那时春麦已出芽，遇雪将会冻伤而影响收成，因此是令人担忧的。这种看法正如以下两则所记。

乾隆二十年（乙亥，1755），他四十四岁。题识一则。他在正月二十七日所题的，是为春雪及时而心宽：

> 泽华纷扑复攒团，密势浓阴酿峭寒；
> 望过三冬犹讶梦，校来五寸得差安。
> 方圆圭璧皆如意，次第园林顿改观；
> 况是纽芽迟麦陇，及时心为扈农宽。
> 乙亥正月二十七日，对雪并书。（乾20，图5.32）

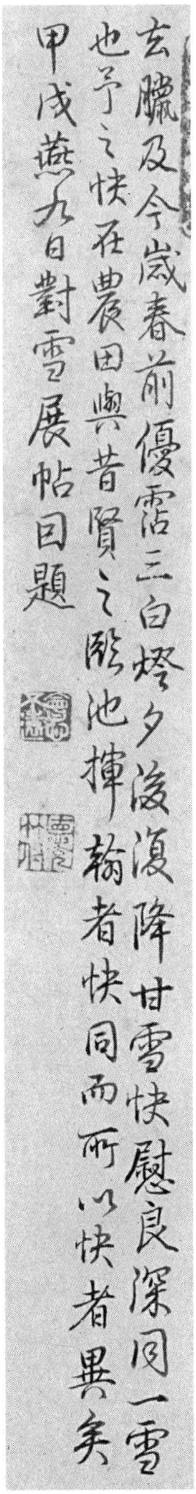

图 5.31 清高宗题《快雪时晴帖》1754

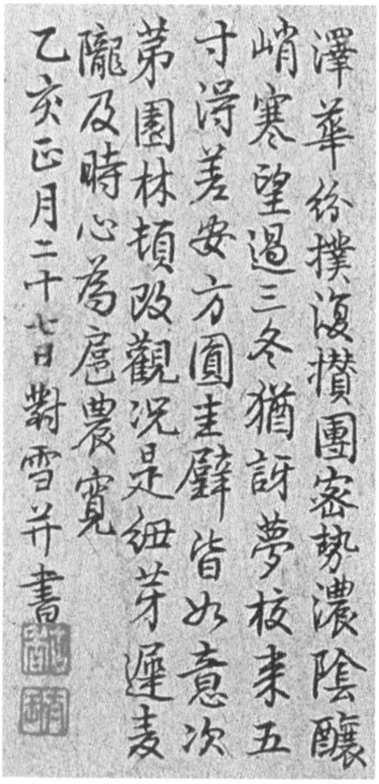

但在次年（1756）的题识中，则见他曾为晚雪凝冻，有伤麦芽之事而担忧。幸而日出雪融，他才转忧为喜。

乾隆二十一年（丙子，1756），他四十六岁。题识一则。

> 候寒惟北方，二月雪犹常；终恐遇凝冻，其如兹载阳。
> 一时玉融白，万户祄披黄；后乐乐何有？先忧忧未央。
> 丙子二月七日雪晴一律，书以志快，且纪岁时。御笔。（乾21，图5.33）

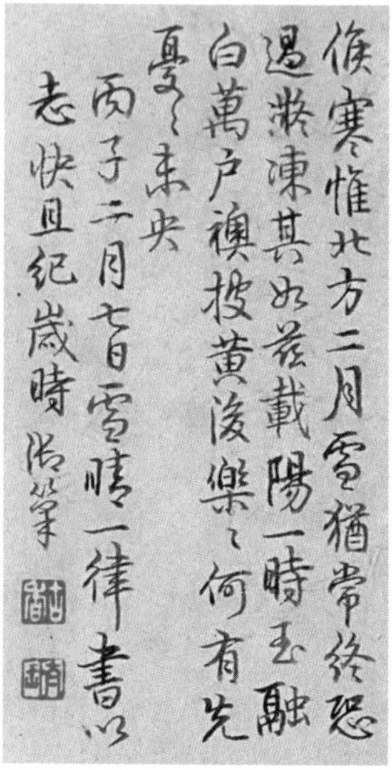

图5.32 清高宗题《快雪时晴帖》1755

类似心情，常见于此后他在册中所作的题识和诗作中，越到晚年越是如此。简言之，他的关注点，已由书法艺术转向了农情民生，从乾隆二十四年到乾隆六十年（1759—1795）均是如此，详如以下所见。

乾隆二十二年（丁丑，1757），他四十七岁。题识一则。

冬至前下雪，他如此写道：

> 问夜同（彤）云布，诘晨密雪披；
> 祥征子月朔，信速十朝期。
> 玉海得真趣，天山系远思；
> 上林纷可望，花满万年枝。

图5.33 清高宗题《快雪时晴帖》1756

第五章　乾隆皇帝与《快雪时晴帖》

丁丑仲冬之朔，冬至前十日也。甘雪应时，赋此志喜。即书册尾，以纪岁月。御笔。（乾22，图5.34）

冬至前下雪为应时，因此，他十分高兴地赋诗作记。

乾隆二十三年（戊寅，1758），他四十八岁。终年没有任何题识。

由于该年终年无雪，所以册中不见他的任何题咏，但无雪一事必令他十分忧心。因此次年（1759）遇雪时，他不禁欣喜十分，连写了三则题识，其中一则谈到乾隆二十三年（1758）北京地区无雪的事实。

乾隆二十四年（己卯，1759），他四十九岁。题识三则。

（1）第一则作于乾隆二十四年仲春二月：

入春甘雪频沾，继以知时好雨，土膏含润。兹因耕藉还宫，凭览增快。明窗展玩，书之以志劝农。己卯仲春杪。御识。（乾24-1，图5.35）

此处所言"耕藉还宫"，是指他依礼制，每年仲春二月，必须到先农坛行耕藉礼之事。[27]

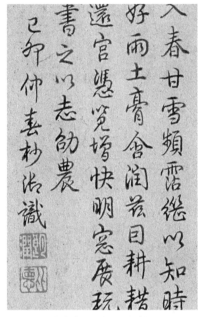

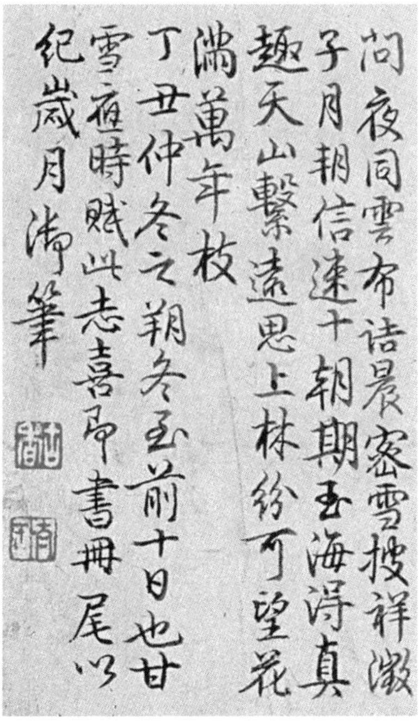

图5.34　清高宗题《快雪时晴帖》1757

图5.35　清高宗题《快雪时晴帖》1759（之一）

231

(2) 第二则作于同年十一月（仲冬）：

> 连朝蕴酿云铺厚，半夜霏微霰集来；
> 鸡树晓增寒渰渰，鸳楼阴积白皑皑。
> 田将前度添余润，泽较去年沾两回；
> 发粟出裘宁待此，披襟惟是畅吟哉。
> 已卯十一月十四日，时玉霏霏。计今冬已雨沾甘泽，即事成吟，书册志快。
> （乾24-2，图5.36）

(3) 同年腊月（十二月）他又作了第三则，其中说明了前一年无雪的事实，以及他为当年三次得雪可以"滋宿麦而靖遗蝗"的喜悦之情：

> 去岁三冬无雪，今年小春及长至月，再集祥霙，殷怀既慰。兹于春前七日，甘雪复零。表瑞兆丰，正符三白滋宿麦而靖遗蝗。腊鼓声中农歌志庆，致足快也。几余展册，因题数语识之。已卯腊月十一日。御笔。（乾24-3，图5.37）

自乾隆十八年（1753）冬天之后，乾隆皇帝每年都怀着同样的见下雪思农事的心情，在此册中书写题识。但值得注意的是，他在此后所作的题识的布列位置，有了一些明显的变化，那便是较具系统性地有所规划。而这种转变，正发生在乾隆二十五年到乾隆二十九年

（左）图5.36　清高宗题《快雪时晴帖》1759（之二）

（右）图5.37　清高宗题《快雪时晴帖》1759（之三）

第五章　乾隆皇帝与《快雪时晴帖》

之间（1760—1764）。正如以上所见，在此之前，他所作的题识都是随兴之所至，位置错落地散布在册中每页的上下左右，既没条理，也无布局，就像他自己那时的表白："得意辄书，无拘次第也。"（图 5.18）因此，整体上看来，可说是杂乱无章，但从乾隆二十五年（庚辰，1760，他五十岁）开始，可能由于全册的每页上，到处已写满了他的题识，再也找不到合适的空白处让他尽情发挥，所以此后他才稍微收敛一点，在写题识时，渐渐注意到顺着年序和页序前后，在位置上约略有了大致的规划；虽然有时仍不免有脱序现象，但那只是少数的例外而已。从乾隆二十五年到乾隆二十九年间（1760—1764），他所作的五则题识当中，有三四则都依年序先后，有秩序地出现在前后副叶的裱绫上端；而只有第一则和第五则脱序，正如以下所见。

乾隆二十五年（庚辰，1760），他五十岁。题识一则。

> 同（彤）云过午落琼花，历夕侵宵势更加；
> 泽继三朝敷渥足，春先十日兆和嘉。
> 装梅宫植舒梅萼，利麦盆签润麦芽；
> 殿瑞启祥真大吉，慰余益慎敢矜夸。
> 今冬虽得雪稍迟，而腊后春前再沾时玉。辄成复雪一律，并书是册志快。庚辰小除夕。御笔。（乾25，图5.38）

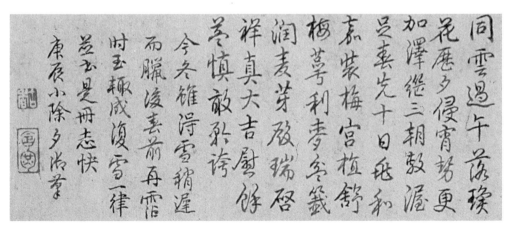

图 5.38　清高宗题《快雪时晴帖》1760

他在此诗中，记述了当年在腊后春前曾下过几场雪的事实。由于早雪既舒梅萼，又润麦芽，为此他十分欣喜。

乾隆二十六年（辛巳，1761），他五十一岁。题识一则。

> 秋霖余润无资雪，冬麦含萌有雪宣；问夜天衣称霭霭，侵晨玉叶益绥绥。
> 腊前应节祥堪卜，望外遥沾喜可知；昨已传宣幸琼岛，瑶林生面一探奇。
> 辛巳嘉平七日，瑞霙竟日，盈尺兆丰，赋此以志农庆。披册命笔，用适几余清快。御笔。（乾26，图5.39）

他在此诗中记载，该年十二月（嘉平月）七日，大雪盈尺，有利农事，因此他心情极好，命人准备到北海琼华岛上去游览雪景。

乾隆二十七年（壬午，1762），他五十二岁。题识一则。

> 夜问高空起冻云，侵晨瑞叶布纷纷；本非渴望逢尤幸，即得信沾今共欣。
> 滂配早占陇麦护，攒团以助盎梅芬；寒增遑避徒杠诮，赈粥施衣且尽勤。
> 壬午长至前三日，得雪有述，书以志时。御笔。（乾27，图5.40）

诗中记冬至之前得雪。虽然该年他并未十分渴望下雪，但既然下雪，也很欢欣。不过，由于天气极为寒冷，因此他较关心的是去赈粥施衣，所以说："寒增遑避徒杠

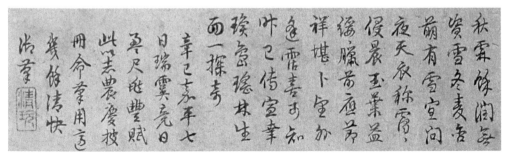

图5.39　清高宗题《快雪时晴帖》1761

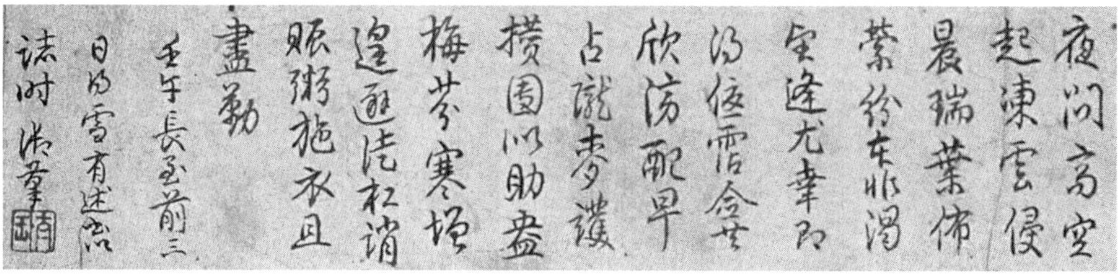

图 5.40 清高宗题《快雪时晴帖》1762

消，赈粥施衣且尽勤。"在此，他显然有意强调他关心民瘼的一面。

乾隆二十八年（癸未，1763），他五十三岁。题识一则。

> 彻夜云同（彤）色，侵晨雪舞翩；敢轻言慰矣，惟益冀沾焉。
> 竟至连申后，犹欣值腊前；心因滋渴望，可以命吟篇。
> 癸未腊前一日，盈尺兆瑞。辄成一律，雪窗展册，书以志时。御笔。
> （乾 28，图 5.41）

诗中所记的，是该年腊前下雪，盈尺兆瑞。他在望雪得雪，欣喜之余，吟咏成篇。

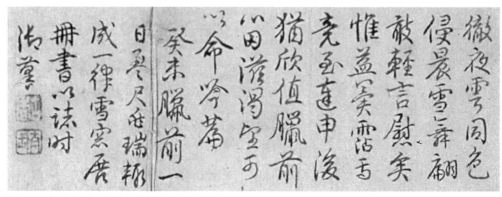

图 5.41 清高宗题《快雪时晴帖》1763

乾隆二十九年（甲申，1764），他五十四岁。题识一则。

> 入冬虽盼六花舒，又虑无厌曷望予；甘泽那辞预沾也，硕苗真是莫知如。
> 洒金犹在一阳节，积地已将三寸余；谷稔复斯欣卜麦，怀思美善若何居。
> 甲申腊前二日，甘雪应时，麦收可卜，辄成一律述志。
> 展册书之，用纪庆慰。御笔。（乾29，图5.42）

诗中记载了那年腊前二日，得雪三寸有余，他因甘雪应时，麦收可卜，庆慰之余，展册题识。这则题识，又脱序地出现在后副叶元人刘赓跋语的下方。

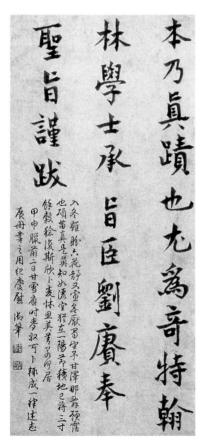

图5.42 清高宗题《快雪时晴帖》1764

以上所见，为他在第一阶段（乾隆十年之前到乾隆二十九年中所作）的三十八则题识。从形式上来看，这些题识的文体包括札记与诗记两种。它们的篇幅大小与字数长短不一，位置也零乱无序，缺乏整体的规划。而且，并非每则题识皆有纪年，纵有纪年，也不依年序排列，因此一片错杂混乱。

而就关注的议题而言，这些题识又可分为前、后两期。前期（乾隆十年到乾隆十八年，1745—1753）的议题中，多偏重书法艺术。比如：他肯定《快雪时晴帖》的珍贵；他常临摹该帖；他如何将它珍藏在三希堂中；还有他如何命人将他的缩临本和《羲之观鹅图》刻于汉白玉版上的事实。后期（乾隆十八年冬到乾隆二十九年，1753—1764）的议题，则多抒发他因腊前下雪有利于农田与麦收而欣喜的心情。

再从书法的特色上来看，乾隆皇帝在这阶

段中的题识,正值他三十五岁到五十四岁的青壮时期,身体健壮,体力充沛,目力精准,腕臂灵活,且兴致高昂,加上他宝爱此帖,因此,他的题识书法呈现出精致用心、丝毫不苟的作风。他好用新笔,不论蝇头小楷还是小行书,都用心书写,尖笔出锋,锐劲十足,极具精神。他在这阶段中所展现的书风,大致上可归为两类:行书多学王羲之,特别是此帖;而小楷则受赵孟𫖯的影响。由于他曾临摹此帖不下百遍,因此许多字在结字用笔方面,都学此帖风格,而且相当入神。最明显的是他的行书标签"王羲之快雪时晴帖"(乾10前-1,图5.2)中的"羲""之""快""雪""晴"等字,不论在字形、结构还是用笔上,都取法于原帖的风格,其特点是字形瘦长,结字稍向右上方倾斜,偶有连笔等。但可能由于他喜用新笔,加上他在运笔时力道不够沉稳,因此笔画无法如原帖所见那般厚实和内敛,故而整体上显得较为锐利,可谓形式有余,韵味不足。但无论如何,他在这阶段中常见的"雪""晴"两字,不论结字还是笔画,都肖似原作,在在反映了他临摹此帖的效果。

另外,他的多则小楷书法,也曾受到赵孟𫖯书风的影响。最明显的例子,是他邻近赵孟𫖯题跋的那则题识(乾11—12,图5.18)。其中那种结字较为方正,布白匀称,字距上下紧、左右松,笔画锐劲开展,勾点紧劲有力等特色,使之较其他题识更具精神,也显见他学赵书的用心。同样的情形,又可见于他作于乾隆十八年(1753)的几则小行楷(乾18-2,图5.28;乾18-3,图5.29;乾18-4,图5.30);而乾隆二十年(1755)的题识(乾20,图5.32),也显示了这种特色。

但大约从乾隆二十五年开始到乾隆二十九年之间(1760—1764),他题识(乾25,图5.38;乾29,图5.42)的书法风格渐渐呈现变化:由先前的结构精紧转为松弛,布局也不似先前严谨,笔画渐失原来的劲挺。到了乾隆三十年(1765)之后,他的题识书法也因体力和眼力的渐衰,而呈现江河日下的情况。这种现象,明显可见于他在此册中第二阶段所写的题识。

(二)第二阶段(乾隆三十年到乾隆六十年后,1765—1795 年后)

第二阶段,涵盖了乾隆三十年到乾隆六十年(1765—1795)他退居太上皇之后所书。在这长达三十多年的时期中,乾隆皇帝几乎没有间断地,每年在册中至少书写一则以上的题识，总数共计三十六则。其中例外的是：乾隆三十一年（1766）和乾隆三十四年（1769），没有题识；而乾隆五十八年（1793）、乾隆五十九年（1794）与乾隆六十年（1795），他因眼睛老花，无法精准聚焦，所以每年都命董诰代书他的一则诗作。值得注意的是，他在第二阶段中所写的这些题识的布列位置，明显异于之前杂乱无章的现象，而是经过精心的规划，因此次序井然。大致上，在第二阶段中所写的每则题识，多书于另外一张纸上，然后再依年序贴裱在"本幅"之前、后副叶的裱绫上端或两侧（图 5.43）。依它们的位置来看，这个阶段中的乾隆皇帝题识，又可分为前期与后期。

前期包括乾隆三十年到乾隆四十七年（1765—1782，他五十五岁到七十二岁）的十八年之间所作的二十则题识；除了一则之外，其余都依年序出现在册页的裱绫上端。后期包括乾隆四十八年到乾隆六十年（1783—1795，他七十三岁到八十五岁）之间所作的十五则题识（包括董诰代书的三则），和他退居太上皇之后所写的一则，共十六则。其中的十四则都书写于另纸后，再依年序贴裱于册页裱绫的两侧。另有两则例外，包括他约作于乾隆六十年（1795）和太上皇时期（1796—1799）的两则，内容简短，而且因找不到合适的位置，脱序地随意散置在册页内的空白处。

再就内容而言，这些题识的主旨，也多如以往所见：大多关心下雪与农情，不

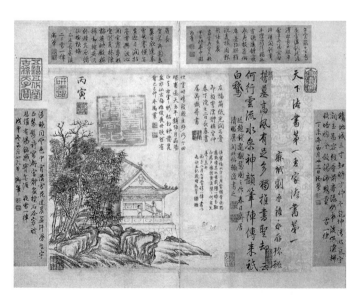

图 5.43　清高宗仿钱选作《羲之观鹅图》并题于《快雪时晴帖》册"本幅"后副叶 1746（之六）

再说到书法艺术。而从书法特色方面来看,他在这阶段中所作的题识,可能是因写在另纸上,因此较不受拘束,字形较大,且可以轻松发挥。不过,值得注意的是,在这三十多年中,他因年事日高,体力渐衰,且目力渐差,又不肯戴眼镜,因此书法品质每况愈下:不论结字、连笔还是布局,都明显可见它们在品质上江河日下的现象。以下择要简述他在这阶段的前、后两个时期中所作的题识内容和书法特色,并兼述他的相关生活行事与中心思想,以便我们对他作较全面的了解。

1. 前期(乾隆三十年到乾隆四十七年,1765—1782)

此期包含乾隆三十年到乾隆四十七年(1765—1782)的十八年时间;其中,乾隆三十一年(1766)和乾隆三十四年(1769)两年无题识,其余每年所书,共有二十则。就位置而言,这二十则之中,只有他在乾隆四十五年(1780)所写的一则短记,出现在一开册页的内部,而其余各则,都规律地写在另纸上,再贴裱在各页裱绫的上端。其个别内容如下所见。

乾隆三十年(乙酉,1765),他五十五岁。题识一则。

> 夜间璇宵密霢霂,凌晨大作六花飞;未经渴望叨佳泽,早见优沾报近畿。
> 一色玉封金瓦厚,几层珠缀绣栊辉;麦田又兆明年喜,益切持盈励慎微。
> 乙酉十月廿八日,祥霙应候,盈尺告丰,致足喜也。既成斯什,仍展快雪帖,书以识之。御笔。(乾30,图5.44)

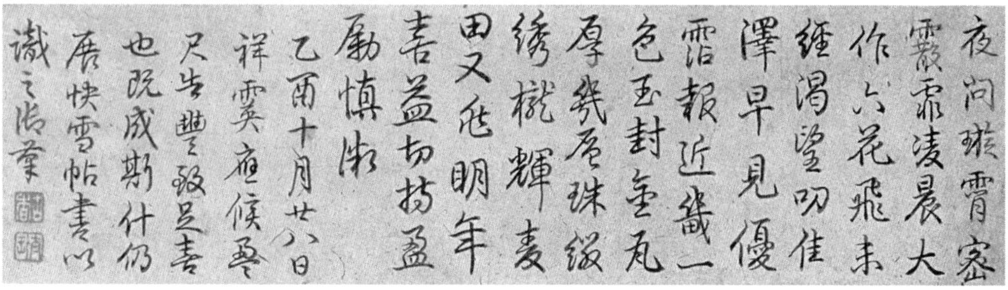

图5.44 清高宗题《快雪时晴帖》1765

是年十月廿八日，早雪不期然地纷纷降下，量足告丰，有利麦田，让他十分欣喜，以为天恩泽沾。但他在欢喜之余，仍不忘告诫自己要持盈保泰，勤政慎微。

乾隆三十一年（丙戌，1767），他五十六岁。无题识。

该年，近畿地区可能终年无雪（如乾隆二十三年〔1758〕之情形），因此不见他任何因雪而作题识。

乾隆三十二年（丁亥，1767），他五十七岁。题识二则。
(1) 其一为上元后二日所作之诗，二月初再题于册上：

> 自辰还至未，既密亦时疏；即之皑皑矣，瀌瀌奕奕如。
> 双眸望无负，三寸积仍余；始慰筹农愿，园林景起予。
> 冬春以来，望雪甚殷。上元后二日，飞霰先零。入夕，密霙连旦。次日复得雪三寸。因成此律。还宫展册，书之以识时日。丁亥二月朔。御笔。（乾32-1，图5.45）

在此则题识中，乾隆皇帝说："冬春以来，望雪甚殷"，可证前一年（乾隆三十一年，1766）一直到年底都无雪，甚至到乾隆三十二年（1767）的新春，还未曾下雪，所以他盼雪极切。幸好元宵后得雪三寸，才令他稍微放心。那时，他应如往年一般，在宫中过完年后，便回到圆明园中。在园中见下雪，他十分高兴地写下了这

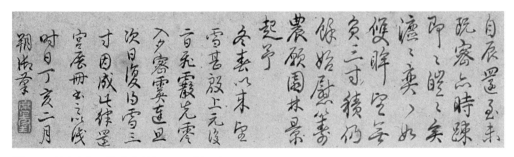

图5.45　清高宗题《快雪时晴帖》1767（之一）

首诗。到了二月初,他回宫展册,才将此诗抄录于册中。由此再次可证他一直将《快雪时晴帖》存放在三希堂中,并未曾随他迁往任何行宫,如圆明园、避暑山庄和静寄山庄等处,也未曾携带它到各地巡狩。偶有例外,是曾有几次,当他因准备祭祀而住在紫禁城内的斋宫时,或正值下雪,或因快雪时晴,他便喜而在册上题诗作记(已如上述)。总之,终其一生,他从未曾将《快雪时晴帖》带离开过紫禁城。

(2) 其二为同年仲冬(十一月)之作:

> 中宵云势报浓稠,达旦濛濛雨雪浮;弗啻先春更先腊,诚欣惟渥亦惟优。
> 檐留瓦白铺重厚,砌掩砖青扫未休;绥屡后逢占麦稔,敬承何以励吾修。
> 盼雪正殷,而时霙再布,复成一律,书册以识丰占。丁亥仲冬晦日。御笔。(乾32-2,图5.46)

乾隆三十三年(戊子,1768),他五十八岁。题识一则。

> 入冬己〔已〕两月,落雪忽通宵;幸值三寸积,惭称六幕调。
> 麦辫含腊润,疾病以时消;清晓出听政,慰心同百寮。
> 戊子十一月晦日,祥霙竟夜,迎腊应时,记胜之占,此其初验。晓成一律,书册志慰。御笔。(乾33,图5.47)

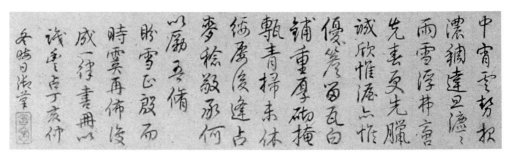

图 5.46　清高宗题《快雪时晴帖》1767(之二)

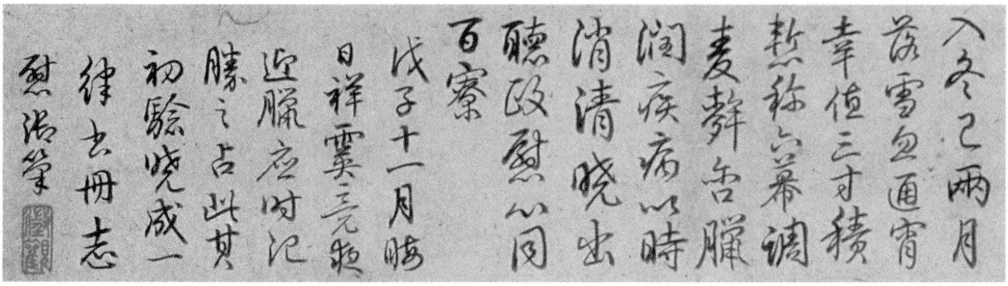

图5.47 清高宗题《快雪时晴帖》1768

乾隆三十四年（己丑，1769），他五十九岁。无题识。
那年似乎终年无雪，所以未见他对雪题咏。

乾隆三十五年（庚寅，1770），他六十岁。题识三则。
（1）其一为新年正月初三日所作：

> 连朝蕴酿密云垂，侵晓濛濛遂霈施；节未立春犹是腊，兆符元旦正宜时。
> 重楼十二皆皴玉，世界三千遍被氆；拈笔欲吟还自问，似兹何以答天禧。
> 庚寅新正三日，密雪优沾，春前兆瑞，因成什，书册志慰。御笔。（乾35-1，图5.48）

因该年元旦尚未立春，所以他将之当作腊月时节，而言："节未立春犹是腊"。可能由于前年终年无雪，因此他盼雪殷切。而对这场新年期间的大雪，他特别高兴，也

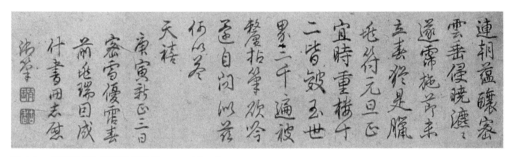

图5.48 清高宗题《快雪时晴帖》1770（之一）

特别感谢天恩,所以说:"拈笔欲吟还自问,似兹何以答天禧。"

(2)其二为同年小春(十月)之作:

> 前日狂风昨日阴,问宵其雪尚难谌;询安刚喜霰练集,勒政遂看花片侵。
> 阎阖有烟还跌荡,楼台无处不深沉;未曾渴望沾优泽,益切冰竞舞(?)照临。
> 回銮次日问安,适遇祥霙,时尚未盼雪。诗成,书以志快。庚寅小春上澣。御笔。(乾35-2,图5.49)

其中所记的"小春",便是十月。但"回銮次日问安"却又指何事?为明了这则题识的背景实况,在此先简述乾隆皇帝的年中行事。

按乾隆皇帝侍母至孝,奉养太后无微不至,每凡居处、出入与巡狩,多奉之同行。母子二人与扈从除巡狩外,都随季节变化,在每年不同的时间,居住在不同的地区,从事不同的活动。约略而言,二人固定的住处有三:一为紫禁城(太后住慈宁宫;皇帝住养心殿);二为郊外园居(太后住畅春园;皇帝住圆明园);三为避暑山庄(太后住松鹤斋;皇帝住烟波致爽殿)。他们每年随季节一同迁移。大致上,从每年冬至之前到隔年新春之间,他们都住在紫禁城内,以方便从事各项祭祀活动。

在宫中期间,乾隆皇帝多间隔一两日,必亲自到皇太后住处问安。他们在宫中过除夕和新年。通常在正月初四、初五日左右,便一同移驾到圆明园过元宵灯节。节后,太后回畅春园,皇帝留居圆明园,直到夏天。这期间,乾隆皇帝除了处理政

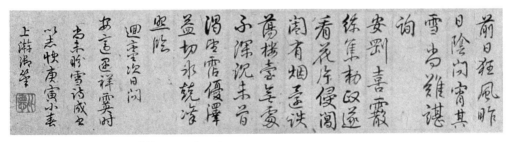

图5.49 清高宗题《快雪时晴帖》1770(之二)

务、每月逢五御门听政外,还必须亲自主持各项重要的例行祭典。这些重要的祭典,都依礼制择定日期进行,比如:正月中,雍和宫瞻礼;上辛日,天坛祈谷;戊日,祭社稷坛。二月(仲春),先农坛耕藉礼;丁日,祭孔;亲临经筵;朔日,坤宁宫大祭月神。三月,清明节,赴东陵或西陵谒祖陵。四月(孟夏),癸日,天坛常雩礼。六月(夏至),北郊泽坛。也就是说,他虽然住在圆明园,但每逢上述例行公事之前,他必须亲自从圆明园返回宫中执行。但不论他住在何处,他总是殷勤地每隔数日就往畅春园向太后问安。

一般而言,通常在七月立秋之后,乾隆皇帝和皇太后便与眷属、官员、扈从等大队人马一同前往避暑山庄。除非遇到乾隆皇帝的大寿,必须留在宫中接受庆贺外,他们通常在山庄庆祝乾隆皇帝的生日(八月十三日)和过中秋节。节后(八月十六日),乾隆皇帝一行人便前往木兰秋狝,为期约二十天,然后再回山庄。直到重阳节前后,皇帝才奉太后返回畅春园,而自己则回宫处理政务。一直要到十一月冬至之前,才迎太后返回慈宁宫,以准备庆贺她的生日(冬至之后)。而他则必在冬至当日到天坛祭天,除夕当日在宫中的奉先殿祭祖。

以上所述,为乾隆皇帝与皇太后每年例行活动的大概情形。虽然,他们在上述三地居处的迁移日期会因各种理由而小有变动,但大致上皆如上述的活动模式。[28] 不过,乾隆三十五年(1770),由于正值乾隆皇帝过六十正寿,他在生日(八月十三日)当天必得留在京师庆祝,所以比往常晚到避暑山庄,加上当年天气特别暖和,因此他们留在山庄,一直到十月才回京。[29] 这便是这则题识中所说的"小春"和"回銮"之事。

(3)第三则题识作于同年的腊月:

> 孟冬沾厚泽,两月隔云遥;祈岁吾惟切,望云心已焦。
> 浓阴五更报,侵晓六霙飘;遂见纷飞密,旋成委积饶。
> 先春真是腊,凝冻未全消;过午晴曦晃,欣余惜转招。
> 庚寅嘉平既望,祥花密霏,自晨达午,喜其尚在腊中。成句书册。御笔。

(乾35–3,图5.50)

第五章　乾隆皇帝与《快雪时晴帖》

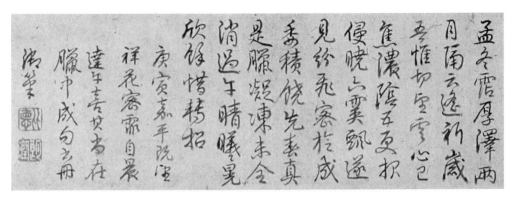

图 5.50　清高宗题《快雪时晴帖》1770（之三）

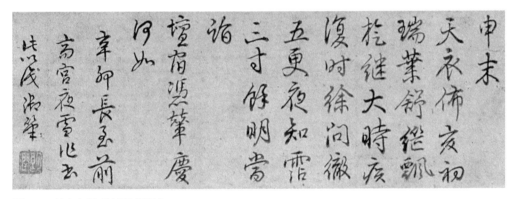

图 5.51　清高宗题《快雪时晴帖》1771

由此诗中得知，该年从孟冬（十一月）下了早雪后，就未再下雪，因此他便开始盼雪，一直到了嘉平既望（十二月十五日）以后才得雪。因为那时还在腊月中，下雪及时，有利农田，所以他欣喜书句。

乾隆三十六年（辛卯，1771），他六十一岁。题识一则。

> 申末天衣布，亥初瑞叶舒；继飘旋继大，时疾复时徐。
> 问彻五更夜，知沾三寸余；明当诣坛宿，凭辇庆何如。
> 辛卯长至前，斋宫夜雪作，书此以识。御笔。（乾 36，图 5.51）

245

如上所述,乾隆皇帝每年冬至必须到天坛祭天。祭前三日,必得先住在紫禁城内的斋宫中开始斋戒,而后在祭前一日,才移到天坛的斋宫居住,以备次日的冬至当天行祭祀礼。由这则题识中可知,该年乾隆皇帝依制在冬至前住在紫禁城内的斋宫中,[30]值夜雪而作此诗记,而且在诗中言明:"明当诣坛宿",亦即他次日将赴天坛的斋宫居住之事。在冬至祭祀前得雪,他认为是天降恩泽,也是特别值得庆贺的事,所以他说"凭辇庆何如"。

乾隆三十七年(壬辰,1772),他六十二岁。题识一则。

> 夜醒问军报,却称云密铺;三更遂飘落,五鼓罢纷敷。
> 晨接二寸春,节先十日符;晴虽弗致惜,致惜那能无。
> 壬辰小春十有八日,夜雪成什。明窗积霙映素,展册怡然。御笔。
> (乾37,图5.52)

诗中言"夜醒问军报",可知当时军事甚急,令他挂心得夜半醒来便问军情。此处的军情,指的是乾隆三十六年到乾隆三十八年之间(1771—1773),清廷派兵攻打云南小金川的战事。[31]此时战事正在进行中,所以他心中相当焦虑,而有此诗句。

乾隆三十八年(癸巳,1773),他六十三岁。题识一则。

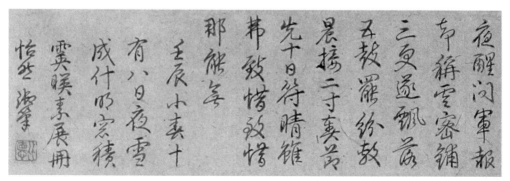

图5.52 清高宗题《快雪时晴帖》1772

第五章　乾隆皇帝与《快雪时晴帖》

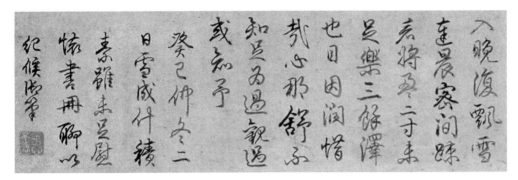

图 5.53　清高宗题《快雪时晴帖》1773

　　　　入晚复飘雪，连晨密间疏；看将盈二寸，未足乐三余。
　　　　泽也目因润，惜哉心那舒；不知足为过，观过或知予。
　　　　癸巳仲冬二日雪，成什。积素虽未足慰怀，书册聊以纪候。御笔。
　　　　（乾 38，图 5.53）

该年仲冬（十一月）二日那次下雪，只二寸多，未及三寸，因此他心中感到十分惋惜而不能舒展。可是他又警觉到不知足是一种过失，而他在反省之后，也知道自己有这种毛病，因此又说："不知足为过，观过或知予。"乾隆皇帝对于自己的不知足和其他的一些缺点，常深有所觉，不止一次地作诗文自省，例见他晚年所作的《知过论》。[32]

　　乾隆三十九年（甲午，1774），他六十四岁。题识一则。

　　　　午云蔽金乌，夜雪洒铜龙；渥泽迎长至，殷希慰半冬。
　　　　隔窗想浩浩，积阁愿重重；不寐消清漏，忘言听远钟。
　　　　寝衣身敢适，侧席意弥颙；难说麦根固，艰哉忆在农。
　　　　斋宫夜雪六韵。甲午仲冬中澣。御笔。（乾 39，图 5.54）

此诗中明言，他在十一月（仲冬）冬至祭天前住在紫禁城斋宫时正值夜雪，他因难

247

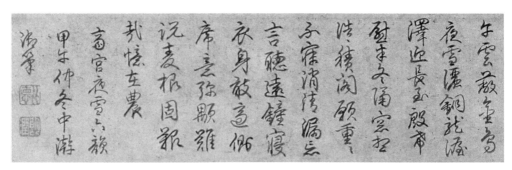

图 5.54 清高宗题《快雪时晴帖》1774

以入眠,而想到当时麦根未固,农人生活艰辛。明显可见,他希望借此诗显示他以民生为念的仁君心怀。

乾隆四十年(乙未,1775),他六十五岁。题识一则。

> 履长贺节御园来,翼日欣逢嘉雪哉;寨幌无还迎目润,拈毫有兴沃心开。空霏麦粒宜陇麦,林染梅英映殿梅;扫却旋看又纷积,苑丞循例树根培。
> 乙未长至后二日,雪一律。御笔。(乾40,图 5.55)

在此诗中,乾隆皇帝写"贺节"两字之前,特别空格且抬头,以表尊崇所贺之节。而所贺之节为何?原来是庆贺他的生母孝圣皇太后的生日(冬至之后),即所谓的万寿节。乾隆四十年(1775),正值她八十四岁的万寿节。

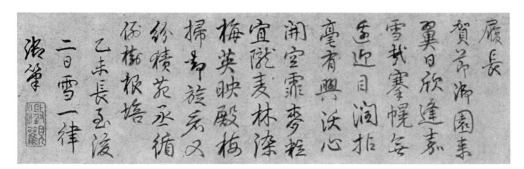

图 5.55 清高宗题《快雪时晴帖》1775

此诗明言,那年冬至后第二天,他回到御园(圆明园)遇雪而作诗。依例,冬至当天,乾隆皇帝必须到天坛祭天,已如前述。礼成后,即可回宫。该年祭天后,他可能先回宫,在慈宁宫为皇太后祝寿,然后再回到圆明园。但也可能先回到圆明园后,才到皇太后所居的畅春园,在那里为皇太后祝寿。总之,此诗是在该年冬至他祭天完毕,也向太后祝寿之后,回到圆明园的第二天,逢雪欣喜而作。他的生活起居与皇太后息息相关,已如前述。其孝行在此题识中又可见一斑。

乾隆四十一年(丙申,1776),他六十六岁。题识一则。
这年因十一月初得雪,他记道:

> 半夜云容重,凌晨雪意浓;依旬似甘雨,畇泽遍畿封。
> 密压垂枝竹,斜翻挺干松;天庥沐频叠,惟益励虔恭。
> 丙申十一月初三日,雪一律。御笔。(乾41,图5.56)

乾隆皇帝心中一向敬天畏祖。下雪对他而言,等于天恩,因此心怀感谢,自觉更应恭敬勤政,所以说:"天庥沐频叠,惟益励虔恭"。这种心情,已见于他在此前的多则题识中。事实上,在乾隆皇帝的御制诗中,多见他心怀诚敬,时常感念天赐恩泽,使他在各方面蒙受眷顾的语词。这种谢天的心怀,愈老愈为明显。在此只是其中的又一个例子而已。

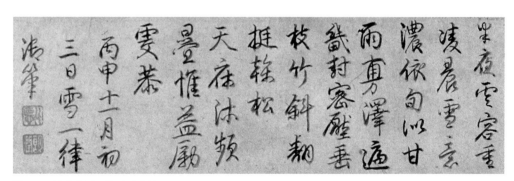

图5.56 清高宗题《快雪时晴帖》1776

乾隆四十二年（丁酉，1777），他六十七岁。题识一则。

在以上题识的两个多月后，也就是乾隆四十二年（1777）正月底，他的母亲孝圣皇太后以八十六岁的高龄逝世了。痛失他一生的至亲，乾隆皇帝为此伤恸不已。在那年及其后的许多御制诗中，时常反映出他的这种伤怀。在同年冬至后，他可能又想到了生母的冥诞，所以在所写的一则题识中，也显现了这种难以掩抑的思念与伤悲：

> 复雪叨天贶，自宵达曙连；缤纷迷旷宇，雾霭湿非烟。
> 诚幸逢膏续，仍欣在腊前；无人相慰藉，独立一酸然。
> 丁酉冬至月廿九日，复雪一律。御笔。（乾42，图5.57）

由以上诗中得知，该年在腊月前的冬至月（十一月），因上天赐福，下了两次雪，有利于农，所以他说："复雪叨天贶……仍欣在腊前"。但遗憾的是，他无法将这种感谢和欣慰之情，与至亲的母亲分享，心中不免涌上了一种凄凉与酸楚之感，所以他又说："无人相慰藉，独立一酸然。"这种凄楚之感，多见于他对亲人的悼惋诗文，其中最多的，是他悼念早逝的至爱孝贤皇后的诗文。[33] 然而，由于孝贤皇后早逝，因此，在他一生中与他相伴最久，也与他最亲的，便是他的生母孝圣皇太后。皇太后身体健康，个性开朗。皇帝平日无微不至地照顾她的生活起居，时常侍奉她到各地巡狩旅行，母子之间的互动密切，情感交流无间。这种情形长达六十多

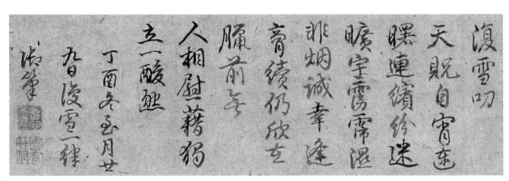

图5.57　清高宗题《快雪时晴帖》1777

第五章　乾隆皇帝与《快雪时晴帖》

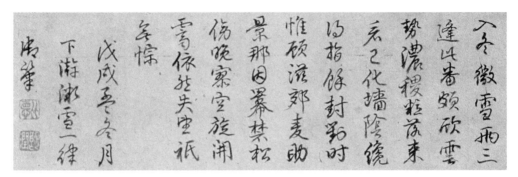

图 5.58　清高宗题《快雪时晴帖》1778

年。孝圣皇太后逝世时，乾隆皇帝已经六十七岁。顿失一生的至亲依靠，使他倍觉孤独。这种苍凉的心情，在他此后数年的诗中时常涌现。

乾隆四十三年（戊戌，1778），他六十八岁。题识一则。

> 入冬微雪两三逢，此番颇欣云势浓；稷粒落来看已〔已〕化，墙阴才得指余封。
> 对时惟愿滋郊麦，助景那因霂禁松；傍晚寥空旋开霁，依然失望祇无惊。
> 戊戌孟冬月下澣，微雪一律。御笔。（乾 43，图 5.58）

那年十月孟冬，只下微雪，所以他有点失望。这种情形又见于第二年的诗中。

乾隆四十四年（己亥，1779），他六十九岁。题识一则。

> 两夜问无雪，生云报五更；质明方集霰，侵晓遂飘霙。
> 落地未成寸，作风忽即晴；椒园礼嘉腊，不怿越怦怦。
> 己亥腊八日，微雪一律。御笔。（乾 44，图 5.59）

腊八微雪不满一寸，因此他的心情是怦怦不怿。在他此期的几则题识中，毫不掩饰

251

乾隆皇帝的家庭生活与内心世界

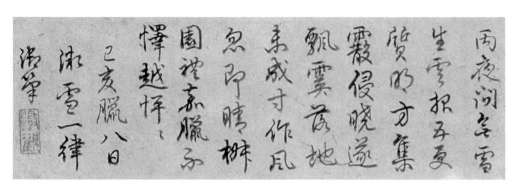

图 5.59　清高宗题《快雪时晴帖》1779

他有时因大雪有利于农而感谢天恩与心喜，但有时却也像这样，因雪量不足而不怿与心焦。

乾隆四十五年（庚子，1780），他七十岁。题识二则。

（1）第一则作于元旦，由于元旦大雪，他欣喜异常，所以作了长诗与题识：

除夕颙看刚霰集，三更肃拜落霙微；质明侵晓才绥布，历午达申遂畅霏。
望过三冬泽犹靳，欣蒙元旦福如几；方珪圆璧随形相，竖洒横排势霍挥。
四字适增曹植颂，千官都点谢庄衣；庆因首祚叩天贶，冀更鸿禧遍帝畿。
应节果然为六出，临池余事逮三希；自惟何以克当此，屡省钦哉慎所依。
庚子元旦日，雪一律。御笔。（乾 45-1，图 5.60）

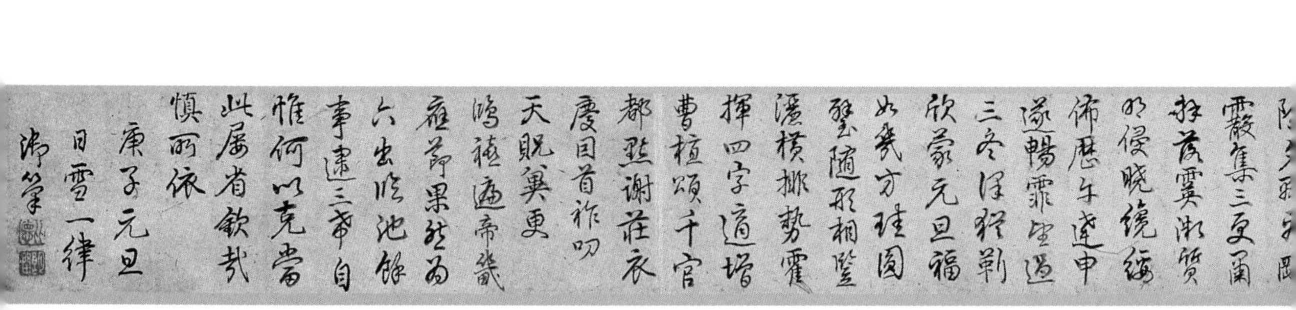

图 5.60　清高宗题《快雪时晴帖》1780（之一）

第五章　乾隆皇帝与《快雪时晴帖》

他之所以特别高兴，主要是元旦当天下了大雪，他认为那是天赐福禧。而他认为天恩之所以如此崇渥，主要是因他平日戒惧谨慎，时常反省，遵钦天意，行事有则之故。事实上，该年元旦过后不久，正月十二日，他便出发前往江南，作第五度南巡，直到同年的五月四日才回銮。[34] 南行之前下雪令他放心，因为那解决了北方农田的水源问题，使来年不至于干旱而影响麦收。因此，他才会那么兴奋地写下了这则长诗和题识。

(2) 第二则作于同年的十一月初四日，他也因为喜雪而再作一则短记：

庚子十一月初四，喜雪再记。（乾 45-2，图 5.61）

乾隆四十六年（辛丑，1781），他七十一岁。题识一则。

将言时应祈甘雪，傍晚云浓夜雪霏；敢谓泽沾弗重吁，越钦恩渥示先几。

近连太液迷银界，远望西山隐翠微；才觉希膏遇优濡，何脩惟益慎宵衣。

辛丑长至月十二日，雪一律。御笔。（乾 46，图 5.62）

（右）图 5.61　清高宗题《快雪时晴帖》1780（之二）

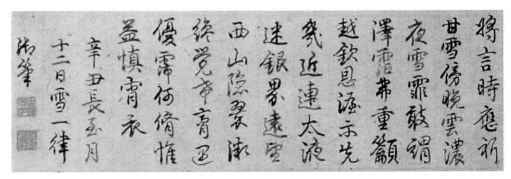

图 5.62　清高宗题《快雪时晴帖》1781

诗中表示，当他正打算向上天祈求甘雪时，竟真的下了大雪，因此他越发地感谢上天的恩渥。

乾隆四十七年（壬寅，1782），他七十二岁。题识一则。

入夜冻云粘，中宵稷霰纤；初闻点方作，既报片徐添。
飒沓渐传牖，迷离云羃檐；明当小雪节，记胜叶祥占。
壬寅十月十七日，夜雪一律。御笔。（乾47，图5.63）

以上所见，为乾隆皇帝从乾隆三十年到乾隆四十七年（1765—1782）的十八年间，在本册中所写的二十则题识。它们在布列上的特色是规划整齐有序：除了乾隆四十五年（1780）十一月初四日的那则短记（乾45-2，图5.61）是位于后副叶内之外，其余十九则都另纸书写，再依年序，布列在各页上端的裱绫上。又，除了乾隆三十一年（1766）和乾隆三十四年（1769）可能全年无雪可记之外，他多半以一年一记为原则，极有规律地题咏当年最令他印象深刻的下雪情况与心情，时间多半在农历十一月（冬至月）或十二月（腊月），偶在十月（小春、孟冬）或元月逢雪时，他也会特别记述。其中，最令他兴奋的是乾隆四十五年（1780）的元旦，在他即将出发作第五度南巡前，下了大雪，使他高兴地写了特别长的诗咏以记胜（乾45-1，图5.60）。

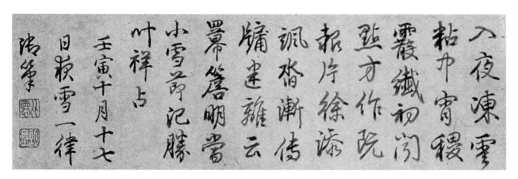

图5.63　清高宗题《快雪时晴帖》1782

从内容上来看，这些题识主要已不再言及王羲之《快雪时晴帖》的书法特色、品质及珍贵性，而是全部记述他盼雪的心情、下雪的景观、雪量的多寡、下雪有利于农等事。此外，下雪的时间，对他而言也别具意义。由于有时在他冬至祭天的前后，正好下雪，他便认为那是天恩吉兆，于是欣喜而谢天；同时也更提醒自己要谨修慎行，以便天恩永顾。在这些题识中，他所想展示的是他身为君主，所思所想都在于国计民生与敬天慎修的心情。唯一例外的是，乾隆四十二年（1777）正月，他的生母孝圣皇太后过世，乾隆皇帝因此失去了六十多年来的母子亲情与紧密的心理依靠，顿觉孤独；在当年冬至后的咏雪诗（乾42，图5.57）中，不禁流露出"无人相慰藉，独立一酸然"的凄楚之感。这在本册他所有的题识当中，是仅有的特例。

再从书法上来看，此期的书法风格，与第一阶段所见的特征——结字方正，字体多样，楷、行并存，楷书用笔精谨，布白均匀、布列齐整等相较，显现了日渐松散的现象。此期的题识多为行书，结字长方，用笔随意，并不注意用笔的起伏顿挫，也不在乎笔画粗细的匀整。书写快速，字形大小及字距和行距不均，而且字列时见偏斜。这种现象，应可归因于书者不够专注，腕力与视力疲弱。这种种书法上的弊病，随着他年岁的增加而日益恶化。这其中固然反映了他随着年岁增加而不拘于形式规范的限制，有一种日渐自如的心理，但同时也反映了他身体日益衰颓，特别是眼睛机能随老化而渐渐衰退的现象。

事实上，从许多方面来看，乾隆皇帝在乾隆三十年（1765，他五十五岁）以后，已逐渐步入老年，在精神和体力方面渐渐不如他的青壮时期。其中之一，便是他生育能力骤降。按乾隆皇帝前后共有四十一位配偶，共生十七个皇子（其中七个早殇）和十个皇女（其中五个早殇）。这二十七个子女当中，二十五个都出生于乾隆三十年之前；而在乾隆三十年之后，他只再得一子和一女而已。由此可证，乾隆三十年之后，他的健康一日不如一日。[35] 因此，他在此期中所作的题识书法之每况愈下，也正反映了他体力日衰、目力渐弱的自然现象。

再加上稍前，乾隆二十七年（1762）他五十二岁之时，因射箭而扭伤了右臂，此后成为他的慢性旧疾，影响他的步射。他对此一直引以为憾，常在诗中提起。[36]

右臂受伤成宿疾，自然影响到他右手的运动功能，连带地也可能影响到他执笔的方式。此外，更重要的因素是，在乾隆四十年（1775）他六十五岁之后，他的目力日渐退化，已成远视。但他一直坚持不戴眼镜，且一再作诗以此自豪，一如他在乾隆四十年（1775）所作的诗中所说的：

眼镜

器有眼镜者，用助目昏备；或以水晶成，或以玻璃制。
玻璃云害眼，水晶则无弊；水晶贵艰得，玻璃贱易致。
老年所必须，佩察秋毫细；然我厌其为，至今未一试。
挥毫抚笺际，原可蝇头字；抑更有进焉，絜矩句精义。
赖彼作斯明，斯明已有蔽；敬告后来人，吾言宜深思。[37]

殊不知，远视的问题使他无法在近观时聚焦，以至于无法再作蝇头小楷；纵使作行书，不但笔画粗细难以掌握，就是布白行列也变得参差不齐了。这种恶化的情形，在这阶段的后期，也就是乾隆四十八年（1783，他七十三岁）以后他所作的题识书法上，愈来愈明显了。

2. 后期（乾隆四十八年到乾隆六十年后，1783—1795 年后）

此期包括乾隆四十八年到乾隆六十年之后（1783—1795 年后）。他在这历时十三年以上的题识，共有十六则（三则由董诰代书），其中最后的两则（乾 60-2，图 5.78；乾 60 后，图 5.79）写在"本幅"的后副叶之内，其余十四则，则都先书于另纸上，之后再依年序的先后，规律地贴裱在各页的左右两侧裱绫上。这些题识的内容，仍然多偏重于关心下雪和忧心农情，以及敬天和谢天等方面；间或也说到他目力衰退，不戴眼镜不能细书，只好请人代书等事。至于书法品质，则是每况愈下，因为当他写这些题识时，已是七十三岁到八十五岁以上的老人了。

乾隆四十八年（癸卯，1783），他七十三岁。题识一则。

第五章 乾隆皇帝与《快雪时晴帖》

> 盼雪逮冬尽,一朝甚一朝;三更称霰集,四鼓报霙飘。
> 真沃心芽润,深培麦本饶;惟期盈尺积,宁祇百忧消。
> 夜雪一律。癸卯嘉平月下澣。御笔。(乾48,图5.64)

由于该年已经到十二月下旬了,还不见下雪,所以他心中十分焦虑,日复一日地盼雪。有一天夜里,终于下雪了,他兴奋得难以入睡,在深夜的三更四鼓,还命人随时向他禀报下雪的情形。他期望雪下丰足,最好盈尺,才能润麦芽,深培土;惟有利于农情,才能令他消解百忧。

乾隆四十九年(甲辰,1784),他七十四岁。题识一则。

> 冬后望霙亟,春前值雪祥;积将三寸厚,落以四时长。
> 顿止殊堪惜,再沾斯益臧;祈农不知足,此亦我之常。
> 雪一律。甲辰嘉平月下澣。御笔。(乾49,图5.65)

此诗反映了和前一首诗中一样的心情:入冬以后,他就一直盼雪,希望明年春天以前能降下瑞雪,那样才有利于麦田。但那年十二月(嘉平月)下旬的那场雪,只下了三寸就忽然停了,让他觉得相当可惜。他自言,每每为了农事,他常不知足地祈求老天多降雪,这是常有的事。

乾隆五十年(乙巳,1785),他七十五岁。题识一则。

> 集霰当辰末,霏霙遂午中;漫漫静入夜,习习幸无风。
> 问到五更止,积来四寸同;祈恩蒙需泽,寅谢惕深衷。
> 雪一律。乙巳冬至月廿一日。御笔。(乾50,图5.66)

此诗中明言,当时雪虽然只下了四寸,但因时在冬至月(十一月),还有下冬雪的

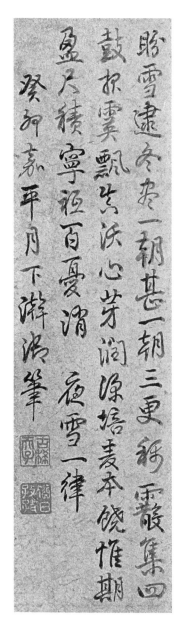

图 5.64 清高宗题《快雪时晴帖》1783

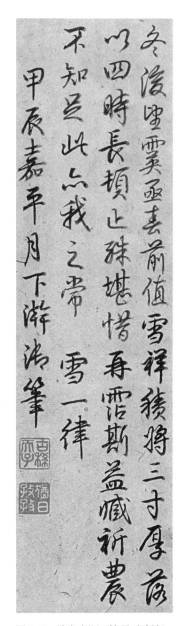

图 5.65 清高宗题《快雪时晴帖》1784

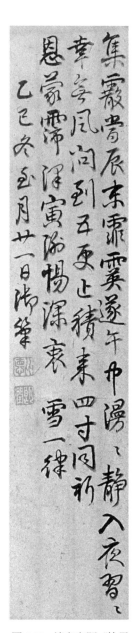

图 5.66 清高宗题《快雪时晴帖》1785

希望，因此他较不焦虑，而宽怀地感谢天赐霈泽。那场雪应当是在他冬至到天坛祭过天以后才下的，因此他认为它是他向上天"祈恩"之后所得到的"霈泽"，为此他特别感谢，所以在诗中说："祈恩蒙霡泽，寅谢惕深衷。"这种虔诚谢天的情怀，陆续出现在他作于其后四年冬至月的每则题识中。

乾隆五十一年（丙午，1786），他七十六岁。题识一则。

> 酝酿连三日，鬖髿彻一宵；望深因亟慰，问夜达崇朝。
> 鸳瓦玉为垒，虬松花作标；诣坛当谒拜，钦谢惕犹饶。
> 夜雪一律。丙午孟冬廿九日。御笔。（乾51，图5.67）

由诗中得知，那场雪下于孟冬（十月）廿九日，也就是冬至之前，所以他说到冬至祭天时，他一定要"诣坛当谒拜，钦谢惕犹饶"。

乾隆五十二年（丁未，1787），他七十七岁。题识一则。

> 积地诚三寸，知时方仲冬；乾坤清作气，宫阙玉为容。
> 较量前番渥，仍希后继浓；扫收培树本，敛锡沛恩重。
> 雪一律。丁未冬至月廿三日。御笔。（乾52，图5.68）

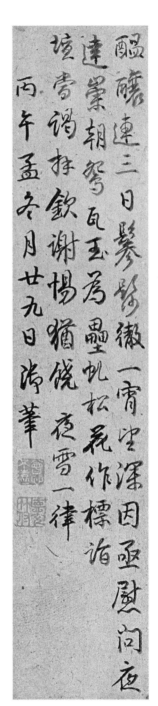

图5.67 清高宗题《快雪时晴帖》1786

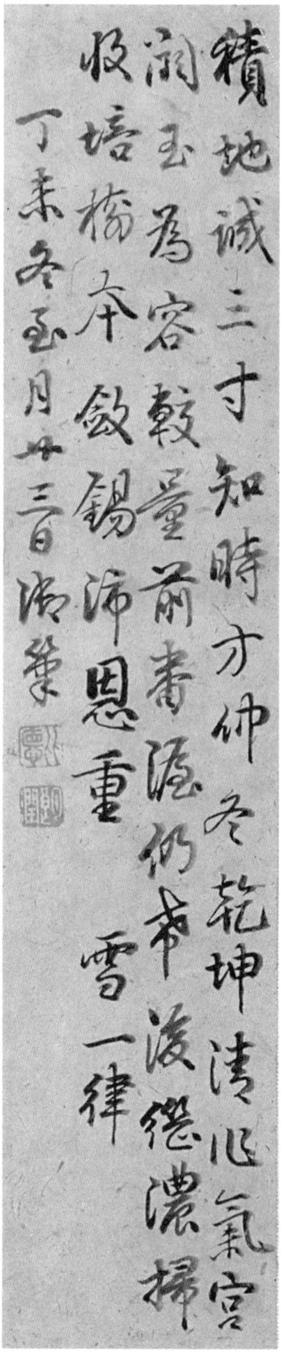

由诗中可知,该年仲冬(十一月)得雪,为此他感谢上天,所以说"敛锡沛恩重"。

乾隆五十三年(戊申,1788),他七十八岁。题识一则。

> 傍晚同(彤)云色,中宵落雪花;达晨益汗漫,望宇正鬖髿。
>
> 诗寓都官体,画标石谷家;被恩惟有惕,铭感实无涯。
>
> 夜雪一律。戊申冬至月廿六日。御笔。(乾53,图5.69)

在诗中,他宣言"被恩惟有惕,铭感实无涯",显示他为得雪而小心谨慎地感谢天恩。谢天之外,民生仍是他这个时期主要关注的议题。在同一年,他在传李迪《鸡雏待饲》册页对幅上的题诗,便明显反映出这种思想:

图5.68 清高宗题《快雪时晴帖》1787

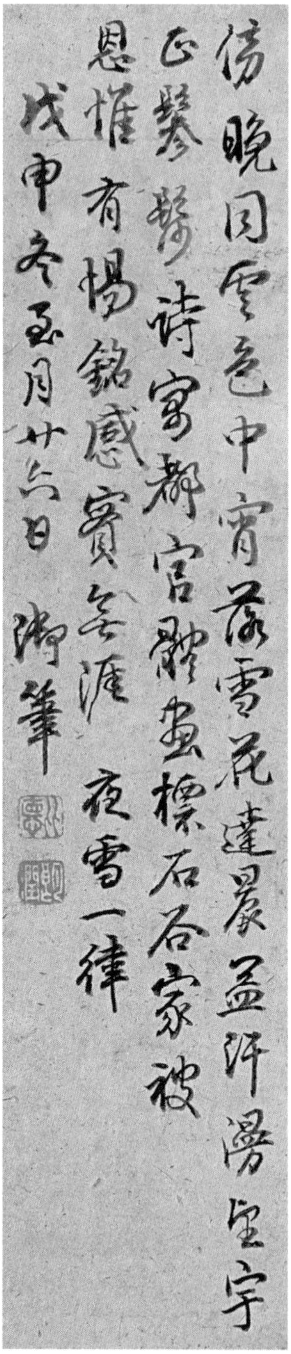

图5.69 清高宗题《快雪时晴帖》1788

双雏如仰望,其母竟何之;
未解率场啄,谁怜空腹饥。
展图一絜矩,触目切深思;
灾壤民待哺,慎哉群有司。[38]

乾隆五十四年(己酉,1789),他七十九岁。题识一则。

微雪廿过余,同(彤)云晚布初;霙华先己〔巳〕集,寒夜密还疏。

本弗望之切,亦称怀以舒;晓沾报二寸,纪节五言书。

己酉冬至月廿三日,夜雪一律。御笔。(乾54,图5.70)

在此诗中,他明言当时他"本弗望之切",似乎不亟盼下雪,但既然下了,而且只下了二寸,"亦称怀以舒",也就心情舒展了。

乾隆五十五年(庚戌,1790),他八十岁。题识一则。

入冬尚未雪,远处却频闻;虽识时堪待,亦萦望颇殷。

问宵云气重,拂曙雪英纷;飘洒冰花势,迷离玉树纹。

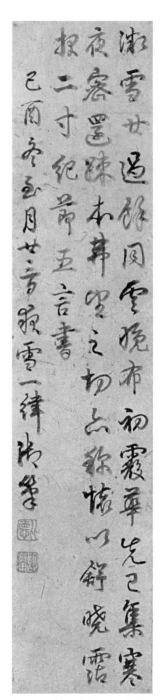

图 5.70 清高宗题《快雪时晴帖》1789

三时落止矣，二寸积诚云；初泽能无谢，谢中惜意勤。
庚戌十一月廿一日，雪六韵。御笔。（乾55，图5.71）

在盼望中，雪虽只下了二寸，但他仍珍惜地谢天。

乾隆五十六年（辛亥，1791），他八十一岁。题识一则。

先集霰通朝，密霏霙入宵；疾徐无间断，悠畅恣飘萧。
问已重檐积，知将三寸饶；拈毫敢志慰，慰又恐心骄。
辛亥十一月十日，雪一律。御笔。（乾56，图5.72）

从此诗中，可知乾隆皇帝得雪的喜悦。但在喜悦的同时，又不忘告诫自己不可心骄。将得雪看作天恩，虽喜而不敢狂妄，戒慎恐惧，是他从乾隆二十五年（1760，他五十岁）在《复雪》一诗中所说的"慰余益慎敢矜夸"（乾25，图5.38）以来，一直持有的心态。同样的心情，又见于第二年的诗中。

乾隆五十七年（壬子，1792），他八十二岁。题识一则。

终朝祇集霰，半夜乃霏霙；历以五时久，积将六寸成。
入冬天地合，先腊麦薿亨；望亟慰亦亟，持心戒满盈。
壬子十一月廿五，夜雪一律。御笔。（乾57，图5.73）

以上所见，是乾隆皇帝从乾隆四十八年到乾隆五十七年（1783—1792）的十年之间所作的题识。它们的内容都相当一致，包括：记述他盼雪的心情，某日下雪的多寡和农情的关系，他得雪的喜慰或不足之感，以及谢天的诚意，还有不时警诫自己不得矜夸骄侈的心态。在这阶段中，他所关注的已经全是农情，而完全无关书法艺术的问题。这种由早期着迷于艺术，到晚期专注于国事的心态转变，又可分别见于他

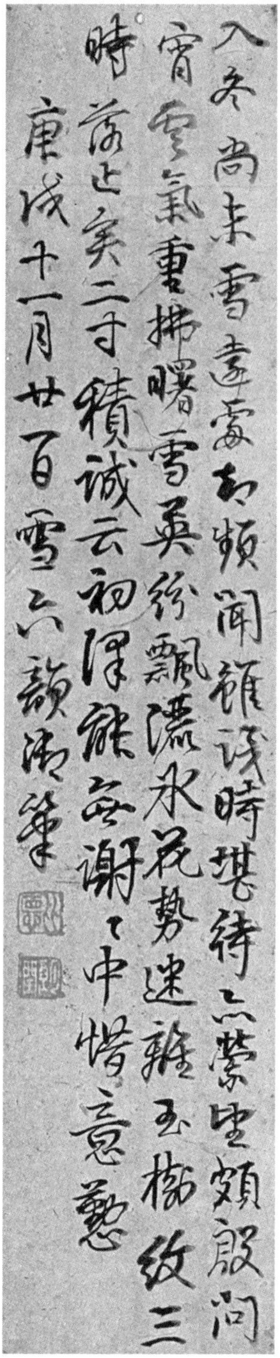

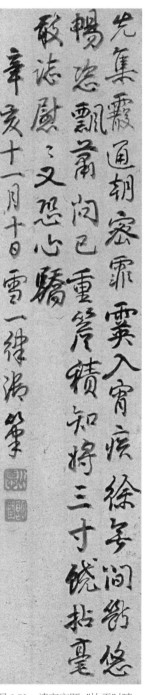

图 5.71 清高宗题《快雪时晴帖》1790

图 5.72 清高宗题《快雪时晴帖》1791

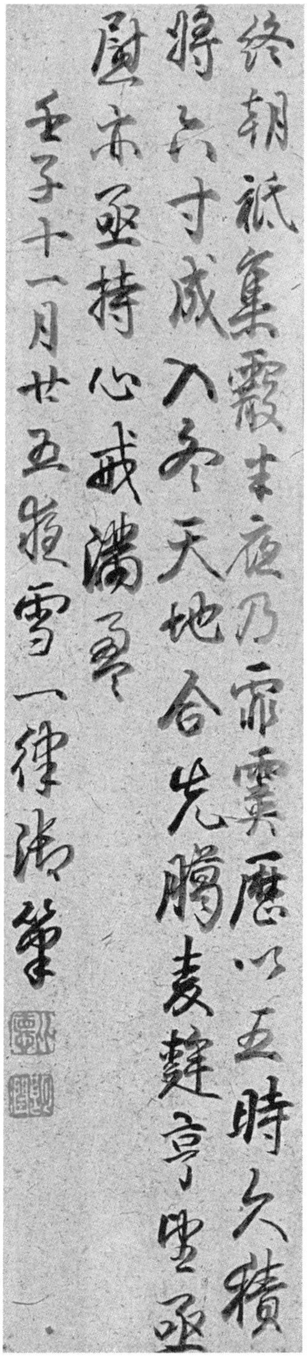

图 5.73 清高宗题《快雪时晴帖》1792

在乾隆十年（1745，他三十五岁）命张照和梁诗正等人编纂《石渠宝笈初编》的上谕，和乾隆五十八年（1793，他八十三岁）他为《石渠宝笈续编》所写的序文中。他在乾隆十年（1745）的上谕中说：

> 内府所储历代书画积至万有余种……朕少年时，间涉猎书绘。登极后，每缘几暇，结习未忘弄翰抒毫，动成卷帙……至臣工先后经进书画，暨传入御府者，往往有可观览……朕于清谦之余，偶一披阅，悦心研虑。左图右史，古人岂其远哉。[39]

其中明述他对当时内府藏有丰富的书画一事感到喜悦，以及他在几暇赏玩的乐趣。但经过了四十八年之后，到乾隆五十八年（1793），他在《石渠宝笈续编》的序文中，所呈现的态度却有了巨大的改变。他说：

> 《石渠宝笈》编自甲子，成于乙丑（1745），逮今均四十余年矣。……自乙丑至今癸丑，凡四十八年之间……臣工所献古今书画之类，及几暇涉笔者，又不知其凡几……因命内廷翰臣王杰等重集，一如前例……此举实因志过，而非夸博古也。盖人君之好恶，不可不慎。虽考古书画为寄情雅致之为，较溺于声色货利为差胜；然与其用志于此，孰若用志于勤政爱民乎。四十余年之间，应续纂者，又累累若此。谓之未害勤政爱民之念，已且愧言之，而况于人乎？书以志过。后之子孙，当知所鉴戒去取矣。[40]

在此序文中，他认为考古书画乃寄情雅致之行为，较沉溺于声色货利为佳，但为人君者若雅爱此好，难免会影响到勤政爱民之念。而人君应以勤政爱民为要，不应引书画艺术之娱为傲。因此他写那篇序文，是为志过，并且劝诫后世子孙要知所去取。

以上这十则书法的特色，近于前一期中所见，但品质较差。这些题识的结字松散，笔画抖动，布白不匀，字距与行距不均，且时见攲斜。原因正如前述：此时的

第五章　乾隆皇帝与《快雪时晴帖》

乾隆皇帝真的老了，他的手指与腕力更弱了，控笔不灵活；他的远视更加厉害，难以精确地近观聚焦。他自己虽自豪始终不用眼镜，但到乾隆五十八年（1793）的冬天，他也终于承认，他不戴眼镜便无法书写小字了，所以只好请人代书，如以下所见。

乾隆五十八年（癸丑，1793），他八十三岁。他在一则题识中明言请董诰代笔的情形。

予八十有三，不用眼镜。今岁诗字，每艰于细书，命董诰代写，亦佳话也。御识。（乾58-1，图5.74）

不但乾隆五十八年，而且接下来的乾隆五十九年（1794）和乾隆六十年（1795），共三年，他都命董诰代书他的御制诗，同样依序贴裱在册页的两侧。

乾隆五十八年（癸丑，1793），董诰代书一则。

絮云浓午末，稷雪落申初；问彻更长短，报称霏疾徐。
满空泽犹酝，二寸积诚余；冰上收原富，树根堆不虚。
因之赏行众，谁识盼仍予；翘首时晴晦，益增嗟以嘘。
御制雪六韵。乾隆癸丑冬至月。臣董诰敬书。
（乾58-2，图5.75）

图5.74　清高宗题《快雪时晴帖》1793（之一）

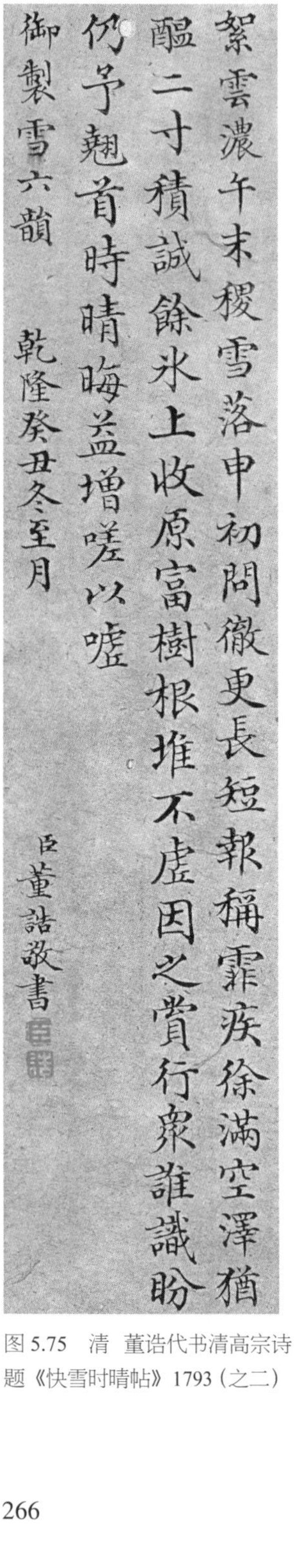

御製雪一律

大雪倫節至祥霙入夕和達晨時踈密遠巳益鬖髿未切一心望欣霑七寸多占農歸政喜虔惕感如何

乾隆乙卯孟冬月　臣董誥敬書

御製雪一律

地潤秋霖非望雪遠霑近未暑懇然昨霡今繼襟梅萼晴灑陰飄幻柳棉真是沃心符臘節底須䜩語詡春前慰我轉眼旋生憲恐卻斯情捆弛雯

乾隆甲寅臘月　臣董誥敬書

御製雪六韻

絮雲濃午末稷雪落申初問徹更長短報稌霧疾徐滿空澤猶驅二寸積誠餘氷上收原富樹根堆不虛因之賞行衆誰識盻仍予翹首時晴晦益增嗟以噓

乾隆癸丑冬至月　臣董誥敬書

图 5.75　清　董诰代书清高宗诗题《快雪时晴帖》1793（之二）

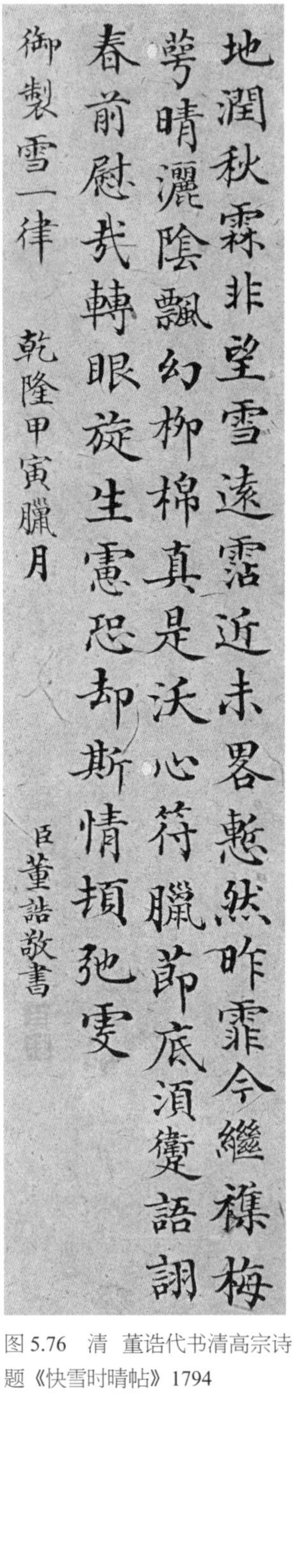

图 5.76　清　董诰代书清高宗诗题《快雪时晴帖》1794

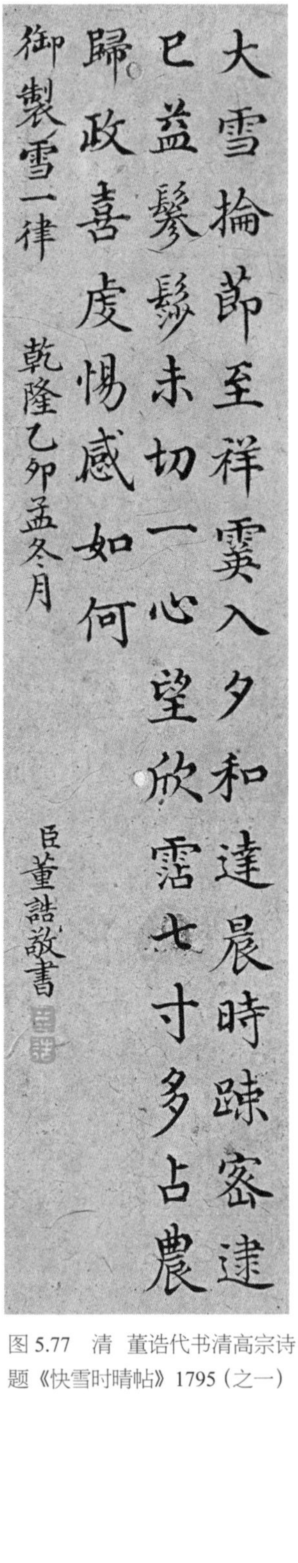

图 5.77　清　董诰代书清高宗诗题《快雪时晴帖》1795（之一）

明显地，那场雪只下了二寸，所以他仍"翘首时晴晦"，期望晴天变晦，再多下一点雪。

乾隆五十九年（甲寅，1794），他八十四岁。董诰代书一则。

地润秋霖非望雪，远沾近未略惭然；
昨霏今继杂梅萼，晴洒阴飘幻柳棉。
真是沃心符腊节，底须龥语讷春前；
慰哉转眼旋生虑，恐却斯情顿弛虔。
御制雪一律。乾隆甲寅腊月。臣董诰敬书。（乾59，图5.76）

诗中说明，该年秋天雨足，所以他并不急切渴雪。不过，腊月下雪令他十分高兴。然而，他却又马上警诫自己不得太高兴，而忘了保持虔恭之心以谢天。

乾隆六十年（乙卯，1795），他八十五岁。董诰代书一则。

大雪抢节至，祥霙入夕和；
达晨时疏密，逮巳〔已〕益鬖髿。
未切一心望，欣沾七寸多；
占农归政喜，虔惕感如何。
御制雪一律。乾隆乙卯孟冬月。臣董诰敬书。（乾60-1，图5.77）

乾隆六十年九月三日，八十五岁的乾隆皇帝正式宣布次年传位给皇十五子永（颙）琰（1760年生，1796—1820年在位），年号嘉庆；而自己退位为太上皇，仍然训政。[41] 正好那年十一月的一场大雪下了七寸。春前下大雪，有利于农；更特别是在他宣布归政的冬至月，正好下大雪，真可谓是瑞雪兆丰年。他认为这是吉兆，为此更加谢天，所以诗中说："占农归政喜，虔惕感如何。"

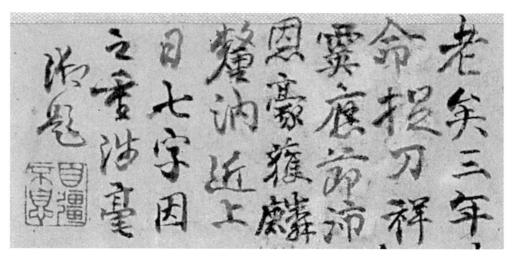

图 5.78　清高宗题《快雪时晴帖》1795（之二）

他已目力极差，且书法不佳，所以才命董诰连续三年为他代书御制诗。纵然如此，但是此时为了这么一件高兴的事，他便不管书法好坏，技痒难禁地又在册上题了一则短诗：

老矣三年命捉刀，祥霙应节沛恩豪；
获麟厘讷近上日，七字因之委涉毫。
御题。（乾60-2，图5.78）

此则题识的书法，品质极差，笔画抖动得相当厉害，显见他控笔的力道已经极为疲弱。这则题识虽无纪年，但从"老矣三年命捉刀，祥霙应节沛恩豪"两句，可以推断它应作于董诰已代书三年之后，而且那年又下了大雪，因此很可能是乾隆六十年的冬至月到腊月节之间所写。而诗中另句"获麟厘讷近上日"，指的应是同年稍早，他在御制诗《五福五代堂识望》诗注中所说：希望很快得到来孙，以享六代同堂之福。原来，当时他的曾孙载锡（1784—1821）年已十二。他期望三年后，载锡可以结婚，而且可以很快生子，这样他便可得来孙，而享六代同堂之福了。[42] 那是他最衷心的期盼。但可惜，这个愿望最后没有实现，因为在他得来孙之前的一年，他便逝世了。

第五章 乾隆皇帝与《快雪时晴帖》

乾隆皇帝在此册中所题的最后一则题识，十分简短，且没有纪年。他似乎下定决心，以一种依依不舍的口气写道：

以后展玩，亦不复题识矣。（乾60后，图5.79）

这则题识以行书写成；下方钤印为"太上皇帝"，由此可证这是他退位以后所书。它的位置紧贴在《快雪时晴帖》"本幅"的左侧。它的书法松散，与"本幅"右侧他约在乾隆十二年（1747）时所写的"天下无双，古今鲜对"（乾12-2，图5.20）中所见的那种用笔精谨的小楷书风，形成了明显的对比。这是难免的，因为两者之间，已相距大约五十年之久。

以上所见乾隆皇帝频繁题识《快雪时晴帖》的情形，成为他对待某些书画珍品的模式。比如，他在黄公望（1269—1354）的《富春山居图》卷（子明本）（图5.80）上，题了五十四次；在唐寅《品茶图》（图5.81）的轴外裱绫上，题了二十一次；也在董其昌（1555—1636）

（右）图5.79 清高宗题《快雪时晴帖》1795年后

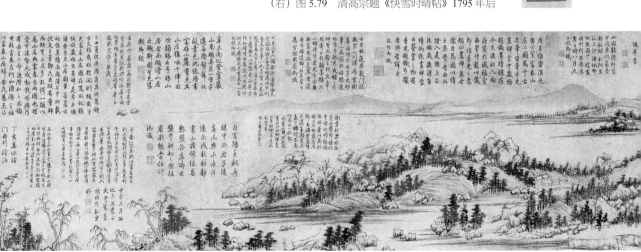

图5.80 （清高宗题）元 黄公望《富春山居图》卷（子明本）（局部）纸本水墨 卷 33×589.2公分 台北 故宫博物院

图 5.81 （清高宗题）明 唐寅《品茶图》约 1500 纸本水墨 轴 93.2×29.8 公分 台北 故宫博物院

图 5.82 （清高宗题）明 董其昌《婉娈草堂图》1597 纸本水墨 轴 111.3×68.8 公分 台北 私人收藏

《婉娈草堂图》（图5.82）的本幅上，题了三十多次。他真的是中国历史上最具书画癖的鉴藏家。

在此，笔者谨据以上本文所述乾隆皇帝在《快雪时晴帖》中所作的题识资料，辑绎出一些有趣的现象，列表显示如下：

表 5.2 乾隆皇帝书《快雪时晴帖》题识的分期、位置、内容及书法之特色

分期阶段	年代起讫	年数	题识则数	纪年	布列	内容	书法
第一阶段	前期：乾隆十年前至乾隆十八年（1745—1753）春	9	25	• 六则未纪年，但可推断为乾隆十年（1745）之前到乾隆十二年（1747）之间所作。 • 乾隆十三年（1748）和乾隆十六年（1751）没有题识。 • 其余皆有纪年。	兴之所至，随意书写，不依年序排列，杂乱无章。	偏重雪景和《快雪时晴帖》之书艺（十九则）。	行、楷兼具，品质佳。行书流畅，受王羲之影响，楷书精谨，受赵孟頫影响。
第一阶段	后期：乾隆十八年冬至乾隆二十九年（1753—1764）	12	13	• 乾隆二十三年（1758）没有题识。 • 其余皆有纪年。	乾隆二十六年（1761）到二十九年（1764）所书五则，多依年序排列。	偏重对下雪状况和农情的关注（十三则）。	同上。
第二阶段	前期：乾隆三十年到乾隆四十七年（1765—1782）	18	20	• 乾隆三十一年（1766）和乾隆三十四年（1769）没有题识。 • 其余皆有纪年。	书于另纸上，再依年序贴裱在册页上端的裱绫上。	偏重下雪状况和农情（八则），谢天（八则）。	多行书。目力渐差，结字松散，布白不匀，行列敧斜。
第二阶段	后期：乾隆四十八年到乾隆六十年（1783—1795）后	13	16	• 多有纪年。 • 二则虽未纪年，但可推断为乾隆六十年（1795）和其后所作。 • 三则为董诰代书。	书于另纸上，再依年序贴裱在册页左右两侧的裱绫上。但最后二则写在册页内。	偏重下雪状况和农情（二则）与谢天（十一则）。	多行书。目力恶化，无法细书。笔画抖动，布白不匀，行列敧斜。

以上表 5.2 所见，可视为乾隆皇帝在长达五十年之间与《快雪时晴帖》长期互动的缩影，从中不但可以具体得知他内心所关注的议题，随着年龄的增长而由书法艺术转向农情的事实，同时也清楚展现了他书法品质之优劣，与他生命力之盛衰同步发展的现象。

结　语

综合以上的研究，我们得以了解今藏台北故宫博物院的王羲之《快雪时晴帖》从北宋、南宋以来的流传经过，以及它进入清宫以后，成为乾隆皇帝三希堂珍藏秘宝之一的事实。从形制上来看，此帖在明代王稚登收藏时，曾在万历三十二年（1604）重装成册，到乾隆十年（1745）之前又再重裱，并加上许多前、后副叶，上有乾隆皇帝、梁诗正及张若霭等三人的书画。尤其是乾隆皇帝，他个人不但在册前题签，且在引首和前、后副叶上题字、作诗，还作画二幅。更有甚者，他从乾隆十一年（1746）开始，到乾隆六十年（1795）退居太上皇训政之后的五十多年间，曾经亲自写上长短不一的题识和诗作，共达七十一则之多（另外，董诰代书三则）。其中，除了乾隆十三年（1748）、乾隆十六年（1751）、乾隆二十三年（1758）、乾隆三十一年（1766）和乾隆三十四年（1769）等五年之外，他每年都在此册中题上至少一则（或多则）的题识。他写这些题识时，都在紫禁城内，主要是在养心殿的三希堂中；特别是遇到下雪时，便拿出此册来欣赏，并且抄录他所作的咏雪诗和相关记事。偶有几次，他在斋宫斋戒时，正逢下雪，也会乘兴在斋宫中展册题识。然而，他从未将此帖随身携带，到处旅行。众所周知，他常在巡狩各地时携带相关的书画作品，以便对景赏玩。如乾隆十三年（1748），他东巡山东，面对鹊、华二山时，突然传令，命人驰回宫中，取来赵孟頫的《鹊华秋色图》，以便与实景对证。又如乾隆十六年（1751），当他第一次南巡时，兴致高昂地坐在金山寺中，即打开所带的文徵明《金山图》，对景题咏一番。但他始终未曾如此随兴地携带《快雪时晴帖》离开过紫禁城。由此可见他宝爱此帖的程度。

第五章　乾隆皇帝与《快雪时晴帖》

　　乾隆皇帝在此册中书写的题识，共七十四则（其中三则为董诰代书），依它们的位置、内容与书法的特色来看，这些题识大约可以乾隆三十年（1765）为界，分为两个阶段；每阶段中又可分为前、后两期。简单地说，第一阶段包括乾隆十年之前到乾隆二十九年（1745—1764）春，其间所作的题识共三十八则。它们既无固定体例，亦多不依年序地散布在各副叶中，整体看来显得杂乱无章，位置也未经整体规划。不过，从内容方面来看，这阶段的题识又可以乾隆十八年（1753）冬天为界，分为前、后两期。前期为乾隆十八年冬之前的题识。它们的内容多为咏雪和《快雪时晴帖》的书法艺术。但后期，也就是乾隆十八年冬之后到乾隆二十九年之间的题识，它们的内容逐渐转向以关怀下雪和农事为主，以及视下雪为天恩而谢天的心情，几乎不再谈到王羲之与《快雪时晴帖》的书法问题了。在这阶段中，他的书法精谨，常作蝇头小楷，结构整饬，笔法利落，布白齐整，反映出他的视力锐利，腕力、指法皆运作自如，健康状态极佳。

　　第二阶段，为乾隆三十年到乾隆六十年（1765—1795）他退位以后。在此期间，他共书题识三十六则（其中三则为董诰代书）。他在这阶段中所写的题识（除了三则之外），都有整体布局。依它们布列的位置，又可分为前、后两期。前期包括乾隆三十年到乾隆四十七年（1765—1782）的十八年间所作的二十则题识。它们都先另纸书写，然后再依年序，贴裱在册页上端的裱绫上。后期包括乾隆四十八年到乾隆六十年（1783—1795）后所书，共十六则（其中包括董诰代书的三则）。这些题识大多也是先另纸书写，然后依序贴裱在册页左右两侧的裱绫上。但他在乾隆六十年（1795）和退位之后所作的两则，却又零乱地挤进了册页内部。

　　再从内容方面来看，在这阶段中，他的题识主题多为盼雪、雪景、雪下多寡与农情，以及感谢天恩沾泽的虔敬心情，显见他在这阶段中关心民瘼甚于对书法的兴趣。就书法而言，他在这阶段中所作的题识呈现出明显的退步，主要的原因是他的视力日差，又不肯戴眼镜，近观时无法聚焦，因此结字松散，布白不均，字距、行距亦不均，字列敧斜。加上他的右臂在乾隆二十七年（1762）受伤后日益恶化，可能影响到右手的运动功能，也可能因此而导致他的控笔无法精准，且随着年老手抖，使笔画也呈现出颤抖的痕迹。这些因素，都在实质上明显地影响到他在这阶段中的书法品质。

综合以上对这些题识内容的研究，我们可以观察到以下三方面的现象：

首先，乾隆皇帝对艺术鉴藏态度的转变。乾隆二十年（1755）之前，他对《快雪时晴帖》的书法艺术十分热衷，不但时常临摹，多至百遍以上，而且命人在玉石上镌刻他的缩摹本和《羲之观鹅图》。但在乾隆二十年到乾隆三十年（1755—1765）之间，他对此帖的书法兴趣递减。他所关注的议题，转向降雪多寡对农情所造成的影响。而乾隆三十年（1765）之后，他几乎全然只关注到农情民生，而且时常因下雪而敬天谢天。这种转变，反映了他年纪越大，越以社稷和国事为重；而玩赏艺术的心态，亦已不似先前狂热。这种态度上的转变，也可分别见于他为《石渠宝笈初编》（1745）和《石渠宝笈续编》（1793）所作的序文中。[43]而这种心态的自白，主要的目的是他想以此证明他是明主圣君，时常以民瘼为念的事实。

其次，乾隆皇帝一生所作有关雪的诗作极多，分别记录不同时间和场景的下雪情况。这可见于台北故宫博物院所藏的他的十八册《御制雪诗》。但他题写在《快雪时晴帖》册中的咏雪诗，不论在内容上还是时间上，都经过特别的选择，尤其是他在乾隆三十年（1765）之后所作的许多题识，多特别选择在冬至祭天前后书写。在其中，他除了记载如何盼雪和降雪情形以及农情之外，更流露了他感谢天恩和虔敬矜慎的态度。这种态度，也不断地出现在他的御制诗文中，反映了他时刻意识到他身为天子，心中对承沐天恩的感激之情。显然，他将下雪视为天恩，也视它为上天对他为君行事的回应。事实上，他也经常以自己能独蒙天庥、福寿双享，且在各方面都优于历代诸帝的事实而自得。这种心情，在他的《五福五代堂识望》中说得很明白。除了感谢天恩之外，他似乎也要借上天对他的特别厚爱，来证明他确实是圣主明君的事实。[44]但每逢灾变，他也会认为是天象示警而自责。例如嘉庆二年（1797），因乾清宫失火，他认为是上天的警训，因此便作《悔过六韵》。他在其中反省自己太过于自满，如因此触犯天威而降罪，他责无旁贷，愿代新君受罚。[45]

最后，乾隆皇帝的书法，由早期的精谨到晚期的散乱，主要的原因在于他的视力退化，以及右臂受伤所带来的影响，也与他年老手抖的健康因素有关。由于这些题识历时五十年左右，几乎每年都有一则，因此可以当作他的书法编年史，由此也可推断出他许多没有纪年的书画题跋作成的年代。甚至可以以这些题识为依据，推断他所作的其他书迹的真假，以及他人代笔的可能性。

总之，作为人君和艺术鉴藏家的乾隆皇帝，以他无比巨大的政治势力和狂热的书画癖，将一幅王羲之的《快雪时晴帖》转变成一册记录他五十年间的生活年鉴，和对待艺术欣赏的心路历程的文献。也因为如此的质变，本册便成为史家研究他的年中行事、内心思想与书法风格不可忽略的珍贵史料。

附记：本文原刊载于《故宫学术季刊》，27卷2期（2009年冬），127—192页。

结　论

由以上的五篇论文，我们可以约略了解乾隆皇帝一部分的内心思想和价值观：

一、他是一个遵守祖训的满洲君主，虽然深爱汉文化，甚至在图画中以汉人的形象出现，但是，在根本上，他一直不忘"国语骑射"，未改满洲衣冠。

二、他是一个孝子，孝养母亲，无微不至，四十多年来始终不变。他的行为，实为实践清朝皇室"以孝治天下"的祖训和体现儒家"百行孝为先"的核心价值观念。

三、他是一个具有强烈爱憎之情的丈夫：他对温柔节俭的元配孝贤皇后感情忠诚，生死不渝，但对个性刚烈的继后乌拉那拉氏则颇为憎恨与冷酷，惩罚严厉，逾于常情。他选择了他一生中最爱的十二个女子，将她们与自己的画像并列在一个图卷上，又特别将这卷图像标名为"心写治平"，以宣示他自己并非沉迷女色，而是一个齐家有方，心中却在意治国与平天下的君主。这是儒家思想中一个有为君子的人生志业，而他更是如此力行的圣主明君。

四、他是一个表面威严而内心慈爱的父亲，严格地教育皇子，多次训谕他们：不得忘记祖宗家法和"国语骑射"等满洲传统，不得过分模仿汉人文士的行为方式，更不可沉溺于汉文化之中。在立嫡计划失败后，他十分谨慎地选择嗣君。他心中最大的期望，便是子孙繁昌，永固社稷。

五、他是一个热爱艺术，但更关心国事的明君。他在王羲之《快雪时晴帖》册的副叶上，不间断地书写题识，历时五十多年，共写了七十四则题识。这种行为不但在形式上反客为主，而且在实质上已将此册由一件单纯的艺术品转化为他个人的记事年鉴。这种情形也可见于他对待所藏的其他名迹中。他在中年之后，越来越意识到自己身为皇帝，所应承担的责任是什么，因此在那些题识中，连续地记录每年京畿附近下雪的情况，以证明他是一个随时在关心民瘼，而非只是沉溺于艺术的仁君。

然而，以上各篇所见的那些图像和相关的御制诗文、题识，并非乾隆皇帝在偶然兴起时所作，而应是他有意为之。他的目的乃在于借那些图像和文字资料昭告后人，他是怎样的一个明君。因为他熟读过中国历代史书，深知史家如何褒贬各代君主。他在自己所作的《乐善堂全集定本》和许多御制诗文中，也有许多评论历代君主的作品，其中不乏精辟的见解，[1] 由此也反映出他是一个具有历史意识的人。也因此，他常借文字和图像将自己塑造成一个能文能武、才学兼备的圣主仁君。他那么积极而勤奋地为诗作文，一方面固然是因为他的兴趣使然，但另一方面也可看作是他由于充分了解文字的力量，但又担心史家之笔在他身后不能对他公平持论，因此他才会那么刻意地利用文字来为自己发言和抒情，好让后人了解他是怎样的一个君主。他也以同样的态度控制院画家的制画过程。所有院画家所作的画稿，都必须先经过他的首肯之后，才能定稿。因此，不论他出现在何种活动中，他的形象永远都是适当而完美的。简言之，他充分利用文字和图像等媒材，为自己塑造了一个理想的形象，意图掌握历史的发言权，为自己在历史上定位。这应是乾隆皇帝最在意的一件事。

据此，我们可以推测，经由以上各篇研究所勾画出来的乾隆皇帝的形象，有一部分是他有意为之、自我形塑的结果。纵然如此，但它至少反映了他希望自己"是"，或"想成为"一位敬天法祖、遵守祖宗家法、孝顺父母、忠于伴侣、严格教子和关心民瘼的仁君。这应是他的人生理想和生命的核心价值。

自我肯定与自我理想化，可说是乾隆皇帝个性的特质。由于他认为自己禀承天命，为史上最受上天眷顾的君主，因此，内心充满了自信、自得与自满。大概说来，他的这些想法，约从他五十岁左右开始，逾老而弥坚，常流露在他的御制诗文中。他对自己的一生充满幸福感，且认为自己所有的幸福都是天意独钟的结果。这个信念主要的依据，来自于他五十岁（乾隆二十五年，1760）寿诞时，钱陈群（1686—1774）所进献的那套"'五'与'十'相生"的理论（二者为《易经》中

的大衍之数）；简单地说，当乾隆皇帝登基时，年二十五岁（五的倍数）；当乾隆五年（1740）时，他正好三十岁；而当乾隆十年（1745）时，他正是三十五岁。换言之，每当乾隆纪年为"五"时，乾隆皇帝正好逢"十"的正寿，而每逢纪年为"十"时，他的岁数也正好逢"五"；依此类推皆准。由此可证，乾隆皇帝实为天命所钟的君主。[2]

乾隆皇帝对于这个说法深信不疑，时常根据这个信念而拿自己和中国历代有名的君主相比：比年寿、比在位期间、比子孙几代同堂等。首先，他先与历代君主比年寿。比如，他在七十岁（乾隆四十五年，1780）时，曾作《古稀说》。他找到中国历史中，从三代以下，年过七十以上的皇帝只有六人，包括汉武帝（前156—前87；前140—前87年在位）、梁高祖（464—549；502—549年在位）、唐明皇（唐玄宗；685—762；712—756年在位）、宋高宗（1107—1187；1127—1162年在位）、元世祖（1215—1294；1260—1294年在位）和明太祖（1328—1398；1368—1398年在位）。但在这六人中，他只肯定元世祖一人；至于其他五人，他认为他们在功业和私德方面，各有不同的瑕疵，因此无法与自己相比。[3] 接着，在长寿条件之下，他又和历代君主比谁在位期间最长。这可见于他在七十五岁（乾隆五十年，1785）所作的《元旦试笔》一诗的小注中：

> 康熙元载在壬寅，六十一年重值新。……七旬登寿凡六帝，五十纪年惟一人。汉武却非所景仰，宋家高孝更非伦。[4]

结果，他认为康熙皇帝在位六十一年（1662—1722），时间最久（但可惜享寿不到七十）；而上述的六个皇帝，虽都享寿七十以上，但能在位五十年以上的，却只有汉武帝一人（在位五十四年），但他并不钦佩。至于宋高宗与宋孝宗（1127—1194；1162—1189在位）虽然长寿，但在位时间不过二三十年而已，况且两人都无政绩可言，因此根本不值一谈。

最后，他再与以上这些君主比谁曾既高寿又能享五代同堂之福。结果，他发现只有他一人享有这种福气。其实，他从七十岁以后，都一直陶醉在这种自我感觉良好的想法中，如见于他七十四岁（乾隆四十九年，1784）之后所作的《避暑山庄五福五代堂记》、[5] 八十岁（乾隆五十五年，1790）时所作的《庚戌元旦》《山庄锡宴祝嘏各外藩即事二律》诗和注文，以及《八征耄念之宝记》一文等四处中所说。在《庚戌元旦》诗和注中，他说：

> 庚戌三阳又肇春，天恩沐得八之旬；七希曾数六诚有，三逮应知半未臻（注文：三代后，帝王年登古希者，惟汉武帝、梁武帝、唐明皇、宋高宗、元世祖、明太祖六帝。至于年登八十者，又惟梁武帝、宋高宗、元世祖三帝。然总未五代同堂。予仰沐天恩，备邀诸福，尤深感荷）。[6]

又，在《山庄锡宴祝嘏各外藩即事二律》诗中，他说：

> 八旬寿亦世常传，惭愧称厘内外骈；六帝中间三合古，一堂五代独蒙天。
> 何修而得诚惕若，所遇不期审偶然；益慎孜孜待归政，或当颐志养余年。[7]

而在《八征耄念之宝记》中，他又说：

> 夫……汉唐以来，古稀子才得六；六之中，至八旬者才得三；而三帝之中，惟元世祖可称贤，其二则予所鄙也……即元世祖，亦未如予之五代同堂……[8]

而到了他八十五岁（乾隆六十年，1795）时所作的《五福五代堂识望》，[9] 和所刻的"五福五代堂古稀天子宝"中，他又再度重申这种史上独有的福祉。他自认为自己是历代以来最幸运，也是唯一同时享有长寿、极权和子孙满堂的君主。总之，他对自己一生所拥有的福、禄、寿十分满意，也充满了幸福感。另外，他在文治和武功方面也充满了成就感，先在乾隆五十七年（1792），他八十二岁时，作了《十全记》；[10] 后来，当他退位为太上皇之后，又在嘉庆三年（1798），他八十八岁

279

时,再作了《十全老人之宝说》。[11]

唯有在面对祖宗和上天的时候,乾隆皇帝的态度才是谦虚的。当嘉庆二年(1797)十二月底,乾清宫发生大火时,他便心存畏惧,认为这是上天示警,因而作《悔过六韵》以自责。他在该诗的序及诗中说:

> 孟冬二十一日酉刻,乾清宫东暖阁弗戒于火,延及交泰殿、昭仁殿、弘德殿,夜分方熄,虽由中涓辈不慎所致,敬思天戒,益凛持盈,辄成六韵,以当自讼。
> 阍人弗戒慎,初夜郁攸腾;熛盛乾清毁,诚昭君德惩。
> 星星岂顿致,栗栗实深兢;自顾志诚满,天垂诲允应。
> 自兹惟益儆,示后永贻征;掷管无他说,依然望捷仍。[12]

在此诗中,他自责:可能是因为他自己一向过于自满,因此才会招致天怒;如这属实,那么,他愿代替当朝天子受罚。但是,他的谦让与悔过却是十分短暂的,因为他在嘉庆三年(1798),也就是火灾过后的第二年,便又再刻了"十全老人"一印,并作《十全老人之宝说》。[13]这反映了他个性中根深蒂固的自信、自得和自满等特色。

然而,乾隆皇帝有时也会指出自己的缺点,以显示他是一个具有反省能力的人。但事实上,我们很轻易地便可发现他实际上是借那些反躬自省的文字在为自己文过饰非。比如,他在乾隆十九年(1754)时,曾作《自讼》诗:

> 行如畏难安期进,诗务求多定鲜精;我每于斯未能信,聊因自讼验平生。[14]

在此诗中,他反省自己的个性缺点:有时畏难而不进,作诗又求多而不精。但他对自己早已发现的这些缺点,却一直没有改进,尤其是"诗务求多定鲜精",终究成为他一生的毛病。不过,他一点也不在意,甚至公然辩称他为诗作文,并不是为了"与文人学士争长"。[15]

又如，他晚年曾作《知过论》一文，自责自己连年大兴土木的作为：

> 四十余年之间，次第兴举：内若坛庙、宫殿、京城、皇城、禁城、沟渠、河道，以及部院衙署，莫不为之葺其坏，新其旧。外若海塘、河工、城郭、堤堰，莫不为之修其废，举其湮。是皆有关国政，则胥用正帑。物给价，工给值，而弗兴徭役、加赋税以病民。他若内而西苑、南苑、畅春园、圆明园，以及清漪、静明、静宜三园，又因预为菟裘之颐，而重新宁寿宫，别创长春园。外而盛京之属城，式筑其颓；永陵、福陵、昭陵、陪都宫殿，胥肯构以轮奂。又景陵、泰陵、往来之行宫，以及热河往来之行宫、避暑山庄、盘山之静寄山庄；更因祝釐，而有普陀宗乘之庙；延班禅，而有须弥福寿之庙；以至溥宁、普乐、安远诸寺，无不因平定准夷，示兴黄教，以次而建。是皆弗用正帑，惟以关税盈余，及内帑节省者。物给价，工给值，更弗兴徭役、加赋税以病民。[16]

在此文中，他表面上坦承了生平最大的过失，在于修建太多的宫室，但是，接下去，他却马上又为自己过当的行为辩解，说那些工程并未劳民伤财，因为所有的材料和工钱，都是由他的内务府支付的。但事实上果真如此吗？有待查考。

此外，他在位期间举行了许多大型的活动，每项活动都劳民伤财，所费不赀，长久以来，对国库造成了巨大的负担。对于这些问题，他多避而不提。纵使在不得不提到时，他却又将它们加以美化和合理化。其中最明显的，譬如他在乾隆三十一年（1766）的《恭奉皇太后回跸至圆明园之作》一诗中特别加注：他在巡幸各地期间都不妨公务。[17] 又如，他在乾隆四十七年（1782），他七十二岁时所作的《观射》诗中小注说："向例，凡扈从侍卫官员，均按日赏给路费。"[18] 据此表示，他不是白白劳役属下的人。再如，他将自己的六次南巡赋予了极高的意义。他说："予临御五十年，凡举二大事：一曰西师，一曰南巡……南巡之事，莫大于河工。"[19] 纵使他的六次南巡真的如他所言，是为了治水之事，但这也只是片面之词；相对地，有关他多次大规模南巡所造成的扰民和耗财等事，他却完全视而不见，只字不提。由以上的这些事中，已可看出他擅于巧辩和借机文过饰非。

总而言之，乾隆皇帝可说是中国历史上最幸运的皇帝。他确信自己是禀承天地"大衍之数"的真命天子，心中充满了幸福感。由于他熟读历代史书，也具有强烈的历史意识，因此处处用心，借自己所作的诗文和院画家所作的图像，记录他的感情、思想和行为，为自己争取在历史上的发言权；他自认为是一个固守祖宗家法、孝顺父母、持家有成、教子有方、勤政爱民、实践儒家"修齐治平"的圣主仁君。但是我们发现，事实上，他并非如自己所形塑的那样完美。由于他过分自信、自满与自大，使他缺乏真正的谦虚、反省与危机意识；这对于一个统治者而言，却是致命的缺点。因此，从他在位的后期开始，内忧外患已渐滋生，而他习于安乐，毫无所觉。比如，乾隆三十年（1765）之后，吏治渐坏、民生渐困时，他仍两度（乾隆四十五年，1780；乾隆四十九年，1784）大举南巡，而且修建宫室园林不断。而当乾隆晚期，川、陕地区因民生困顿而产生白莲教之乱时，他仍不解原因，无法有效地解决问题。[20] 一直到他八十九岁（乾隆六十四年，1799）过世的前几天，还作《望捷》一诗，期望乱平。[21] 又如，乾隆五十八年（1793），当英使马戛尔尼（George Earl Macartney，1737—1806）来朝见，请求开放中英贸易时，他对英国的一切虽然无知，但仍自大又自满地以为凡西方所有，大清皆有，遂予拒绝，失去了及早与西方直接接触的机会。[22] 他对自己在中国历史上如何定位的兴趣，远远大过于对那时西方科技的发展和列强崛起情况的关心。就一个握有绝对权力的独裁统治者而言，由于他的知识、见解、才干与决策，关乎整个国族的发展与存亡，因此更应戒惧谨慎、高瞻远瞩，然而，这一点却正是乾隆皇帝个性中所缺乏的。

注　释

导　论

1. 在中文方面，如：庄吉发，《清高宗十全武功研究》（台北：故宫博物院，1982）；戴逸，《乾隆帝及其时代》（北京：人民大学出版社，1992）；黄崇文，《弘历的文化思想初探》，《明清史》，1993 年 3 期，56—60 页；郭成康，《乾隆皇帝全传》（北京：学苑出版社，1994）；唐文基、罗庆泗，《乾隆传》（北京：人民出版社，1994；台北：台湾商务印书馆，1997）；朱诚如主编，《清史图典》（清朝通史图录）（北京：紫禁城出版社，2002），6、7 册；陈捷先，《乾隆写真》（台北：远流出版社，2002）；吴十洲，《乾隆一日》（台北：远流出版社，2002）等。最近，大陆更计划斥资数亿元，集合数十位学者重修清代历史。在西文方面，国外学者在近二十年来也出版了许多相关论著，如：David Farguhar, "Emperor as Bodhisattva in the Governance of the Ch'ing Empire," *Harvard Journal of Asiatic Studies*, vol. xxxv (June, 1978), no.1, pp. 8-9; Susan Naguin & Evelyn S. Rawski, *Chinese Society in the 18th Century* (New Haven: Yale University Press, 1987); Susan Naguin, *Peking: Temples and City Life. 1400-1900* (Princeton, New Jersey: Princeton University Press, 2000); Evelyn S. Rawski. "Re-imagining the Qianlong Emperor: A Survey of Recent Scholarship," "十八世纪的中国与世界"国际学术研讨会（台北：故宫博物院主办，2002 年 12 月 13—14 日）论文；Patricia Berger, *Empire of Emptiness: Buddhist Art and Political Authority in Qing China* (Honolulu: University of Hawaii Press, 2003); Mark C. Elliott, *Emperor Qianlong: Son of Heaven, Man of the World* (New York: Longman Publishing Group, 2009) 等。

2. 中文方面，如：《紫禁城》杂志，特别集中介绍与紫禁城相关的文物和历史，自 1981 创刊迄今；故宫博物院编，《故宫博物院藏清代宫廷绘画》（北京：文物出版社，1992）；石光明、伍跃、董光和选编，《乾隆御制文物鉴赏诗》（北京：文物书目出版社，1993）；杨伯达，

《清代院画》(北京：紫禁城出版社，1993)；聂崇正，《宫廷艺术的光辉——清代宫廷绘画论丛》(台北：东大图书公司，1996)；刘潞，《乾隆皇帝的汉装画像图》，《文物》，1999年5期，83—86页；冯明珠主编，《乾隆皇帝的文化大业》(台北：故宫博物院，2002)："十八世纪的中国与世界"学术研讨会(台北：故宫博物院，2002年12月13—14日)论文多篇，其中包括陈捷先，《论乾隆朝的文化政策》；嵇若昕，《从文物看乾隆皇帝》；冯明珠，《玉皇案吏王者师——论介乾隆皇帝的文化顾问》；何传馨，《乾隆书法鉴赏》；傅申，《乾隆的书画癖》；和王耀庭，《乾隆书画——兼述代笔的可能性》等论文；谢明良，《乾隆的陶瓷鉴赏观》，《故宫学术季刊》，21卷2期(2003年冬)，1—38页；赖毓芝，《文化遗产的再造：乾隆皇帝对于南熏殿图像的整理》，原发表于"文物收藏文化遗产与历史解释"国际学术研讨会(台北：故宫博物院、台湾大学东亚文明中心、喜马拉雅研究发展基金会联合，2004年4月)，后刊于《故宫学术季刊》，26卷4期(2009年夏)，75—110页；石守谦，《清室收藏的现代转化——兼论其与中国美术史研究发展之关系》，《故宫学术季刊》，23卷1期(2005年秋)，1—33页；聂崇正，《清宫绘画与"西学东渐"》(北京：紫禁城出版社，2008)。日文方面，如：杉村丁，《乾隆皇帝の書と畫》，《ミユージアム》，105号(1959)，12—15页；古原宏伸，《乾隆皇帝の畫學について》，原载于《国华》，1079、1081、1082号(1985)，后收于其《中国画论の研究》(东京：中央公论美术出版，2003)，251—316页；中野美代子，《乾隆帝——その政治の图像学》(东京：文艺春秋，2007)。西文方面，如：Wango Weng and Yang Boda, *Palace Museum, Peking: Treasures of the Forbidden City* (New York: Harry N. Abrams, 1982); Ju-hsi Chou and Claudia Brown eds., *The Elegant Brush: Chinese Painting under the Qianlong Emperor*, 1735-1795 (Phoenix, Arizona: Phoenix Art Museum, 1985), 内收 Harold Kahn, 余城和杨新等人讨论清代画院和院画的多篇论文；Ju-hsi Chou and Claudia Brown eds., *Chinese Painting under the Qianlong Emperor* (Phoenix, Arizona: Arizona State University, 1988); Howard Rogers and Sherman E. Lee, *Masterworks of Ming and Qing Painting from the Forbidden City* (Lansdale, PA.: International Arts Council, 1988); Daphne Lange Rsenzweig, "Reassessment of Painters and Paintings at the Early Ch'ing Court," in Chu-tsing Li, James Cahill, and Wai-kam Ho eds., *Artists and Patrons: Some Social and Economic Aspects of Chinese Painting* (Kansas City: The Kress Foundation, Department of Art History, University of Kansas: The Nelson-Atkins Museum of Art, in association with University of Washington Press, 1989), pp. 75-86; Yang Boda, "The Development of the Ch'ien-lung Painting Academy," in Wen C. Fong & Alfreda Murck eds., *Words and Images: Chinese Poetry, Calligraphy, and Painting*

(New York: Metropolitan Museum of Art, 1991), pp. 333-356; Maxwell K. Hearn, "Qing Imperial Portraiture," in The Society for International Exchange of Art History Studies（国际交流美术史研究）ed., *International Symposium on Art History Studies*, 6（国际交流美术史研究會第六回シンポジアム・肖像）(Kyoto: The Society for International Exchange of Art History Studies [京都：国际交流美术史研究会], 1990), pp. 108-128; Jan Stuart and Evelyn S. Rawski, Worshipping the Ancestors (Washington, D.C.: Smithonian Institution and Stanford University Press, 2001); Chuimei Ho and Bennet Bronson, *Splendors of China's Forbidden City: The Glorious Reign of Emperor Qianlong* (Chicago: The Field Museum, 2004); Chuimei Ho, "The Relations Between Qianlong and His Consorts: Stories of a Man With Forty Wives," *Orientations*, vol. 35 (March, 2004), no. 2, pp. 66-73; Evelyn S. Rawski and Jessica Rawson eds., *China: The Three Emperors, 1662-1795* (London: Royal Academy of Arts, 2005); Marie-Catherine Rey, *Les Trés Riches Heures de la Cour de Chine: Chefs-d'oeuvre de la Peinture Impériale des Qing, 1662-1796* (Paris: Éditions de la Réunion des musées nationaux. Etablishment public du musée des arts asiatigues Guimet, 2006) 等。

3. 陈葆真，《雍正与乾隆二帝汉装行乐图的虚实与意涵》，《故宫学术季刊》，27 卷 3 期（2010 年春），49—102 页。

4. 陈葆真，《乾隆皇帝对孝圣皇太后的孝行和它所显示的意义》，《故宫学术季刊》，31 卷 3 期（2014 年春），103—154 页。

5. 陈葆真，《〈心写治平〉——乾隆帝后妃嫔图卷和相关议题的探讨》，《台湾大学美术史研究集刊》，21 期（2006 年 9 月），89—150 页；Chen Pao-chen, "An Analytical Reading of *The Portraits of Emperor Qianlong and His Consorts*," in Jerome Silbergeld et. al. eds., *Bridges to Heaven: Essays on East Asian Art in Honor of Professor Wen C. Fong* (Princeton, N. J.: P. Y. and Kinmay W. Tang Center for East Asian Art, Department of Art and Archaeology, Princeton University in association with Princeton University Press, 2011), pp. 335-362。

6. 陈葆真，《从四幅"岁朝图"的表现问题谈到乾隆皇帝的亲子关系》，《台湾大学美术史研究集刊》，28 期（2010 年 3 月），123—184 页。

7. 陈葆真，《乾隆皇帝与〈快雪时晴帖〉》，《故宫学术季刊》，27 卷 2 期（2009 年冬），127—192 页。

8. 关于清初人口问题，参见 [清] 清高宗，《御制诗四集》，卷 93，3—4 页，收于纪昀等总纂，《景印文渊阁四库全书》（据台北故宫博物院藏本影印，台北：台湾商务印书馆，1983—1986），1038 册，785—786 页，《民数谷数》；又见何炳棣著，葛剑雄译，《明初以降人口及其相关问题，1368—1953》（北京：生活·读书·新知三联书店，2000），附录，"表一：乾隆六年—道光三十年（1741—1850）官方人口数"，328—330页，特别是329页。

9. 关于这时的人口和外来物产，参见何炳棣著，葛剑雄译，同上引书，第八章，《土地利用与粮食生产》，199—228页、236—237页、246—254页、316页。

10. 关于清初皇子教育情况，参见本书第四章，《从四幅"岁朝图"的表现问题谈到乾隆皇帝的亲子关系》，185—190页。

11. [清]清高宗，《御制诗四集》，卷80，1页；卷84，21—22页（《景印文渊阁四库全书》，1308册，586页；656—657页），《古稀》注；《杂咏》诗及注。在其中，他说自己幼习"国语"（满文），六岁习汉书；乾隆八年（1743，他三十三岁）学蒙古语；乾隆二十五年（1760，他五十岁）学回语；乾隆四十一年（1776，他六十六岁）学番（苗）语；乾隆四十五年（1780，他七十岁）学唐古忒（藏）语。

12. 唐邦治辑，《清皇室四谱》，卷1，列帝，8b—9b页，收于周骏富辑，《清代传记丛刊》，第48辑（台北：明文书局，1985），24—26页；赵尔巽、柯劭忞等编，《清史稿》（1914—1927）（北京：中华书局，点校本，1976—1977），3册，10—15卷，高宗本纪1—6，343—565页。

13. 详见庄吉发，《清高宗十全武功研究》。

14. 关于乾隆皇帝与藏传佛教的关系，详见罗文华，《龙袍与袈裟》（北京：紫禁城出版社，2005），上册，358—370页；关于满文大藏经，参见庄吉发，《清史论集》（台北：文史哲出版社，1998），3册，27—96页。

15. 见[清]清高宗，《御制诗五集》，卷72，18—19页（《景印文渊阁四库全书》，1311册，62页），《回銮至白云寺作》；本书第一章，《雍正与乾隆二帝"汉装行乐图"的虚实与意涵》，54—57页。

16. 参见叶高树，《清初的文化政策》（台北：稻香出版社，2002）。

17. 参见冯明珠主编，《乾隆皇帝的文化大业》。

18. 参见陈葆真，《康乾二帝的南巡与江南绘画和园林艺术对宫廷的影响》，未刊稿。

19. 见[清]清高宗，《御制乐善堂全集定本》（1737自序，1758定本），1页（《景印文渊阁四库全书》，1300册，234页），《御制序》。

20. 此据[清]清仁宗，《恭跋皇考诗文余集》，1页，收于[清]清高宗，《御制文余集》（《景印文渊阁四库全书》，1301册，705页）。

第一章　雍正与乾隆二帝"汉装行乐图"的虚实与意涵

1. [唐]张彦远,《历代名画记》,卷9,115页,收于于安澜编,《画史丛书》(台北:文史哲出版社,1974),1册,119页。

2. [宋]郭若虚,《图画见闻志》,卷6,91页(《画史丛书》,1册,237页)。

3. 该图旧标为《明宣宗行乐图》,今已改为《明宪宗元宵行乐图》;见中国美术全集编辑委员会编,《中国美术全集·绘画篇》(上海:上海人民美术出版社,1988),6册,图87说明,34页。关于明宣宗与物质文化,见 Cheng-hua Wang, "Material Culture and Emperorship: The Shaping of Imperial Roles at the Court of Xuanzong" (Ph. D. dissertation, Yale University, 1998), 有关该"行乐图"的问题,见224—225页。

4. 关于南唐中主《赏雪图》和《重屏会棋图》的相关资料,参见陈葆真,《南唐中主的政绩与文化建设》,《台湾大学美术史研究集刊》,3期(1996年3月),41—94页,特别是81—83页。此外,关于"行乐图"在十四世纪之后的类别和发展情况,参见 Hui-chi Lo, "Political Advancement and Religious Transcendence: The Yongzheng Emperor's (1678-1735) Deployment of Portraiture" (Ph. D. dissertation, Stanford University, 2009), pp. 5-22。

5. Chuimei Ho and Bennet Bronson, *Splendors of China's Forbidden City: The Glorious Reign of Emperor Qianlong* (Chicago: The Field Museum, 2004), pp. 71-74; 又,关于清朝皇帝和后妃服饰的规制和图片,参见同书,58—71页。

6. 关于雍正和乾隆二帝的"汉装行乐图",已有许多学者发表过相关的论著。中文方面,如:故宫博物院编,《故宫博物院藏清代宫廷绘画》(北京:文物出版社,1992);聂崇正,《宫廷艺术的光辉——清代宫廷绘画论丛》(台北:东大图书公司,1996);刘潞,《乾隆皇帝的汉装画像图》,《文物》,1999年5期,83—86页。日文方面,如:中野美代子,《乾隆帝——その政治の图像学》(东京:文艺春秋,2007)。西文方面,如:Harold L. Kahn, "A Matter of Taste: The Monumental and Exotic in the Qianlong Reign," in Ju-hsi Chou and Claudia Brown eds., *The Elegant Brush: Chinese Painting under the Qianlong Emperor, 1735-1795* (Phoenix, Arizona: Phoenix Art Museum, 1985), pp. 288-302; Wu Hung, "Emperor's Masquerade: 'Costume Portraits' of Yongzheng and Qianlong," *Orientations*, vol. 26, no.7 (July/August, 1995), pp. 25-41; Wu Hung, *The Double Screen: Medium and Representation in Chinese Painting* (Chicago: The University of Chicago Press, 1996), pp. 221-236; Hui-chi Lo, "Political Advancement and Religious Transcendence."

7. [清] 图海等编，《大清太宗文皇帝实录》（台北：华联出版社，1964），2册，卷32，8—9页（总568—569页），"崇德元年十一月癸丑"条。

8. 同上引书，2册，卷34，26—27页（总611—612页），"崇德二年四月丁酉"条。

9. 赵尔巽、柯劭忞等编，《清史稿》（1914—1927）（北京：中华书局，点校本，1976—1977），2册，卷3，太宗本纪2，64页。

10. 同注8。

11. 雍正皇帝曾有皇子十人，包括皇长子弘晖（1697—1704）、皇子弘盼（1697—1699；原为皇二子，但以幼年薨逝不列齿序）、皇二子弘昀（1700—1710）、皇三子弘时（1704—1727）、皇四子弘历（1711—1799）、皇五子弘昼（1711—1770）、皇六子弘瞻（1733—1765）、皇七子福宜（1720—1721）、皇八子福慧（1721—1728）和皇九子福沛（1723—1723），其中，原序皇二子弘盼、皇七子福宜、皇八子福慧和皇九子福沛，皆早殇。见唐邦治辑，《清皇室四谱》，卷3，皇子，21a—22b页，收于周骏富辑，《清代传记丛刊》，第48辑（台北：明文书局，1985），155—158页。

12. 二人小传，见唐邦治辑，《清皇室四谱》，卷3，皇子，21a—b页（《清代传记丛刊》，第48辑，155—156页）。

13. Hui-chi Lo, "Political Advancement and Religious Transcendence," pp. 57-60.

14. Hui-chi Lo, "Political Advancement and Religious Transcendence," pp. 151-172.

15. 康熙、雍正、乾隆三朝制作"耕织图"的情形，参见 Hui-chi Lo, "Political Advancement and Religious Transcendence," pp. 94-106；罗慧琪指出，除此《胤禛耕织图册》之外，雍正皇帝即位后，约在雍正十年（1732），又再命院画家制作另一套《耕织图》，见同论文，95—98页。

16. 杨启樵，《明清皇室与方术》（上海：上海书店出版社，2004），135—155页。

17. 关于雍正皇帝生活之奢华，参见杨启樵，《揭开雍正皇帝隐秘的面纱》（香港：商务印书馆，2003），186—209页。又，关于这套美人图的研究，参见同书，424—439页；相关研究，又见杨新，《〈胤禛围屏美人图〉探秘》，《故宫博物院院刊》，2011年2期，6—23页；James Cahill, "The Three Zhangs, Yangzhou Beauties, and the Manchu Court," *Orientations*, no.9 (1996), pp. 59-68; Wu Hung, "Beyond Stereotypes: 'The Twelve Beauties' in Early Qing Court Art and *The Dream of the Red Chamber*," in Ellen Widmer and Kang-I Sun Chang eds., *Writing Women in Late Imperial China* (Stanford: Stanford University Press, 1997), pp. 306-365；又参见 Shane McCausland, "The Emperor's Old Toys: Rethinking the Yongzheng (1723-1735) Scroll of Antiquities in the Percival David Foundation," *Transactions of The Oriental Ceramic*

Society, vol. 66 (2001-2002), pp. 65-74; Jianhua Wang, "Emperor Yongzheng and His Pastimes," *Transactions of The Oriental Ceramic Society,* vol. 67 (2002-2003), pp. 1-11; Regina Krahl, "The Youngzheng Emperor: Art Collection and Patron," in Evelyn S. Rawski and Jessica Rawson eds., *China: The Three Emperors, 1662-1795* (London: Royal Academy of Arts, 2005), pp. 240-269；又，有关这十二幅美女的画像之定名、原藏地和身份之辨识的最新研究，参见林姝，《"美人"欤！"后妃"乎？——〈十二美人图〉为雍亲王妃像考》，《紫禁城》，2013年5期，124—147页（此项资料承蒙廖宝秀女士提供，谨此致谢）。

18. Hui-chi Lo. "Political Advancement and Religious Transcendence," pp. 79-106, 150-197.

19. 关于康熙皇帝二度废立皇储允礽，及诸子争夺皇位的经过情形，参见佟悦、吕霁虹，《清宫皇子》（沈阳：辽宁大学出版社，1993），227—264页；又参见庄吉发，《清世宗拘禁十四阿哥胤禵的经过》，收于其《清史论集》，3册（台北：文史哲出版社，1998），139—174页；杨启樵，《揭开雍正皇帝隐秘的面纱》，1—140页。

20. 关于圆明园的修建与损颓，参见刘凤翰，《圆明园兴亡史》（台北：文星书局，1963）；圆明沧桑编辑委员会编，《圆明沧桑》（北京：文化艺术出版社，1991）；何重义、曾昭奋，《圆明园园林艺术》（北京：科学出版社，1995）；汪荣祖著，钟志恒译，《追寻失落的圆明园》（台北：麦田出版社，2004）；刘阳，《城市记忆·老图像：昔日的夏宫圆明园》（北京：学苑出版社，2005）；汪荣祖等，《圆明园——大清皇帝最美的梦》（台北：顽石创意股份有限公司，2013）。

21. 这些传教士卒后，都葬于北京西北郊，其墓碑今分藏于北京西直门外的栅栏墓园及北京市石刻艺术博物馆。2009年春，笔者承蒙中国社会科学院历史研究所沈定平教授和园区主任高寿仙先生带领，得以亲访二地，谨于此致谢。

22. 有关这些画家小传及作品，参见 [清] 胡敬，《国朝院画录》，卷上，14a—18b页；卷下，1a—7b页；15a—16b页；30b页，收于《胡氏书画考三种》（台北：汉华文化事业公司，1971），437—446页；457—470页；485—488页；516页；又见 [清] 阮元，《石渠随笔》（1854）（北京：中华书局，1991），2册，卷7，84—85页；又，在为乾隆皇帝画像的中国画家群中，金廷标与丁观鹏二人较为人知；而缪炳泰写御容之事，可见 [清] 阮元，同书，卷7，85页，其中明记乾隆五十年（1785）之后，御容皆出于缪炳泰之手。

23. 这类例子相当多，参见本书第三章，《〈心写治平〉——乾隆帝后妃嫔图卷和相关议题的探讨》，120—130页。

24. 参见朱家潛编，《养心殿造办处史料辑览，第一辑（雍正朝）》（北京：紫禁城出版社，

2003）；当时他的名字写作郎石宁，或郎士宁。

25. 本图款识，见台北故宫博物院编，《故宫书画录》（台北：故宫博物院，1965），3 册，卷 5，577—578 页。

26. 关于郎世宁的研究，参见 Cécile and Michel Beurdeley (tr. by Michael Bullock), *Giuseppe Castiglione: A Jesuit Painter at the Court of the Chinese Emperors* (London: Lund Humphries, 1972)；及《故宫博物院院刊》，1988 年 2 期，"纪念郎世宁诞生三百年专辑"中各文，特别是：杨伯达，《郎世宁在清内廷的创作活动及其艺术成就》，3—26 页，聂崇正，《中西艺术交流中的郎世宁》，72—79、90 页；鞠德源、田建一、丁琼，《清宫廷画家郎世宁年谱》，27—71 页；另外，参见天主教辅仁大学编，《郎世宁之艺术——宗教与艺术研讨会论文集》（台北：幼狮文化事业公司，1991）中诸文；Marco Musillo, *Bridging Europe and China: The Professional Life of Giuseppe Castiglione (1688-1766)* (Norwich, Scotland: University of East Anglia, 2006)；聂崇正，《郎世宁》（石家庄：河北教育出版社，2006）；王耀庭主编，《新视界——郎世宁与清宫西洋风》（台北：故宫博物院，2007）。

27. 参见聂崇正，《清代的宫廷绘画和画家》，收于故宫博物院编，《故宫博物院藏清代宫廷绘画》，1—24 页。以上的说法，主要根据多数的学者，特别是聂崇正的研究结果。聂崇正依据文献和绘画风格，而推测出有关乾隆皇帝肖像画制作的情形。

28. 关于这三本作品，详见聂崇正主编，《平安春信图研究》（北京：紫禁城出版社，2008）；又参见 Wu Hung, *The Double Screen*, pp. 223-231。

29. 此图又见 Chuimei Ho and Bennet Bronson, *Splendors of China's Forbidden City*, p. 191。但 Haward Rogers 在其"Court Paintings under the Qianlong Emperor"一文中，却将左边的雍正皇帝解读为年轻弘历的老侍者，不知所凭为何，见 Howard Rogers and Sherman E. Lee, *Masterworks of Ming and Qing Painting from the Forbidden City*, pp. 182-183。巫鸿已评其误，见 Wu Hung, *The Double Screen*, p. 225。

30. 此诗又收于 [清] 清高宗，《御制诗四集》，卷 88，16—17 页，收于《景印文渊阁四库全书》（据台北故宫博物院藏本影印，台北：台湾商务印书馆，1983—1986），1308 册，715 页，《题画》。

31. 巫鸿认为此画应作于乾隆时期，参见 Wu Hung, *The Double Screen*, pp. 230-231。

32. 见 [清] 鄂尔泰等编，《大清世宗宪皇帝实录》（台北：华联出版社，1964），1 册，卷 10，17 页（总 165 页），"雍正元年八月甲子"条；图版见冯明珠主编，《清世宗文物大展》（台北：故宫博物院，2009），34、41 页；又见《雍正遗诏》，图版见同书，154 页。

33. [清] 清高宗，《御制诗五集》，卷 95，16—17 页（《景印文渊阁四库全书》，1311 册，433

页),《以纪元六十年恭谒二陵,起程有作,并序》注。

34. 关于清代宫中南方戏剧活动,参见南天书局编,《清代宫廷生活》(台北:南天书局,1986),205—229页;又参见吴新雷,《皇家供奉清宫月令承应之戏》,《大雅》,29期(2003年10月),28—29。关于乾隆时期宫中之戏剧活动,参见牛川海,《乾隆时代之万寿盛典与戏剧活动》,《复兴岗学报》,15期(1976),387—401页;陈芳,《乾隆时期清宫之剧团组织与戏剧活动》,《台湾戏专学刊》,2期(2000年9月),2—34。后面两项资料,承蒙林毓胜同学提供,谨此致谢。

35. [清]高士奇,《金鳌退食笔记》,卷下,14b—15a页,收于中国古籍整理研究会编,《明清笔记史料丛刊》,清部(北京:中国书店,2000),43册,92—93页。

36. 《乐善堂全集》第一次刊刻于雍正八年(1730),后来在乾隆二年(1737)及乾隆二十三年(1758)又续增订,成为今之《御制乐善堂全集定本》,详见《景印文渊阁四库全书》,1300册,该书前序文及纪昀等之提要。

37. 关于此图的相关研究,参见 Harold L. Kahn, "A Matter of Taste," pp. 288-302, esp. p. 290;聂崇正,《平安春信图研究》,10—11页。

38. 事见[清]庆桂等编,《国朝宫史续编》(1806),卷1,训谕1,7—8页,收于故宫博物院编,《故宫珍本丛刊》(海口:海南出版社,2000),313册,160页,"乾隆三十一年五月十三日"条。

39. 见[清]清高宗,《御制诗三集》,卷61,27页(《景印文渊阁四库全书》,1306册,280页),《长春书屋》注。

40. [清]清高宗,《御制乐善堂全集定本》,卷20,2—3页(《景印文渊阁四库全书》,1300册,447页),《采芝词自题照》。

41. 有关乾隆皇帝书法的代笔问题,参见王耀庭,《乾隆书画:兼述代笔的可能性》,原发表于"十八世纪的中国与世界"学术研讨会(台北:故宫博物院,2002年12月13—14日),后收于淡江大学中文系汉语文化暨文献资源研究所主编,《昌彼得教授八秩晋五寿庆论文集(附:武汉改制论手稿)》(台北:台湾学生书局,2005),471—492页;何传馨,《乾隆书法鉴赏》,原发表于"十八世纪的中国与世界"学术研讨会(台北:故宫博物院,2002年12月13-14日),后刊于《故宫学术季刊》,21卷1期(2003年秋),31—63页。但傅申则认为这首诗是弘历的手迹,参见其《雍正皇四子弘历宝亲王时期的代笔及亲笔》,台北故宫博物院举办"两岸故宫第一届学术研讨会:为君难——雍正其人其事及其时代"(2009年11月6日)所发表之论文。

42. 同注 38。

43. 图见冯明珠主编，《清世宗文物大展》，38 页。又参见前注 41 傅申论文。

44. 同注 38。

45. 见 [清] 清高宗，《御制文三集》，卷 14，1—2 页（《景印文渊阁四库全书》，1301 册，659—660 页），《读史》。

46. 见 [清] 清高宗，《御制诗三集》，卷 27，10—11 页（《景印文渊阁四库全书》，1305 册，662 页），《题〈宫中行乐图〉一韵四首》。

47. 图见澳门艺术博物馆编，《怀古抱今——乾隆皇帝文化生活艺术》（澳门：澳门艺术博物馆，2002），图版 108。

48. 见 [清] 清高宗，《御制文初集》，卷 12，8 页（《景印文渊阁四库全书》，1301 册，113 页），《〈皇朝礼器图式〉序》。

49. 见 [清] 清高宗，《御制文三集》，卷 6，7—8 页（《景印文渊阁四库全书》，1301 册，610—611 页）。

50. 此图说明，参见何传馨主编，《十全乾隆——清高宗的艺术品味》（台北：故宫博物院，2013），339 页，邱士华撰文。

51. 关于《乾隆皇帝大阅图》，参见王耀庭主编，《新视界——郎世宁与清宫西洋风》，100—114 页。

52. 故宫博物院编，《故宫博物院藏清代宫廷绘画》，253—254 页。

53. 中野美代子，《乾隆帝——その政治の图像学》，100 页。

54. 详见本书第四章，《从四幅"岁朝图"的表现问题谈到乾隆皇帝的亲子关系》，164—168 页。

55. 故宫博物院编，《故宫博物院藏清代宫廷绘画》，254 页，图 59 说明。

56. 唐邦治辑，《清皇室四谱》，卷 3，皇子，22b—25b 页（《清代传记丛刊》，第 48 辑，158—164 页）；吴一洲，《乾隆一日》（台北：远流出版社，2002），附表 8，乾隆皇帝子女表。

57. 这些象征物的解读，中野美代子在《乾隆帝——その政治の图像学》一书中也注意到了，但她认为本幅是为了纪念乾隆三十八年（1773）密立皇十五子永（颙）琰为储君而作的。这种看法在图像与史料二者的互证上有待商榷。

58. 详见本书第四章，《从四幅"岁朝图"的表现问题谈到乾隆皇帝的亲子关系》，179—184 页。

59. 畏冬，《郎世宁〈上元图〉与〈午瑞图〉》，《紫禁城》，1998 年 2 期，15—16 页。

60. 关于这三幅的图像意涵，详见本书第四章，《从四幅"岁朝图"的表现问题谈到乾隆皇帝的亲子关系》，176—184 页；关于乾隆皇帝的配偶及图像研究，参见本书第三章，《〈心写治平〉——乾隆帝后妃嫔图卷和相关议题的探讨》，113—156 页；Chuimei Ho, "The Relations Between Qianlong and His Consorts: Stories of a Man with Forty Wives," *Orientations*, vol. 35 (March, 2004), no.2, pp. 66-73。

61. 关于此图制作年代的推断和图像意涵，参见本书第四章，《从四幅"岁朝图"的表现问题谈到乾隆皇帝的亲子关系》，172—175、181—184 页。

62. 关于"乐善堂图书记"的钤用时期，据邱士华女士的观察，可能包括乾隆皇帝在皇子时期到乾隆十二年（1747）之前。

63. 关于该画的研究及题诗的意涵，参见 Wu Hung, *The Double Screen*, pp. 234-236。

64. 关于此本的解读，同上引书。

65. 目前所知，乾隆皇帝的这类佛装唐卡至少有七幅，分别藏在雍和宫（二幅）、布达拉宫、须弥福寿寺、普宁寺、普乐寺及美国的弗利尔美术馆等处；参见 Chuimei Ho and Bennet Bronson, *Splendors of China's Forbidden City*, p. 129, p. 161, 注 2。

66. 关于乾隆皇帝六次下江南的时间路线及图卷的研究，参见 Maxwell K. Hearn, "Document and Portrait: The Southern Tour Paintings of Kangxi and Qianlong," in Ju-hsi Chou and Claudia Brown eds., *Chinese Painting under the Qianlong Emperor* (Phoenix, Arizona: Arizona State University, 1988), pp. 91-131。

67. 关于乾隆朝的院画家及台北故宫博物院所藏的相关作品，参见 She Ch'eng, "The Painting Academy of the Qianlong Period: A Study in Relation to the Taipei National Palace Museum Collection." in Ju-hsi Chou and Claudia Brown eds., *The Elegant Brush*, pp. 318-342, esp. p. 388。

68. 关于此期间他的收藏画作，参见 [清] 清高宗，《御制乐善堂全集定本》，卷 14—30（《景印文渊阁四库全书》，1300 册，398—541 页）。

69. [清] 清高宗，《御制诗二集》，卷 64，8 页（《景印文渊阁四库全书》，1304 册，256 页），《题张宗苍摹郭熙笔意》。

70. [清] 巴泰等编，《大清世祖章皇帝实录》，1 册，卷 5，1 页（总 51 页）。

71. 同上注，2—3 页（总 51—52 页）。

72. 同上注，3—4 页（总 52 页）。

73. 同上注，4 页（总 52 页）。

74. 同上注，5 页（总 53 页）。

75. 同上引书，卷 17，3 页（总 196 页）。

76. 庄吉发，《从朝鲜君臣谈话看康熙帝》，收于其《清史随笔》（台北：博扬文化事业公司，

1996），31—52 页，特别是 39—40 页；关于白晋在康熙朝的活动情形，参见吴伯娅，《康雍乾三帝与西学东渐》（北京：宗教文化出版社，2002），274—293 页。

77. 参见本书第四章，《从四幅"岁朝图"的表现问题谈到乾隆皇帝的亲子关系》，188—189 页。

第二章　乾隆皇帝对孝圣皇太后的孝行和它所显示的意义

1. 参见周远廉，《正说乾隆》（台北：大地出版社，2006），7—13 页；翟文明，《乾隆图传》（北京：中国戏剧出版社，2001），11—19 页。

2. 乾隆皇帝本传，见赵尔巽、柯劭忞等编，《清史稿》（1914—1927）（北京：中华书局点校本，1976—1977），3 册，卷 10—15，高宗本纪 1—6，343—565 页；唐邦志辑，《清皇室四谱》，卷 1，列帝，8b—9b 页，收于周骏富辑，《清代传记丛刊》，第 48 辑（台北：明文书局，1985），24—26 页。雍正皇帝本传，见赵尔巽、柯劭忞等编，《清史稿》（1914—1927），3 册，卷 9，世宗本纪，307—341 页。

3. 关于孝圣宪皇后传，见张尔田，《清列朝后妃传稿》（1923 自序），传上，107a—116b 页，收于沈云龙主编，《近代中国史料丛刊》，第 75 辑（台北：文海出版社，1972），742 册，223—242 页；唐邦治辑，《清皇室四谱》，卷 2，后妃，17a—18a 页（《清代传记丛刊》，第 48 辑，69—71 页）；赵尔巽、柯劭忞等编，《清史稿》，30 册，卷 214，列传 1，后妃，8914—8915 页。

4. 见张尔田，《清列朝后妃传稿》，传上，107a—108a 页（《近代中国史料丛刊》，第 75 辑，742 册，223—224）；唐邦治辑，《清皇室四谱》，卷 2，后妃，17a—18a 页（《清代传记丛刊》，第 48 辑，69—71 页）。

5. 见 Hui-chi Lo, "Political Advancement and Religious Transcendence: The Yongzheng Emperor's (1678-1735) Deployment of Portraiture" (Ph. D. dissertation, Stanford University, 2009), pp. 32-40。

6. 同上引书，57—58 页。

7. 参见本书第一章，《雍正与乾隆二帝"汉装行乐图"的虚实与意涵》，23—24 页。

8. 关于圆明园，参见汪荣祖著，钟志恒译，《追寻失落的圆明园》（台北：麦田出版社，2004）；孟亚男，《中国园林史》（台北：文津出版社，1993），257—279 页。

9. [清] 清高宗，《御制诗三集》，卷 25，7 页，收于纪昀等总纂，《景印文渊阁四库全书》（据台北故宫博物院藏本影印，台北：台湾商务印书馆，1983—1986），1305 册，633 页，《题澹宁堂》注。

10. 见 [清] 清高宗，《御制诗五集》，卷91，6—7页（《景印文渊阁四库全书》，1311册，361页），《游狮子园》注；又参见张尔田，《清列朝后妃传稿》，传上，107b页（《近代中国史料丛刊》，第75辑，742册，224页）。

11. 见 [清] 鄂尔泰等编，《大清世宗宪皇帝实录》（台北：华联出版社，1964），1册，卷10，17页（总165页），"雍正元年八月甲子"条；图版见冯明珠主编，《清世宗文物大展》（台北：故宫博物院，2009），34、41、154页。

12. 同注3。

13. [清] 清高宗，《御制诗三集》，卷14，15页（《景印文渊阁四库全书》，1305册，484页），《题含碧堂》注。

14. 见 [清] 庆桂等编，《国朝宫史续编》（1806），卷1，训谕1，7—8页，收于故宫博物院编，《故宫珍本丛刊》（海口：海南出版社，2000），313册，16页，"乾隆三十一年五月十三日"条。

15. [清] 清高宗，《御制诗三集》，卷61，27页（《景印文渊阁四库全书》，1306册，280页），《长春书屋》注。

16. 孝贤皇后小传，见张尔田，《清列朝后妃传稿》，传下，2a—14b页（《近代中国史料丛刊》，第75辑，742册，251—276页）。

17. [清] 清高宗，《御制诗五集》，卷19，9页；卷51，7页（《景印文渊阁四库全书》，1309册，553页；1310册，439页），《新正重华宫》注。

18. 同注2。

19. 见唐邦治辑，《清皇室四谱》，卷1，列帝，8b页（《清代传记丛刊》，第48辑，24页）。

20. [清] 清高宗，《御制乐善堂全集定本》（1737年自序，1758年定本），卷26，14页（《景印文渊阁四库全书》，1300册，505页），《盘山》。

21. 如见 [清] 清高宗，《御制诗初集》，卷26，1页（《景印文渊阁四库全书》，1302册，416页），《偶忆盘山别业，命笔写之，并题以句》。他又曾命允禧作《盘山山色图》，而后在其画上题诗，见同书，卷24，22页；卷26，2—6页（《景印文渊阁四库全书》，1302册，401页；417—419页）。

22. 例见 [清] 清高宗，《御制诗三集》，卷60，24页（《景印文渊阁四库全书》，1306册，262页），《驻跸静寄山庄》。

23. 陈观涛，《话说雍和宫》（北京：宗教文化出版社，2002），26页。

24. 见 [清] 清高宗，《御制乐善堂全集定本》，1—39页（《景印文渊阁四库全书》，1300册，234—256页），《上谕》《奏议》《序》。

25. 同上引书，2 页（《景印文渊阁四库全书》，1300 册，234 页），《御制序》。

26. [清] 清高宗，《御制乐善堂全集定本》，卷 19，12—13 页（《景印文渊阁四库全书》，1300 册，443 页），《题二十一叔父山静日长小景》；图见何传馨主编，《十全乾隆——清高宗的艺术品味》（台北：故宫博物院，2013），51 页，邱士华撰文。

27. [清] 清高宗，《御制乐善堂全集定本》，卷 29，4 页（《景印文渊阁四库全书》，1300 册，526 页），《夏日寄二十一叔索诗画》。

28. 唐邦治辑，《清皇室四谱》，卷 3，皇子，21a 页（《清代传记丛刊》，第 48 辑，155 页）。

29. [清] 清高宗，《御制乐善堂全集定本》，卷 24，3—4 页（《景印文渊阁四库全书》，1300 册，480—481 页），《恭祝皇母圣寿》。又，孝敬宪皇后传，见张尔田，《清列朝后妃传稿》，传上，104a—106b 页（《近代中国史料丛刊》，第 75 辑，742 册，217—222 页）；赵尔巽、柯劭忞等编，《清史稿》，30 册，卷 214，列传 1，后妃，8913—8914 页；唐邦治辑，《清皇室四谱》，卷 2，后妃，16b—17a 页（《清代传记丛刊》，第 48 辑，68—69 页）。

30. 按乾隆皇帝即位后，每十二年所作之诗，各辑为一集。依笔者粗略统计，在太后逝世（乾隆四十二年，1777）之前所见他的《御制诗》初集至四集中所收诗篇，约有 37850 首，而其中有关太后之作，至少有 409 首，其数大约如下：《御制诗初集》（4150 首）中有 69 首；《御制诗二集》（8000 首）中有 80 首；《御制诗三集》（16000 首）中有 173 首；《御制诗四集》（9700 首）中有 87 首。总计四辑共收 37850 首御制诗，而其中有关太后的诗有 409 首，占全数的 0.0108。

31. 章唐容辑，《清宫述闻》（1937），卷 6，述内廷 4，19b—21a 页，收于沈云龙主编，《近代中国史料丛刊》，第 35 辑（台北：文海出版社，1969），349 册，522—525 页。

32. [清] 昭梿（汲修主人，约活动于十八世纪末到十九世纪中期），《啸亭续录》（约 1820），卷 1，6a 页，收于沈云龙主编，《近代中国史料丛刊》，第 7 辑（台北：文海出版社，1967），63-2 册，873 页，《宴外藩》。

33. [清] 清高宗，《御制诗五集》，卷 20，15—16 页（《景印文渊阁四库全书》，1309 册，578—579 页），《上元前日宴近支宗室及子孙辈有感而作》。

34. 同注 32。

35. [清] 昭梿，《啸亭续录》，卷 1，5a—b 页（《近代中国史料丛刊》，第 7 辑，63-2 册，871—872 页），《山高水长楼看烟火》。

36. [清] 清高宗，《御制诗五集》，卷 94，16—17 页（《景印文渊阁四库全书》，1311 册，420 页），《燕九日小宴廷臣作》注。

37. [清]昭梿,《啸亭续录》,卷1,10a—b页(《近代中国史料丛刊》,第7辑,63-2册,881—882页),《端午龙舟》。

38. 同上引书,卷2,6a—9a页(《近代中国史料丛刊》,第7辑,95—101页),《木兰行围制度》。又,关于乾隆皇帝《木兰秋狝图》,参见毕梅雪(Michele Pirazzoli)、侯锦郎合著,《木兰图——与乾隆秋季大猎之研究》(台北:故宫博物院,1982)。

39. 见[清]清高宗,《御制诗五集》,卷45,32—33页(《景印文渊阁四库全书》,1310册,347页)。

40. [清]清高宗,《御制诗五集》,卷92,27—28页(《景印文渊阁四库全书》,1311册,386—387页),《冬至南郊礼成述事》。

41. [清]清高宗,《御制诗五集》,卷100,39页(《景印文渊阁四库全书》,1311册,516页),《坤宁宫祀灶日作》。

42. 同上引书,卷93,5—6页(《景印文渊阁四库全书》,1311册,392—393页),《新正雍和宫瞻礼示诸皇子》。

43. 同上引书,卷93,8—9页(《景印文渊阁四库全书》,1311册,394页),《乙卯上辛》注。

44. 同上引书,卷53,10—11页(《景印文渊阁四库全书》,1310册,476页),《仲春丁祭至圣先师礼成述事》;另外一诗又见同书,卷95,1—3页(《景印文渊阁四库全书》,1311册,425—426页)。

45. 同上引书,卷94,22—23页(《景印文渊阁四库全书》,1311册,423页),《二月朔日作》注。

46. 同上引书,卷89,18—19页(《景印文渊阁四库全书》,1311册,338—339页),《祈雨六韵》。

47. 以上有关乾隆皇帝与太后一年中的生活概况,皆见于他的诗注中,参见[清]清高宗,《御制诗三集》,卷34,18—19页;卷60,28页(《景印文渊阁四库全书》,1305册,770页;1306册,264页)。

48. 庄吉发,《清史论集》,1册(台北:文史哲出版社,1997),240—242页。

49. [清]清高宗,《御制诗四集》,卷6,31页(《景印文渊阁四库全书》,1307册,349页),《六月朔日至避暑山庄即事成什》注。

50. 例见[清]清高宗,《御制诗三集》,卷7,19页(《景印文渊阁四库全书》,1305册,383页),《八月十八日恭奉皇太后木兰行围启跸之作》;以及同书,卷68,20页(《景印文渊阁四库全书》,1306册,386页),《中秋即事》注。

51. 同上引书,卷60,14页,《热河启跸木兰行围之作》注,和同卷,18页,《出崖口》注(《景印文渊阁四库全书》,1306册,257、259页)。

52. 以上有关乾隆皇帝的各种年中行事情形，为笔者从他所作众多的御制诗及注文中辑得。

53. 相关的许多例子，参见 [清] 清高宗，《御制诗初集》，卷 1，2—4 页（《景印文渊阁四库全书》，1302 册，103—104 页），题所绘各科花卉诗，装潢成册进赠太后之事；同书，卷 2，6 页（《景印文渊阁四库全书》，1302 册，113 页），《己未夏六月，恭进皇太后字扇一柄，谨成五律》；《御制诗三集》，卷 33，1 页（《景印文渊阁四库全书》，1305 册，746 页），《书扇恭进皇太后》；同书，卷 42，5 页（《景印文渊阁四库全书》，1305 册，885 页），《瓶贮桂枝荷朵，恭进皇太后，并为图以纪其事》；同书，卷 98，31—32 页（《景印文渊阁四库全书》，1306 册，882 页），《恭奉皇太后观荷，即景得句》。

54. 庄吉发，《清史论集》，1 册，236—238 页。

55. 这些巡狩包括：东巡曲阜一次（康熙二十三年，1684），西巡太原和西安一次（康熙四十二年，1703），出塞四次（康熙三十年，1691；康熙三十五年，1696；康熙三十六年，1697；康熙四十年，1701；前三次为御驾亲征噶尔丹），幸五台山五次（康熙二十二年，1683；康熙三十年，1691；康熙四十一年，1702；康熙四十九年，1710；康熙五十七年，1718），以及南巡江、浙地区六次（康熙二十三年，1684；康熙二十八年，1689；康熙三十八年，1699；康熙四十二年，1703；康熙四十四年，1705；康熙四十六年，1707）。参见唐邦治辑，《清皇室四谱》，卷 1，列帝，6b—9b 页（《清代传记丛刊》，第 48 辑，20—26 页）。

56. 此据见唐邦治辑，《清皇室四谱》，卷 1，列帝，9a 页（《清代传记丛刊》，第 48 辑，25 页）所载。

57. 以上各巡狩资料，参见唐邦治辑，《清皇室四谱》，卷 1，列帝，9a—b 页（《清代传记丛刊》，第 48 辑，25—26 页），清高宗本纪；以及同书，卷 2，后妃，17a—18a 页（《清代传记丛刊》，第 48 辑，69—71 页），孝圣宪皇后传。但在高宗本纪中，却谓高宗"幸五台者五"，乃为误计，实应为"六"次。此误乃因漏列乾隆十五年（1750）二月奉太后幸五台之事。又，赵尔巽、柯劭忞等编，《清史稿》，谓太后参与"南巡者三"，实应为"四"次（30 册，卷 214，列传 1，后妃，8914 页）。这两处之勘误，俱可参见唐邦治辑，前引书，17a—18a 页，孝圣宪皇后传。

58. 见 [清] 清高宗，《御制诗初集》，卷 18，2—4 页（《景印文渊阁四库全书》，1302 册，311—312 页），有关其恭谒永陵、福陵、昭陵诸诗；又见其《御制诗二集》，卷 52，27—29 页（《景印文渊阁四库全书》，1304 册，106—107 页）；《御制诗四集》，卷 53，12—13 页；卷 99，16—22 页（《景印文渊阁四库全书》，1308 册，211 页；885—888 页）等处。

59. 庄吉发，《清史论集》，1 册，236—238 页。

60. 见 [清] 清高宗，《御制诗五集》，卷 68，15 页（《景印文渊阁四库全书》，1310 册，693 页），《山庄启跸行围木兰之作》注。

61. 参见毕梅雪、侯锦郎合著，《木兰图——与乾隆皇帝秋季大猎之研究》。

62. [清] 清高宗，《御制诗三集》，卷 18，1—2 页（《景印文渊阁四库全书》，1305 册，534—535 页），《恭奉皇太后南巡启跸再叠前韵》注。

63. [清] 清高宗，《御制诗四集》，卷 36，19—20 页（《景印文渊阁四库全书》，1307 册，882 页），《登泰山九依皇祖诗韵》。

64. 见左步青，《乾隆南巡》，《故宫博物院院刊》，1981 年 2 期，23—37、72 页；Maxwell K. Hearn, "Document and Portrait: The Southern Tour Paintings of Kangxi and Qianlong," in Ju-hsi Chou and Claudia Brown eds., *Chinese Painting under the Qianlong Emperor* (Phoenix, Arizona: Arizona State University, 1988), p. 98。

65. 陈垣，《中西回史日历》（合肥：安徽大学出版社，2009），876—892 页。

66. 该年闰五月，Maxwell K. Hearn 因误认此为闰五月之事，故其表中作 6-26，见其 "Document and Portrait: The Southern Tour Paintings of Kangxi and Qianlong," p. 98。

67. Maxwell K. Hearn 表中作 139，同上注。

68. 该年闰五月，Maxwell K. Hearn 误认此闰五月之事，故其表中作 5-4 ＝ 西 5-27，同上注。

69. Maxwell K. Hearn 表中作 113，同上注。

70. Maxwell K. Hearn 表中作 124，同上注。

71. [清] 清高宗，《御制诗三集》，卷 50，6 页（《景印文渊阁四库全书》，1306 册，102 页），《渡黄河述事》。

72. 见 [清] 阿桂等编，《钦定南巡盛典》，卷首，上，1—4 页（《景印文渊阁四库全书》，658 册，1—3 页）；又，该次南巡后，他训诸皇子之事，见 [清] 清高宗，《御制诗五集》，卷 9，10 页（《景印文渊阁四库全书》，1309 册，380 页），《南巡回跸至御园之作》。

73. 关于乾隆皇帝六次南巡的相关问题之研究，参见高王凌，《马上朝廷》（北京：经济科学出版社，2013）；此项资料承蒙陈国栋教授提供，谨此致谢。

74. 关于《康熙皇帝南巡图》的研究，参见 Maxwell K. Hearn, "Document and Portrait: The Southern Inspection Tour Paintings of Kangxi and Qianlong"；和他的博士论文 "The Kangxi Southern Inspection Tour: A Narrative Program by Wang Hui" (Ph. D. dissertation, Princeton University, 1990)。北京故宫博物院藏有其中第一、第九、第十、第十一和第十二等五卷；相关图版和说明，参见聂崇正、杨新，《〈康熙南巡图〉的绘制》，《紫禁城》，1980 年 4 期，16—17 页；聂

崇正，《〈康熙南巡图〉作者新证》，收于其《清宫绘画与"西学东渐"》（北京：紫禁城出版社，2008），84—89页。又，辽宁省博物馆收藏其中一卷的稿本，内容表现南巡队伍经过山东泰山一带的情景。

75. 关于《乾隆皇帝南巡图》的研究与藏地，详见 Maxwell K. Hearn, "Document and Portrait: The Southern Inspection Tour Paintings of Kangxi and Qianlong,"特别是117—119页。又，关于乾隆皇帝南巡的路线和所经重要城市的图画资料，参见聂崇正，《徐扬所画〈南巡纪道图〉卷》，收于其《清宫绘画与"西学东渐"》，84—89页。

76. 以上二书，参见 [清] 阿桂等编，《钦定南巡盛典》，卷首，上，16—28页（《景印文渊阁四库全书》，658册，9—15页）。

77. 参见 [清] 阿桂等编，《钦定南巡盛典》，卷首，下，1—19页（《景印文渊阁四库全书》，658册，15—24页）。

78. 参见庄吉发，《台北故宫博物院典藏〈大藏经〉满文译本研究》，收于其《清史论集》，3册（台北：文史哲出版社，1998），27—96页。

79. [清] 阿桂等编，《八旬万寿盛典》（《景印文渊阁四库全书》，660—661册）。

80. 有关乾隆皇帝与太后在四次南巡来回途中的行进路线，参见本章表2.1中所列《乾隆皇帝起居注》中的相关资料；[清] 阿桂等编，《钦定南巡盛典》，卷80，程涂，1—37页（《景印文渊阁四库全书》，659册，275—293页）；[清] 清高宗，《御制诗二集》，卷72，12—13页（《景印文渊阁四库全书》，1304册，365—366页）；又见《御制诗三集》，卷24，1页（《景印文渊阁四库全书》，1305册，617页）。

81. [清] 阿桂等编，《钦定南巡盛典》，卷96，奏议，7—8页（《景印文渊阁四库全书》，659册，487—488页）。

82. 同上引书，卷99，奏议，12—14页（《景印文渊阁四库全书》，659册，526—527页）。

83. 同上引书，卷89-100，奏议（《景印文渊阁四库全书》，659册，372—538页）。

84. 同上引书，卷95，奏议，21页（《景印文渊阁四库全书》，659册，481页）。

85. 同上引书，卷96，奏议，6—7页（《景印文渊阁四库全书》，659册，487页）。

86. 同上注。

87. 同上引书，卷97，奏议，14—15页（《景印文渊阁四库全书》，659册，503—504页）。

88. 同上注。

89. 同上引书，卷98，奏议，7—8页（《景印文渊阁四库全书》，659册，509—510页）。

90. 同上引书，卷99，奏议，14页（《景印文渊阁四库全书》，659册，527页）。

91. 同上引书，卷 79，程涂，37 页（《景印文渊阁四库全书》，659 册，274 页）。
92. 同上引书，卷 97，奏议，13—14 页（《景印文渊阁四库全书》，659 册，503 页）。
93. 同上引书，卷 96，奏议，19—20 页（《景印文渊阁四库全书》，659 册，493—494 页）。
94. 同上引书，卷 98，奏议，24—25 页（《景印文渊阁四库全书》，659 册，518 页）。
95. 同上注。
96. 曹寅的年薪，参见周汝昌，《江宁织造与曹家》（北京：中华书局，2006），75 页，其中引用康熙三十七年（1698）五月二十二日，巡抚安徽陈汝器《奏销江宁织造支过俸饷文册》中所记："织造一员曹寅，每年应支俸银一百五两外。"
97. 参见 [清] 阿桂等编，《钦定南巡盛典》，卷 83-87，名胜（《景印文渊阁四库全书》，658 册，309—368 页）。
98. 见章唐容辑，《清宫述闻》，卷 6，述内廷 4，23a 页（《近代中国史料丛刊》，第 35 辑，349 册，529 页）。
99. [清] 清高宗，《御制诗四集》，卷 34，17 页（《景印文渊阁四库全书》，1307 册，845 页），《礼大报恩延寿寺》。
100. 参见孟亚男，《中国园林史》，280—281 页。
101. 同注 3。
102. [清] 于敏中等编，《国朝宫史》（1769），卷 5，典礼 1，礼仪，45—46 页，收于故宫博物院编，《故宫珍本丛刊》（海口：海南出版社，2000），312 册，78—79 页。
103. 关于整个祝寿的仪式过程，详见章唐容辑，《清宫述闻》，卷 6，述内廷 4，21a—23b 页，特别是 23a 页（《近代中国史料丛刊》，第 35 辑，349 册，529 页）；又见 [清] 清高宗，《御制文初集》，卷 23，3—6 页（《景印文渊阁四库全书》，1301 册，198—200 页），《恭祝圣母皇太后万寿无疆赋》。
104. [清] 清高宗，《御制诗三集》，卷 9，1 页（《景印文渊阁四库全书》，1305 册，405 页），《元旦试笔》；又有文《恭祝圣皇太后七旬万寿连珠》，见其《御制文初集》，卷 25，1—14 页（《景印文渊阁四库全书》，1301 册，217—223 页）。
105. 向东，《孝圣皇太后万寿庆典时期的五塔寺》，《故宫博物院院刊》，1984 年 1 期，87—92 页。
106. [清] 清高宗，《御制文二集》，卷 26，3—6 页（《景印文渊阁四库全书》，1301 册，441—443 页），《宝相寺碑文》。
107. 此图资料，参见 Wim Crowel, *De Verboden Stad: Hofcultuur von de Chinese Keizers (1644-1911)* (*The Forbidden City: Court Culture of the Chinese Emperors [1644-1911]*) (Amsterdam: Nauta

Dutilh, 1990), pp. 138-145; 此项资料承蒙王正华教授提供，谨此致谢。又，此画白描稿本和说明，参见聂崇正，《四卷白描稿本内容的探讨》，收于华辰 2006 年秋季拍卖会，《中国书画》目录（北京：华辰拍卖公司，2006），675 号。

108. 参见陈葆真，《康熙皇帝〈万寿图〉与乾隆皇帝〈八旬万寿图〉的比较研究》，《故宫学术季刊》，30 卷 3 期（2013 年春），45—122 页。

109. 见 [清] 于敏中等编，《国朝宫史》，卷 5，典礼 1，礼仪，47 页（《故宫珍本丛刊》，312 册，79 页）；章唐容辑，《清宫述闻》，卷 6，述内廷 4，21a—23b 页（《近代中国史料丛刊》，第 35 辑，349 册，525—530 页）；[清] 清高宗，《御制诗三集》，卷 100，36—37 页（《景印文渊阁四库全书》，1306 册，919 页），《冬至月廿五日圣母皇太后八旬大庆慈宁宫行礼喜成长什》。

110. [清] 清高宗，《御制诗三集》，卷 100，29 页（《景印文渊阁四库全书》，1306 册，915 页），《普陀宗乘庙落成拈香得句》；罗文华，《龙袍与袈裟》（北京：紫禁城出版社，2005），下册，369 页；[清] 清高宗，《御制文二集》，卷 27，7—10 页（《景印文渊阁四库全书》，1301 册，449—451 页），《普陀宗乘之庙碑文》；以及同书，卷 27，5—7 页（《景印文渊阁四库全书》，1301 册，448—449 页），《重修功德寺碑记》。

111. 参见孟亚男，《中国园林史》，243 页。

112. 见 [清] 庆桂等编，《国朝宫史续编》，卷 15，典礼 9，盛典，1—5 页（《故宫珍本丛刊》，313 册，154—156 页）；章唐容辑，《清宫述闻》，卷 6，述内廷 4，23b 页（《近代中国史料丛刊》，第 35 辑，349 册，530 页）。

113. 见 [清] 庆桂等编，《国朝宫史续编》，卷 15，典礼 9，盛典，5 页（《故宫珍本丛刊》，313 册，156 页）；章唐容辑，《清宫述闻》，卷 6，述内廷 4，23b、31a—b 页（《近代中国史料丛刊》，第 35 辑，349 册，530、545—546 页）。

114. 关于四幅《万国来朝图》的研究，参见苏妙龄，《乾隆朝〈万国来朝图〉研究》，《史物论坛》，2007 年 4 期，61—103 页，此项资料承蒙王静灵同学提供，谨此致谢。

115. 见 [清] 清高宗，《御制诗五集》，卷 1，1 页（《景印文渊阁四库全书》，1309 册，233 页），《元旦试笔》。

116. 其仪式参见 [清] 于敏中等编，《国朝宫史》，卷 5，典礼 1，礼仪，16—26 页（《故宫珍本丛刊》，312 册，64—69 页），"册尊皇太后及恭上徽号仪"条。

117. [清] 清高宗，《御制诗四集》，卷 32，24 页（《景印文渊阁四库全书》，1307 册，812 页），《恭奉皇太后回跸至御园作》；以及同书，卷 37，34—35 页（《景印文渊阁四库全书》，

1307 册，908 页），《平定金川恭上皇太后徽号礼成志庆》；又参见庄吉发，《清高宗十全武功研究》（台北：故宫博物院，1982），109—181 页。

118. 唐邦治辑，《清皇室四谱》，卷 2，后妃，17a—18a 页（《清代传记丛刊》，第 48 辑，69—71 页）；张尔田，《清列朝后妃传稿》，传上，107a—115a 页（《近代中国史料丛刊》，第 75 辑，742 册，223—239 页）；赵尔巽、柯劭忞等编，《清史稿》，30 册，卷 214，列传 1，后妃，8914 页。

119. 见 [清] 清高宗，《御制诗四集》，卷 42，19—20 页（《景印文渊阁四库全书》，1308 册，44 页），《圣母皇太后奄弃……因占挽词……》。

120. [清] 清高宗，《御制诗四集》，卷 42，31 页（《景印文渊阁四库全书》，1308 册，50 页），《恭奉圣母梓宫往泰陵是日启程长句志痛》。

121. 乾隆皇帝在此册上的题识，前后历时五十多年，共约七十四则，详见本书第五章，《乾隆皇帝与〈快雪时晴帖〉》，189—247 页；关于此诗及解释，见 250—251 页。

122. [清] 清高宗，《御制诗四集》，卷 46，5 页（《景印文渊阁四库全书》，1308 册，106 页），《长春仙馆礼佛有感》。

123. [清] 清高宗，《御制诗五集》，卷 91，6—7 页（《景印文渊阁四库全书》，1311 册，361 页），《游狮子园》。

124. 同上引书，卷 93，5—6 页（《景印文渊阁四库全书》，1311 册，392—393 页），《新正雍和宫瞻礼示诸皇子》；同样的事，又记于同书，卷 96，3 页（《景印文渊阁四库全书》，1311 册，卷 439），《恭谒泰东陵》注；以及《御制诗余集》，卷 4，5 页（《景印文渊阁四库全书》，1311 册，591 页），《恭谒泰东陵》注。

125. 见 [清] 于敏中等编，《国朝宫史》，卷 4，训谕 4，11—12 页（《故宫珍本丛刊》，312 册，37 页），"乾隆三年正月初三日"条。

126. 同上引书，卷 4，训谕 4，7—8 页（《故宫珍本丛刊》，312 册，35 页），"乾隆元年三月初四日"条。

127. 慧贤皇贵妃小传，见张尔田，《清列朝后妃传稿》，传下，21b—22a 页（《近代中国史料丛刊》，第 75 辑，742 册，290—291 页）；傅恒小传，见赵尔巽、柯劭忞等编，《清史稿》，35 册，卷 301，列传 88，10445—10451 页；福康安小传，见同书，36 册，卷 330，列传 117，10917—10924 页；高斌小传，见同书，35 册，卷 310，列传 97，10629—10634 页。另，高晋为慧贤皇贵妃的堂兄弟，高恒则为她的亲弟弟，二人小传，见同书，35 册，卷 310，列传 97，10634—10636 页。

128. [清] 于敏中等编,《国朝宫史》,卷4,训谕4,8—10页(《故宫珍本丛刊》,312册,35—36页),"乾隆元年七月十五日"条。

129. 同上引书,卷4,训谕4,11—12页(《故宫珍本丛刊》,312册,37页),"乾隆三年正月初三日"条。

130. 同上引书,卷5,典礼1,礼仪,26—37页(《故宫珍本丛刊》,312册,69—74页),"册立皇后仪"条。

131. 乌拉那拉氏小传,见张尔田,《清列朝后妃传稿》,传下,14b—18b页(《近代中国史料丛刊》,第75辑,742册,276—284页)。

132. 关于乾隆皇帝与富察氏和乌拉那拉氏的婚姻生活,详见本书第三篇,《〈心写治平〉——乾隆帝后妃嫔图卷和相关议题的探讨》,136—149页。

133. 令妃小传,见张尔田,《清列朝后妃传稿》,传下,18b—21b页(《近代中国史料丛刊》,第75辑,742册,284—290页)。

134. [清] 清高宗,《御制诗四集》,卷26,29—30页(《景印文渊阁四库全书》,1307册,705页),《令懿皇贵妃挽诗》。

135. [清] 清高宗,《御制诗四集》,卷16,30页(《景印文渊阁四库全书》,1307册,525页),《长至前一日谒坛礼毕宿斋宫即事成什》。那时永(颙)琰十四岁。

136. 关于乾隆皇帝传位给嘉庆皇帝一事,见 [清] 清高宗,《御制文三集》,卷6,1—6页(《景印文渊阁四库全书》,1301册,607—610页),(纪元周甲建立皇太子以明年元日授宝为嘉庆元年诏);又见《御制文余集》,卷1,1—3页(《景印文渊阁四库全书》,1301册,686—687页),《丙辰元日传位子皇帝并却上尊号诏》。

137. 参见史景迁(Jonathan D. Spence)著,陈引驰、郭茜、赵颖之、丁旻合译,《曹寅与康熙》(*Ts'ao Yin and the K'ang-hsi Emperor*)(上海:上海远东出版社,2005)。

138. 详见 [清] 昭梿,《啸亭杂录》,卷8,17b—18a页(《近代中国史料丛刊》,第7辑,63-2册,778—779页),《八大家》。

139. 张尔田,《清列朝后妃传稿》,传上,77a页(《近代中国史料丛刊》,第75辑,742册,163页)。

140. 至于现今传世的雍正和乾隆二帝的一些"汉装行乐图",事实上应是虚构的。甚至,在雍正和乾隆时期所各别绘制的《十二月令图》中所见一些后宫女子在圆明园中的活动,她们着汉服的真实性,也都令人存疑,详见本书第一章,《雍正与乾隆二帝"汉装行乐图"的虚实与意涵》,19—68页。

141. 参见本书第三章，《〈心写治平〉——乾隆帝后妃嫔图卷和相关议题的探讨》，151—154 页。

142. 参见本书第四章，《从四幅"岁朝图"的表现问题谈到乾隆皇帝的亲子关系》，157—199 页。

143. 事见 [清] 清高宗，《御制诗五集》，卷 93，5—6 页（《景印文渊阁四库全书》，1311 册，392—393 页），《新正雍和宫瞻礼示诸皇子》；又见同书，卷 96，3 页（《景印文渊阁四库全书》，1311 册，439 页），《恭谒泰东陵》注；以及《御制诗余集》，卷 4，5 页（《景印文渊阁四库全书》，1311 册，591 页），《恭谒泰东陵》注。

144. 见 [清] 清高宗，《御制诗三集》，卷 52，15—16 页；卷 68，24 页（《景印文渊阁四库全书》，1306 册，136—137 页；388 页），《木兰回跸至避暑山庄请皇太后安恭恣起居和适欣成长句书怀》《回跸至避暑山庄恭问皇太后安》二诗及注。

第三章 《心写治平》——乾隆帝后妃嫔图卷和相关议题的探讨

1. 乾隆皇帝本传，见赵尔巽、柯劭忞等编，《清史稿》（1914—1927）（北京：中华书局点校本，1976—1977），3 册，卷 10—15，高宗本纪 1—6，343—565 页；唐邦治辑，《清皇室四谱》，卷 1，列帝，8b—9b 页，收于周骏富辑，《清代传记丛刊》，第 48 辑（台北：明文书局，1985），24—26 页。

2. 参阅庄吉发，《清高宗十全武功研究》（台北：故宫博物院，1982）；戴逸，《乾隆帝及其时代》（北京：人民大学出版社，1992）。

3. 参阅萧一山，《清代通史》（台北：台湾商务印书馆，1962）；黎东方，《细说清朝》（台北：传记文学，1970）。

4. 相关论著，参见本书导论，注 1。

5. 相关论著，参见本书导论，注 2。

6. 关于以上图版及简介，参见 Chuimei Ho and Bennet Bronson, *Splendors of China's Forbidden City: The Glorious Reign of Emperor Qianlong* (Chicago: The Field Museum, 2004), pp. 63; 165; 42; 108; 又，关于乾隆皇帝和其他清代帝后的各种画像，最早的图版参见国立北平故宫博物院文献馆编，《清代帝后像》（北平：国立北平故宫博物院，1934—1935），第 4 辑，收于煮雨山房辑，《故宫藏历代画像图鉴》（北京：北京古籍出版社，2005），下册，461—600 页。

7. 关于康熙和乾隆二帝的《南巡图》研究，参见 Maxwell K. Hearn, "Document and Portrait: The Southern Tour Paintings of Kangxi and Qianlong," in Ju-hsi Chou and Claudia Brown eds., *Chinese Painting under the Qianlong Emperor* (Phoenix, Arizona: Arizona State University, 1988), pp. 91-

131; ibid., "*The Kangxi Southern Inspection Tour*: A Narrative Program by Wang Hui" (Ph. D. dissertation, Princeton University, 1990)。

8. 参见 Harold L. Kahn, "A Matter of Taste: The Monumental and Exotic in the Qianlong Reign," in Ju-hsi Chou and Claudia Brown eds., *The Elegant Brush: Chinese Painting under the Qianlong Emperor, 1735-1795* (Phoenix, Arizona: Phoenix Art Museum, 1985), pp. 288-302; Wu Hung, "Emperor's Masquerade: 'Costume Portraits' of Yongzheng and Qianlong," *Orientations*, vol. 26, no.7 (July/August, 1995), pp. 25-41; Yu Hui, "Naturalism in Qing Imperial Group Portraiture." *Orientations,* vol. 26, no.7 (1995), pp. 42-50；以及本书第一章，《雍正与乾隆二帝"汉装行乐图"的虚实与意涵》，32—68 页。

9. 参见 Cécile and Michel Beurdeley (tr. by Michael Bullock), *Giuseppe Castiglione: A Jesuit Painter at the Court of the Chinese Emperors* (London: Lund Humphries, 1972), cat. 81, pp. 98-101；笔者在此特别向史美德博士（Dr. Mette Siggstedt）热心提供此书致谢；又参见 Ju-hsi Chou and Claudia Brown eds., *The Elegant Brush*, p. 23。此图并未登录于乾隆和嘉庆年间所编的清宫收藏书画目录：《秘殿珠林·石渠宝笈》初编（1745、1747）、续编（1793）和三编（1816），这三种书籍在 1969—1971 年间，都由台北故宫博物院据所收藏的版本影印发行。

10. 参见 [清] 于敏中等编，《国朝宫史》（1769），卷 9，典礼 5，冠服，5—23 页，收于故宫博物院编，《故宫珍本丛刊》（海口：海南出版社，2000），312 册，138—147 页。又见赵尔巽、柯劭忞等编，《清史稿》，11 册，卷 103，志 78，舆服 2，3038—3042 页，其内容多引用前书，但记载较简略。

11. 中文方面，参见：杨伯达，《郎世宁在清内廷的创作活动及其艺术成就》，《故宫博物院院刊》，1988 年 2 期，3—26、90 页；庄素娥，图版说明，载于《海外中国名画精选》（台北：锦绣出版社，2001），262—265、350 页；同书缩小版（上海：上海文艺出版社，无出版年月），106—107 页，西文方面，参见：Cécile and Michel Beurdeley (tr. by Michael Bullock), *Giuseppe Castiglione*, cat. 81, pp. 41, 43. 98-101, 178; Sherman E. Lee. "Varieties of Portraiture in Chinese and Japanese Art," *Bulletin of the Cleveland Museum of Art*, no.4 (1977), pp. 191-215; Wai-kam Ho, et al., *Eight Dynasties of Chinese Painting: The Collection of the Nelson Gallery-Atkins Museum, Kansas City, and the Cleveland Museum of Art* (Cleveland: The Cleveland Museum of Art in Cooperation with Indiana University Press, 1980), pp. 335-336; Ju-hsi Chou and Claudia Brown eds., *The Elegant Brush*, pp. 23-24; Maxwell K. Hearn, "Qing Imperial Portraiture," in The Society for International Exchange of Art History Studies（国际交流美术史研究）ed., *International*

Symposium on Art History Studies, 6（国际交流美术史研究会第六回シンポジアム・肖像）(Kyoto: The Society for International Exchange of Art History Studies [京都：国际交流美术史研究会], 1990), pp. 108-128; Chuimei Ho and Bennet Bronson, *Splendors of China's Forbidden City*, pp. 164-165; Chuimei Ho, "The Relations Between Qianlong and His Consorts: Stories of a Man With Forty Wives," *Orientations*, vol. 35 (March, 2004), no. 2, pp. 66-73。

12. Wai-kam Ho 的看法，见 Wai-kam Ho, et al., *Eight Dynasties of Chinese Painting*, p. 262; Chuimei Ho 也引用他的说法，见 Chuimei Ho and Bennet Bronson, *Splendors of China's Forbidden City*, p. 164。

13. Chuimei Ho, "The Relations Between Qianlong and His Consorts," p. 73.

14. 同上注。

15. 同注 11。

16. 同注 12。

17. 关于乾隆皇帝的后妃及后宫女子小传，参见张尔田，《清列朝后妃传稿》（1923 自序），传下，2a—34a 页，收于沈云龙主编，《近代中国史料丛刊》，第 75 辑（台北：文海出版社，1972），742 册，251—315 页；唐邦治辑，《清皇室四谱》，卷 2，后妃，19a—25a 页（《清代传记丛刊》，第 48 辑，73—85 页）。

18. [清]于敏中等编，《国朝宫史》，卷 8，典礼 4，宫规，1—2 页（《故宫珍本丛刊》，312 册，124—125 页）。

19. 见 [清] 庆桂等编，《大清高宗纯皇帝实录》（1807）（台北：华联出版社，1964），1 册，卷 2，5 页（总 169 页）。

20. 见张尔田，《清列朝后妃传稿》，传下，2a—14b 页；21b—22a 页（《近代中国史料丛刊》，第 75 辑，742 册，251—276 页；290—291 页）；又参见 [清] 庆桂等编，《大清高宗纯皇帝实录》，2 册，卷 58，2—8 页（总 993—996 页），"乾隆二年十二月初四日"条。

21. 见张尔田，《清列朝后妃传稿》，同上注。

22. 虽依实录中所记，富察氏既为原配，因此乾隆皇帝登基（1735）之后，她也就顺理成章地被称为皇后了。例见 [清] 庆桂等编，《大清高宗纯皇帝实录》，1 册，卷 1，1—12 页（总 147—152 页），"雍正十三年八月二十三日"条。

23. Cécile and Michel Beurdeley (tr. by Michael Bullock), *Giuseppe Castiglione*, pp. 98, 157.

24. 又据国立北平故宫博物院文献馆编《清代帝后像》第 3 辑 549 页得知，孝贤皇后还有另外一幅朝服像，原来可能挂在景山的寿皇殿（清皇室家庙）。画中人看起来已是中年妇女，且面貌与这三件作品差异甚大，可能是画家依据她过世（1748）前不久的样貌画成，专供祭祀礼拜用的。按，寿皇殿中收藏许多清代帝后像，乃专为祭祀之用。

25. 参见聂崇正，《清代的宫廷绘画和画家》，收于故宫博物院编，《故宫博物院藏清代宫廷绘画》（北京：文物出版社，1992），1—24页，特别是11页；又参见聂崇正，《谈清宫皇帝后妃油画半身像》，收于其《清宫绘画与"西学东渐"》（北京：紫禁城出版社，2008），194—207页。另外，许多这样的例子，可见于乾隆朝的《养心殿造办处各作成做活计清档》，藏于台北故宫博物院图书室。

26. 见张尔田，《清列朝后妃传稿》，传下，23b—24b页（《近代中国史料丛刊》，第75辑，742册，294—296页）；及 [清] 庆桂等编，《大清高宗纯皇帝实录》，2册，卷58，4—5页（总994—995页），"乾隆二年十二月丁亥"条。

27. 见张尔田，《清列朝后妃传稿》，传下，18b—21b页（《近代中国史料丛刊》，第75辑，742册，284—290页）；又，现在存世的还有她的一幅《孝仪皇后朝服像》，容貌已是中老年之状，应是依她过世之前的样貌所作，后来挂在景山寿皇殿中，供祭祀礼拜之用，图见国立北平故宫博物院文献馆编，《清代帝后像》，第3辑，550页。

28. 见张尔田，《清列朝后妃传稿》，传下，23b—24b页（《近代中国史料丛刊》，第75辑，742册，294—296页）。

29. 同上引书，25b—26a页（《近代中国史料丛刊》，第75辑，742册，298—299页）。

30. 同上引书，27b—28b页（《近代中国史料丛刊》，第75辑，742册，302—304页）。

31. [清] 庆桂等编，《国朝宫史续编》（1806），卷2，训谕2，25—28页，收于故宫博物院编，《故宫珍本丛刊》（海口：海南出版社，2000），313册，32—34，"乾隆四十三年十一月初八日"条，但张尔田在惇妃小传中，误将此事列为乾隆四十二年（1777）之事，见张尔田，《清列朝后妃传稿》，传下，29a—30a页（《近代中国史料丛刊》，第75辑，742册，305—307页）。

32. 和孝固伦公主在乾隆四十五年（1780），由乾隆皇帝下旨婚配给宠臣和珅（1749—1799）的次子丰绅殷德（1775—1810），于乾隆五十四年（1789）成婚。又惇妃小传见上注。

33. 见张尔田，《清列朝后妃传稿》，传下，30a页（《近代中国史料丛刊》，第75辑，742册，307页）。

34. 此事未见于其小传中，但在吴十洲《乾隆一日》表7之中却载有此事，不知何据。

35. 关于郎世宁在清宫中的活动情形，参见 Cecile and Michel Beurdeley (tr. by Michael Bullock), *Giuseppe Castiglione*; Howard Rogers, "For Love of God: Castiglione at the Court of Qianling,"

in Ju-hsi Chou and Claudia Brown eds., *Chinese Painting under the Qianlong Emperor*, pp. 141-160；又参见《故宫博物院院刊》，1988 年 2 期，"纪念郎世宁诞生三百年专辑"中各文，特别是杨伯达，《郎世宁在清内廷的创作活动及其艺术成就》，3—26、90 页；聂崇正，《中西艺术交流中的郎世宁》，72—79、90 页；鞠德源、田建一、丁琼，《清宫廷画家郎世宁年谱》，27—71 页；另外，参见天主教辅仁大学编，《郎世宁之艺术——宗教与艺术研讨会论文集》（台北：幼狮文化事业公司，1991）中诸文。

36. 参见 [清] 于敏中等编，《国朝宫史》，卷 8，典礼 4，宫规，1—2 页（《故宫珍本丛刊》，312 册，124—125 页）；又，有关她们的册封典礼，参见同书，卷 5，典礼 1，礼仪，26—37 页（《故宫珍本丛刊》，312 册，69—74 页）；有关她们的服饰，参见同书，卷 9，典礼 5，冠服，1—24 页（《故宫珍本丛刊》，312 册，136—147 页）；有关她们的经费，参见同书，卷 17，经费，1—21 页；26—37 页；44—54 页（《故宫珍本丛刊》，312 册，315—323 页；325—331 页；334—339 页）；又见 Chuimei Ho and Bennet Bronson, *Splendors of China's Forbidden City*, pp. 172-173。

37. 傅恒传，见赵尔巽、柯劭忞等编，《清史稿》，35 册，卷 301，列传 88，10445—10451 页。

38. 参见朱诚如主编，《清史图典》（清朝通史图录）（北京：紫禁城出版社，2002），7 册，442—443 页。

39. 参见庄吉发，《清高宗十全武功研究》，图 58，618 页；马雅贞，《战争图像与乾隆朝（1736—1795）对帝国武功之建构——以〈平定准部回部得胜图〉为中心》，台湾大学艺术史研究所硕士论文（2000）。

40. 庄吉发，同上引书，518—531 页。

41. 同上注；又参见 Cécile and Michel Beurdeley (tr. by Michael Bullock), *Giuseppe Castiglione*, pp. 79-87, 167, 189。

42. 关于乾隆皇帝的书法风格，参见王耀庭，《乾隆书画：兼述代笔的可能性》，原发表于"十八世纪的中国与世界"学术研讨会（台北：故宫博物院，2002 年 12 月 13—14 日），后收于淡江大学中文系汉语文化暨文献资源研究所主编，《昌彼得教授八秩晋五寿庆论文集（附：武汉改制论手稿）》（台北：台湾学生书局，2005），471—492 页；何传馨，《乾隆书法鉴赏》，《故宫学术季刊》，21 卷 1 期（2003 年秋），31—63 页。

43. 参见张尔田，《清列朝后妃传稿》，传下，1a—34a 页（《近代中国史料丛刊》，第 75 辑，742 册，249—315 页）；唐邦治辑，《清皇室四谱》，卷 2，后妃，19a—25a 页（《清代传记丛刊》，第 48 辑，73—85 页）；吴十洲，《乾隆一日》，表 7。

44. 唐邦治辑，《清皇室四谱》，卷 3，皇子，22b—25b 页；卷 4，皇女，16a—18b 页（《清代传记丛刊》，第 48 辑，158—164 页；207—212 页）；赵尔巽、柯劭忞等编，《清史稿》，18 册，卷 165，表 5，5206 页；30 册，卷 214，列传 8，9090—9098 页；吴十洲，《乾隆一日》，表 8。

45. 见唐邦治辑，《清皇室四谱》，卷 2，后妃，17a—18a 页（《清代传记丛刊》，第 48 辑，69—71 页）；赵尔巽、柯劭忞等编，《清史稿》，30 册，卷 214，列传 1，8914—8915 页；张尔田，《清列朝后妃传稿》，传上，107a—116b 页（《近代中国史料丛刊》，第 75 辑，742 册，223—242 页）。

46. 见 [清] 清高宗，《御制诗四集》，卷 42，19—24 页，收于纪昀等总纂，《景印文渊阁四库全书》（台北：台湾商务印书馆，1983—1986），1308 册，44—46 页。

47. 和珅传，见赵尔巽、柯劭忞等编，《清史稿》，35 册，卷 319，列传 106，10752—10758 页。

48. 嘉妃（金佳氏）为朝鲜人，其兄金简（？—1794）隶内务府汉军，仁宗时赐改入满洲正黄旗。参见冯明珠主编，《乾隆皇帝的文化大业》（台北：故宫博物院，2002），102 页，高千惠说明。

49. Chuimei Ho 也同样注意到这一点，参见其 "The Relations Between Qianlong and His Consorts," p. 73。

50. 哲悯皇贵妃，姓富察氏，为乾隆皇帝登基前所娶的侧福晋之一，曾生皇长子永璜和皇二女，卒于雍正十三年（1735）。其小传见张尔田，《清列朝后妃传稿》，传下，22a—22b 页（《近代中国史料丛刊》，第 75 辑，742 册，291—292 页）。

51. 裕陵地宫中，存放着乾隆皇帝和他的五个后妃的金棺。可悲的是，裕陵在 1928 年遭遇到孙殿英军旅的盗掘，墓中除了孝仪皇后外，其余五人的身体都受到破坏而不全。详见克诚等著，《东陵盗宝》（长沙：岳麓出版社，1986）；又，关于裕陵妃园寝各女子的葬位布局严格，参见徐广源，《清皇陵地宫亲探记》（北京：紫禁城出版社，2007），64—65 页，以及同氏，《大清皇陵秘史》（北京：学苑出版社，2010），179 页。

52. 见徐鑫，《走进香妃墓》（北京：新世界出版社，2004），104 页；又见徐广源，《清皇陵地宫亲探记》，64—65 页，及其《大清皇陵秘史》，179 页。

53. 传顾恺之，《女史箴图》，见 [清] 张照、梁诗正等编，《石渠宝笈初编》（1745、1747）（台北：故宫博物院，1971），下册，1074—1075、1198 页；传李公麟摹本，见同书，下册，963—965 页。有关当代学者对这两卷作品多方面探讨的各篇论文，参见 Shane McCausland ed., *Gu Kaizhi and the Admonitions Scroll* (London: The British Museum Press in Association with Percival David Foundation of Chinese Art, 2003)。

54. 有关四美具，见[清]张照、梁诗正等编，《石渠宝笈初编》，下册，1198—1206页；有关三希书法作品，参见同书，下册，1167—1172页。

55. 关于传顾恺之《女史箴图》的各方面研究，参见 Shane McCausland ed., *Gu Kaizhi and the Admonitions Scroll* 中多位学者的论文；其中，有关乾隆皇帝收藏《女史箴图》的情形，参见 Nixi Cura, "A Cultural Biography of The *Admonitions* Scroll: The Qinglong Reign (1736-1795)," pp. 269-276。

56. 关于此本《女史箴图》的断代研究，参见余辉，《宋本〈女史箴图〉卷探考》，《故宫博物院院刊》，2002年1期，6—16页。

57. 关于顾恺之所作的《女史箴图》各方面的研究，参见 Shane McCausland ed., *Gu Kaizhi and the Admonitions Scroll*.

58. 见[清]清高宗，《御制乐善堂全集定本》（1737自序，1758定本），卷18，11—12页；卷19，13页（《景印文渊阁四库全书》，1300册，436—437页；443页）。

59. 见[清]于敏中等编，《国朝宫史》，卷8，典礼4，宫规，15—18页（《故宫珍本丛刊》，312册，131—133页）。每幅图上，又有臣工敬书御制文，见[清]清高宗，《御制文初集》，卷28，1—4页（《景印文渊阁四库全书》，1301册，241—243页）。

60. 见（春秋）左丘明，《春秋左氏传》，卷21，24—26页（《景印文渊阁四库全书》，143册，467—468页）。

61. 见（后晋）刘昫等，《旧唐书》，卷51，9—12页（《景印文渊阁四库全书》，269册，420—422页）；[宋]欧阳修等，《新唐书》，卷76，6—7页（《景印文渊阁四库全书》，274册，4页）。

62. 见[汉]班固，《前汉书》，卷97下，1—9页（《景印文渊阁四库全书》，251册，287—291页）。

63. 见[元]托克托等，《宋史》，卷242，18—21页（《景印文渊阁四库全书》，284册，864—866页）。

64. 见[汉]刘向，《古列女传》，卷2，5—6页（《景印文渊阁四库全书》，448册，20—21页）。

65. 见[汉]刘向，《古列女传》，卷8，17—20页（《景印文渊阁四库全书》，448册，82—83页）；（南朝宋）范晔，《后汉书》，卷10上，11—17页（《景印文渊阁四库全书》，252册，176—179页）。

66. 见[汉]班固，《前汉书》，卷97下，9—13页（《景印文渊阁四库全书》，251册，291—293页）；[汉]刘向，《古列女传》，卷8，10—12页（《景印文渊阁四库全书》，448册，78—

79页)。

67. 见[宋]欧阳修等,《新唐书》,卷76,27—29页(《景印文渊阁四库全书》,274册,14—15页)。

68. 见[汉]司马迁,《史记》,卷1,8—9页(《景印文渊阁四库全书》,243册,41页)。

69. 见[汉]刘向,《古列女传》,卷2,1—2页(《景印文渊阁四库全书》,448册,18—19页)。

70. 同上引书,卷1,5—6页(《景印文渊阁四库全书》,448册,10—11页)。

71. 见[汉]班固,《前汉书》,卷97下,28—29页(《景印文渊阁四库全书》,251册,301页);[汉]刘向,《古列女传》,卷8,8—9页(《景印文渊阁四库全书》,448册,77—78页)。

72. 见[清]清高宗,《御制诗五集》,卷19,9页;卷51,7页(《景印文渊阁四库全书》,1309册,553页;1310册,439页),《新正重华宫》。

73. 见[清]清高宗,《御制诗二集》,卷4,5页(《景印文渊阁四库全书》,1303册,256页),《首夏圆明园》;又参见刘凤翰,《圆明园兴亡史》(台北:文星书店,1963),22,《长春仙馆》。

74. 见[清]清高宗,《御制诗二集》,卷4,1页(《景印文渊阁四库全书》,1303册,254页),《读皇祖御制清文鉴》。

75. 同上引书,卷4,7—8页(《景印文渊阁四库全书》,1303册,257页),《雨二首》注。

76. 同上引书,卷4,8页(《景印文渊阁四库全书》,1303册,257页),《午日漫成二首》。关于乾隆皇帝生母孝圣皇太后传,见唐邦治辑,《清皇室四谱》,卷2,后妃,17a—18a页(《清代传记丛刊》,第48辑,69—71页)。

77. 关于乾隆皇帝这四个子女的小传,参见唐邦治辑,《清皇室四谱》,卷3,皇子,22b—25b页;卷4,皇女,16a—18b页(《清代传记丛刊》,第48辑,158—164页;207—212页);又参见赵尔巽、柯劭忞等编,《清史稿》,30册,卷221,列传8,9092、9093页。

78. 见[清]清高宗,《御制诗二集》,卷17,14—15页(《景印文渊阁四库全书》,1303册,408页),《皇长子挽词》注。

79. 见[清]清高宗,《御制乐善堂全集定本》(《景印文渊阁四库全书》,1300册)。

80. 此事载于乾隆皇帝在十四年后的追忆,见[清]清高宗,《御制诗二集》,卷67,4—5页(《景印文渊阁四库全书》,1304册,297页),《过济南杂诗叠旧作韵》注。类似济南神童的记载,又见于[清]昭梿(汲修主人,约活动于十八世纪末到十九世纪中期),《啸亭杂录》,卷6,47a—47b页,收于沈云龙主编,《近代中国史料丛刊》,第7辑(台北:文海出版社,1967),63-2册,623—624页,《神童》。

81. 见[清]清高宗,《御制诗二集》,卷4,24—25页(《景印文渊阁四库全书》,1303册,252

页),《题赵孟𫖯〈鹊华秋色图〉》。

82. 此次东巡和皇后薨逝以及回京经过,参见 [清] 庆桂等编,《大清高宗纯皇帝实录》,7 册,卷 308,5—6 页;卷 309,18、24、33—36 页;卷 310,14、25—28 页;卷 311,1—2、7—49 页(总 4465 页;4481、4484、4489—4490 页;4509、4515—4516 页;4517、4520—4541 页)。

83. 见 [清] 清高宗,《御制诗二集》,卷 4,25—26 页(《景印文渊阁四库全书》,1303 册,252—253 页),《大行皇后挽诗》。

84. 同上引书,卷 4,26 页(《景印文渊阁四库全书》,1303 册,253 页),《大行皇后移殡观德殿,感怀追旧,情不自禁,再成长律,以志哀悼》。

85. 同上引书,卷 4,26 页(《景印文渊阁四库全书》,1303 册,253 页),《无惊》。

86. 同上引书,卷 4,26 页(《景印文渊阁四库全书》,1303 册,253 页),《梦》。

87. 同上引书,卷 4,8 页(《景印文渊阁四库全书》,1303 册,257 页),《午日漫成二首》注。

88. 同上引书,卷 4,1 页(《景印文渊阁四库全书》,1303 册,254 页)。

89. 同上引书,卷 4,1—2 页(《景印文渊阁四库全书》,1303 册,254 页),《四月八日叠旧作韵》。

90. 同上引书,卷 4,2 页(《景印文渊阁四库全书》,1303 册,254 页),《再题牟益〈捣衣图〉,用高士奇旧题韵》。

91. 同上引书,卷 4,4 页(《景印文渊阁四库全书》,1303 册,255 页)。

92. 同上引书,卷 4,7—8 页(《景印文渊阁四库全书》,1303 册,257 页),雨二首》注。

93. 同上引书,卷 4,8 页(《景印文渊阁四库全书》,1303 册,257 页),《午日漫成二首》。

94. 同上引书,卷 4,19 页(《景印文渊阁四库全书》,1303 册,263 页),《独不见》。

95. 同上引书,卷 4,10 页(《景印文渊阁四库全书》,1303 册,258 页)。

96. 乾隆皇帝曾为她作《慧贤皇贵妃挽诗叠旧作春怀诗韵》,见 [清] 清高宗,《御制诗初集》(1764),卷 24,13—14 页(《景印文渊阁四库全书》,1302 册,397 页)。

97. 见 [清] 清高宗,《御制诗二集》,卷 4,17 页(《景印文渊阁四库全书》,1303 册,262 页),《五月二十一日荐孝贤皇后谥号,御太和门阅册宝,怆然有述》注。

98. 见 [清] 清高宗,《御制文初集》,卷 24,4—6 页(《景印文渊阁四库全书》,1301 册,209—210 页),《述悲赋》。

99. 见 [清] 清高宗,《御制诗二集》,卷 5,8—9 页(《景印文渊阁四库全书》,1303 册,270 页),《学潘岳悼亡诗体,即用其韵》。

100. 同上引书,卷 7,12 页(《景印文渊阁四库全书》,1303 册,296 页),《奉移孝贤皇后梓宫于静安庄,凄然神伤,抆泪赋此》。

101. 同上引书,卷10,22—23页(《景印文渊阁四库全书》,1303册,335页),《将命驾塞上行围临静安庄酹酒》。

102. 同上引书,卷19,15—16页(《景印文渊阁四库全书》,1303册,432—433页),《诣静安庄奠酒》。

103. 同上引书,卷9,16页;卷18,12页;卷35,24页(《景印文渊阁四库全书》,1303册,322页;415页;654页),《静安庄酹酒》;《静安庄奠酒》;《静安庄酹酒》。

104. 同上引书,卷22,9—10页(《景印文渊阁四库全书》,1303册,476页),《辛未春帖子词》注,以及同上,卷28,1—2页(《景印文渊阁四库全书》,1303册,554—555页),《回銮赵北口驻跸》注。又,关于康熙与乾隆皇帝两人各六次的南巡时日及图卷研究,参见 Maxwell K. Hearn, "Document and Portrait: The Southern Tour Paintings of Kangxi and Qianlong," in Ju-hsi Chou and Claudia Brown eds., *Chinese Painting under the Qianlong Emperor*, pp. 91-131, 乾隆皇帝部分,特别见 97—131页。

105. 见[清]清高宗,《御制诗二集》,卷22,8页(《景印文渊阁四库全书》,1303册,476页)。

106. 同上引书,卷28,3页(《景印文渊阁四库全书》,1303册,555页)。

107. 同上引书,卷16,10—11页(《景印文渊阁四库全书》,1303册,394页)。

108. 同上引书,卷25,21页(《景印文渊阁四库全书》,1303册,528页)。

109. 同上引书,卷22,29页(《景印文渊阁四库全书》,1303册,486页),《过济南杂诗》。

110. 同上引书,卷67,4—5页(《景印文渊阁四库全书》,1304册,297页),《过济南杂诗叠旧作韵》。

111. 见[清]清高宗,《御制诗三集》,卷45,1页(《景印文渊阁四库全书》,1306册,27页),《四依皇祖南巡过济南韵》。

112. 关于这四卷《孝贤皇后亲蚕图》的绘制时间,可见于《养心殿造办处各作成做活计清档》,乾隆十三年到十六年;参见童文娥,《清院本〈亲蚕图〉的研究》,《故宫文物月刊》,278期(2006年5月),70—78页。

113. 关于先蚕坛所在与祭祀详情,参见[清]于敏中等编,《国朝宫史》,卷6,典礼2,礼仪,22—39页;卷16,宫殿6,西苑,30—31页(《故宫珍本丛刊》,312册,95—103页;301—302页)。又见乔匀、傅熹年等,《中国古代建筑》(北京:新世界出版社,2002),242页,示意图7-15a;其旧址为今北京北海幼儿园,见刘毅,《明清宫廷生活》(天津:天津古籍出版社,2000),179页。

114. 见台北故宫博物院编,《故宫书画录》(台北:故宫博物院,1965),1册,卷4,309—310页。

115. 见[清]清高宗,《御制诗二集》,卷29,1页(《景印文渊阁四库全书》,1303册,567页),《先皇后亲蚕图成,命弃藏蚕馆,并志以诗》。

116. 关于此画,参见台北故宫博物院编,《故宫书画录》,2册,卷4,63—69页;乾隆皇帝在画上的三则题识与诗句,和他的御制诗中所记小有差异;他的前两则题识,见[清]清高宗,《御制诗初集》,卷40,5页(《景印文渊阁四库全书》,1302册,588页);此处所引这则题识,见[清]清高宗,《御制诗二集》,卷47,8页(《景印文渊阁四库全书》,1304册,31页),《题牟益〈捣衣图〉,仍用谢惠连韵》。关于此图的解读,参见衣若芬,《闺怨与相思:牟益〈捣衣图〉的解读》,《中国文哲研究集刊》,25期(2004),25—29页。

117. 见[清]清高宗,《御制诗二集》,卷37,24—25页(《景印文渊阁四库全书》,1303册,679页),《十月二十七日,永安孝贤皇后于万年吉地宫,以慧贤、哲悯二皇妃附,皆少时相从者,既感逝存,更参梦幻,命笔成什,以志一时》。

118. 同上引书,卷5,11页(《景印文渊阁四库全书》,1303册,271页),《七月朔日作》注。

119. 关于静寄山庄的研究,参见傅申,《重建一座消失的乾隆静寄山庄》,主题演讲,"十八世纪的中国与世界"学术研讨会(台北,故宫博物院,2002年12月14日)。

120. 见[清]清高宗,《御制诗二集》,卷46,13页(《景印文渊阁四库全书》,1304册,20页),《恭谒东陵各成短句》。

121. 同上引书,卷62,17页(《景印文渊阁四库全书》,1304册,233页),《三月十一日即事》。

122. 见[清]清高宗,《御制诗三集》,卷3,2页(《景印文渊阁四库全书》,1305册,320页),《孝贤皇后陵寝酹酒》。

123. 同上引书,卷55,7页(《景印文渊阁四库全书》,1306册,177页),《孝贤皇后陵酹酒》。

124. 同上引书,卷88,1—2页(《景印文渊阁四库全书》,1306册,696页),《孝贤皇后陵酹酒》。

125. 见[清]清高宗,《御制诗四集》,卷19,31页(《景印文渊阁四库全书》,1307册,579页),《孝贤皇后陵酹酒》。

126. 同上引书,卷26,29—30页(《景印文渊阁四库全书》,1307册,705页),《令懿皇贵妃挽诗》。这在其他嫔妃中,是仅次于孝贤皇后和慧贤贵妃(卒于1745)的殊宠。除了这三个后妃之外,乾隆皇帝终生没有为他的任何一个嫔妃写过任何挽诗。就是在长辈女性中,他也只为亲生母亲孝圣皇太后和温惠贵太妃(康熙皇帝的妃子)作过诗。后来,令懿贵妃所生的皇十五子在乾隆六十年（1795）被择为嗣皇帝，她因母以子贵，被追封为孝仪纯皇后。

127. 同上引书，卷35，14页（《景印文渊阁四库全书》，1307册，861页），《孝贤皇后陵酹酒》。

128. 同上引书，卷76，14页（《景印文渊阁四库全书》，1308册，536页），《孝贤皇后陵寝酹酒》。

129. 同上引书，卷100，38页（《景印文渊阁四库全书》，1308册，917页），《孝贤皇后陵寝酹酒》。

130. 见[清]清高宗，《御制诗五集》，卷29，40—41页（《景印文渊阁四库全书》，1310册，60页），《孝贤皇后陵酹酒》。

131. 同上引书，卷53，23页（《景印文渊阁四库全书》，1310册，482页），《孝贤皇后陵酹酒》。

132. 同上引书，卷95，21页（《景印文渊阁四库全书》，1311册，435页），《孝贤皇后陵酹酒》。

133. 见[清]清高宗，《御制诗余集》，卷3，14页（《景印文渊阁四库全书》，1311册，585页），《孝贤皇后陵酹酒》。

134. 同注51。

135. 关于乌拉那拉氏小传，见张尔田，《清列朝后妃传稿》，传下，14b—18b页（《近代中国史料丛刊》，第75辑，742册，276—284页）；赵尔巽、柯劭忞等编，《清史稿》，30册，卷214，列传1，8917页。其册封为后一事，见[清]庆桂等编，《大清高宗纯皇帝实录》，8册，卷370，2—9页（总5565—5569页）。

136. 见[清]清高宗，《御制诗二集》，卷19，15—16页（《景印文渊阁四库全书》，1303册，432—433页），《诣静安庄奠酒》。

137. 同上引书，卷19，25—26页（《景印文渊阁四库全书》，1303册，437—438页），《万寿日题》。

138. 这三次分别在乾隆十九年（1754）、二十一年（1756），与二十五年（1760）；见[清]清高宗，《御制诗二集》，卷46，13页；卷62，17页（《景印文渊阁四库全书》，1304册，20；233页）；《御制诗三集》，卷3，2页（《景印文渊阁四库全书》，1305册，320页），《恭谒东陵各成短句》；《三月十一日即事》；《孝贤皇后陵寝酹酒》。

139. 见[清]庆桂等编，《大清高宗纯皇帝实录》，15册，卷764，17—18页（总10859页），"乾隆三十一年七月"事；事又载于[清]王先谦，《东华续录》，乾隆卷64，1—2页，收于顾廷龙、傅璇琮主编，《续修四库全书》（上海：上海古籍出版社，1995），373册，142页；张尔田,《清列朝后妃传稿》,传下,17a—17b 页(《近代中国史料丛刊》,第 75 辑,742 册,281—282 页)。

140. 参见本书第二章,《乾隆皇帝对孝圣皇太后的孝行和它所显示的意义》,107—109 页,令妃部分。

141. 见张尔田,《清列朝后妃传稿》,传下,30b—31a 页(《近代中国史料丛刊》,第 75 辑,742 册,308—309 页);赵尔巽、柯劭忞等编,《史稿》,30 册,卷 214,列传 1,8919 页;又,关于清制规定汉女不得入宫,就是入宫得宠也只能当庶妃之事,参见本书第二章,《乾隆皇帝对孝圣皇太后的孝行和它所显示的意义》,107—109 页,令妃部分。

142. 见 [清] 庆桂等编,《国朝宫史续编》,卷 2,训谕 2,25—29 页(《故宫珍本丛刊》,313 册,32—34 页),"乾隆四十三年十一月初八日"条;张尔田,《清列朝后妃传稿》,传下,29b—30a 页(《近代中国史料丛刊》,第 75 辑,742 册,306—307 页)误记为乾隆四十二年(1777)之事。

第四章　从四幅"岁朝图"的表现问题谈到乾隆皇帝的亲子关系

1. 乾隆皇帝本纪,见赵尔巽、柯劭忞等编,《清史稿》(1914—1927)(北京:中华书局,点校本,1976—1977),3 册,卷 10—15,高宗本纪 1—6,343—565 页;唐邦治辑,《清皇室四谱》,卷 1,列帝,8b—9b 页,收于周骏富辑,《清代传记丛刊》,第 48 辑(台北:明文书局,1985),24—26 页。

2. 参见南天书局编,《清代宫廷生活》(台北:南天书局,1986),278 页,图 433;参见畏冬二文:《郎世宁〈上元图〉与〈午瑞图〉》,《紫禁城》,1988 年 2 期,15—16 页;以及《郎世宁与清宫节令画》,《故宫博物院院刊》,1988 年 2 期,83 页;故宫博物院编,《故宫博物院藏清代宫廷绘画》(北京:文物出版社,1992),253 页,图 50;254 页,图 59;朱诚如主编,《清史图典》(清朝通史图录)(北京:紫禁城出版社,2002),6 册,225 页;7 册,511、513 页;聂崇正,《郎世宁》(北京:河北教育出版社,2006),126—129,166、172、173、183 页;中野美代子,《乾隆帝——その政治の図像学》(东京:文艺春秋,2007),92—101 页(此项资料承蒙谢明良教授提供,谨此致谢)。

3. 参见畏冬,《郎世宁〈上元图〉与〈午瑞图〉》,15—16 页;又见其《郎世宁与清宫节令画》,83 页;中野美代子,《乾隆帝——その政治の図像学》,94、100—101、251 页。

4. 参见中野美代子,《乾隆帝——その政治の図像学》,92—101 页。

5. 见故宫博物院编,《故宫博物院藏清代宫廷绘画》,253—254页。

6. 又见畏冬,《郎世宁〈上元图〉与〈午瑞图〉》,15页。这则清档中所说的那幅画,很可能便是这幅《岁朝图》。此则档案,可参见台北故宫博物院藏,《养心殿造办处各作成做活计清档》,乾隆元年,如意馆,十一月十五日条。

7. 本画的出版图版字迹太小,难以辨读,此依中野美代子,《乾隆帝——その政治の图像学》,93页;又参见聂崇正的释读,见故宫博物院编,《故宫博物院藏清代宫廷绘画》,253页,图50,说明。

8. 例如 Wu Hung, "Emperor's Masquerade: 'Costume Portraits' of Yongzheng and Qianlong," *Orientations*, vol. 26, no. 7 (July/August, 1995), pp. 25-41;中野美代子,《乾隆帝——その政治の图像学》,87—116页。

9. 关于《乾隆皇帝大阅图》,参见南天书局编,《清代宫廷生活》,82页;聂崇正,《郎世宁》,27—28页。

10. 关于《乾隆皇帝哨鹿图》,参见朱诚如主编,《清史图典》,6册,16;故宫博物院编,《故宫博物院藏清代宫廷绘画》,111、253页;聂崇正,《郎世宁》,89、94页。

11. 关于《乾隆皇帝朝服像》和《心写治平》二图的研究,参见本书第三章,《〈心写治平〉——乾隆帝后妃嫔图卷和相关议题的探讨》,113—156页。

12. 关于乾隆皇帝的后妃及后宫女子小传,参见张尔田,《清列朝后妃传稿》(1923自序),传下,2a—34a页,收于沈云龙主编,《近代中国史料丛刊》,第75辑(台北:文海出版社,1972),742册,251—315页;唐邦治辑,《清皇室四谱》,卷2,后妃,19a—25a页(《清代传记丛刊》,第48辑,73—85页);关于其子女,见唐邦治辑,同书,卷3,皇子,22b—25b页;卷4,皇女,16a—18b页(《清代传记丛刊》,第48辑,158—164页;207—212页);赵尔巽、柯劭忞等编,《清史稿》,18册,卷165,表5,5206页;30册,卷221,列传8,9090—9098页。

13. 永琏小传,见唐邦治辑,《清皇室四谱》,卷3,皇子,22b—23a页(《清代传记丛刊》,第48辑,158—159页)。

14. 这一点,中野美代子也注意到了。但是她认为这些人物都非纪实性,而是一种记号化的图像。而且,她认为此图是为纪念乾隆皇帝于乾隆三十八年(1773)密立皇十五子永(颙)琰为嗣君之事,参见其《乾隆帝——その政治の图像学》,96—100页。

15. 有关《平安春信图》的研究,参见聂崇正,《平安春信图研究》(北京:紫禁城出版社,2008);Wu Hung, *The Double Screen: Medium and Presentation in Chinese Painting* (Chicago:

The University of Chicago Press, 1996), pp. 223-231；以及本书第一章，《雍正与乾隆二帝"汉装行乐图"的表现特色与相关问题》，35—37页。

16. 见章唐容辑，《清宫述闻》(1937)，卷5，述内廷2，33a页，收于沈云龙主编，《近代中国史料丛刊》，第35辑（台北：文海出版社，1969），349册，477页。

17. 永琮小传，见唐邦治辑，《清皇室四谱》，卷3，皇子，23b页（《清代传记丛刊》，第48辑，160页）。

18. 有关孝贤皇后的相关资料，及乾隆皇帝对她的感情，参见本书第三章，《〈心写治平〉——乾隆帝后妃嫔图卷和相关议题的探讨》，138—151页。

19. [清]清高宗，《御制诗二集》，卷17，14页，收于纪昀等总纂，《景印文渊阁四库全书》（据台北故宫博物院藏本影印，台北：台湾商务印书馆，1983—1986），1303册，408页，《皇长子薨逝志悲》。

20. 同上引书，卷17，14—15页（《景印文渊阁四库全书》，1303册，408页），《皇长子挽词》。

21. 同上引书，卷37，17页（《景印文渊阁四库全书》，1303册，675页），《皇长子定安亲王园寝酹酒》。

22. 同上引书，卷17，15—16页（《景印文渊阁四库全书》，1303册，408—409页）。

23. 关于乾隆皇帝诸皇子小传；见唐邦治辑，《清皇室四谱》，卷3，皇子，22b—25b页；卷4，皇女，16a—18b页（《清代传记丛刊》，第48辑，158—164页；207—212页）；又参见赵尔巽、柯劭忞等编，《清史稿》，18册，卷165，世表5，5206—5241页。

24. 事见[清]庆桂等编，《国朝宫史续编》(1806)，卷2，训谕2，3页，收于故宫博物院编，《故宫珍本丛刊》（海口：海南出版社，2000），313册，21页，"乾隆三十七年十一月十九日"条。

25. 关于清宫皇子在上书房读书的各种相关记载，详见章唐容辑，《清宫述闻》，卷4，述内廷1，14b—19a页（《近代中国史料丛刊》，第35辑，349册，282—291页），"上书房"条下所收各家笔记：又参见佟悦、吕霁虹，《清宫皇子》（沈阳：辽宁大学出版社，1993），22—27页。

26. [清]赵翼，《檐曝杂记》，卷1，8b—9b页，收于沈云龙主编，《近代中国史料丛刊》，第89辑（台北：文海出版社，1969），28—30页。

27. 同注25。

28. 章唐容辑，《清宫述闻》，卷4，14b页（《近代中国史料丛刊》，第35辑，349册，282页）。

29. 见[清]于敏中等编，《国朝宫史》(1769)，卷4，训谕4，13—14页，收于故宫博物院编，《故宫珍本丛刊》（海口：海南出版社，2000），312册，38页，"乾隆四年正月十六日"条。

30. [清]庆桂等编,《国朝宫史续编》,卷1,训谕1,14—15页(《故宫珍本丛刊》,313册,19—20页),"乾隆三十五年十二月初三日"条。

31. 同上引书,卷3,训谕3,8—9页(《故宫珍本丛刊》,313册,38—39页),"乾隆五十四年三月初七日"条。

32. 同上引书,卷3,训谕3,10—11页(《故宫珍本丛刊》,313册,39—40页),"乾隆五十四年三月初八日"条。

33. 同上引书,卷4,训谕4,2页(《故宫珍本丛刊》,313册,41页),"乾隆五十五年十月二十二日"条。

34. 同上引书,卷1,训谕1,8—9页(《故宫珍本丛刊》,313册,16—17页),"乾隆三十一年五月十三日"条。

35. 见[清]清高宗,《御制诗二集》,卷80,17页(《景印文渊阁四库全书》,1304册,473页),《策马》注;又,木兰行围制度,见[清]昭梿,《啸亭杂录》,卷2,6a—9a页,收于沈云龙主编,《近代中国史料丛刊》,第7辑(台北:文海出版社,1967),63-1册,95—101页。

36. 见[清]清高宗,《御制诗五集》,卷25,19页;卷33,31页;卷68,11—12页(《景印文渊阁四库全书》,1309册,670页;1310册,127页;691—692页);《御制诗余集》,卷14,12—13页(《景印文渊阁四库全书》,1311册,728页)。

37. 见[清]清高宗,《御制诗二集》,卷74,20页(《景印文渊阁四库全书》,1304册,397页),《大西门楼前较射叠旧作韵》注;[清]昭梿,《啸亭杂录》,卷1,13a—13b页,"西苑门习射"条;卷1,15b—16a页,"不忘本"等条(《近代中国史料丛刊》,第7辑,63-1册,37—38页;42—43页);[清]赵翼,《檐曝杂记》,卷1,9b—10a页(《近代中国史料丛刊》,第89辑,30—31页)。

38. [清]于敏中等编,《国朝宫史》,卷9,典礼5,冠服部分(《故宫珍本丛刊》,312册,136—151页);又见[清]庆桂等编,《国朝宫史续编》中相关规定。

39. 这四个例子,分别见于[清]庆桂等编,《国朝宫史续编》,卷1,训谕1,7、11—13页;卷2,训谕2,8、11—12页(《故宫珍本丛刊》,313册,16、18—19页;24—26页)。

40. 见中野美代子,《乾隆帝——その政治の图像学》,《皇储决定》部分,73—86页。

41. [清]清高宗,《御制诗五集》,卷100,31—32页(《景印文渊阁四库全书》,1311册,512—513页),《随笔》。

42. 同上引书,卷51,1页(《景印文渊阁四库全书》,1310册,436页),《庚戌元旦》。

43. 同上引书,卷51,2页(《景印文渊阁四库全书》,1310册,437页),《元正太和殿赐宴纪事二律》。

44. 同上引书，卷59，12页（《景印文渊阁四库全书》，1310册，555页），《山庄锡宴祝嘏各外藩即事二律》。

45. 同上引书，卷59，24页（《景印文渊阁四库全书》，1310册，561页），《八月十二日进宫行八旬庆贺礼，沿观内外所备衢歌巷舞，自觉过当，因成二律》。

46. [清]清高宗，《御制诗二集》，卷34，12页（《景印文渊阁四库全书》，1303册，634页），《视朝旋跸诣畅春园问》注。

47. 关于乌拉那拉氏的小传，见张尔田，《清列朝后妃传稿》，传下，14b—18b页（《近代中国史料丛刊》，第75辑，742册，276—284页）；关于其废立经过及相关参考资料，参见本书第三章，《〈心写治平〉——乾隆帝后妃嫔图卷和相关议题的探讨》，151—154页。

48. [清]清高宗，《御制诗三集》，卷91，29页（《景印文渊阁四库全书》，1306册，762页），《临和亲王府第酹酒永言志痛》。

49. 见乾隆皇帝《上元前一日曲宴宗亲》注。其中也言及，其实更惨的是永璧之子绵伦，在袭爵二年后又逝世了。事见[清]清高宗，《御制诗四集》，卷26，8页（《景印文渊阁四库全书》，1307册，694页），《上元前一日曲宴宗亲》注。

50. 同上引书，卷16，30页（《景印文渊阁四库全书》，1307册，525页），《长至前一日谒坛礼毕宿斋宫即事成什》。

51. 同上引书，卷22，3页（《景印文渊阁四库全书》，1307册，620页），《西直门外》注。

52. 同上引书，卷26，29—30页（《景印文渊阁四库全书》，1307册，705页），《令懿皇贵妃挽诗》。

53. 见[清]清高宗，《御制诗五集》，卷93，5—6页（《景印文渊阁四库全书》，1311册，392—393页），《新正雍和宫瞻礼示诸皇子》。

54. 同上引书，卷100，18页（《景印文渊阁四库全书》，1311册，506页），《诹吉九月三日谕建储书事》。

55. 乾隆皇帝八十六岁退位后，到八十八岁逝世前一年为止，依然如他在位时，年年赴避暑山庄，只是未到木兰行围。参见庄吉发，《清初诸帝的南巡及其政治活动》，收于其《清史论集》，1册（台北：文史哲出版社，1997），235—276页，特别是240—274页。

56. 见[清]清高宗，《御制诗余集》，卷16，9—10页（《景印文渊阁四库全书》，1311册，749—750页），《悔过六韵》。

57. 见[清]庆桂等编，《国朝宫史续编》，卷2，训谕2，25—28页（《故宫珍本丛刊》，313册，

32—34页),"乾隆四十三年十一月初八日"条。关于惇妃事件及相关资料,参见本书第三章,《〈心写治平〉——乾隆帝后妃嫔图卷和相关议题的探讨》,128、154页。

58. 见[清]清高宗,《御制诗五集》,卷9,12页(《景印文渊阁四库全书》,1309册,381页),《古希词》。

59. 同上引书,卷8,9—10页(《景印文渊阁四库全书》,1309册,362—363页),《留京王大臣飞报得五代元孙之喜诗以志意》。

60. 同上引书,卷25,19页;卷33,31页;卷68,11—12、19页(《景印文渊阁四库全书》,1309册,670页;1310册,127页;691—692、695页);又见同书,卷38,17页(《景印文渊阁四库全书》,1310册,211页),《轻舆六韵》。

61. 同上引书,卷94,1—2页(《景印文渊阁四库全书》,1311册,412—413页),《五福五代堂识望》。

62. 同上引书,卷59,12页(《景印文渊阁四库全书》,1310册,555页),《山庄锡宴祝嘏各外藩即事二律》注;同样的说法又见于同书,卷51,1页(《景印文渊阁四库全书》,1310册,436页),《庚戌元旦》注。

63. [清]清高宗,《御制诗余集》,卷16,22页(《景印文渊阁四库全书》,1311册,756页),《戊午春帖子》。

第五章　乾隆皇帝与《快雪时晴帖》

1. 参见林雅杰,《三希堂与〈快雪时晴帖〉》,收于许礼平主编,中国名家法书全集22号,《王羲之》(香港:翰墨轩,2003),60—66页。

2. 林雅杰之文,见上注;郭果六之文,见《书圣法帖与帝王题识——试寻院藏王羲之〈快雪时晴帖〉的较早面貌并谈乾隆皇帝的帖上题识》,《故宫文物月刊》,312期(2009年3月),52—61页(此项资料承蒙王崇齐同学提供,谨此致谢)。

3. 见[清]张照、梁诗正等编,《石渠宝笈初编》(1745、1747)(台北:故宫博物院,1971),上册,457—459页;下册,1167—1170页。又,关于此书之编成年代,一般虽都记为乾隆十年(1745),实则成书之后仍有续补,因其中发现所录《快雪时晴帖》的御题中,有乾隆十二年(1747)之题识。

4. 台北故宫博物院编,《故宫书画录》(台北:故宫博物院,1965),1册,卷3,1—4页。

5. 参见台北故宫博物院编,《王羲之快雪时晴帖》(东京:二玄社,1980);郭凤翕,《瞻视国之重宝：王右军《快雪时晴帖》墨迹册》（台北：蕙风堂代发行，2001）；许礼平主编，《王羲之》。

6. 有关此帖从唐、宋，到明、清时期的著录资料，参见林雅杰，《三希堂与〈快雪时晴帖〉》，40—58页。

7. 同上注，60—66页。

8. [唐]张彦远，《法书要录》，卷3，6页，收于纪昀等总纂，《景印文渊阁四库全书》（台北：台湾商务印书馆，1983—1986），812册，142页，列有"王羲之草书《快雪时晴帖》六行"一则。但其行数为"六行"，与本册所见之三行，互有出入。二者是否指同一物？待查。

9. 见[宋]米芾，《宝晋英光集》，卷7，9页（《景印文渊阁四库全书》，1116册，133页）；又见其《海岳题跋》，收于[明]毛晋辑，《津逮秘书》（台北：艺文印书馆，1966），卷1，4页，内容较简；又见其《宝章待访录》，卷1，5页（《景印文渊阁四库全书》，813册，53页），内容更简，仅记该卷当时在苏激处。

10. 此事见本帖后王稺登跋文。

11. 见[宋]米芾，《书史》，卷1，5页（《景印文渊阁四库全书》，813册，29页）。

12. 见[明]詹景凤，《詹氏玄览编》（台北："中央图书馆"，1970），卷1，24页。

13. [清]吴升，《大观录》，卷1，21页（北京：全国图书馆文献缩微复制中心，2001），16页。其中记当时此帖已入天府。

14. 乾隆时期两次登录此册，分别见[清]梁诗正、张照等编，《石渠宝笈初编》，上册，457—459页；下册，1167—1170页。在后者之登录中，可见乾隆十一年、十二年间（1746—1747）的重装，和新添的御画、御题及梁诗正题和张若霭画等情形。又，林雅杰在其文中，又说此册前有董邦达画雪景一事，并未见于《石渠宝笈》著录及《故宫书画录》中。盖董画乃作于此册外之套函上，而非作于本册之前。

15. 见郭果六，《书圣法帖与帝王题识——试寻院藏王羲之〈快雪时晴帖〉的较早面貌并谈乾隆皇帝的帖上题识》，52—61页。

16. 乾隆皇帝以"长春"为名的书房，至少有五处，参见其《御制诗三集》，卷61，29页（《景印文渊阁四库全书》，1306册，280页），《长春书屋》。

17. 陈垣，《二十史朔闰表外十一种》（台北：新文丰出版公司，1993），1238页。

18. 其中一首《三叠拟聚星堂韵》，参见[清]清高宗，《御制诗初集》，卷36，21页（《景印文渊阁四库全书》，1302册，551页）。

19. 关于他此次巡礼五台山之事，参见[清]清高宗，《御制诗初集》，卷35，18—19页（《景印文渊阁四库全书》，1302册，537页），《恭谒泰陵礼毕，奉皇太后便道诣五台瞻礼曼殊，易州道中得诗二十八韵》；又，关于他在回程中仿苏轼诸诗的情形，参见吕松颖，《清代乾隆御制诗诗意图研究》，台湾师范大学美术学研究所中国美术史组硕士论文（2006），58—59页。

20. 见唐邦治辑，《清皇室四谱》，卷3，皇子，永琏小传，22b—23a页，收于周骏富辑，《清代传记丛刊》，第48辑（台北：明文书局，1985），158—159页。

21. 同上注，永琮小传，23b页（《清代传记丛刊》，第48辑，160页）。

22. 关于乾隆皇帝和孝贤皇后，参见本书第三章，《〈心写治平〉——乾隆帝后妃嫔图卷和相关议题的探讨》，138—151页。

23. 关于乾隆皇帝六次南巡的日期及绘画研究，参见 Maxwell K. Hearn, "Document and Portrait: The Southern Tour Paintings of Kangxi and Qianlong," in Ju-hsi Chou and Claudia Brown eds., *Chinese Painting under the Qianlong Emperor* (Phoenix, Arizona: Arizona State University, 1988), pp. 91-131。

24. 关于文徵明的《金山图》说明，参见江兆申，《吴派画九十年展》（台北：故宫博物院，1975），307页。

25. 关于赵孟𫖯的《鹊华秋色图》资料，参见[清]张照、梁诗正等编，《石渠宝笈初编》，下册，998—1000页；其后，乾隆皇帝曾在该卷上，共作过题识四则，但《石渠宝笈》诸编皆未录。

26. 乾隆皇帝的诗中常记此事，例见其《御制诗五集》，卷70，4—5页（《景印文渊阁四库全书》，1311册，22页），《正月次辛日祈谷礼成述事》。

27. 相关图例，见清人画，《雍正皇帝耕藉图》（巴黎，吉美博物馆藏）。Evelyn S. Rawski and Jessica Rawson eds., *China: The Three Emperors, 1662-1795* (London: Royal Academy of Arts, 2005)。

28. 以上有关于乾隆皇帝的各种年中行事情形，为笔者从他所作众多的御制诗及注文中辑得。

29. 此事记载于他的《御制诗三集》，卷92，27—28页（《景印文渊阁四库全书》，1306册，779—780页），《十月朔日作》。

30. 乾隆皇帝在他的《清高宗御制诗集》中，常记载他冬至祭天前斋居作诗之事。

31. 清廷与大、小金川之战，发生在乾隆三十六年到乾隆四十二年（1771—1777）间，详见庄吉发，《清高宗十全武功研究》（台北：故宫博物院，1982），第四章：《治番政策的改变与大小金川之役》，109—182页；特别参见第四节：《清初初定小金川的经过》，138—148页，有关乾隆三十六年到乾隆三十八年（1771—1773）间的小金川之役。

32. 《知过论》一文，见[清]清高宗，《御制文二集》，卷3，8—10页（《景印文渊阁四库全书》，1301册，306—307页）；相关诗文，又见[清]清高宗，《御制诗四集》，卷87，13—14页；卷90，20页（《景印文渊阁四库全书》，1308册，699页；743页），《团河行宫作》；

《题知过堂》;《御制诗五集》,卷88,21页(《景印文渊阁四库全书》,1311册,325页),《团河行宫即事》等。

33. 参见本书第三章,《〈心写治平〉——乾隆帝后妃嫔图卷和相关议题的探讨》,117—150页,其中特别谈到孝贤皇后的部分,见138—151页。

34. 关于乾隆皇帝南巡日程及图卷之研究,参见 Maxwell K. Hearn, "Document and Portrait," pp. 91-131。

35. 参见本书第三章,《〈心写治平〉——乾隆帝后妃嫔图卷和相关议题的探讨》,特别是132页。

36. 见[清]清高宗,《御制诗四集》,卷40,20—21页;卷71,1页(《景印文渊阁四库全书》,1308册,11页;465页),《永安莽喀行围》;《阅武》。

37. 此例见[清]清高宗,《御制诗四集》,卷27,34页(《景印文渊阁四库全书》,1307册,724页),《眼镜》;类似的例子,又见于同书,卷78,7页(《景印文渊阁四库全书》,1308册,560页),《银镜》;及乾隆五十六年(1791)他八十一岁时所记,见其《御制诗五集》,卷63,15—16页(《景印文渊阁四库全书》,1310册,615—616页),《赋得眼镜》。

38. 乾隆皇帝御题,见[清]王杰、董诰等编,《石渠宝笈续编》(1793)(台北:故宫博物院,1971),1册,516—517页。他所作的摹本画,今藏北京故宫博物院;相关图版,参见何传馨主编,《十全乾隆——清高宗的艺术品味》(台北:故宫博物院,2013),356—359页。

39. [清]张照、梁诗正等编,《石渠宝笈初编》,上册,246页。

40. [清]王杰、董诰等编,《石渠宝笈续编》,1册,1—3页。

41. 见[清]清高宗,《御制诗五集》,卷100,18页(《景印文渊阁四库全书》,1311册,506页),《诹吉九月初三日宣谕建储书事》。

42. 见[清]清高宗,《御制诗余集》,卷16,22页(《景印文渊阁四库全书》,1311册,756页),《戊午春帖子》。

43. 关于此图的研究,参见张光宾,《元四大家》(台北:故宫博物院,1975),37—40页;何传馨主编,《山水合璧——黄公望与富春山居图特展》(台北:故宫博物院,2011)。

44. 相关资料,参见覃瑞南,《清高宗书画鉴藏之研究》,台北:中国文化大学艺术研究所美术史组硕士论文(1991)。

45. 同注39、40。

46. 全文见[清]清高宗,《御制诗五集》,卷94,1—2页(《景印文渊阁四库全书》,1311册,412—413页),《五福五代堂识望》。

47. 见 [清] 清高宗,《御制诗余集》,卷 16,9—10 页(《景印文渊阁四库全书》,1311 册,749—750 页),《悔过六韵》。

结　论

1. 例见 [清] 清高宗,《御制乐善堂全集定本》,卷 1—7,收于纪昀等总纂,《景印文渊阁四库全书》(台北:台湾商务印书馆,1983—1986),1300 册,233—551 页;又见其《御制文二集》,卷 3、卷 6、卷 31(《景印文渊阁四库全书》,1301 册,303—307、319—323、470—477 页)等论历代君臣各类行为之说。

2. 关于这套理论和乾隆皇帝对之深信不疑之事,详见本书第四章,《从四幅"岁朝图"的表现问题谈到乾隆皇帝的亲子关系》,190—193 页。

3. [清] 清高宗,《御制文二集》,卷 6,5—7 页(《景印文渊阁四库全书》,1301 册,321—322 页),《古稀说》;又见其《御制文三集》,卷 8,2 页(《景印文渊阁四库全书》,1301 册,619—620 页),《八珍耄念之宝记》注。

4. 见 [清] 清高宗,《御制诗五集》,卷 11,1—2 页(《景印文渊阁四库全书》,1309 册,408—409 页)(元旦试笔)。其中,他发现历代君主能在位五十年以上如他者极少,因而自满;又见同书,卷 69,9—10 页(《景印文渊阁四库全书》,1311 册,5—6 页),《命查亲见七代五世同堂者……共有七人,因降旨普赐扁额用彰嘉瑞诗以志事》,其中,他又因胜出而自得。

5. [清] 清高宗,《御制文三集》,卷 7,4—6 页(《景印文渊阁四库全书》,1301 册,614—615 页),《避暑山庄五福五代堂记》。

6. [清] 清高宗,《御制诗五集》,卷 51,1 页(《景印文渊阁四库全书》,1310 册,436 页),《庚戌元旦》。

7. 同上引书,卷 59,12 页(《景印文渊阁四库全书》,1310 册,555 页),《山庄锡宴祝嘏各外藩即事二律》。

8. [清] 清高宗,《御制文三集》,卷 8,1—3 页(《景印文渊阁四库全书》,1301 册,619—620 页),《八征耄念之宝记》。

9. [清] 清高宗,《御制诗五集》,卷 94,1—2 页(《景印文渊阁四库全书》,1311 册,412—413 页),《五福五代堂识望》。

10. [清] 清高宗,《御制文三集》,卷 8,7—12 页(《景印文渊阁四库全书》,1301 册,622—625 页),《十全记》。

11. 同上引书，卷4，12—14页（《景印文渊阁四库全书》，1301册，597—598页），《十全老人之宝说》。

12. [清]清高宗，《御制诗余集》，卷16，9—10页（《景印文渊阁四库全书》，1311册，749—750页），《悔过六韵》。

13. 同注11。

14. [清]清高宗，《御制诗二集》，卷47，11页（《景印文渊阁四库全书》，1304册，32页），《自讼》。

15. [清]清高宗，《御制文初集》，序，1页（《景印文渊阁四库全书》，1301册，1页）。

16. [清]清高宗，《御制文二集》，卷3，8—10页（《景印文渊阁四库全书》，1301册，306—307页），《知过论》。

17. [清]清高宗，《御制诗三集》，卷60，27—28页（《景印文渊阁四库全书》，1306册，263—264页），《恭奉皇太后回跸至圆明园之作》。

18. [清]清高宗，《御制诗四集》，卷89，5页（《景印文渊阁四库全书》，1308册，723页），《观射》注。

19. 见[清]阿桂等编，《钦定南巡盛典》，卷首，上，1—4页（《景印文渊阁四库全书》，658册，1—3页）。

20. 关于此时白莲教之乱，参见庄吉发，《战争与地理——以清朝嘉庆初年川陕楚白莲教之役为例》，收于其《清史论集》（台北：文史哲出版社，2002），10册，109—140页。

21. 见[清]清高宗，《御制诗余集》，卷20，24页（《景印文渊阁四库全书》，1311册，807页），《望捷》。

22. 参见 Tseng-tsai Wang, "The Macartney Mission: A Bicentennial Review," *Bulletin of The College of Liberal Arts, National Taiwan University* (《台湾大学文学院文史哲学报》), no. 40 (1993), pp. 347-368。

引用书目

【传统文献】

于安澜编,《画史丛书》,台北:文史哲出版社,1974。

沈云龙主编,《近代中国史料丛刊》,第 7 辑;第 35 辑;第 75 辑;第 89 辑,台北:文海出版社,1967;1969;1972;1969。

故宫博物院编,《故宫珍本丛刊》,海口:海南出版社,2000。

纪昀等总纂,《景印文渊阁四库全书》,据台北故宫博物院藏本影印,台北:台湾商务印书馆,1983—1986。

于敏中等编,《国朝宫史》,收于故宫博物院编,《故宫珍本丛刊》,312 册。

巴泰等编,《大清世祖章皇帝实录》,台北:华联出版社,1964。

王先谦,《东华续录》,收于顾廷龙、傅璇琮主编,《续修四库全书》,上海:上海古籍出版社,1995,373 册。

王杰、董诰等编,《石渠宝笈续编》,台北:故宫博物院,1971,1 册。

司马迁,《史记》,收于纪昀等总纂,《景印文渊阁四库全书》,243 册。

左丘明,《春秋左氏传》,收于纪昀等总纂,《景印文渊阁四库全书》,143 册。

托克托等,《宋史》,收于纪昀等总纂,《景印文渊阁四库全书》,284 册。

米芾,《书史》,收于纪昀等总纂,《景印文渊阁四库全书》,813 册。

——,《海岳题跋》,收于毛晋辑,《津逮秘书》,台北:艺文印书馆,1966。

——,《宝晋英光集》,收于纪昀等总纂,《景印文渊阁四库全书》,1116 册。

——,《宝章待访录》,收于于安澜编,《画史丛书》,813 册。

吴升,《大观录》,北京:全国图书馆文献缩微复制中心,2001。

阮元，《石渠随笔》，北京：中华书局，1991。

阿桂等编，《八旬万寿盛典》，收于纪昀等总纂，《景印文渊阁四库全书》，660—661 册。

——，《钦定南巡盛典》，收于纪昀等总纂，《景印文渊阁四库全书》，658—659 册。

昭梿，《啸亭杂录》，收于沈云龙主编，《近代中国史料丛刊》，第 7 辑，63-1、63-2 册。

——，《啸亭续录》，收于沈云龙主编，《近代中国史料丛刊》，第 7 辑，63-2 册。

胡敬，《国朝院画录》，收于《胡氏书画考三种》，台北：汉华文化事业公司，1971。

范晔，《后汉书》，收于纪昀等总纂，《景印文渊阁四库全书》，252 册。

唐邦治辑，《清皇室四谱》，收于周骏富辑，《清代传记丛刊》，台北：明文书局，1985，第 48 辑。

班固，《前汉书》，收于纪昀等总纂，《景印文渊阁四库全书》，251 册。

高士奇，《金鳌退食笔记》，收于中国古籍整理研究会编，《明清笔记史料丛刊》，清部，北京：中国书店，2000，43 册。

张彦远，《法书要录》，收于纪昀等总纂，《景印文渊阁四库全书》，812 册。

——，《历代名画记》，收于于安澜编，《画史丛书》，1 册。

张照、梁诗正等编，《石渠宝笈初编》，台北：台北故宫博物院，1971，全 2 册。

张尔田，《清列朝后妃传稿》，收于沈云龙主编，《近代中国史料丛刊》，第 75 辑，742 册。

清高宗，《御制乐善堂全集定本》，收于纪昀等总纂，《景印文渊阁四库全书》，1300 册。

——，《御制文初集》，收于纪昀等总纂，《景印文渊阁四库全书》，1301 册。

——，《御制文二集》，收于纪昀等总纂，《景印文渊阁四库全书》，1301 册。

——，《御制文三集》，收于纪昀等总纂，《景印文渊阁四库全书》，1301 册。

——，《御制文余集》，收于纪昀等总纂，《景印文渊阁四库全书》，1301 册。

——，《御制诗初集》，收于纪昀等总纂，《景印文渊阁四库全书》，1302 册。

——，《御制诗二集》，收于纪昀等总纂，《景印文渊阁四库全书》，1303—1304 册。

——，《御制诗三集》，收于纪昀等总纂，《景印文渊阁四库全书》，1305—1306 册。

——，《御制诗四集》，收于纪昀等总纂，《景印文渊阁四库全书》，1307—1308 册。

——，《御制诗五集》，收于纪昀等总纂，《景印文渊阁四库全书》，1309—1311 册。

——，《御制诗余集》，收于纪昀等总纂，《景印文渊阁四库全书》，1311 册。

郭若虚，《图画见闻志》，收于于安澜编，《画史丛书》，1 册。

章唐容辑，《清宫述闻》，收于沈云龙主编，近代中国史料丛刊，第 35 辑，349 册。

鄂尔泰等编，《大清世宗宪皇帝实录》，台北：华联出版社，1964，全 3 册。

詹景凤，《詹氏玄览编》，台北："中央图书馆"，1970。

图海等编,《大清太宗文皇帝实录》,台北:华联出版社,1964,全2册。

赵尔巽、柯劭忞等编,《清史稿》,北京:中华书局点校本,1976—1977。

赵翼,《檐曝杂记》,收于沈云龙主编,《近代中国史料丛刊》,第89辑,886册。

刘向,《古列女传》,收于纪昀等总纂,《景印文渊阁四库全书》,448册。

刘昫等,《旧唐书》,收于纪昀等总纂,《景印文渊阁四库全书》,269册。

庆桂等编,《大清高宗纯皇帝实录》,全30册,台北:华联出版社,1964。

——,《国朝宫史续编》,收于故宫博物院编,《故宫珍本丛刊》,313册。

欧阳修等,《新唐书》,收于纪昀等总纂,《景印文渊阁四库全书》,274册。

【近人论著】

(一)中日文专著

中国美术全集编辑委员会编,《中国美术全集·绘画篇》,上海:上海人民美术出版社,1988,6册。

中野美代子,《乾隆帝——その政治の図像学》,东京:文艺春秋,2007。

天主教辅仁大学编,《郎世宁之艺术——宗教与艺术研讨会论文集》,台北:幼狮文化事业公司,1991。

牛川海,《乾隆时代之万寿盛典与戏剧活动》,《复兴岗学报》,15期(1976),387—401页。

王耀庭,《乾隆书画:兼述代笔的可能性》,原发表于"十八世纪的中国与世界"学术研讨会,台北,故宫博物院,2002年12月13—14日,后收于淡江大学中文系汉语文化暨文献资源研究所主编,《昌彼得教授八秩晋五寿庆论文集(附:武汉改制论手稿)》,台北:台湾学生书局,2005,471—492页。

王耀庭主编,《新视界——郎世宁与清宫西洋风》,台北:故宫博物院,2007。

古原宏伸,《乾隆皇帝の画学について》,收于其《中国画论の研究》(东京:中央公论美术出版,2003),251—316页,原载于《国华》,1079、1081、1082号(1985)。

史景迁(Jonathan D. Spence)著,陈引驰、郭茜、赵颖之、丁旻合译,《曹寅与康熙》(*Ts'ao Yin and the K'ang-hsi Emperor*),上海:上海远东出版社,2005。

左步青,《乾隆南巡》,《故宫博物院院刊》,1981年2期,23—37、72页。

石光明、伍跃、董光和选编,《乾隆御制文物鉴赏诗》,北京:文物书目出版社,1993。

石守谦,《清室收藏的现代转化——兼论其与中国美术史研究发展之关系》,《故宫学术季刊》,23

卷1期（2005年秋），1—33页。

向东，《孝圣皇太后万寿庆典时期的五塔寺》，《故宫博物院院刊》，1984年1期，87—92页。

朱家溍编，《养心殿造办处史料辑览·第一辑（雍正朝）》，北京：紫禁城出版社，2003。

朱诚如主编，《清史图典》（清朝通史图录），北京：紫禁城出版社，2002。

江兆申，《吴派画九十年展》，台北：故宫博物院，1975。

衣若芬，《闺怨与相思：牟益〈捣衣图〉的解读》，《中国文哲研究集刊》，25期（2004），25—29页。

何炳棣著，葛剑雄译，《明初以降人口及其相关问题，1368—1953》，北京：生活·读书·新知三联书店，2000。

何重义、曾昭奋，《圆明园园林艺术》，北京：科学出版社，1995。

何传馨，《乾隆书法鉴赏》，原发表于"十八世纪的中国与世界"学术研讨会，台北：故宫博物院，2002年12月13—14日，后刊载于《故宫学术季刊》，21卷1期（2003年秋），31—63页。

何传馨主编，《十全乾隆——清高宗的艺术品味》，台北：故宫博物院，2013。

——，《山水合璧——黄公望与富春山居图特展》，台北：故宫博物院，2011。

余辉，《宋本〈女史箴图〉卷探考》，《故宫博物院院刊》，2002年1期，6—16页。

克诚等著，《东陵盗宝》，长沙：岳麓出版社，1986。

吴十洲，《乾隆一日》，台北：远流出版社，2002。

吴伯娅，《康雍乾三帝与西学东渐》，北京：宗教文化出版社，2002。

吴新雷，《皇家供奉清宫月令承应之戏》，《大雅》，29期（2003年10月），28—29页。

吕松颖，《清代乾隆御制诗诗意图研究》，台湾师范大学美术学研究所中国美术史组硕士论文，2006。

杉村丁，《乾隆皇帝の书と画》，《ミユージアム》，105号（1959），12—15页。

汪荣祖等，《圆明园——大清皇帝最美的梦》，台北：顽石创意股份有限公司，2013。

汪荣祖著，钟志恒译，《追寻失落的圆明园》，台北：麦田出版社，2004。

佟悦、吕霁虹，《清宫皇子》，沈阳：辽宁大学出版社，1993。

周汝昌，《江宁织造与曹家》，北京：中华书局，2006。

周远廉，《正说乾隆》，台北：大地出版社，2006。

孟亚男，《中国园林史》，台北：文津出版社，1993。

林姝，《"美人"欤！"后妃"乎？——〈十二美人图〉为雍亲王妃像考》，《紫禁城》，2013年5期，124—147页。

林雅杰，《三希堂与〈快雪时晴帖〉》，收于许礼平主编，中国名家法书全集 22 号，《王羲之》，香港：翰墨轩，2003，60—66 页。

南天书局编，《清代宫廷生活》，台北：南天书局，1986。

故宫博物院编，《故宫博物院藏清代宫廷绘画》，北京：文物出版社，1992。

畏冬，《郎世宁〈上元图〉与〈午瑞图〉》，《紫禁城》，1988 年 2 期，15—16 页。

——，《郎世宁与清宫节令画》，《故宫博物院院刊》，1988 年 2 期，83 页。

唐文基、罗庆泗，《乾隆传》，北京，1994；台北：台湾商务印书馆，1997。

徐广源，《清皇陵地宫亲探记》，北京：紫禁城出版社，2007。

——，《大清皇陵秘史》，北京：学苑出版社，2010。

徐鑫，《走进香妃墓》，北京：新世界出版社，2004。

马雅贞，《战争图像与乾隆朝（1736—1795）对帝国武功之建构——以〈平定准部回部得胜图〉为中心》，台湾大学艺术史研究所硕士论文，2000。

高王凌，《马上朝廷》，北京：经济科学出版社，2013。

国立北平故宫博物院文献馆编，《清代帝后像》，北平：国立北平故宫博物院，1934—1935，收于煮雨山房辑，《故宫藏历代画像图鉴》，北京：古籍出版社，2005。

故宫博物院编，《故宫书画录》，台北：故宫博物院，1965，1—3 册。

——，《王羲之快雪时晴帖》，东京：二玄社，1980。

张光宾，《元四大家》，台北：故宫博物院，1975。

淡江大学中文系汉语文化暨文献资源研究所主编，《昌彼得教授八秩晋五寿庆论文集（附：武汉改制论手稿）》，台北：台湾学生书局，2005。

毕梅雪（Michele Pirazzoli）、侯锦郎合著，《木兰图——与乾隆秋季大猎之研究》，台北：故宫博物院，1982。

庄吉发，《清高宗十全武功研究》，台北：故宫博物院，1982。

——，《从朝鲜君臣谈话看康熙帝》，收于其《清史随笔》，台北：博扬文化事业公司，1996，31—52 页。

——，《清史论集》，1 册，台北：文史哲出版社，1997。

——，《清初诸帝的南巡及其政治活动》，收于其《清史论集》，1 册，台北：文史哲出版社，1997。

——，《清史论集》，3 册，台北：文史哲出版社，1998。

——，《台北故宫博物院典藏〈大藏经〉满文译本研究》，收于其《清史论集》，3 册，台北：文史哲出版社，1998，27—96 页。

——，《清世宗拘禁十四阿哥胤禵的经过》，收于其《清史论集》，3 册，台北：文史哲出版社，1998，139—174 页。

——，《清史论集》，10 册，台北：文史哲出版社，2002。

——，《清史讲义》，台北：实学社，2002。

——，《战争与地理——以清朝嘉庆初年川陕楚白莲教之役为例》，收于其《清史论集》，台北：文史哲出版社，2002，10 册，109—140 页。

——，《铁画银钩——康熙皇帝论书法》，收于其《清史讲义》，台北：实学社，2002，4—21 页。

庄素娥，《心写治平》图版说明，载于洪文庆主编，《海外中国名画精选》，3 册，台北：锦绣出版社，2001，262—265、350 页；同书缩小版，上海：上海文艺出版社，无出版年月，106—107 页。

许礼平主编，中国名家法书全集 22 号，《王羲之》，香港：翰墨轩，2003。

郭成康，《乾隆皇帝全传》，北京：学苑出版社，1994。

郭果六，《书圣法帖与帝王题识——试寻院藏王羲之〈快雪时晴帖〉的较早面貌并谈乾隆皇帝的帖上题识》，《故宫文物月刊》，312 期（2009 年 3 月），52—61 页。

郭凤翕，《瞻视国之重宝：王右军〈快雪时晴帖〉墨迹册》，台北：蕙风堂代发行，2001。

陈芳，《乾隆时期清宫之剧团组织与戏剧活动》，《台湾戏专学刊》，2 期（2000 年 9 月），2—34 页。

陈垣，《二十史朔闰表外十一种》，台北：新文丰出版公司，1993。

——，《中西回史日历》，合肥：安徽大学出版社，2009。

陈捷先，《论乾隆朝的文化政策》，发表于"十八世纪的中国与世界"学术研讨会，台北：故宫博物院，2002 年 12 月 13—14 日。

——，《乾隆写真》，台北：远流出版社，2002。

陈葆真，《南唐中主的政绩与文化建设》，《台湾大学美术史研究集刊》，3 期（1996 年 3 月），41—94 页。

——，《〈心写治平〉——乾隆帝后妃嫔图卷和相关议题的探讨》，《台湾大学美术史研究集刊》，21 期（2006 年 9 月），89—150 页。

——，《乾隆皇帝与〈快雪时晴帖〉》，《故宫学术季刊》，27 卷 2 期（2009 年冬），127—192 页。

——，《从四幅"岁朝图"的表现问题谈到乾隆皇帝的亲子关系》，原发表于"乾隆宫廷艺术"学术研讨会，台北：台湾大学，2009 年 6 月 18 日，后刊载于《台湾大学美术史研究集刊》，28

期（2010 年 3 月），123—184 页。

——，《雍正与乾隆二帝汉装行乐图的虚实与意涵》，原发表于"两岸故宫第一届学术研讨会：为君难——雍正其人其事及其时代"国际学术研讨会，台北：故宫博物院，2009 年 11 月 4—6 日，后刊载于《故宫学术季刊》，27 卷 3 期（2010 年春），49—102 页。

——，《康熙皇帝〈万寿图〉与乾隆皇帝〈八旬万寿图〉的比较研究》，《故宫学术季刊》，30 卷 3 期（2013 年春），45—122 页。

——，《乾隆皇帝对孝圣皇太后的孝行和它所显示的意义》，《故宫学术季刊》，31 卷 3 期（2014 年春），103—154 页。

——，《康乾二帝的南巡与江南绘画和园林艺术对宫廷的影响》，未刊稿。

陈观涛，《话说雍和宫》，北京：宗教文化出版社，2002。

傅申，《重建一座消失的乾隆静寄山庄》，主题演讲，"十八世纪的中国与世界"学术研讨会，台北：故宫博物院，2002 年 12 月 14 日。

——，《乾隆的书画癖》，发表于"十八世纪的中国与世界"学术研讨会，台北：故宫博物院，2002 年 12 月 13—14 日。

——，《雍正皇四子弘历宝亲王时期的代笔及亲笔》，发表于"两岸故宫第一届学术研讨会：为君难——雍正其人其事及其时代"，台北：故宫博物院，2009 年 11 月 6 日。

乔匀、傅熹年等，《中国古代建筑》，北京：新世界出版社，2002。

嵇若昕，《从文物看乾隆皇帝》，发表于"十八世纪的中国与世界"学术研讨会，台北：故宫博物院，2002 年 12 月 13—14 日。

童文娥，《清院本〈亲蚕图〉的研究》，《故宫文物月刊》，278 期（2006 年 5 月），70—78 页。

覃瑞南，《清高宗书画鉴藏之研究》，台北：中国文化大学艺术研究所美术史组硕士论文，1991。

冯明珠，《玉皇案吏王者师——论介乾隆皇帝的文化顾问》，发表于"十八世纪的中国与世界"学术研讨会，台北：故宫博物院，2002 年 12 月 13—14 日。

冯明珠主编，《乾隆皇帝的文化大业》，台北：故宫博物院，2002。

——，《清世宗文物大展》，台北：故宫博物院，2009。

黄崇文，《弘历的文化思想初探》，《明清史》，1993 年 3 期，56—60 页。

圆明沧桑编辑委员会编，《圆明沧桑》，北京：文化艺术出版社，1991。

杨伯达，《清代院画》，北京：紫禁城出版社，1993。

——，《郎世宁在清内廷的创作活动及其艺术成就》，《故宫博物院院刊》，1988 年 2 期，3—26、90 页。

杨启樵,《揭开雍正皇帝隐秘的面纱》,香港:商务印书馆,2003。

——,《明清皇室与方术》,上海:上海书店出版社,2004。

杨新,《〈胤禛围屏美人图〉探秘》,《故宫博物院院刊》,2011年2期,6—23页。

叶高树,《清初的文化政策》,台北:稻香出版社,2002。

翟文明,《乾隆图传》,北京:中国戏剧出版社,2001。

刘阳,《城市记忆·老图像:昔日的夏宫圆明园》,北京:学苑出版社,2005。

刘凤翰,《圆明园兴亡史》,台北:文星书局,1963。

刘毅,《明清宫廷生活》,天津:天津古籍出版社,2000。

刘潞,《乾隆皇帝的汉装画像图》,《文物》,1999年5期,83—86页。

黎东方,《细说清朝》,台北:传记文学,1970。

澳门艺术博物馆编,《怀古抱今——乾隆皇帝文化生活艺术》,澳门:澳门艺术博物馆,2002。

萧一山,《清代通史》,台北:台湾商务印书馆,1962。

赖毓芝,《文化遗产的再造:乾隆皇帝对于南熏殿图像的整理》,原发表于"文物收藏文化遗产与历史解释"国际学术研讨会(台北:故宫博物院、台湾大学东亚文明中心、喜马拉雅研究发展基金会联合,2004年4月),后刊于《故宫学术季刊》,26卷4期(2009年夏),75—110页。

戴逸,《乾隆帝及其时代》,北京:人民大学出版社,1992。

谢明良,《乾隆的陶瓷鉴赏观》,《故宫学术季刊》,21卷2期(2003年冬),1—38页。

鞠德源、田建一、丁琼,《清宫廷画家郎世宁年谱》,《故宫博物院院刊》,1988年2期,27—71页。

聂崇正,《中西艺术交流中的郎世宁》,《故宫博物院院刊》,1988年2期,72—79、90页。

——,《清代的宫廷绘画和画家》,收于故宫博物院编,《故宫博物院藏清代宫廷绘画》,北京:文物出版社,1992,1—24页。

——,《宫廷艺术的光辉——清代宫廷绘画论丛》,台北:东大图书公司,1996。

——,《郎世宁》,北京:河北教育出版社,2006。

——,《四卷白描稿本内容的探讨》,收于华辰2006年秋季拍卖会,《中国书画》目录,北京:华辰拍卖公司,2006,675号。

——,《平安春信图研究》,北京:紫禁城出版社,2008。

——,《清宫绘画与"西学东渐"》,北京:紫禁城出版社,2008。

聂崇正、杨新,《〈康熙南巡图〉的绘制》,《紫禁城》,1980年4期,16—17页。

聂崇正主编,《平安春信图研究》,北京:紫禁城出版社,2008。

罗文华，《龙袍与袈裟》，北京：紫禁城出版社，2005。

苏妙龄，《乾隆朝〈万国来朝图〉研究》，《史物论坛》，2007年4期，61—103页。

（二）西文专著

Berger, Patricia. *Empire of Emptiness: Buddhist Art and Political Authority in Qing China.* Honolulu: University of Hawaii Press, 2003.

Beurdeley, Cécile and Michel (tr. by Bullock, Michael). *Giuseppe Castiglione: A Jesuit Painter at the Court of the Chinese Emperors.* London: Lund Humphries, 1972.

Cahill, James. "The Three Zhangs, Yangzhou Beauties, and the Manchu Court." *Orientations*, no. 9 (1996), pp. 59-68.

Chen, Pao-chen. "An Analytical Reading of *The Portraits of Emperor Qianlong and His Consorts*." In Silbergeld, Jerome et. al. eds. *Bridges to Heaven: Essays on East Asian Art in Honor of Professor Wen C. Fong.* Princeton, N.J.: P. Y. and Kinmay W. Tang Center for East Asian Art, Department of Art and Archaeology, Princeton University in association with Princeton University Press, 2011, pp. 335-362.

Chou, Ju-hsi and Brown, Claudia eds. *Chinese Painting under the Qianlong Emperor.* Phoenix. Arizona: Arizona State University, 1988.

——. *The Elegant Brush: Chinese Painting under the Qianlong Emperor, 1735-1795.* Phoenix, Arizona: Phoenix Art Museum, 1985.

Crowel, Wim. *De Verboden Stad: Hofcultuur von de Chinese Keizers (1644-1911) (The Forbidden City: Court Culture of the Chinese Emperors [1644-1911]).* Amsterdam: Nauta Dutilh, 1990.

Cura, Nixi. "A Cultural Biography of The *Admonitions* Scroll: The Qinglong Reign (1736-1795)." In McCausland, Shane ed. *Gu Kaizhi and the Admonitions Scroll.* London: The British Museum Press in Association with Percival David Foundation of Chinese Art, 2003, pp. 269-276.

Elliott, Mark C. *Emperor Qianlong: Son of Heaven, Man of the World.* New York: Longman Publishing Group, 2009.

Farguhar, David. "Emperor as Bodhisattva in the Governance of the Ch'ing Empire." *Harvard Journal of Asiatic Studies,* vol. xxxv (June, 1978), no. 1, pp. 8-9.

Fong, Wen C. and Murck, Alfreda eds. *Words and Images: Chinese Poetry, Calligraphy, and Painting.* New York: Metropolitan Museum of Art, 1991.

Hay, Jonathan. "The Kangxi Emperor's Brush-Traces: Calligraphy, Writing, and the Art of Imperial Authority." In Wu Hung and Tsiang, Katherine R. eds. *Body and Face in Chinese Visual Culture.* Cambridge, Mass.: Harvard University Asia Center, 2005, pp. 311-334.

Hearn, Maxwell K. "Document and Portrait: The Southern Tour Paintings of Kangxi and Qianlong." In Chou, Ju-hsi and Brown, Claudia eds. *Chinese Painting under the Qianlong Emperor.* Phoenix, Arizona: Arizona State University, 1988, pp. 91-131.

——. "Qing Imperial Portraiture." In The Society for International Exchange of Art History Studies（国际交流美术史研究）ed. *International Symposium on Art History Studies,* 6（国际交流美术史研究会第六回シンポヅアム・肖像）. Kyoto: The Society for International Exchange of Art History Studies（京都：国际交流美术史研究会）, 1990, pp. 108-128.

——. "*The Kangxi Southern Inspection Tour:* A Narrative Program by Wang Hui." Ph. D. dissertation, Princeton University, 1990.

Ho, Chuimei and Bronson, Bennet. *Splendors of China's Forbidden City: The Glorious Reign of Emperor Qianlong.* Chicago: The Field Museum, 2004.

Ho, Chuimei. "The Relations Between Qianlong and His Consorts: Stories of a Man with Forty Wives." *Orientations,* vol. 35 (March, 2004), no. 2, pp. 66-73.

Ho, Wai-kam et al. *Eight Dynasties of Chinese Painting: The Collection of the Nelson Gallery-Atkins Museum, Kansas City, and the Cleveland Museum of Art.* Cleveland: The Cleveland Museum of Art in Cooperation with Indiana University Press, 1980.

Kahn, Harold L. "A Matter of Taste: The Monumental and Exotic in the Qianlong Reign." In Chou, Ju-hsi and Brown, Claudia eds. *The Elegant Brush: Chinese Painting under the Qianlong Emperor, 1735-1795.* Phoenix, Arizona: Phoenix Art Museum, 1985, pp. 288-302.

Krahl, Regina. "The Youngzheng Emperor: Art Collection and Patron." In Rawski, Evelyn S. and Rawson, Jessica eds. *China: The Three Emperors, 1662-1795.* London: Royal Academy of Arts, 2005, pp. 240-269.

Lee, Sherman E. "Varieties of Portraiture in Chinese and Japanese Art." *Bulletin of the Cleveland Museum of Art,* no. 4 (1977), pp. 191-215.

Li, Chu-tsing, Cahill, James and Ho, Wai-kam eds. *Artists and Patrons: Some Social and Economic Aspects of Chinese Painting.* Kansas City: The Kress Foundation, Department of Art History, University of Kansas; The Nelson-Atkins Museum of Art, in association with University of

Washington Press, 1989.

Lo, Hui-chi. "Political Advancement and Religious Transcendence: The Yongzheng Emperor's (1678-1735) Deployment of Portraiture." Ph. D. dissertation, Stanford University, 2009.

McCausland, Shane ed. *Gu Kaizhi and the Admonitions Scroll.* London: The British Museum Press in Association with Percival David Foundation of Chinese Art, 2003.

McCausland, Shane. "The Emperor's Old Toys: Rethinking the Yongzheng (1723-1735) Scroll of Antiquities in the Percival David Foundation." *Transactions of The Oriental Ceramic Society,* vol. 66 (2001-2002), pp. 65-74.

Musillo, Marco. *Bridging Europe and China: The Professional Life of Giuseppe Castiglione (1688-1766).* Norwich, Scotland: University of East Anglia, 2006.

Naquin, Susan and Rawski, Evelyn S. *Chinese Society in the 18th Century.* New Haven: Yale University Press, 1987.

Naquin, Susan. *Peking: Temples and City Life, 1400-1900.* Princeton, New Jersey: Princeton University Press, 2000.

Rawski, Evelyn S. "Re-imagining the Qianlong Emperor: A Survey of Recent Scholarship." 发表于 "十八世纪的中国与世界" 学术研讨会，台北：故宫博物院，2002 年 12 月 13—14 日。

Rawski, Evelyn S. and Rawson, Jessica eds. *China: The Three Emperors, 1662-1795.* London: Royal Academy of Arts, 2005.

Rey, Marie-Catherine. *Les Trés Riches Heures de la Cour de Chine: Chefs-d'oeuvre de la Peinture Impériale des Qing, 1662-1796.* Paris: Éditions de la Réunion des musées nationaux, Establishment public du musée des arts asiatigues Guimet, 2006.

Rogers, Howard and Lee, Sherman E. *Masterworks of Ming and Qing Painting from the Forbidden City.* Lansdale, PA.: International Arts Council, 1988.

Rogers, Howard. "For Love of God: Castiglione at the Court of Qianling." In Chou, Ju-hsi and Brown, Claudia eds. *Chinese Painting under the Qianlong Emperor.* Phoenix, Arizona: Arizona State University, 1988, pp. 141-160.

Rosenzweig, Daphne Lange. "Reassessment of Painters and Paintings at the Early Ch'ing Court." In Li, Chu-tsing, Cahill, James and Ho, Wai-kam eds. *Artists and Patrons: Some Social and Economic Aspects of Chinese Painting.* Kansas City: The Kress Foundation, Department of Art History, University of Kansas; The Nelson-Atkins Museum of Art, in association with University of

Washington Press, 1989, pp. 75-86.

She, Ch'eng. "The Painting Academy of the Qianlong Period: A Study in Relation to the Taipei National Palace Museum Collection." In Chou, Ju-hsi and Brown, Claudia eds. *The Elegant Brush: Chinese Painting under the Qianlong Emperor, 1735-1795.* Phoenix, Arizona: Phoenix Art Museum, 1985, pp. 318-342.

Silbergeld, Jerome et. al. eds. *Bridges to Heaven: Essays on East Asian Art in Honor of Professor Wen C. Fong.* Princeton, N.J.: P. Y. and Kinmay W. Tang Center for East Asian Art, Department of Art and Archaeology, Princeton University in association with Princeton University Press, 2011.

Stuart, Jan and Rawski, Evelyn S. *Worshipping the Ancestors.* Washington, D.C.: Smithsonian Institution and Stanford University Press, 2001.

Wang, Cheng-hua. "Material Culture and Emperorship: The Shaping of Imperial Roles at the Court of Xuanzong." Ph. D. dissertation, Yale University, 1998.

Wang, Jianhua. "Emperor Yongzheng and His Pastimes." *Transactions of The Oriental Ceramic Society,* vol. 67 (2002-2003), pp. 1-11.

Wang, Tseng-tsai. "The Macartney Mission: A Bicentennial Review." *Bulletin of The College of Liberal Arts, National Taiwan University*（台湾大学文学院文史哲学报）, no. 40 (1993), pp. 347-368.

Weng, Wango and Yang, Boda. *Palace Museum, Peking: Treasures of the Forbidden City.* New York: Harry N. Abrams. 1982.

Widmer, Ellen and Sun Chang, Kang-I eds. *Writing Women in Late Imperial China.* Stanford: Stanford University Press, 1997.

Wu, Hung and Tsiang, Katherine R. eds. *Body and Face in Chinese Visual Culture.* Cambridge, Mass.: Harvard University Asia Center, 2005.

Wu, Hung. "Beyond Stereotypes: 'The Twelve Beauties' in Early Qing Court Art and the *Dream of the Red Chamber.*" In Widmer, Ellen and Sun Chang, Kang-I eds. *Writing Women in Late Imperial China.* Stanford: Stanford University Press, 1997, pp. 306-365.

——. "Emperor's Masquerade: 'Costume Portraits' of Yongzheng and Qianlong." *Orientations,* vol. 26, no. 7 (July/August, 1995), pp. 25-41.

——. *The Double Screen: Medium and Representation in Chinese Painting.* Chicago: The University of Chicago Press, 1996.

Yang, Boda. "The Development of the Ch'ien-lung Painting Academy." In Fong, Wen C. and Murck,

Alfreda eds. *Words and Images: Chinese Poetry, Calligraphy, and Painting.* New York: Metropolitan Museum of Art, 1991, pp. 333-356.

Yu, Hui. "Naturalism in Qing Imperial Group Portraiture." *Orientations,* vol. 26. no. 7 (1995), pp. 42-50.

图版目录

彩图 1 （传）清 郎世宁等 《乾隆皇帝朝服像》 / 1

彩图 2 （传）清 郎世宁等 《乾隆皇帝大阅图》 / 2

彩图 3 清人 《乾隆皇帝普宁寺佛装像》 / 3

彩图 4 清 郎世宁 《平安春信》 / 4

彩图 5 清人 《胪欢荟景图册》之《慈宁燕喜》（及其局部）/ 5

彩图 6 （传）清 郎世宁等《孝贤纯皇后朝服像》 / 6

彩图 7 清 郎世宁等《心写治平》 / 7

彩图 8 （传）清 郎世宁等《乾隆皇帝岁朝图》 / 8

第一章 雍正与乾隆二帝"汉装行乐图"的虚实与意涵

图 1.1 （传）清 郎世宁等 《乾隆皇帝朝服像》 / 019

图 1.2 清人 《康熙皇帝写字图》 / 022

图 1.3 清人 《康熙皇帝读书图》（局部）/ 022

图 1.4 清人 《朗吟阁读书图》 / 023

图 1.5 清人 《胤禛读书图》 / 023

图 1.6 清人 《胤禛赏花图》 / 024

图 1.7 《胤禛赏花图》局部（左）及《朗吟阁读书图》局部（右）比较 / 024

图 1.8 清人 《胤禛行乐图册》（A 册） 树下鸣琴 / 026

图 1.9　清人　《胤禛行乐图册》（A 册）　暖室展卷 / 026

图 1.10　清人　《胤禛行乐图册》（B 册）　蒙古王公 / 026

图 1.11　清人　《胤禛行乐图册》（B 册）　射猎苗酋 / 027

图 1.12　清人　《胤禛行乐图册》（B 册）　刺虎洋人 / 027

图 1.13　清人　《胤禛行乐图册》（B 册）　岩穴喇嘛 / 027

图 1.14　清人　《胤禛行乐图册》（B 册）　汉装行僧 / 027

图 1.15　清人　《胤禛行乐图册》（B 册）　彩衣东方朔 / 028

图 1.16　清人　《胤禛耕织图册》 / 029

图 1.17　清　焦秉贞《耕织图》 / 029

图 1.18　清人　《胤禛道装图》 / 029

图 1.19　清人　《圆明园十二美人图》（之四） / 030

图 1.20　清人　《雍正十二月令图》　冬日参禅（局部） / 032

图 1.21　清　郎世宁　《聚瑞图》 / 034

图 1.22　清　郎世宁　《嵩献英芝》 / 034

图 1.23　清　郎世宁　《百骏图》（局部） / 034

图 1.24　清　郎世宁　《平安春信》 / 035

图 1.25　清人　《平安春信》 / 036

图 1.26　清人　《弘历写字图》 / 038

图 1.27　清人　《弘历采芝图》 / 039

图 1.28　清　唐岱　《松阴抚琴图》 / 041

图 1.29　清　金廷标等　《宫中行乐图》（局部） / 044

图 1.30　清人　《高宗观月图》 / 045

图 1.31　清　冷枚《赏月图》 / 045

图 1.32　（传）清　郎世宁等　《乾隆皇帝岁朝图》 / 046

图版目录

图 1.33　（传）清 郎世宁等 《乾隆皇帝朝服像》（局部）/ 047

图 1.34　（传）清 郎世宁等 《乾隆皇帝大阅图》（局部）/ 047

图 1.35　清 郎世宁等 《乾隆皇帝雪景行乐图》/ 048

图 1.36　（传）清 郎世宁等 《乾隆皇帝岁朝行乐图》/ 050

图 1.37　清人 《乾隆皇帝元宵行乐图》/ 051

图 1.38　清 丁观鹏 《是一是二图》（及其局部）/ 052

图 1.39　宋人 《人物》小像 / 052

图 1.40　清人 《万树园赐宴图》（局部）/ 053

图 1.41　清 姚文瀚 《弘历鉴古图》/ 053

图 1.42　清人《是一是二图》/ 054

图 1.43　清人 《是一是二图》/ 055

图 1.44　清 郎世宁、丁观鹏 《乾隆皇帝观画图》（局部）/ 055

图 1.45　清 丁观鹏 《乾隆皇帝扫象图》/ 056

图 1.46　清人 《乾隆皇帝普宁寺佛装像》/ 056

图 1.47　清 张宗苍 《乾隆皇帝抚琴图》/ 058

图 1.48　清 张宗苍 《乾隆皇帝松荫挥笔图》/ 058

图 1.49　清人 《乾隆皇帝写字图》/ 062

图 1.50　清人 《乾隆妃古装像》/ 062

图 1.51　清人 《康熙皇帝戎装图》（局部）/ 063

图 1.52　清人 《乾隆皇帝射鹿图》（局部）/ 064

图 1.53　乾隆皇帝脸部局部比较：《乾隆皇帝写字图》（左）与《宫中行乐图》（右）/ 065

图 1.54　清人 《乾隆皇帝佛装像》（局部）/ 065

图 1.55　清人《高宗熏风琴韵图》/ 065

图 1.56　清人 《泉下赋诗图》（局部）/ 066

343

第二章　乾隆皇帝对孝圣皇太后的孝行和它所显示的意义

　　图 2.1　清人《孝圣皇太后朝服像》/ 071

　　图 2.2　清人《胤禛读书图》/ 073

　　图 2.3　清人《胤禛赏花图》（局部）/ 073

　　图 2.4　（传）清 郎世宁等《孝贤纯皇后朝服像》/ 074

　　图 2.5　清人《孝敬宪皇后朝服像》/ 077

　　图 2.6　清 郎世宁、金昆、丁观鹏、程志道、李慧林等《乾隆皇帝秋狝图》/ 082

　　图 2.7　清 徐扬《乾隆皇帝南巡图》禹庙（局部）/ 088

　　图 2.8　清 徐扬《盛世滋生图》（局部）/ 089

　　图 2.9　清人《乾隆四十五年恭逢皇上南巡经由直隶道路图说》（局部）/ 091

　　图 2.10　佛香阁 / 100

　　图 2.11　五塔寺 / 101

　　图 2.12　清 张廷彦《崇庆皇太后万寿庆典图》（局部）/ 101

　　图 2.13　普陀宗乘之庙 / 102

　　图 2.14　清人《万国来朝图》（局部）/ 102

　　图 2.15　清人《胪欢荟景图册》之《慈宁燕喜》（及其局部）/ 103

　　图 2.16　清孝圣皇太后《绿度母贴绣像》/ 106

　　图 2.17　清 郎世宁等《令妃吉服像》/ 107

第三章　《心写治平》——乾隆帝后妃嫔图卷和相关议题的探讨

　　图 3.1　清 郎世宁等《心写治平》/ 116

　　图 3.2　（传）清 郎世宁等《乾隆皇帝朝服像》（局部）/ 124

　　图 3.3　清 郎世宁《乾隆皇帝肖像图》/ 124

　　图 3.4　（传）清 郎世宁等《孝贤纯皇后朝服像》（局部）/ 125

图 3.5 （传）清 郎世宁等 《孝贤纯皇后像屏》 / 125

图 3.6 （传）清 郎世宁等 《慧贤皇贵妃朝服像》（局部） / 126

图 3.7 （传）清 郎世宁等 《慧贤皇贵妃像屏》 / 126

图 3.8 （传）清 郎世宁等 《婉嫔像屏》 / 128

图 3.9 清高宗裕陵地宫金券原来棺椁位置图 / 135

图 3.10 清高宗裕陵妃园寝葬位示意图 / 135

图 3.11 清高宗题 （传）顾恺之 《女史箴图》（局部） / 136

图 3.12 清高宗题 （传）李公麟摹 （传）顾恺之 《女史箴图》（局部） / 136

图 3.13 清 金廷标 《婕妤当熊图》 / 137

图 3.14 清人 《许后奉案图》 / 138

图 3.15 清孝贤皇后 绣燧囊荷包 / 139

图 3.16 清 郎世宁等 《孝贤皇后亲蚕图》（局部） / 147

图 3.17 清高宗跋 《孝贤皇后亲蚕图》（局部） / 147

图 3.18 宋 牟益 《捣衣图》（局部） / 148

第四章 从四幅"岁朝图"的表现问题谈到乾隆皇帝的亲子关系

　　图 4.1 （传）清 郎世宁等 《乾隆皇帝岁朝图》 / 160

　　图 4.2 清 郎世宁等 《乾隆皇帝雪景行乐图》 / 160

　　图 4.3 （传）清 郎世宁等 《乾隆皇帝岁朝行乐图》 / 160

　　图 4.4 清人 《乾隆皇帝元宵行乐图》 / 160

　　图 4.5 《乾隆皇帝岁朝图》说明图 / 165

　　图 4.6 a （传）清 郎世宁等 《乾隆皇帝大阅图》 / 168

　　　　　b 《乾隆皇帝岁朝图》局部 / 168

　　　　　c 《乾隆皇帝雪景行乐图》局部 / 168

图 4.7 《乾隆皇帝雪景行乐图》说明图 / 169

图 4.8 《乾隆皇帝岁朝行乐图》说明图 / 171

图 4.9 《乾隆皇帝元宵行乐图》说明图 / 173

图 4.10 清人 《万树园赐宴图》（局部） / 174

图 4.11 乾隆皇帝脸部局部比较：《万树园赐宴图》（上）与
《乾隆皇帝元宵行乐图》（下） / 174

图 4.12 （传）清 郎世宁等 《乾隆皇帝哨鹿图》（局部） / 176

图 4.13 乾隆皇帝各幅肖像局部比较 / 177

图 4.14 清人 《嘉庆皇帝朝服像》 / 196

第五章 乾隆皇帝与《快雪时晴帖》

图 5.1 东晋 王羲之 《快雪时晴帖》 / 203

图 5.2 清高宗书《快雪时晴帖》册题签 1745 年前 / 210

图 5.3 清高宗题《快雪时晴帖》册末张若霭画《雪梅》 1745 年前 / 211

图 5.4 清高宗题《快雪时晴帖》册"本幅"左上侧 1745 年前 / 211

图 5.5 清高宗题《快雪时晴帖》册首 1746（之二） / 212

图 5.6 清高宗题《快雪时晴帖》册引首 1746（之一） / 213

图 5.7 清高宗作《仿倪瓒山水》并题《快雪时晴帖》册"本幅"前
副叶 / 213

图 5.8 清高宗题跋局部 1746（之三） / 213

图 5.9 清高宗题《快雪时晴帖》册末 1746（之五） / 214

图 5.10 元 钱选 《羲之观鹅图》 / 214

图 5.11 清高宗仿钱选作《羲之观鹅图》并题于《快雪时晴帖》册"本幅"
后副叶 / 215

图 5.12 清高宗题跋局部 1746（之六） / 215

图 5.13　清高宗题《快雪时晴帖》册 1746（之七）／216

图 5.14　清高宗《春雪和白居易韵》题于《快雪时晴帖》册"本幅"后副叶 1746（之八）／217

图 5.15　清高宗《淑清苑咏雪旧句》题于《快雪时晴帖》册"本幅"后副叶 1746（之九）／218

图 5.16　清高宗《用东坡聚星堂体并元韵》题于《快雪时晴帖》"本幅"前副叶 1746（之十）／218

图 5.17　清高宗题《快雪时晴帖》册"本幅"左侧 1746（之十一）／219

图 5.18　清高宗题《快雪时晴帖》 1746（之十二）／219

图 5.19　清高宗题《快雪时晴帖》 1747 （之一）／220

图 5.20　清高宗题《快雪时晴帖》 1747 （之二）／220

图 5.21　清高宗题《快雪时晴帖》 1749 （之一）／222

图 5.22　清高宗题《快雪时晴帖》 1749 （之二）／222

图 5.23　清高宗题《快雪时晴帖》 1750（之一）／223

图 5.24　清高宗题《快雪时晴帖》 1750（之二）／223

图 5.25　清高宗题文徵明《金山图》 1751／224

图 5.26　清高宗题《快雪时晴帖》 1752／225

图 5.27　清高宗题《快雪时晴帖》 1753（之一）／225

图 5.28　清高宗题《快雪时晴帖》 1753（之二）／226

图 5.29　清高宗题《快雪时晴帖》 1753（之三）／227

图 5.30　清高宗题《快雪时晴帖》 1753（之四）／228

图 5.31　清高宗题《快雪时晴帖》 1754／229

图 5.32　清高宗题《快雪时晴帖》 1755／230

图 5.33　清高宗题《快雪时晴帖》 1756／230

图 5.34　清高宗题《快雪时晴帖》1757／231

图 5.35　清高宗题《快雪时晴帖》1759（之一）/ 231

图 5.36　清高宗题《快雪时晴帖》 1759（之二）/ 232

图 5.37　清高宗题《快雪时晴帖》 1759（之三）/ 232

图 5.38　清高宗题《快雪时晴帖》　1760 / 233

图 5.39　清高宗题《快雪时晴帖》　1761 / 234

图 5.40　清高宗题《快雪时晴帖》　1762 / 235

图 5.41　清高宗题《快雪时晴帖》　1763 / 235

图 5.42　清高宗题《快雪时晴帖》　1764 / 236

图 5.43　清高宗仿钱选作《羲之观鹅图》并题于《快雪时晴帖》册"本幅"后副叶 1746（之六）/ 238

图 5.44　清高宗题《快雪时晴帖》　1765 / 239

图 5.45　清高宗题《快雪时晴帖》　1767（之一）/ 240

图 5.46　清高宗题《快雪时晴帖》　1767（之二）/ 241

图 5.47　清高宗题《快雪时晴帖》　1768 / 242

图 5.48　清高宗题《快雪时晴帖》　1770（之一）/ 242

图 5.49　清高宗题《快雪时晴帖》　1770（之二）/ 243

图 5.50　清高宗题《快雪时晴帖》　1770（之三）/ 245

图 5.51　清高宗题《快雪时晴帖》　1771 / 245

图 5.52　清高宗题《快雪时晴帖》　1772 / 246

图 5.53　清高宗题《快雪时晴帖》　1773 / 247

图 5.54　清高宗题《快雪时晴帖》　1774 / 248

图 5.55　清高宗题《快雪时晴帖》　1775 / 248

图 5.56　清高宗题《快雪时晴帖》　1776 / 249

图 5.57　清高宗题《快雪时晴帖》　1777 / 250

图 5.58　清高宗题《快雪时晴帖》　1778 / 251

图版目录

图 5.59　清高宗题《快雪时晴帖》 1779 / 252

图 5.60　清高宗题《快雪时晴帖》 1780（之一）/ 252

图 5.61　清高宗题《快雪时晴帖》 1780（之二）/ 253

图 5.62　清高宗题《快雪时晴帖》 1781 / 253

图 5.63　清高宗题《快雪时晴帖》 1782 / 254

图 5.64　清高宗题《快雪时晴帖》 1783 / 258

图 5.65　清高宗题《快雪时晴帖》 1784 / 258

图 5.66　清高宗题《快雪时晴帖》 1785 / 258

图 5.67　清高宗题《快雪时晴帖》 1786 / 259

图 5.68　清高宗题《快雪时晴帖》 1787 / 260

图 5.69　清高宗题《快雪时晴帖》 1788 / 260

图 5.70　清高宗题《快雪时晴帖》 1789 / 261

图 5.71　清高宗题《快雪时晴帖》 1790 / 263

图 5.72　清高宗题《快雪时晴帖》 1791 / 263

图 5.73　清高宗题《快雪时晴帖》 1792 / 263

图 5.74　清高宗题《快雪时晴帖》 1793（之一）/ 265

图 5.75　清 董诰代书清高宗诗题《快雪时晴帖》 1793（之二）/ 266

图 5.76　清 董诰代书清高宗诗题《快雪时晴帖》 1794 / 266

图 5.77　清 董诰代书清高宗诗题《快雪时晴帖》 1795（之一）/ 266

图 5.78　清高宗题《快雪时晴帖》 1795（之二）/ 268

图 5.79　清高宗题《快雪时晴帖》 1795 年后 / 269

图 5.80　（清高宗题） 元 黄公望《富春山居图》卷（子明本）（局部）/ 269

图 5.81　（清高宗题） 明 唐寅《品茶图》/ 270

图 5.82　（清高宗题） 明 董其昌《婉娈草堂图》/ 270

349